Michel Mollat
Die Armen im Mittelalter

MICHEL MOLLAT

Die Armen im Mittelalter

VERLAG C.H. BECK MÜNCHEN

Aus dem Französischen übersetzt von Ursula Irsigler
Titel der französischen Originalausgabe:
Michel Mollat, Les Pauvres au Moyen Âge. Étude sociale. Paris 1978.
© Hachette, 1978

CIP-Kurztitelaufnahme der Deutschen Bibliothek

Mollat, Michel:
Die Armen im Mittelalter/Michel Mollat.
[Aus d. Franz. übers. von Ursula Irsigler]. – 2. Aufl. –
München: Beck, 1987.
  Einheitssacht.: Les pauvres au moyen âge ‹dt.›
  ISBN 3 406 08114 2

ISBN 3 406 08114 2
2. Auflage. 1987
Umschlagentwurf: Bruno Schachtner, Dachau
Umschlagbild: Pepin von Antwerpen; Die hl. Elisabeth von Thüringen (Ausschnitt);
Museum der Schönen Künste, Antwerpen
Für die deutsche Ausgabe:
© C. H. Beck'sche Verlagsbuchhandlung (Oscar Beck), München 1984
Satz und Druck: C. H. Beck'sche Buchdruckerei, Nördlingen
Printed in Germany

Inhaltsverzeichnis

Vorwort 7
Einleitung: Begegnung mit den Armen, einer verkannten und nicht eindeutig zu definierenden Schicht 9

Erster Teil: Die Schwachen im Schatten der Mächtigen (5.–11. Jh.) . 21
  I. Das Erbe der Spätantike 21
    1. Die städtische Armut in der Antike, ein orientalisches Erbe 21
    2. Die Lehren der Kirchenväter über die Armut 26
  II. Das Los der Armen im Wandel der Gesellschaft (6.–11. Jh.) . . 29
    1. Das Elend der Merowingerzeit 30
    2. Die Unterlegenheit der Armen in der Karolingerzeit 36
  III. Die Verpflichtung zum Almosengeben: Von der Armenmatrikel zur Armenfürsorge der Klöster 41
    1. Der Bischof als Vater der Armen 42
    2. Die kirchliche Lehre des 9. Jahrhunderts: Christliche Barmherzigkeit als Bindeglied zwischen Diesseits und Jenseits . . 45
    3. Die Wohltätigkeit der Klöster 48
    4. Die Suche nach Frieden 53

Zweiter Teil: Die Kleinen in der christlichen Gemeinde (Vom Ende des 11. bis zum Beginn des 13. Jahrhunderts) 56
  IV. Armut als beständige Bedrohung 58
    1. Die vielfältigen Arten der Bedrohung 58
    2. Die Wege ins Elend 61
  V. Gegensätze und Skandale 67
    1. Die anhaltende Demütigung und Verachtung der Armen . . 68
    2. Die Begegnung zwischen Armen und Eremiten 71
    3. Enttäuschungen und Klagen der Armen 78
  VI. Die Dringlichkeit der Armenfürsorge 82
    1. Die Neuorganisation der Fürsorge 82
    2. Eine Theologie der Armut 96

Dritter Teil: Die Armen und die Reichen. Vom hl. Franziskus bis
zur Großen Pest 107
VII. Eine neue Sichtweise der Armut 107
    1. Traditionelle und neue Elemente bei Franziskus und Dominikus 108
    2. Die Begegnung der Bettelorden mit den Armen 112
    3. Die Erziehung der Gewissen 116
VIII. Die Blütezeit der institutionalisierten Wohltätigkeit 122
    1. Organisierte und öffentliche Fürsorge 122
    2. Das Hospiz als Grundherrschaft der Armen 132
    3. Motivation und Stellenwert der individuellen Wohltätigkeit 139
IX. Realitäten und Enttäuschungen 142
    1. Veränderungen der Gesellschaftsstruktur und Konjunkturschwankungen: Die fleißige Armut 142
    2. Wunschträume und Enttäuschungen 161

Vierter Teil: Arme und Bettler als lästiges und beunruhigendes Element. Von der Mitte des 14. bis zum Beginn des 16. Jahrhunderts 174
X. Von einer Prüfung zur anderen: Von der Schwarzen Pest bis zu den Wirren am Ende des 14. Jahrhunderts 174
    1. Die Konfrontation der Armen mit der Pest 174
    2. Atempause und Rückfall nach der ersten Pestwelle 178
XI. Der Anstieg der Massenarmut 190
    1. Der Zorn der Armen 190
    2. Ausbeutung, Diskreditierung und Enttäuschung der Armen 199
    3. „Es sind zu viele." Versuch einer Typologie 211
XII. Von den wohltätigen Institutionen zur Armenpolizei 228
    1. Die Caritas wird in Frage gestellt 228
    2. Die Überforderung der privaten und öffentlichen Wohltätigkeit 239
    3. Die Bestrebungen um größere Effizienz 248

Schluß 269

Anmerkungen 275

Verzeichnis der Abkürzungen 279

Quellen- und Literaturverzeichnis 281

Vorwort

Materialreich und kurz möchte dieser Versuch einer Synthese sein, und diese beiden Eigenschaften sollten sich nicht gegenseitig ausschließen. Aber wie soll man sich kurz fassen, ohne den Reichtum (sofern dieses Wort überhaupt genügt) des Materials zu verleugnen und das Vertrauen derer zu enttäuschen, die es zusammengetragen haben? 1962 bis 1974 wurden in vierzehn Jahren gemeinsamer Forschungsarbeit etwa 90 Seminararbeiten und 200 Memoranden angefertigt, nicht zu vergessen einige Dissertationen bzw. Habilitationsschriften. Ein Teil wurde 1974 in dem 850 Seiten starken Sammelband *Etudes sur l'Histoire de la Pauvreté* veröffentlicht, während unsere Arbeitsergebnisse von Anfang an als simple Vervielfältigungen in zehn *Cahiers* zusammengefaßt erschienen. All dies verdankt der Autor denen, die sich an den Forschungen beteiligten. Das Beste aus der vorliegenden Arbeit stammt von ihnen, Mängel gehen zu Lasten des Verfassers.

Vielfältig waren die Formen der Mitarbeit, die unterschiedlichen Standpunkte, die verstreuten Quellen; aber ist das eine Schwäche? Unterstützung erfuhren die Forschungen der Sorbonne aus der Alten und der Neuen Welt, ganz unterschiedliche gelehrte Versammlungen von Moskau bis Lissabon, von Beirut bis Harvard, von Rom bis Toronto, über Assisi, Todi, Prato, Lublin und Mönchengladbach beschäftigten sich mit der Geschichte der Armut im Mittelalter. Übereinstimmungen? Armut ist zunächst ein theoretischer Begriff, aber er beinhaltet auch eine komplexe und ergreifende, schwer faßbare gesellschaftliche Wirklichkeit. Die Beziehung zwischen der Begriffsdefinition und der Lebenswirklichkeit ist weder evident noch konstant. Daher galt es, sowohl die Nuancen des Bedeutungsgehalts zu erfassen als auch die damit verbundenen Formen von Wirklichkeit auszuloten und dabei die Verästelungen der Denkweisen und Gefühlsreaktionen angesichts der harten Realitäten zu verfolgen. Aber gerade an dem entscheidenden Punkt, wo Denken und Fühlen sich mit Erlebtem befassen, versagen häufig die Quellen. Diese Arbeit stellt also nur einen Versuch dar und will zu vertiefter Forschung anregen. Jede über die vorliegende Arbeit hinaus weiterführende Untersuchung würde dem Autor die Genugtuung verschaffen, daß seine Mühe nicht nutzlos war.[1]

Einleitung
Begegnung mit den Armen, einer verkannten und nicht eindeutig zu definierenden Schicht

Armut in der allgemeinen Bedeutung von Besitzlosigkeit stellt im Mittelalter ein konstantes Phänomen dar. Weder in der Antike mit ihren Pauperismusunruhen noch zur Zeit des sozialen und wirtschaftlichen Niedergangs der Völkerwanderungszeit, weder in der Reformationszeit noch in der Renaissance, als die Zeitgenossen Armut als beschämenden und unwürdigen Zustand empfanden, kam man auf den Gedanken, die Armut abzuschaffen. Den Worten des Paulus, daß die Liebe niemals aufhöre, glaubte man wie der Lehre Jesu entnehmen zu können, daß es Arme immer geben werde. Aber die Auffassungen von Armut und christlicher Barmherzigkeit als geschichtlichen Konstanten sind höchst vielfältig. Zwei Strömungen der Auflehnung gegen die Armut durchziehen das Mittelalter. Die Auflehnung kam einerseits von den unglücklichen Armen selbst und führte zu den Revolten des 12., 14. und 16. Jahrhunderts, die in ihrer schärfsten Form seltsamerweise jeweils im Abstand von zwei Jahrhunderten auftraten. Die andere Welle der Auflehnung, die vom Geist des Evangeliums getragen und vom 13. Jahrhundert an von der franziskanischen Bewegung initiiert wurde, versuchte das Elend der materiellen Armut zur Tugend der Armut umzudeuten und fand ihren tätigen Ausdruck in den Werken der Barmherzigkeit. Beide Strömungen hatten die Erleichterung der Armut zum Ziel, keineswegs aber, da man die Wurzel des Übels nicht zu fassen wußte, die Erneuerung des Sozialgefüges zugunsten des Benachteiligten.

Entsprechend dem Verständnis von Armut als geschichtlicher Konstante enthüllt das Vokabular, das ihre verschiedenen Aspekte benennt, die Verhaltensweisen und Gefühle, die sie provozierte. Überblickt man die oft mehrdeutigen Ausdrucksweisen, so fällt vor allem deren große Vielfalt und semantische Entwicklung ins Auge. Der lateinische Begriff *paupertas* erfuhr im gesamten Okzident in den romanischen Sprachen vom 13. und vor allem vom 14. Jahrhundert an eine breite Auffächerung; die quantitative und qualitative Ausdehnung der Armut und das Bewußtsein ihrer Auswirkungen spiegeln sich im Denken und in der Sprache. Ein bezeichnendes Beispiel liefert die Verbreitung der lateinischen Worte *paupertas* und *pauper*, deren Ableitungen sogar in germanische und slawische Sprachen eindrangen; im Französischen heißt es *povreté* bzw. *pauvreté* und *povre* bzw. *pauvre*, im Italienischen *povertà* und *povero*, im Portugiesischen und Spanischen *pobreza* und *pobre*, im Englischen *poverty* und *poor*. Unwichtig erscheint in diesem Zusammenhang, daß sich die deutschen Begriffe *Armut* und *arm* nicht aus diesem Stamm ableiten lassen; denn auch deren semantische Entwicklung folgt den Veränderungen der Denkweise. Die zum Ausdruck gebrachten Sachverhalte sind im Grunde identisch, die Lebensrealitäten ähnlich.

Bevor die Begriffe dieses Bedeutungsfeldes als Substantive benutzt wurden, wurden sie adjektivisch verwendet. Man ist arm, man wird zum Armen. Armut bezeichnete zunächst eine Qualität und erst dann den Status einer Person gleich welchen sozialen Standes, die von einem Mangel betroffen war. Man sprach von einem armen Mann, einer armen Frau, einem armen Bauern, einem armen Unfreien, einem armen Kleriker, einem armen Ritter oder einem armen Kerl. Zwar gehörten diese Personen unterschiedlichen sozialen Schichten an, allen aber war gemeinsam, daß ihr Sozialstatus im Vergleich zu dem normalen Niveau ihrer Gruppe gemindert war. Es gibt also verschiedene Schichten und verschiedene Arten von Armut. Armut ist relativ, dasselbe Wort bezeichnet unterschiedliche Phänomene. Man ist immer ärmer oder weniger arm als ein anderer.

Darüber hinaus enthält die Pluralform des Adjektivs arm, ,,die Armen'', eine quantitative Feststellung. Zum Ausdruck kommen nämlich die Existenz einer sozialen Gruppe und das Erwachen eines Gefühls von Mitleid oder Beunruhigung über die Zahl der Armen. Eine dritte Etappe der semantischen Entwicklung führt vom Gebrauch des Adjektivs arm über dessen substantivierte Formen wie ,,ein Armer'' bzw. ,,die Armen'' zum abstrakten Gebrauch des Wortes ,,der Arme''. Der Arme im abstrakten Sinne bringt in einem einzigen Wort sowohl das Bild des Bedürftigen als auch seinen elenden Zustand zum Ausdruck. Der Begriff ist affektiv besetzt, mit Mitleid oder Abscheu, und enthält somit ein beträchtliches Potential an Auflehnung bzw. an sozialen Ängsten. Diese komplexe Entwicklung ist sehr schwierig zu verfolgen; sie dauerte bis zum 16. Jahrhundert und verlief parallel zur Entwicklung des Pauperismus.

Die semantische Entwicklung der Begriffe *pauper* und *paupertas* entspricht also den tiefgreifenden, langsamen Veränderungen der darin ausgedrückten Sachverhalte; nicht weniger Aufmerksamkeit verdienen jedoch ihre Synonyme, ihre Antinomien, die geläufigen Verbindungen dieser Wörter mit anderen Begriffen und die Bezeichnungen für die jeweiligen Sachverhalte. Mit Hilfe dieser Wortfelder kann man die vielfältigen Arten von Armut und die Vielzahl der Einstellungen und Verhaltensweisen ihr gegenüber schärfer erfassen. Dabei wird deutlich, daß diese Einstellungen und Verhaltensweisen meist nur von einem einzigen Standpunkt aus bekannt sind, nämlich aus dem Blickwinkel derjenigen, die auf die Armen herabschauen.

Zwischen den beiden großen Phasen der Sprachentwicklung im Mittelalter besteht ein charakteristischer Gegensatz in der Bezeichnung der Armen. Auch die lateinischen Synonyme des Wortes *pauper* nahmen – neben ihrer adjektivischen – substantivische Bedeutung an. Dies gilt im übrigen für alle Termini, die die Zugehörigkeit zu einem Stand bzw. zu einer sozialen Gruppe bezeichnen, z. B. für das Wort *nobilis*, das zunächst einer Person Edelmut als moralische Qualifikation zusprach, bevor es deren soziale Zugehörigkeit zur Gruppe der Herrschenden bezeichnete. Man kann geradezu eine Typologie erstellen, deren Ordnungsprinzip der Vielfalt der Mangelsituationen ebenso entspricht wie den Urteilen und Gefühlen, die gegenüber den Armen zum Ausdruck kommen.

Die verschiedenen Begriffe bezeichnen den Mangel an Geld bzw. Notlagen ganz allgemein (*egens, egenus, indigens, inops, insufficiens, mendicus, miser*), den Mangel an Nahrungsmitteln (*esuriens, famelicus*), den Mangel an Kleidung (*nudus, pannosus*), physische Mängel wie Blindheit (*caecus*), Taubheit (*claudus*), Gicht (*contractus*), Krankheit überhaupt (*infirmus*), Lepra (*leprosus*), Wunden (*vulneratus*), schwache Gesundheit oder Altersschwäche (*aegrotans, debilis, senex, valetudinarius*), geistige Mängel (*idiotus, imbecillis, simplex*), die Zeiten der Schwäche von Schwangeren und Wöchnerinnen (*mulier ante* und *post partum*), leidvolle Lebenslagen wie den Verlust der Eltern (*orphanus*) und des Gatten (*vidua*), der Freiheit (*captivus*), wie Verbannung und Exil (*bannus, exiliatus*). Ein etwas positiver besetzter Bedeutungsgehalt rührt manchmal aus dem Gefühl des Mitleids (*miserabilis, miserabilis persona*) oder der Bewunderung für die Bescheidenheit des verschämten Armen (*pauper verecundus*). Die Ehrfurcht vor dem Bild Christi, das sich im Armen spiegelt, kommt in dem Titel *Pauper Christi* zum Ausdruck, der ursprünglich nur Mönche bezeichnete, die den Weg der Armut freiwillig und aus Liebe zu Gott eingeschlagen hatten. Ein reichliches Maß an Herablassung enthält die Diminutivform *pauperculus* oder *paupertinus*. Die Herablassung wird zur Mißachtung, die Mißachtung zur Verachtung, die Verachtung zur Ablehnung, ein Wandel, der sich langsam und graduell vollzieht. Die Demut des Armen (*humilis*) wird nicht immer als Ausdruck der biblischen Tugend verstanden, wie sie die „Magd des Herrn" im Magnifikat besingt. Seine Schwäche rückt ihn in die Nähe des Vulgären und Gewöhnlichen (*ignobilis, vilis* oder sogar *vilissimus*). Schmutzig, zerlumpt, übelriechend und bedeckt mit Geschwüren wirkt der Arme abstoßend (*abiectus*). So kann man die Summe allen Leids und allen Elends in einem Wortfeld zusammenfassen, dessen Elemente – Begriffe wie *abiectio* und *humilitas* – ebenso wie der Begriff *paupertas* von Adjektiven abgeleitet sind, welche die Armen beschreiben. Das daraus resultierende Wortfeld stellt aber keineswegs ein reines Sammlungsergebnis des Forschers dar; bereits im 12. Jahrhundert hat man über die besondere Bedeutung der einzelnen Begriffe nachgedacht: So benutzen z. B. Bernhard von Clairvaux und Petrus von Blois das Begriffspaar *egenus* und *pauper*, und zwar keineswegs als Synonyme, vielmehr beide Termini in unterschiedlicher und spezifischer Bedeutung. Als *pauperes* bezeichnen sie den gesamten Kreis der Armen, denen zu helfen die Billigkeit gebietet. Der Begriff *egeni* umschreibt traditionell eine Kategorie von Menschen, die aus Bedürftigen, Waisen, Witwen und Pilgern besteht, während *indigentes* Menschen sind, die nicht unter einem essentiellen, sondern unter einem akzidentellen Mangel leiden.[2] Dies entspricht im übrigen der Auffassung von Armut, wie sie zur gleichen Zeit in Gramont, einer der Hochburgen der gelebten Armut, formuliert wurde: Neben der freiwilligen Armut (*paupertas spontanea*) der Mönche und der vorgetäuschten (*simulatoria*) der Schwindler, die mit Grabmälern und verfallenden Mauern verglichen werden, bezeichnet *paupertas coacta* die unfreiwillige Armut der Bettler, die gezwungen sind, in Armut zu leben.[3]

Auch Wortverbindungen und Antinomien können dazu beitragen, den Status des Armen genauer zu umschreiben. So bringt die häufige Verbindung von *pauper* und *agricola* bzw. *pauper* und *laborator*, die manchmal sogar synonym verwendet werden, klar zum Ausdruck, daß die Armen vorwiegend aus der Schicht stammen, die mit ihrer Hände Arbeit dem Boden den täglichen Lebensunterhalt abzuringen versucht. Hier findet der *pauvre laboureur* von La Fontaine sein Urbild. Um diesen Kampf ums tägliche Brot, die Ungewißheit der nächsten Zukunft und die Anfälligkeit für Notlagen zu beschreiben, tauchen in Verbindung mit den oben genannten Begriffen oft Worte auf wie Angst und Not (*anxietas* und *angustia*) und Mangel an Mitteln des täglichen Bedarfs (*carestia* und *penuria*).

Einige Antinomien stellen die Armen dem Menschen gegenüber, dessen Einfluß (*potens*), militärische Macht (*miles*), bürgerliche Freiheit (*civis*, *burgensis*) und dessen Reichtum (*dives*) im Gegensatz zu seinem eigenen niederen Status stehen. Mit der Verwendung dieser Antinomien beginnt jeweils ein neuer Abschnitt in der Geschichte der mittelalterlichen Armut.

Das Lateinische vererbte den romanischen Sprachen ein umfangreiches Instrumentarium zur Bezeichnung und Qualifizierung der Arten von Armut und der Kategorien von Armen. Diese Sprachen bereicherten das Vokabular in einer Weise, die bezeugt, daß sich das Los der Armen verschlechtert hatte. Zu den lateinischen bzw. aus dem Latein übersetzten Begriffen, welche die grundlegenden Sachverhalte und die Gesten der Mildtätigkeit zum Ausdruck brachten, kamen andere hinzu, die den neuen Gegebenheiten angepaßt waren. Nicht eben alle zeugen von Caritas, von christlicher Barmherzigkeit. Zwar bewahrt der Begriff *pauper* eine religiöse Komponente, doch schon von der Mitte des 14. Jahrhunderts an nimmt die Armen-Terminologie eine Wende zum pejorativen Sinn, entsteht ein sowohl deftiges als auch herabsetzendes Vokabular. Ausdrücke wie „der starke Bettler" verdächtigen die Bettler der Faulheit. Der seit jeher auf den Randgruppen lastende Verdacht der Kriminalität ließ eine Vielzahl von Bezeichnungen für Vagabunden und Bettler entstehen. Andererseits machte die Erfahrung wirtschaftlicher Krisen den Menschen nach und nach bewußt, daß es Notlagen gab, in denen Hilfe angebracht war; so die Armut des Fleißigen, dessen Arbeitskraft nicht ausreichte, um den Lebensunterhalt für sich und die Seinen zu sichern, überhaupt Situationen, die den Kreis der Armen ausdehnten, die wesentlichen Merkmale der Armut jedoch nicht veränderten.

Die Definition des Armen und seines Status muß also breit angelegt werden. Arm ist derjenige, der sich ständig oder vorübergehend in einer Situation der Schwäche, der Abhängigkeit oder der Erniedrigung befindet, in einer nach Zeit und Gesellschaftsformen unterschiedlich geprägten Mangelsituation, einer Situation der Ohnmacht und gesellschaftlichen Verachtung: Dem Armen fehlen Geld, Beziehungen, Einfluß, Macht, Wissen, technische Qualifikation, ehrenhafte Geburt, physische Kraft, intellektuelle Fähigkeit, persönliche Freiheit, ja Menschenwürde. Er lebt von einem Tag auf den andern und hat keinerlei Chance, sich ohne die Hilfe anderer aus seiner Lage zu befreien. Eine solche Definition umfaßt alle Ausgestoßenen und Entrechteten, alle Außenseiter und Randgruppen. Sie beschränkt sich nicht auf eine bestimmte Epoche, eine bestimmte Region oder eine besondere Gesellschaftsschicht. Sie schließt weder diejenigen aus, die sich – einem asketischen oder mystischen Ideal folgend – von der Welt lösen, noch jene, die sich aus Frömmigkeit entschließen, als Arme unter Armen zu leben.

Armut, ein relativer Begriff, kennt verschiedene Abstufungen. In jeder Gesellschaft, in jeder Epoche bedeutet Armut etwas anderes, wobei die Unterschiede aus dem jeweiligen kulturellen und wirtschaftlichen Niveau der Gesellschaft resultieren; die Formen der individuellen Armut ergaben sich aus der gesellschaftlichen Stellung und der Herkunft des Betroffenen. Das Französische des Mittelalters sagte von einem Mann, daß er in die Unfreiheit oder das Elend „falle" oder daß er „seinen Stand nicht erhalten" und noch weniger „sich wieder erheben" könne. Damit wird ein Verfallsprozeß beschrieben, eine Bruchstelle definiert, eine Schwelle, an der eine schwierige Situation in unabwendbare Not umschlägt. Eine hauchdünne Grenzlinie verläuft zwischen den beiden Ebenen der Armut, zwischen der Anfälligkeit für den Zugriff des Unglücks und dem Fall in die Hilflosigkeit. Je nach Art der Bedrängnis kann man verschiedene Typen solcher Schwellen unterscheiden, die biologische, die wirtschaftliche und die soziale.

Die biologische Schwelle bzw. die Morbiditätsschwelle wird überschritten, wenn die Minimalbedingungen für den Erhalt der Gesundheit oder gar des Überlebens nicht mehr erfüllt werden, etwa durch ererbte oder akzidentelle Krankheit, durch Arbeitsunfähigkeit oder Unterernährung. Aber in welchem Alter verliert der Bauer in den verschiedenen geschichtlichen Epochen die Fähigkeit zur Feldarbeit, der Handwerker zur Ausübung seines Handwerks, der Kaufmann zur Durchführung von Handelsreisen, der Kleriker zum Kirchendienst oder der Adelige zum Reiterdienst? In der

Stadt und auf dem Lande sind die Bedingungen unterschiedlich. Biologische Anfälligkeit resultiert auch aus schlechter Kleidung, aus ungenügenden Wohnverhältnissen und vor allem aus unzureichender und unausgewogener Ernährung. Als Katalysatoren der Verelendung wirken natürlich auch die großen Epidemien. Wäre die Kindersterblichkeit des Mittelalters nicht so schwierig zu verifizieren, so würde sie in diesem Zusammenhang wesentliche Aufschlüsse liefern. Einzelne Komponenten des physiologischen Elends erhellen medizinische Beobachtungen der Zeitgenossen. So erhält etwa eine Anspielung auf die Ernährungsgewohnheiten im *Roman de Renart*, ein physisches Detail einer Person auf einem Breughelschen Gemälde oder eine Spur von Rachitis an einem bei Ausgrabungen gefundenen Skelett eine Bedeutung, die man ihr sonst nicht zugemessen hätte, nämlich als Zeichen für gesundheitliche Schwäche und körperliche Gebrechen.

Mangelhafte Hygiene und gesundheitliche Mängel sind so häufig mit Geldmangel verbunden, daß die biologische und die wirtschaftliche Schwelle des Elends in einem engen Zusammenhang gesehen werden können. Ferner hängt für den einzelnen, für die Familien wie für ganze Dörfer, Städte, Grundherrschaften und Staaten die finanzielle Armutsschwelle eng mit der Lebensmittelversorgung zusammen; diese wiederum ist abhängig von der wirtschaftlichen und demographischen Entwicklung sowie von klimatischen Verhältnissen und Katastrophenfällen. Anhaltspunkte liefert die Preisentwicklung; denn die wirtschaftliche Armutsschwelle ist eine Funktion der Möglichkeiten von Tausch und Kauf, d. h. eine Funktion des Realwertes des Geldes. Verschärft wird die Situation noch durch die Verminderung der Einkommen durch Steuern und Abgaben, die selbst von den geringen Einkünften der Armen erhoben wurden, wie etwa grundherrschaftliche Lasten, Zehnten, städtische und staatliche Steuern. Und schließlich stößt die Verschuldung, gleichsam ein vergiftetes Heilmittel, Bauern wie Grundherrn ins Elend. Doch scheint es leichter, die vielfältigen Wege von der Armut ins Elend zu verfolgen als deren Opfer ausfindig zu machen.

Es ist wichtig, wenn auch nicht einfach, den sozialen Abstieg in dem Augenblick zu erfassen, da die soziale Schwelle überschritten wird, also die Schwelle der Gesellschaftsfähigkeit. Sozialer Abstieg bedeutet im Mittelalter die Aufgabe des Standes, den Verlust der Arbeitsmittel und der Statussymbole. Der Bauer verliert Werkzeug und Vieh, der Handwerker seine Werkstatt, der Kaufmann seinen Verkaufsstand, der Kleriker seine Bücher und der Adlige sein Pferd und seine Waffen. Ohne diese Dinge wird man zur Unperson, weil man nicht mehr über die Mittel zur Sicherung der sozialen Existenz verfügt. Der Betroffene ist fortan deklassiert, ausgeschlossen, zur Auswanderung oder zum Umherziehen gezwungen; der Arme lebt allein und ohne Bindungen.

Der Statusverlust kann die Folge von Ausstoßung, Zurückweisung oder von Unglücksfällen sein. Ungewiß bleibt, ob es im 11. und 12. Jahrhundert eine relative Überbevölkerung gab und ob diese einen der Gründe für die Pauperisierung darstellte. Jedenfalls zwang ein gewisser Geburtenüberschuß, der im adeligen Bereich durch das Erstgeburtsrecht, in der Gesellschaft insgesamt durch die Erbteilungen das Sozialgefüge verschob, schon vom 11. Jahrhundert an die besitzlosen Nachgeborenen (*iuvenes*) zu Wagnis und Abenteuer, was die Anzahl der bindungslos Umherziehenden vermehrte. Auch die wirtschaftlichen Schwierigkeiten und die Kriege des 14. Jahrhunderts stießen sehr viele Menschen ins Elend. Zahlreiche Entwurzelte sammelten sich in Bettlerbanden, viele Flüchtige fanden Zuflucht in den Städten.

Zu diesen von der Gesellschaft Verstoßenen gesellten sich die wegen krimineller Delikte Ausgeschlossenen und die Asozialen im eigentlichen Sinne des Wortes, diejenigen, die Familie, Gesellschaft und Staat ablehnten. Letztere waren zwar nicht alle kriminell, schwebten aber ständig in der Gefahr, es zu werden. Das galt z. B. im 11. und zu Beginn des 12. Jahrhunderts für die Waldleute; berühmt wurde in Deutschland im 13. Jahrhundert der Fall des Meier Helmbrecht, der sich gegen seinen Vater auflehnte und den Pflug im Stich ließ. In diesen Zusammenhang gehören auch die freidenkerischen Goliarden, die Kommödiantengruppen der *Enfants* und die Pastorellen, die der Aufsicht der Familie entwichen waren. Das organisierte Bettlertum, die Gueuserie, entstand im 14. Jahrhundert und erreichte im 15. seinen Höhepunkt. Solche Gruppen standen zu allen Zeiten der etablierten Ordnung feindlich gegenüber; sie lebten in Gemeinschaften oder Banden am Rande der Gesellschaft und wurden stets der Häresie oder der Subversion verdächtigt. Zwar stammten diese Asozialen aus armen Schichten und waren selbst arm, doch kompromittierten sie durch ihre Art der Armut die ehrbaren, echten Armen.

Welche Bedeutung besaßen im Mittelalter die sozialen Randgruppen? Damit stellt sich die Frage nach der Schwelle der sozialen Toleranz gegenüber dem Elend, einer Schwelle, die vom Prozentsatz der Randgruppen abhängt, den eine Gesellschaft ohne Beunruhigung und Repression ertragen kann; sie variiert mit den jeweiligen wirtschaftlichen, sozialen und moralischen Bedingungen. Es erscheint nahezu unmöglich, diese Schwelle für das Mittelalter genau zu erfassen; doch sollte man die Problematik nicht übersehen und sich ihrer Existenz bewußt sein.

Die gründliche Analyse der zur Beschreibung der Armut benutzten Begrifflichkeit und die Unterscheidung der verschiedenen Armutsschwellen reichen jedoch nicht aus, ihre vielfältigen Aspekte und Facetten zu erfassen. Vieldeutig und unterschiedlich sind auch die Verhaltensweisen gegenüber den Armen. Es wäre zu einfach, in plumper Selbstgerechtigkeit zwischen den guten, echten Armen und den anderen, den bösen, falschen, aufrührerischen, zu unterscheiden; das wäre simpler Manichäismus. Vielmehr muß man nach den Motiven für bestimmte Verhaltensweisen der Armen forschen.

Völlig unverdächtig war der ehrbare Arme, der bescheiden, aber im Grunde resigniert von den geringen Erträgen seiner Arbeit, von kirchlicher oder verwandtschaftlicher Unterstützung und vom Almosen lebte. Sein Anblick war vertraut, man kannte seine Eltern. Trotz seines Unglücks blieb er in seinem Leid Mitglied der sozialen Gruppe, innerhalb der Grundherrschaft, der Kirchengemeinde, der Dorfgemeinschaft oder der Stadt. Niemand stellte seine Existenz in Frage, seine Präsenz störte das Gemeinschaftsleben nicht. Vieldeutig sind jedoch die Motive für die Herablassung der Mächtigen, für die mitleidige Gebärde des großen Herrn, für die ostentative Gabe des Bürgers. Unergründliches Geheimnis der Gewissen bleibt die Frage, wo im Mittelalter die echte Caritas, die alle fordern und nur wenige praktizieren, beginnt und wo sie endet. Diese Vieldeutigkeit besteht sowohl bei denen, die geben, als auch bei denjenigen, die empfangen.

Jenseits der sozialen Schwelle wird die vom gesellschaftlichen Mißtrauen geprägte Situation des Armen evident. Der umherziehende Arme ist kein Bekannter wie der ehrbare Arme, sondern ein Unbekannter. Ist er vielleicht ein Unruhestifter, da er doch aus seinem sozialen Rahmen ausgebrochen ist? Ist er ein Vagabund, schleppt er Krankheiten ein? Ist er tatsächlich arm, wirklich krank? Vorsichtshalber beherbergten die Hospize die umherziehenden Armen nur begrenzte Zeit und verweigerten ihnen in unruhigen Zeiten den Zugang zu den Städten. Die kirchliche Lehre unterscheidet sehr früh zwischen den Armen, die Hilfe verdienen, und solchen, die ihrer nicht würdig sind.

Eine Kasuistik des Almosengebens führte zu neuen und subtilen Differenzierungen. Der ehrenhaften und zur Seligkeit führenden Armut wird die sündige Armut gegenübergestellt. War Armut Tugend oder Fluch? Neben anderen biblischen Traditionen hat das Mittelalter die Unterscheidung zwischen der asketischen und der demütigen Armut der *anawim*[4] und der negativ, als Strafe für die eigene Sünde oder die der Väter bewerteten Armut übernommen, wie sie z. B. im Vorwurf der Pharisäer gegenüber dem Blindgeborenen zum Ausdruck kommt.

Weitere Auffassungsunterschiede ergeben sich aus der Frage, ob die Armut eine Tugend in sich oder nur ein Weg zur Vollkommenheit sei. Benedikt von Nursia entschied sich für die zweite Alternative, ein Teil der franziskanischen Bewegung für die erstere, und selbst diese Entscheidung enthielt noch zwei Optionen, nämlich für vollständige Besitzlosigkeit oder lediglich für eine anspruchslose Lebensweise. Ferner ergab sich das Problem, ob Armut individuell oder kollektiv praktiziert werden solle. Ein weiterer Streitpunkt war, ob Christus als Vorbild der uneingeschränkten Besitzlosigkeit zu betrachten sei oder ob seine Armut darin bestand, daß er als Gott zum Menschen wurde. Schließlich stellte man sich die Frage, wie man zu den vorbildlichen Formen der apostolischen Armut des Urchristentums zurückfinden und wie man sie nachleben sollte.

Mit diesen Überlegungen entfernen wir uns keineswegs von der Untersuchung der unfreiwillig Armen, die ein leidvolles Leben führen mußten. Armut wurde geschätzt oder verdammt, je nachdem, welche Antwort man auf den Skandal der gelebten Armut fand, die als ein Aspekt des Bösen verstanden wurde. Diese Zwiespältigkeit offenbart sich in der Antinomie zwischen den oben erwähnten Prinzipien und bestimmten sozialen Verhaltensweisen. Die biblische Tradition der Armut, das Bild Christi des Erlösers, wurde oft durch die uneingeschränkte Verachtung der Armen verleugnet; so verachtete der Landedelmann im 11. Jahrhundert den armen Landbewohner, der Autor des Rosenromans verfluchte ihn sogar. Man war sich also nicht klar darüber, ob materielle Armut einen höheren Wert besitze oder ob sie als unwiderruflicher Niedergang zu verstehen sei. Dieser fundamentale Zwiespalt findet seinen Niederschlag auch in den Quellentexten. Soweit in den letzten Jahrhunderten des Mittelalters fiskalische Quellen, vor allem städtische Steuerakten, die Armen erwähnen, werden diese mit verschiedenen, vieldeutigen Bezeichnungen belegt; man nennt sie Arme oder Leute, die nichts besitzen (*nihil habentes*). Die Trennungslinie zwischen den Steuerpflichtigen und den wegen Mittellosigkeit von der Steuer Befreiten entspricht nicht der tatsächlichen wirtschaftlichen Schwelle der Armut. Diese variierte von Land zu Land, von Stadt zu Stadt und in der gleichen Stadt von einem Jahr zum andern, von einer Steuererhebung zur andern, je nach den Bedürfnissen des Fiskus. Die Schwankungen des besteuerbaren Quantums vermehrten oder verminderten die Anzahl der Steuerpflichtigen und der Exempten. Hinweise liefert uns der Begriff des *pauvre fiscal*, des nach Steuermaßstäben Armen. Doch umschreibt er eher die Indizien der politischen und wirtschaftlichen Konjunktur als die Realität des Lebens. Bei aller Brauchbarkeit muß er mit Vorsicht benutzt werden.

Die Erkenntnis der Realität der Armut wird also durch die Quellenlage eher noch erschwert; schließlich stellten sich den mittelalterlichen Autoren und den Schreibern der Finanzverwaltung nicht die gleichen Probleme wie uns. Zur Geschichte der Armen gibt es nur wenige spezifische und durchgängige Quellen, so etwa die oft ungenauen Verzeichnisse der Almosen in den Hospizarchiven. Arme gab es überall. Sie stammten aus allen Schichten, wenn auch vorwiegend aus den unteren Schichten der Gesellschaft; also muß man auf alle möglichen Quellenarten zurückgreifen. Als Quellen bezeichnen wir hier alles, was uns in schriftlicher oder nichtschriftlicher, aber datierbarer Form Informationen über die Armen liefern kann: Öffentliche oder private Urkunden, literarische oder administrative Quellen, wirtschaftliche oder religiöse Texte, Gegenstände oder Bilder. Dabei muß das argumentum ex silentio natürlich ausgeschlossen bleiben. Trotzdem könnte man das Schweigen der Quellen über die Armen aber auch als Ausdruck der Gleichgültigkeit oder der Verachtung bzw. der Unfähigkeit der einfachen Leute, sich auszudrücken, werten. Sollte man es deshalb nicht wenigstens als Faktum mitberücksichtigen? Denn wenn ein Autor, sogar ein wohlwollender, ein Prediger, Moralist, ein Chronist oder ein Künstler von dem Armen spricht oder ihn darstellt, so sieht er ihn ja von seiner persönlichen Warte aus und nur insoweit, als er ihn selbst in irgendeiner Weise betrifft. Selten versetzt er sich an die Stelle des Armen.

Zweifellos wird das Elend der Armen oft mit einer gewissen Uneigennützigkeit und mit dem Willen beschrieben, die Gesellschaft an ihre Pflichten zu mahnen. Aber was schlagen die Autoren nun vor? Etwa sich abzufinden mit seinem Los in Erwartung des Ausgleichs im Jenseits, eine gesellschaftliche Veränderung, welche die Hochmütigen stürzt und die Demütigen erhöht, ohne die Strukturen zu verändern, einen Ausgleich der Rechte und Pflichten, der auf der christlichen Barmherzigkeit basiert? Ergriffen die Armen selbst, am Ende des 12. und im Laufe des 14. Jahrhunderts oder in den Bauernkriegen zur Zeit Luthers das Wort, so scheinen sie und ihre Wortführer sich weder über ihre Situation noch über die Kraft ihrer Solidarität ganz im klaren gewesen zu sein; sie kannten sich selbst nicht. Unkenntnis über Struktur und Ausmaß der Armut findet sich auch bei den Armen selbst.

Des weiteren müßte man die von Jahrhundert zu Jahrhundert schwankende Anzahl der Armen feststellen; denn ihre Geschichte darf nicht ausschließlich qualitativ betrachtet werden. Quantitative Angaben aber sind selten, zerstreut, ungleichmäßig und nicht immer verläßlich. Man müßte zumindest versuchen, die Entwicklungsphasen der Armut herauszuarbeiten. Das Auf und Ab der Bewegung ist zwar bekannt, aber schwierig zu quantifizieren, außerdem vollziehen sich die Schwankungen abrupt, treten rasche Veränderungen erheblichen Ausmaßes auf. Wo liegen die Ursachen dieser Entwicklung? Bei den kurzfristigen Schwankungen spielen sicher das politische Klima, die Wechselfälle der Kriege zwischen Feudalherren, Städten und Monarchen und die Auswirkungen klimatischer Veränderungen eine wesentliche Rolle. Wie soll man aber die starken Wellen der Armut erklären, die vom 11. bis 14. Jahrhundert jeweils am Jahrhundertende Massenarmut erzeugen, sich dann wieder abschwächen, in ihren Auswirkungen aber noch lange spürbar bleiben? Wie soll man andererseits die tiefgreifenden Probleme erklären, die für die merowingischen Bischöfe, die Mönche des 9., die Eremiten des 11., die Bettelorden des 13. Jahrhunderts und schließlich die Laienbruderschaften den Anlaß gaben, das Leid der Armen zu lindern? Wir stehen hier zwei Fragenkomplexen gegenüber, auf die wohl kaum übereinstimmende Antworten zu finden sein dürften.

Gewiß wäre der bestimmende Einfluß des Bevölkerungswachstums zu betonen sowie die grundlegende Bedeutung des wirtschaftlichen und technischen Entwicklungsstandes mit langen Stagnationszeiten, Phasen des

Fortschritts, Rückfällen und Verzögerungen, die durch Störungen des wirtschaftlichen Gleichgewichts und durch inadäquate Sozialstrukturen verursacht worden sind. Wollte man die Fülle von Ursachen auf einen Nenner bringen, so würde man bald erkennen, daß dies der Vielfalt der Probleme nicht gerecht wird und man sie in ihrer Komplexität so nicht fassen kann. Es genügt auch nicht, nur den weltlichen Bereich zu untersuchen. Im Laufe der Jahrhunderte hatte man von kirchlicher Seite die Frage der Armut mehrfach zu analysieren versucht. Zwar erfaßte man ihre vielfältigen Gründe nicht – das wäre wohl auch kaum möglich gewesen –, doch versuchte man wenigstens, die Widersprüchlichkeiten der menschlichen Existenz auszugleichen. Diese Versuche wurzelten tief in den biblischen Traditionen des Alten und Neuen Testaments, die zwar zeitweise oder teilweise unterbrochen und dann wieder aufgenommen wurden, aber doch ein reiches Potential zur Verfügung stellten. Betrachten wir dieses Potential gewissermaßen als Virus, so verstehen wir besser, wie Franz von Assisi in einem geradezu überraschenden Ausbruch die Würde des Armen und die Pflicht, diese Würde wiederherzustellen, proklamieren konnte. In diesem Falle war ganz deutlich die Dialektik von Leid und Glück mit im Spiel. Von welchem Glück aber träumten die Menschen? Hier offenbart sich eine weitere, sehr bedeutsame Vieldeutigkeit.

Erster Teil
Die Schwachen im Schatten der Mächtigen
(5.–11. Jahrhundert)

I. Das Erbe der Spätantike

Weit davon entfernt, sich gegenseitig zu neutralisieren oder zu befruchten, potenzierten sich die Nöte der überalterten römischen Gesellschaft und die Schwächen der jungen Germanenvölker gegenseitig zu Lasten der kleinen Leute. Gleichsam als Kompensation zugunsten der Armen blieb allerdings das geistige Erbe der Spätantike erhalten. Die Philanthropie der antoninischen Kaiser, die Freigebigkeit des Euergetes hatten, ohne Traditionen zu bilden, doch Spuren und Erinnerungen hinterlassen. Vor allem die Ära Konstantins, die den von der Bergpredigt und dem Grundsatz der jederzeit hilfsbereiten christlichen Caritas inspirierten Initiativen breite Entfaltungsmöglichkeiten geboten hatte, war nicht spurlos vorübergegangen. Gewiß, Armut gedeiht wie Unkraut überall, und wahre Caritas benötigt keine Vorbilder, wenn sie im Herzen der Menschen einmal Wurzeln geschlagen hat. Aber die Erfahrung des Unglücks ist doch eine gute Lehrmeisterin.

1. Die städtische Armut in der Antike, ein orientalisches Erbe

Städtische Armut des antiken Typs überdauerte in den Regionen, die von der Völkerwanderung ganz oder teilweise verschont blieben. Es stellt sich die Frage, ob sie drückender war als die Armut auf dem Lande oder ob sie nur deshalb besser bekannt ist, weil sie durch ihre Verdichtung und Dringlichkeit unmittelbarer erfahren wurde. Wie Antiochia zur Zeit des Libanios, wie Ephesus, Caesaraea, Jerusalem und Alexandria scheint auch Konstantinopel seit seiner Gründung zahlreiche Arme angezogen zu haben. Genaue Schätzungen lassen sich nicht anstellen. Die Angabe des Johannes Chrysostomos, daß um 400 in Konstantinopel 50000 Arme lebten, dürfte übertrieben sein; doch weist sie zumindest darauf hin, daß die hohe Anzahl der Armen damals als Skandal empfunden wurde, der bereits zu gegensätzlichen Reaktionen, zu Repression oder Mitleid geführt hatte. So soll Zotikos, ein Mann von hohem Rang aus der Umgebung Konstantins, heimlich eine große Geldsumme zum Freikauf und zur Pflege von Leprosen verwendet haben. Damit handelte er einem Verbot des Kaisers zuwider, der aus Sorge um die öffentliche Gesundheit die Leprosen vertreiben oder sterben lassen wollte. Konstantin wurde hinterbracht, daß Zotikos vor den

Toren der Hauptstadt, auf den Hängen von Galata, eine Leprosensiedlung gegründet hatte, woraufhin er Zotikos verurteilte, von Eseln geschleift und geviertteilt zu werden. Doch unmittelbar nach der Hinrichtung bereute der Kaiser seine Tat und verwandelte die provisorischen Hütten, die Zotikos errichtet hatte, in ein festes Hospiz, das den Namen des Märtyrers erhielt, der darauf im ganzen römischen Reich als Ernährer der Armen gerühmt wurde. Bald aber setzte sich ein schärferer Kurs durch; im Jahre 382 sollte Konstantinopel von den überhandnehmenden Bettlern gesäubert werden. Zur Unterscheidung zwischen gesunden und kranken Bettlern wurden Kontrollen durchgeführt. Die gesunden Bettler, ob nun freiwillig oder unfreiwillig arbeitslos, betrachtete man als Faulenzer; Unfreie wurden ihren Herrn zurückgegeben, Freie auf Lebenszeit dem Denunzianten als Kolonen überlassen. Gesetzestexte und Quellen aus dem kirchlichen Bereich erlauben also, die verschiedenen Aspekte der Armut zu erfassen, ferner die Terminologie, welche die Armen differenziert, aber auch das Mitleid und die soziale Unterdrückung, deren Objekte sie waren.

Während sich die Lage der Armen in ländlichen Bereichen im Okzident besserte, hielt der Zustrom in die großen Städte des Orients, besonders nach Konstantinopel, zur gleichen Zeit unvermindert an. Der Vorgang ist typisch: Eine schwierige Wirtschaftslage führt zunächst zum Verlust der Heimat, dann vom Vagabundentum zur Hilfsbedürftigkeit, womit das gesamte Spektrum der Armut umrissen wäre. Mangel an Saatgut bedeutete für den Bauern oft schon den Beginn der Armut, ganz zu schweigen von Unwettern, Katastrophen und Überfällen; die Verpfändung von Werkzeug und Arbeitsgeräten bei Wucherern vertiefte die Schwierigkeiten, ohne sie zu beheben. Daher betrachten die griechischen Kirchenväter den Schuldner immer auch als potentiellen Armen; eine syrische Inschrift vergleicht den Bauern mit dem Ochsen, der sich unter dem Joch abmüht, und sie weist darauf hin, daß er ,,den harten Stand der Unfreiheit fürchtet". Doch nicht allein der Wucherer tritt als Gläubiger auf. Gregor von Nazianz und Basilius von Caesaraea wetterten gegen die drückende Besteuerung, gegen die Willkür bei der Umwandlung von Natural- in Geldabgaben, gegen maßlose Abgabenforderungen der Grundherren, gegen allzu häufig eingeforderte Frondienste. Sie verurteilten das Patronatssystem als Form der Usurpation von rechtmäßigem Eigentum, die sich unter dem Deckmantel einer Schutzfunktion verberge. Flucht vor Steuern und Abgaben war eines der häufigsten Motive für die Abwanderung der Armen in die Städte, wo sie denjenigen wieder begegneten, die vor ihnen die Armutsschwelle überschritten hatten.

Die Entwicklung der Armut im oströmischen Reich des 6. Jahrhunderts wurde schon mit einer Springflut verglichen. Chroniken, Gesetzestexte, Heiligenviten und Predigten liefern die Grundlage für die Beschreibung der verschiedenen Kategorien von Armen und ihrer Existenzbedingungen. Als Beispiele seien Gesetze aus den Jahren 535 und 539 angeführt, die den ländlichen Exodus in die Hauptstadt zum Stillstand bringen sollten. Nach zwei aufeinander folgenden Mißernten waren die Schuldner nicht mehr in der Lage, die fälligen Zahlungen zu leisten; sie verloren ihren Besitz und zogen nach Konstantinopel, um dort ihr Glück zu suchen. Dort übten sie, begünstigt durch eine Steuerbefreiung aus dem Jahre 313, kleingewerbliche Tätigkeiten aus; ferner kamen sie in den Genuß von öffentlich verteilten Lebensmitteln und Kleidung. Die gleiche Entwicklung wie in Thrazien vollzog sich im Nahen Orient, vor allem in Syrien. Ohne großen Erfolg versuchte man zu verbieten, daß Grundbesitz und Arbeitsgerät als Pfand angenommen wurden. Auch die sozialen Auswirkungen der Landflucht suchte der Gesetzgeber zu mildern; insbesondere bemühte er sich um den Schutz junger Mädchen, die auf dem Lande von den in Geldnot geratenen Eltern an Händler verkauft und von diesen an städtische Bordelle weitervermittelt wurden. Man ging noch weiter und ergriff schärfere Maßnahmen: So wurde die 382 eingeführte, inzwischen aber nicht mehr praktizierte Kontrolle der ‚starken Armen‘ wieder angewandt. Ein dafür eingesetzter Beamter erhielt den Auftrag, die neu zuziehenden Armen aus der Hauptstadt zu verweisen und diejenigen, die aus der Stadt stammten, zu gemeinnützigen Arbeiten zu verpflichten, etwa zu Bauarbeiten oder Versorgungsaufgaben. Die gesunden Armen sollten „ihren Anteil an der irdischen Mühe übernehmen ... und dem Müßiggang entsagen, der sie nur zu unrechtem Tun verleitet."

Gesunde und kranke Arme unterschied man durch die Begriffe $πένης$, der arme Arbeiter, bzw. $πτωχός$, der zum Betteln gezwungene Arme. Diese Bezeichnungen stehen für eine Vielfalt von Schicksalen, die jedoch einige gemeinsame Charakteristika aufweisen. Besitzlosigkeit kennzeichnet die meisten Armen. Aber Evelyne Patlagean konnte unter den Kriterien der Armut auch Unterernährung und Fehlernährung entdecken, in ihrer Bedeutung nur schwer einzuschätzende Phänomene. In erster Linie wäre auf den Mangel an Vitamin A, B und D hinzuweisen, eine Folge von Brotknappheit, einem Übermaß an Stärkemehl und dem Mangel an Fetten. Dies führte zu Mangelkrankheiten und zu der in den ärmsten Schichten stark erhöhten Anfälligkeit für Parasitosen, Nervenentzündungen, Wassersucht, Blindheit, Lepra – darüber berichten z. B. Gregor von Nyssa und Gregor von Nazianz – und natürlich für die Pest. Erst vor diesem Hintergrund wird ganz verständlich, welche Katastrophen die zwischen 540 und 600 jeweils im Abstand von zehn Jahren aufgetretenen sechs Epidemien für die großen urbanen Zentren des Mittelmeerraums darstellten.

Der prekäre Gesundheitszustand gefährdete die Armen in besonderer Weise; mangelhafte Hygiene (Schmutz, Geschwüre), schlechte Kleidung und miserable Wohnverhältnisse boten äußerst günstige Bedingungen für die Übertragung von Krankheiten. Darauf weist Michael der Syrer in seinem Bericht über die Pest von 541 hin. Aber auch ohne Epidemien lag nach Grabinschriften die durchschnittliche Lebenserwartung unter 35 Jahren.

Was die Wohnverhältnisse der Armen betrifft, so erscheint bereits der Begriff Wohnung unangemessen. Alle öffentlichen oder halböffentlichen Gebäude einer Stadt, in Antiochia z. B. der Vorraum einer Kirche, in Konstantinopel das Asyl eines Klosters oder die Arkaden eines Platzes, mußten Dutzenden von Menschen Schutz bieten. Anderswo, wie etwa in Kappadozien, bildeten zahllose Felsenhöhlen ein natürliches Refugium der Armen. Spuren von Armenbehausungen fand man nur selten, so bei Grabungen in Konstantinopel und Jerusalem in Randbereichen, die von der städtischen Besiedlung aufgegeben worden waren. Mehr als Spuren konnte man auch nicht finden; denn wenn man den Quellen folgt, bestanden diese Behausungen lediglich aus Brettern und Zweigen und waren nur notdürftig gedeckt. Im eigentlichen Sinne des Wortes kann man wohl kaum von einem Heim für die Randgruppen der Gesellschaft sprechen.

Die Armut im byzantinischen Reich läßt sich also nur mit Hilfe vielfältiger und komplexer Kriterien beschreiben. Das Gesetzeswerk des Justinian hatte die Grenze der gesetzlichen Armut bei 50 Goldsolidi Vermögen gezogen. Aber die reale Grenze wurde von der Preisentwicklung und dem Wert des Bronzegeldes bestimmt. Und in Byzanz wie anderswo verweist die Beziehung der Armen zum Geld auf das Problem des geringwertigen Geldes aus unedlem Metall, das durch die Hände der kleinen Leute ging. De facto entscheiden soziale und moralische Kriterien darüber, wo Armut beginnt.

Die Frage, ob sich die Armen in den byzantinischen Städten ihrer relativen, aber aufgrund ihrer Zahl tatsächlich vorhandenen Macht bewußt waren, ist schwer zu beantworten. Für Antiochia bezeugt Libanios Auseinandersetzungen zwischen den Etablierten und den Deklassierten. Nach Prokop sollen sich einige Jahre vor Justinian, zwischen 520 und 530, gesunde, arbeitslose Arme im Untergrund von Konstantinopel zu einer aufrührerischen Geheimgesellschaft zusammengeschlossen haben. Wie alle jäh aufflammenden Hungerunruhen, die in Mangelgesellschaften unvermeidlich sind, war auch der Aufstand des Jahres 533 gegen die Abwertung der kleinen Bronzemünzen eine regelrechte Armenrevolte. Doch handelte es sich dabei nicht um Klassenkampf; denn es gab keine Klassen. Weder die Verantwortlichen aus Politik und Verwaltung und noch weniger die Armen selbst konnten Armut als etwas anderes begreifen denn als einen permanenten oder durch überraschendes Unglück bestimmten Lebensumstand. Die Strukturprobleme, die den konjunkturellen Schwankungen zugrundelagen, wurden nicht erkannt.

Wo lag nun die Grenze zwischen den gesunden und den kranken Armen? Unterscheidungskriterium in Gesetzgebung und Moral der Byzantiner war die Arbeitsfähigkeit. Vagabundentum und Arbeitslosigkeit stellten ein politisches Problem dar, physische oder geistige Krankheit ein moralisches. Einige Kriterien zur Feststellung der Arbeitsunfähigkeit bietet die justinianischen Gesetzgebung an: Zum Kreis der Arbeitsunfähigen gehörten aufgrund verschiedener Traditionsstränge außer den Kranken, Schwachen und Greisen auch die ausgesetzten Kinder, die Opfer der Mädchenhändler und in Zeiten von Hungersnot alle Hungernden. Für alle Einrichtungen, in denen diese verschiedenen Arten von Armen Unterstützung fanden, besaß die griechische Sprache eine jeweils eigene Bezeichnung. Einige dieser Begriffe wie πτωχεῖον und ξενοδοχεῖον übernahm der Westen in der Bedeutung ‚Hospiz für die Armen und Fremden'. Über solche Institutionen, die meist von der Kirche getragen wurden, berichtet die hagiographische Literatur häufig und ausführlich.

Auch der Basileus, der Herrscher, bemühte sich um die Unterstützung der Bedürftigen. Es entsprach kaiserlicher Tradition, daß er den Titel Euergetes führte, und es war wie zu Trajans Zeiten seine Pflicht, das Volk mit Brot und Spielen zu versorgen, was für damalige Begriffe zur ‚Lebensqualität' gehörte. Das im Jahre 321 von Kaiser Konstantin der Kirche verliehene passive Erbrecht war von seinen Nachfolgern im 4. und 5. Jahrhundert auf die karitativen Einrichtungen ausgedehnt worden; diese erhielten darüber hinaus reiche Privilegien von Kaiser Justinian. Das antike System der Liturgien wurde auf die wohltätigen Einrichtungen übertragen; Steuerbefreiungen und Unterstützung beim Bau regten ihre Tätigkeit an. Auf das berühmteste Hospital von Konstantinopel, das zur Zeit Justinians vermutlich von Samson, einer hochgestellten Persönlichkeit, gegründet wurde, muß man in diesem Zusammenhang nicht eigens hinweisen. Die Tatsache, daß Julian Apostata erwog, eine heidnische Hilfsorganisation zu gründen, belegt, in welchem Maße die soziale Hilfe unter christlichem Einfluß bereits zur unverzichtbaren Institution geworden war.

De facto arbeiteten Staat und Kirche in der Armenhilfe zusammen. Die Kirche wachte darüber, daß kirchlicher und klösterlicher Besitz und die Gaben der Gläubigen ihrem eigentlichen karitativen Zweck zugeführt wurden; dadurch angeregt, stellte der Staat quasi als öffentliche Dienstleistung den Diakonien regelmäßige Zuwendungen zur Verfügung und schuf ein Netz von bereits spezialisierten Hospizen in den Städten und auf dem flachen Lande.

„Von der antiken Freigebigkeit zur christlichen Caritas" kann man also im oströmischen Reiche eine regelrechte Kontinuitätslinie ziehen. Armut und Armenfürsorge prägten dort eigene Formen aus. Es wäre reizvoll, die weitere Entwicklung in den beiden christlichen Reichen zu verfolgen. Dabei gingen Orient und Okzident nicht den gleichen Weg. Ostrom besaß noch ein städtisches Proletariat, als sich der Westen bereits mit dem Problem einer im wesentlichen auf den ländlichen Bereich konzentrierten Armut auseinanderzusetzen hatte. Doch sollte auch Ostrom die ländliche Armut noch kennenlernen. Im 8. und 9. Jahrhundert bedeutete Armut in beiden Reichen weniger Unterlegenheit gegenüber den Reichen als Unterordnung unter die Mächtigen. Wie in vielen anderen Bereichen wirkte die justinianische Armengesetzgebung als ein Vorbild, das in weiten Teilen

Osteuropas, rund um das Kiewer Reich, Verbreitung fand. Die merowingischen Konzilien griffen auf die Bestimmungen des Codex Theodosianus über die Witwen und auf die Vorschriften der Statuta über die Waisen zurück. Noch weniger darf man es als Episode betrachten, daß die karolingische Gesetzgebung 827 in der Sammlung des Ansegis in Form eines von Ludwig dem Frommen erlassenen Kapitulars ein Kapitel aus den Epitome des Julian wieder aufnahm, das sich mit der Verwendung der Kirchengüter für die Armenfürsorge befaßte. Das Karolingerreich griff auf kaiserliche Erlasse der Antike und auf kirchliche Quellen zurück. Daher wird die Geschichte der Armut im ersten Jahrtausend in ihrer gesamten Problematik erst auf dem geistigen Hintergrund jener Traditionen verständlich, die Orient und Okzident gemeinsam entwickelten.

2. Die Lehren der Kirchenväter über die Armut

Unter den geistesgeschichtlichen Quellen der beiden Hälften der Christenheit nehmen die Schriften der Kirchenväter sicher den bedeutendsten Rang ein. Einige moderne Autoren vertreten sogar den Standpunkt, bereits im 4. Jahrhundert sei alles Wesentliche gesagt worden, da man später immer wieder auf die Kirchenväter zurückgegriffen habe, wenngleich ihr Einfluß zeitweise gemindert erscheine und die Lebensverhältnisse sich verändert hätten. Von profaner Kultur und christlicher Inspiration geprägt, läuterten die Kirchenväter den heidnischen Humanitätsbegriff zum christlichen Konzept der Caritas. Und durchdrungen von den Wahrheiten des Alten und des Neuen Testaments, verankerten sie das mittelalterliche Verständnis von Armut und christlicher Barmherzigkeit tief in biblischer Tradition.

Den griechischen und lateinischen Kirchenvätern standen zwei Sprachen zur Verfügung, um Armut und die damit verbundene soziale Wirklichkeit zu beschreiben. Besondere Aufmerksamkeit widmeten dieser Problematik Clemens von Alexandria, Chrysostomos, Basilius, Gregor von Nyssa und Gregor von Nazianz. Von den zahlreichen Bezeichnungen für die Armen setzten sich schließlich die Begriffe $\pi\tau\omega\chi\acute{o}\varsigma$ und *pauper* gegenüber allen anderen durch; sie blieben in den beiden Sprachen als einzige übrig. Die oben erwähnte Mehrdeutigkeit, z. B. die semantische Entwicklung des französischen Wortes *pauvre*, ist auf diesen Vorgang zurückzuführen. Der doppelte Bedeutungsgehalt der beiden Begriffe blieb jedoch bei den Lateinern wie bei den Griechen, im Orient wie im Okzident, in Byzanz und sogar im mohammedanischen Bereich das ganze Mittelalter hindurch erhalten; allein diese Tatsache könnte ausreichen, die gemeinsame Haltung der ‚Völker der Bibel' gegenüber der Armut zu erklären, die sie alle als Notlage fürchten, aber gleichzeitig hochschätzen als Möglichkeit, Gott näher zu kommen.

Zwischen Armut und Not unterschieden bereits Martial, Cicero und Seneca. Für sie wie für die Stoiker bedeuteten Hinnahme materieller Armut und Verachtung des Reichtums Wege zur Weisheit. Auf einer höheren Ebene setzt die hebräische Sprache ein; sie verfügt über differenzierte Begriffe zur Bezeichnung der Lage des Armen, der materielle Hilfe benötigt (*ebyôn*), und der Haltung desjenigen, der „vor Gott ohne Falsch ist" und vor seinem Angesicht in demütiger Bereitschaft verharrt. Im Islam blieb diese Auffassung bestehen, das Neue Testament aber bereichert sie um die Aspekte der Geduld und der Liebe. Dies beruht, wie es der Apostel Paulus in 2 Kor. 8,9 formuliert, auf dem Glauben, daß Christus durch seine Menschwerdung „sich um euretwillen arm gemacht hat, damit ihr durch seine Armut reich würdet."

Für das mittelalterliche Denken wurde entscheidend, daß sich seit der Spätantike und im Frühmittelalter das christliche Konzept der Caritas unmittelbar auf die Armut bezog und von Bischöfen und Mönchen im Orient und Okzident gepredigt und vorgelebt wurde. Die Armut im Geiste wurde zum Streben nach Gott und zielte darauf ab, die materielle und soziale Demütigung der Armen zu mildern.

Von dieser Zeit an lassen sich im lateinischen und griechischen Bereich die Entwicklungsphasen jener Erziehung, die der Christenheit in Mystik, Seelsorge, in der Lehre der Bischöfe und Mönche erteilt wurde, leicht verfolgen. Dabei ist es keineswegs Zufall, daß die Namen der griechischen Kirchenväter mit den großen Städten verbunden sind, in denen das Elend wucherte. In ihren Predigten kommentierten sie manchmal mit großem Eifer die Gleichnisse des Evangeliums, das Gleichnis vom reichen Jüngling, die Erweckung des Lazarus oder die Bergpredigt. Die Verdammung der Begehrlichkeit als Quelle aller Sünden durch Clemens von Alexandria entspricht der Verurteilung des Geizes, wie wir sie das gesamte Mittelalter hindurch finden. In Konstantinopel und Antiochia griff Johannes Chrysostomos diejenigen scharf an, die keine Almosen geben wollten und damit unmittelbar Christus beleidigten, dessen Abbild ja der Arme darstellte. Er forderte den Einzug des Zehnten von allen Einkünften der Reichen zugunsten der Armen. In Caesaraea organisierte Basilius den Bau eines Hospizes und die Ausgabe einer ‚Volkssuppe'. Und Johannes Chrysostomos wiederum fand in seinen Predigten Wendungen, die von Bernhard von Clairvaux stammen könnten: „Ein Glas Wasser anbieten bedeutet einen Kelch anbieten. – Betet die Hostie nicht in Seidengewändern an! – Es heißt Gott verspotten, wenn man ihn in prachtvollen Kirchen ehrt, aber ihn in den Armen verachtet."

„Nähren wir, bekleiden wir Christus!", lehrte seinerseits Gregor von Nyssa. In Mailand fand der hl. Antonius die nach ihm oft wiederholten Worte: „Die Verachtung des Armen ist Mord. ... Nabot hat nicht nur einen Armen getötet, vielmehr hat er an jedem Tag, an dem er einen Armen verachtete, ihn auch getötet." Die afrikanische Kirche bemühte sich ebenfalls um die Verwurzelung des neutestamentlichen Verständnisses von Armut und Caritas. Auf Tertullians Kommentar zur Bergpredigt brauchen wir hier nicht näher einzugehen. Doch sei an Augustinus erinnert, dessen Denken das Mittelalter prägt und der den Überfluß der Reichen als den Mangel der Armen definierte.

Die außerordentliche Strenge der Anachoreten und später der kappadozischen Eremiten lieferte nicht nur den Mönchsgemeinschaften ein Beispiel geistiger, persönlicher oder kollektiver Armut; unter Berufung auf den hl. Antonius übernahm es der gesamte Westen und mit ihm das angelsächsische Mönchtum. Eine neue Auffassung von materiellem Besitz, die weite Verbreitung finden sollte, formulierte der hl. Basilius: Für ihn wie später für Thomas von Aquin ist der Christ nur Verwalter seines Besitzes. Der Mönch verzichtet sogar auf diese Verfügungsgewalt, der Laie aber soll sie übernehmen und durch Verteilung seines Besitzes soziale Ungleichheit ausgleichen. Hieronymus meinte, die Witwe, die sich Geld für Almosen ausleihe, stehe durchaus in der Nachfolge Christi. Zu erwähnen bleibt noch die berühmte Aufforderung, „nackt dem nackten Christus zu folgen" (*nudus nudum Christum sequi*). Auf diese Weise wurde die folgenreiche Ambivalenz des lateinischen Wortes *pauper* in der Vulgata erneut verstärkt.

Aus der Doppelbedeutung des Begriffs Armut zog Cassian reichen Nutzen. Nur wenige Bücher wurden im europäischen Westen soviel gelesen und abgeschrieben wie seine *Collationes patrum*. Über seine Schüler, die Mönche von Lérins, übernahmen und adaptierten die Lateiner die geistigen Perspektiven des Orients, die lange Zeit fortwirken sollten. Über Caesarius und das benediktinische Mönchtum wird später noch zu sprechen sein.

Grundlegende Bedeutung erlangten Spiritualität und pastorale Erfahrung Gregors des Großen und Isidors von Sevilla. Aber vor ihnen muß man einen anderen Philosophen des Frühmittelalters erwähnen, der im 5. Jahrhundert lebte, und zwar den Afrikaner Julian Pomerius, Abt eines nordafrikanischen Klosters, dessen Werk lange Zeit Prosper von Aquitanien zugeschrieben wurde. Durch seine tiefe geistige und religiöse Bildung übte er großen Einfluß auf Caesarius und auf die gallische und spanische Kirche aus. Im 9. Jahrhundert wurden seine Gedanken noch einmal aufgegriffen. Nach Julian Pomerius erhält sowohl der Verzicht der Mönche auf persönlichen Besitz als auch der Kollektivbesitz der Klöster oder gar der persönliche Besitz der Laien erst dadurch einen Sinn, daß er von Gott, dem einzigen wahren Besitzer irdischen Gutes, verliehen und zum Gebrauch aller bestimmt ist. Es sei Unrecht, etwas für sich allein besitzen zu wollen; über Besitz verfüge man in erster Linie zugunsten der anderen. Sobald der Unterhalt des Besitzenden und seiner Familie gesichert sei, habe er die Pflicht, den Überfluß an die *debiles* und die *infimi*, d. h. an die Armen, weiterzugeben. Hier vereinigen sich eine lange geistige Tradition und die persönliche Meinung des Julian Pomerius, die er aus eigener Erfahrung gewonnen hatte.

Nun möchte man gerne ermessen können, welche Wirkung diese Lehren zeitigten. Die normative Kraft der Gesetze und die gelehrten Schriften erreichten die christliche Bevölkerung in Orient und Okzident nur auf indirektem Wege. Das Wissen über die Existenz der Armut und das Gefühl, zu ihrer Linderung verpflichtet zu sein, bildete sich langsam, sehr langsam heraus, durch Predigten, Heiligenviten, Wundererzählungen, Gleichnisse und durch die karitativen Einrichtungen, die den Reichen zur Nachahmung empfohlen und für die Armen geöffnet wurden. Als lebendiges Vorbild empfahl die christliche Antike den Gläubigen jenen Heiligen, dessen Gedenken sie in zahlreichen Kirchenpatrozinien bewahrte, den römischen Offizier, der vor den Toren von Amiens seinen Mantel mit dem Schwert teilte, um die Hälfte einem Bettler zu geben, den hl. Martin.

II. Das Los der Armen im Wandel der Gesellschaft (6. bis 11. Jahrhundert)

Die Martinsdarstellung von Amiens ist voller Symbolik: Die Armut wird sublimiert; denn der hilfsbedürftige Bettler verkörpert Christus selbst. Das Vorbild des hl. Martin fordert alle, die über ein Pferd und ein Schwert und damit über Reichtum, Macht und Kraft verfügen, zur Mildtätigkeit auf. Die Szene spielt vor den Toren der Stadt, also im Grenzbereich zwischen Stadt und Land.

Wie im Orient blieb die soziale Lage der Armen im Westen jahrhundertelang äußerst hart, nach Form und Zeitverlauf aber recht unterschiedlich. Die städtische Armut war zunächst weniger ausgeprägt als im Orient, obwohl Rom am Ende der Kaiserzeit 120000 Hilfsbedürftige unterstützt haben soll und noch am Ende des 6. Jahrhunderts Papst Gregor der Große gegen Massenarmut zu kämpfen hatte. In den anderen Regionen des weströmischen Reiches führten die Germaneneinfälle zum Rückgang städtischen Lebens. Antike Städte, zwischen dem 4. und 7. Jahrhundert entvölkert und verfallen, sanken auf den Status von Dörfern herab. Einige erlebten im 9. Jahrhundert einen neuen Aufstieg, z. B. durch die Bildung eines Marktes an einer vielbenutzten Handelsroute. Aber damit war ihre Existenz als Stadt noch lange nicht gesichert; diese Möglichkeit bot erst der wirtschaftliche Aufschwung des 11. Jahrhunderts. Sechs Jahrhunderte lang begegneten sich also Reiche und Arme vorwiegend im ländlichen Bereich. Reich war nicht so sehr, wer über Geld, sondern wer über Grundbesitz und Nahrungsmittel verfügte. Wer keine Rechte am Boden besaß, wer sich nicht selbst versorgen konnte, gehörte zum Kreis der Armen.

Dabei stellt man räumliche und zeitliche Unterschiede fest, die sich aus den verschiedenen Formen der Landnahme, aus der Art des Zusammenlebens der alten romanisierten Bevölkerung mit den germanischen Neuankömmlingen, aus der Bevölkerungsdichte und in gewissem Maße auch aus den Unterschieden im technischen Entwicklungsstand ergaben. Die Stabilität einer vorwiegend bäuerlichen Gesellschaft hängt von drei Faktoren ab, vom Grundbesitz, der Arbeitskraft und den Arbeitstechniken. Fehlt einer dieser drei Faktoren, so wird der allgemeine Fortschritt gehemmt, und folglich ergibt sich eine Situation allgemeiner Bedürftigkeit. In diesem Falle sind alle arm, Ungleichheit und gegenseitige Abhängigkeit erwachsen dann nicht in erster Linie aus den wirtschaftlichen Verhältnissen. Der Versuch, die zeitliche und regionale Intensität der Armut im Karolingerreich des 9. Jahrhunderts kartographisch darzustellen, und zwar auf der Grundlage der Beschlüsse fränkischer Konzilien zur Lösung des Armenproblems, ergab ein sehr komplexes Bild. Eine vergleichbare Darstellung für die Merowingerzeit oder das 10./11. Jahrhundert, beides Zeiten ausgedehnter Massenarmut, würde ein sehr viel einheitlicheres Ergebnis bringen.

Neuere Untersuchungen haben ergeben, daß es hinsichtlich der Ausprägungen der Armut und der Versuche, sie zu lindern, zwischen der Merowinger- und der Karolingerzeit zwar Unterschiede, aber keinen absoluten Kontrast gab. Der Hintergrund blieb unverändert eine agrarisch geprägte Gesellschaft; allerdings verschoben sich die Probleme: Für die Armen der Merowingerzeit ging es ums Überleben; im 9. Jahrhundert ging es darum, seinen Platz in der Gesellschaft zu erhalten. Zur Karolingerzeit wurde der Arme unterdrückt, in der Merowingerzeit aber vernichtet. Im 9. Jahrhundert bedeutet „Armut nicht mehr Mangel an Haben, sondern Mangel an Sein".[5]

1. Das Elend der Merowingerzeit

Die wichtigsten Quellen der Merowingerzeit stammen aus dem kirchlichen Bereich. Neben den Kloster- und Bistumschroniken, den Heiligenviten, den Wunder- und Translationsberichten, neben theologischen Werken, Predigten und Konzilsbeschlüssen sind die Königsurkunden, Formelsammlungen und literarischen Schriften nur von nachgeordneter Bedeutung. Geschrieben aber wurden alle diese Texte von Klerikern. Besonders ausführlich beschreibt Gregor von Tours, der Bischof der Stadt des hl. Martin, die Armut seiner Zeit. In seiner *Historia Francorum,* seinen Wunderberichten und in seiner Schrift *De gloria confessorum* fand noch im 19. Jahrhundert der Historiker Augustin Thierry reiches Material, aufgrund dessen er seinen Zeitgenossen das Los der Armen bewegend darstellen konnte. Weniger aussagekräftig sind die Gedichte des Fortunat; dagegen liefert Beda in seiner Kirchengeschichte zahlreiche Details über die angelsächsischen Zustände. Die zu Seelsorgzwecken entstandenen Dialoge des Papstes Gregor des Großen und die Schriften des Bischofs Caesarius von Arles drangen manchmal tief in die soziale Realität der Zeit ein. Zu bedauern ist in diesem Zusammenhang, daß der Intellektualismus der Etymologien des Isidor von Sevilla uns einen Teil dessen, was dieser Bischof von den sozialen Problemen des westgotischen Spanien gesehen und verstanden hat, vorenthält. Umso ausführlicher berichtet Bonifatius über den germanischen Bereich. Mit sozialen Problemen beschäftigen sich auch die Beschlüsse der Nationalkonzilien; daß sie häufig wiederholt werden mußten, belegt nur die Fortdauer der Schwierigkeiten. In den Herrscherurkunden dagegen ist die soziale Problematik oft nur indirekt zu fassen. Wertvoll, wenn auch schwierig zu interpretieren sind die hagiographischen Quellen; ihre mehrfache Umarbeitung belegt, welche Bedeutung man ihnen zumaß. Zwar sind die überlieferten Texte oft das Ergebnis einer späteren Redaktion, meist aus dem 11. Jahrhundert, aber die von den gelehrten Bollandisten seit dem 18. Jahrhundert kritisch herausgearbeiteten Urtexte liefern interessante Aufschlüsse über die Formen der Armut, über die verschiedenen Notlagen und die mildtätigen Gesten, die den Helden der Viten zugeschrieben werden. Damit sind die wichtigsten Quellenarten aufgelistet, auf deren Grundlage man versuchen kann, wenigstens in Umrissen ein Bild der Armut und der Armen zu entwerfen.

Ursprung und Ausprägung der Armut sind in der Merowingerzeit so unterschiedlich wie die Kategorien von Armen. Man unterscheidet – ein wenig umständlich – zwischen konjunktureller und struktureller Armut, je nach dem, ob äußere Umstände oder institutionelle Bedingungen die Armut verursachten. Wie wir sehen werden, überwog im Frühmittelalter, der im Französischen als barbarisch qualifizierten Geschichtsepoche, die konjunkturelle Armut.

Unter den ungewöhnlichen äußeren Faktoren, die das Elend der Armen verursachten oder es verschlimmerten, steht die Pest mit ihren Folgen in Westeuropa wie im Orient an erster Stelle. Von 542 bis 547 drang die erste Welle der Epidemie die Täler der Rhone, der Saône und der Mosel bis Trier hinauf und hielt sich in den Anrainerstaaten des westlichen Mittelmeers bis zum Beginn des 7. Jahrhunderts. Die moralischen und sozialen Auswirkungen der Pest sind kaum präzise einzuschätzen; Gregor von Tours beschrieb ihr Wüten in Clermont und Marseille mit Wendungen, die eigenartigerweise auch auf die Epidemie des Jahres 1720 angewandt werden könnten. Die Pest traf die Reichen und Mächtigen ebenso wie die Armen. Aber unter dem Einfluß chiliastischer Propheten – 590 unter der Führung eines Holzfällers aus der Gegend um Bourges – erhoben sich in einigen Regionen die Armen gegen die Besitzenden. Dabei handelte es sich um Volksaufstände gegen die Spekulation mit der Hungersnot. Sonst aber reagierten die Menschen überall vor allem mit Pilgerfahrten und Prozessionen; die größte und berühmteste führte im Jahr 590 Papst Gregor selbst an. Die Epidemie wurde wie alle Schicksalsschläge überhaupt als eine zur Erlösung führende Prüfung oder gar als Strafe verstanden, auf jeden Fall aber mit dem Begriff der Sünde in Zusammenhang gebracht.

Pestepidemien stellten extrem harte und häufig wiederkehrende Schicksalsschläge dar, doch die Permanenz der Kriegsplage erreichten sie bei weitem nicht. Gregor von Tours beklagte die Opfer der Brandkatastrophen und Verwüstungen in den Kriegen zwischen den fränkischen, burgundischen und gotischen Königen. Mit dem Los der Gefangenen beschäftigte sich 511 das Konzil von Orléans. Wenige Jahre später fand Caesarius bei einer Mission am Hofe Theoderichs in Ravenna mehrere Tausend Deportierte vor, die aus Orange stammten; um sie freizukaufen, veräußerte er die Geschenke, die er von dem Gotenkönig erhalten hatte; und dabei wurde er von einem Schurken betrogen, der ihm denselben Gefangenen zweimal verkaufte. In so weit voneinander entfernten Regionen wie Marseille, Flandern und an den Küsten des Atlantik traf man häufig auf Gefangene, und viele heilige Bischöfe und Äbte wie Eligius, Amandus und Philibert bemühten sich um ihre Freilassung. Aber nicht nur Gefangene, sondern auch Flüchtlinge gab es in diesen gewalttätigen Zeiten zuhauf. Sie suchten Rettung und Sicherheit mit Hilfe des Asylrechts, das den Kirchen von den Königen verliehen und von den Konzilien bestätigt worden war; allerdings erwähnt Gregor von Tours mehrere Fälle, in denen dieses Recht verletzt wurde.

Über die hohe Zahl von Kranken und Schwachen berichten alle Quellen. Gregor von Tours, Fortunat und die Heiligenviten erwähnen häufig *debiles*, Leprosen und ganze Gruppen von Blinden. Damit stellt sich die Frage nach den gesundheitlichen Zuständen in einer unterentwickelten Gesellschaft, für deren Beantwortung uns nur spärliche, aber aussagekräftige Indizien zur Verfügung stehen. Die Friedhofsarchäologie, die noch in den Anfängen steckt, ermöglichte es in Lothringen und neuerdings in Ungarn, nicht nur anhand der Verletzungen der Skelette die zufälligen Todesursachen durch Verbrechen oder Kriege, sondern durch die Untersuchung der Zähne auch Fälle von Atrophie, Rachitis und anderen Mangelkrankheiten festzustellen. Solche angeborenen oder erworbenen Krankheiten können auf unzureichende oder einseitige Ernährung zurückgeführt werden. Interessant erscheint der Vergleich zwischen den für den Orient getroffenen Beobachtungen mit den Resultaten einer Untersuchung über den Hunger zur Karolingerzeit: Die von der Antike überlieferte Ernährungsweise war unausgewogen. Fast vollständig fehlten die Vitamine A, D, E, K und besonders C; da man keine ausreichenden Konservierungsmethoden kannte, aß man einmal zuviel und dann wieder zu wenig, was zweifellos zu Erkrankungen der Verdauungsorgane sowie zu Diabetes, Mangelkrankheiten und Zahnausfall führte.

Welches Brot aßen die Armen in Notzeiten, wenn sie nicht von den öffentlichen Verteilungen profitierten? Nach Gregor von Tours bestand es aus Traubenkernen, Nußblüten, Farnwurzeln mit einem Zusatz *(companagium)* von gewöhnlichem Gras. Beda berichtet von einem Eremiten, der sich weigerte, Speck zu essen, da diese Nahrung einem Armen nicht zustehe. Zweifellos war die Angst vor dem Hunger größer als der Hunger selbst. Für die ausgehungerten Menschen war die Verteilung von Brot und

Gemüse zu gleichen Teilen, was den Magen zeitweise sättigte, dann aber wiederum Heißhunger hervorrief, im Endeffekt wenig gesundheitsförderlich. Paradoxerweise gelang es vermutlich gerade den im Wald lebenden Menschen, Eremiten, Köhlern, Schweinehirten und sozialen Außenseitern, durch den Verzehr von wilden Früchten die Ernährungsdefizite auszugleichen und ein hohes Alter zu erreichen.

Über die Lebenserwartung der Armen lassen sich kaum Vermutungen anstellen. Wie alt etwa waren jene *imbecilles ac decrepitati*, die in der Abtei Saint-Wandrille Aufnahme fanden, oder die „guten alten Großväter" *(nononnes)*, für die in Auxerre die Kirche Saint-Germain sorgte? Für alle bedeutete das Leben jedenfalls einen einzigen Kampf, in dem sich nur robuste Naturen durchsetzen konnten. Zwar sind uns die Geburtenziffern nicht bekannt, doch deutet der Anteil der Kinderskelette in den Friedhöfen auf eine erhöhte Kindersterblichkeit hin. Häufig wurden Neugeborene ausgesetzt. Vom Überleben einiger Waisen berichtet die Hagiographie, etwa vom hl. Vincentius, der von einem Herzog adoptiert wurde, und von der hl. Ottilie, die ihr Vater aussetzte, weil sie blind war. In den Kirchen von Tours und Angers waren Marmorschalen angebracht, die eigens dazu dienten, die ausgesetzten Kleinkinder aufzunehmen. Die Formelsammlung von Tours z. B. überliefert eine bewegende Geschichte: Eines Tages beim Morgenläuten fanden die Küster von St. Martin, als sie die Kirchenportale öffneten, ein ganz kleines, in Lumpen gewickeltes Kind *(pannis involutum)*, das blutete und sich in Lebensgefahr befand. Drei Tage bemühten sie sich vergeblich, seine Herkunft festzustellen; schließlich fanden sie einen Adoptivvater. Ein durchaus nicht außergewöhnlicher Vorfall, ein Beispiel für eine Vielzahl von unglücklichen Lebensläufen, die das ganze Mittelalter hindurch von den geistigen und sozialen Strukturen geprägt wurden.

Zu den Schwachen der Gesellschaft zählten auch die offenbar zahllosen Witwen, häufig junge, gelegentlich auch vermögende Frauen. Viele waren bereits in ihrer Kindheit mit weit älteren Männern verheiratet worden. Ihnen drohte Gefahr durch Raub oder Vergewaltigung; einige fristeten sicher ein elendes Dasein. Und wieviele Verlassene mag der Begriff Witwe zu einer Zeit bezeichnet haben, da genau wie im Orient vor allem in den unteren Schichten der Gesellschaft die Heirat noch nicht die Kraft einer dauerhaften Bindung entwickelt hatte? Wenn man einer aus dem Testament des hl. Remigius interpolierten Passage folgen darf, so bettelte vor den Portalen seiner Kirche regelmäßig eine Gruppe von vierzig Witwen.

Die Quellen belegen eine beträchtliche Ausdehnung des Bettelwesens, und nirgends kommt Erstaunen darüber zum Ausdruck, daß sich die Menschen von den Bittstellern belästigt fühlten oder ihnen mißtrauten. In Notzeiten war es daher durchaus üblich, Wachhunde einzusetzen und sie auf die Bettler zu hetzen. Sogar den Bischöfen mußte das Konzil von Mâcon 585 verbieten, die Bettler mit einer Hundemeute zu vertreiben. Die Penetranz der Bettler muß solche Ausmaße angenommen haben, daß sogar

Caesarius die Verweigerung des Almosens unter diesen Umständen nur für eine läßliche Sünde hielt. So erstaunt es auch nicht mehr, daß die bescheidene Zurückhaltung des Armen als Tugend gelobt wurde. Gregor von Tours unterscheidet zwischen den öffentlichen Bettlern und denjenigen Armen, die nicht zu betteln wagten. Von einer Summe von 330 Solidi ließ er 30 an die öffentlichen Bettler verteilen und 150, also das Fünffache, an die verschämten Armen; vielleicht ging er auch davon aus, daß die Bettler auf andere Hilfsquellen zurückgreifen konnten.

Der Bettelarme lebte isoliert an einem festen Ort oder als Vagabund in einer Gruppe. Hatte er eine Wohnstätte, so war dies eine ärmliche Behausung. Die Hütte des hl. Cuthbert z. B. war nach Bedas Bericht rund, mit einer Feuerstelle in der Mitte ausgestattet und von einer doppelten Steinmauer umgeben, also eine typische Hirtenunterkunft *(pastorum tugurium)*. Über die Einrichtung solcher Unterkünfte berichtet das Homiliar von Toledo, daß der Arme weder Brennholz noch Kochgeschirr besitze. Nach Beda ließ König Oswald bei seiner Rückkehr nach England an den Brunnen Schüsseln als Trinkgefäße für die vorüberziehenden Armen anbringen. Traten die Armen in Gruppen auf, so sprechen die Quellen oft von einer Menge. Gregor von Tours berichtet über eine Armenrevolte in Clermont im Jahre 536; die Armen wollten durchsetzen, daß ihnen der Priester Cato, der „sie zu nähren pflegte", erhalten blieb. In Metz versuchten die Armen zu verhindern, daß der hl. Arnold sich in eine Einsiedelei zurückzog. Die vagabundierenden Armen zogen von Stadt zu Stadt und später von Kloster zu Kloster, um Almosen zu erbitten. 567 empfahl das Konzil von Tours, durch regelmäßige Zuwendungen an die Bettler in allen Städten dem Vagabundentum Einhalt zu gebieten.

Die sporadischen Berichte der Quellen lassen erkennen, daß neben den Kranken und Schwachen, den Gefangenen, Witwen und Waisen diejenigen die größte Not litten, die bindungslos umherzogen, die durch Hungersnot, Pest, Verschuldung, drückende Abgabenlasten oder Mißernten Haus und Hof verloren hatten. Solche verarmten Bauern erkannte man offensichtlich schon an ihrer Physiognomie. Beda berichtet über einen Adligen, der verwundet in Gefangenschaft geriet und dadurch die Freiheit wiederzuerlangen suchte, daß er erklärte, er sei ein *rusticus pauper*, ein armer Bauer; aber seine Manieren, seine Sprache und sein Äußeres verrieten ihn, und er wurde als Sklave verkauft. So gilt denn auch im 7. Jahrhundert nicht mehr der – relativ selten gewordene – Sklave als arm, arm ist vielmehr der freie Bauer niederen Standes, den man verachtet. Daß die Gesellschaft in den beiden vorangegangenen Jahrhunderten in zunehmendem Maße durch die agrarische Lebensform geprägt worden war, beschleunigte diese Entwicklung in weiten Bereichen.

Rusticus pauper, schrieb Beda. Schon vorher, im 6. Jahrhundert, bezeugte Gregor von Tours die synonyme Bedeutung der Begriffe Armer und Landmann: *Quidam pauper, quidam homonculus ex ruricolis*. Als arme, besitzlose Bauern charakterisiert er vier Typen; der eine erhebt sich am frühen Morgen, um Holz zu schlagen, *sicut mos rusticorum,* wie bei den Landbewohnern üblich; die Existenz der drei anderen hängt im wesentlichen vom Besitz eines Ochsengespannes ab. Für den einen war dies der einzige Besitz *(nec ei alia possessio),* den beiden anderen dienten die Ochsen zum Pflügen und zum Transport des Düngers.

Caesarius hielt manchmal nur kurze Predigten mit der Begründung,[6] er wolle diejenigen, die dringend arbeiten müßten, nicht allzu lange aufhalten. Spricht er von den Armen, so meint er nicht ausschließlich jene, denen es an Nahrung, Kleidung und Wohnung mangelt. Vielmehr drückt er sich sehr deutlich aus und beklagt in seinen Predigten[7] die Verschuldung der Bauern und den in der Folge unausweichlichen Verlust des Besitzes. Die Härte, mit der die städtischen Obrigkeiten, die *curiales,* die Steuern eintrieben, war nicht zu vergleichen mit dem Egoismus, mit dem die reichen Wucherer ihre Schuldner dazu trieben, ihren Grundbesitz zu verkaufen. „Wenn jemand zu dir kommt und spricht: ‚verkaufe deinen Besitz‘, dann bist du entsetzt und hältst dieses Ansinnen fast schon für eine Verurteilung...; und wie könntest du kaufen, wenn nicht ein anderer zum Verkauf gezwungen wäre?"

Unterdrückung und Verachtung, das ist das Los der Armen. Am schlimmsten, so fährt Caesarius fort, ist die Heuchelei des Käufers, der seinen Besitz ausdehnt und sich dabei den Anschein des wohltätigen Beschützers gibt; er zahlt bar, er erweist sich gefällig. Der Verkäufer aber wird mehr oder weniger entwurzelt, und selbst wenn er persönlich frei bleibt, gerät er in Abhängigkeit.

Strukturelle Armut resultiert also aus den sozialen und wirtschaftlichen Organisationsformen. Der Arme ist Bauer, rechtlich frei, und manchmal besitzt er sogar noch ein Grundstück. Aber es fehlt ihm an Nahrungsmitteln und Kleidung, er ist verschuldet, und in dieser prekären Situation sieht er sich von der Merowingerzeit an gezwungen, die Schutzherrschaft eines Mächtigen zu akzeptieren oder gar zu erbitten:

„Wie jedermann weiß, besitze ich nicht die Mittel, mich zu nähren und zu kleiden. Deshalb habe ich Euer Mitleid erbeten, und Ihr habt mir gewähren wollen, daß ich mich Euch übergebe und mich Eurem Schutz anvertraue. Dies habe ich zu folgenden Bedingungen getan: Ihr werdet mir helfen und mich mit Nahrung und Kleidung versorgen, soweit ich Euch dienen und nützlich sein kann. Solange ich lebe, schulde ich Euch Dienst und Gehorsam, soweit dies mit meinem freien Stand vereinbar ist; meiner Lebtag verzichte ich auf das Recht, mich Eurer Macht und Schutzherrschaft zu entziehen".[8]

Keine andere Quelle stellt die um die Mitte des 8. Jahrhunderts faßbare Tendenz so plastisch dar: In einem auf Lebenszeit abgeschlossenen Vertrag begeben sich die Armen in die Schutzherrschaft eines Mächtigen und verpflichten sich ihrerseits zu Dienst und Treue. Die Beziehung zwischen

Arm und Reich verändert sich in ihrer Grundstruktur. Fortan ist sie weniger wirtschaftlich als sozial geprägt.

Den Status des armen Landbewohners definiert nicht nur sein Gegenteil, der Stand der Mächtigen, sondern er beinhaltet auch moralische Unterlegenheit. Arm ist, wer empfängt, und zwar im Gegensatz zu demjenigen, der gibt. Er gehört zu jenem *populus minor*, von dem Gregor von Tours spricht und den spätere Zeiten ‚kleine Leute' nennen werden. Die islamische Gesellschaft sprach von *meskin*, ein Begriff, der ins Französische übernommen wurde; *méchine* bezeichnet eine Frau, die über keinerlei Besitz und Einkommen verfügt und deshalb gezwungen ist, ihren Lebensunterhalt durch niedere Dienste zu sichern. Körperliche Arbeit trug ein ererbtes dreifaches Stigma: Die Antike hatte niedere Arbeit grundsätzlich verachtet; diese Verachtung wurde vertieft durch die Hochschätzung der ritterlichen Lebensweise bei den Germanen und schließlich noch gefördert durch die jüdisch-christliche Vorliebe für das kontemplative Leben. Hinzu kommt, daß die Einordnung körperlicher Arbeit auf der untersten Ebene der Gesellschaft auch darin gründet, daß man sie als Sühne für begangene Sünden betrachtete. Die Feudalgesellschaft des Hochmittelalters benutzte die Begriffe Arbeiter, Bauer und Armer ganz selbstverständlich als Synonyme. Darüber hinaus erhält der Begriff nun aber einen neuen Bedeutungsaspekt: Der *laborator* ist nicht nur arm und zu körperlicher Arbeit gezwungen, er ist auch ungebildet. *Paganus* bezeichnet sowohl den Analphabeten, der weit von der Stadt entfernt lebt, als auch den „Heiden", den die frohe Botschaft Jesu noch nicht erreicht hat. *Illiteratus* ist ein ungeschliffener Bauer, der kaum mehr Verstand besitzt als das Vieh in seinem Stall. Isidor von Sevilla benutzt den Begriff *rusticitas*, ländliche Bevölkerung, und *rusticatio*, Ungeschliffenheit, nahezu synonym.

Wie lebt nun ein Heiliger, im 7. Jahrhundert etwa Seranus, als Armer unter Armen, und wie beurteilt sein Biograph im 11. Jahrhundert sein Tun und die Menschen seiner Umgebung? Wie ein Vagabund zieht er umher, seinen Lebensunterhalt verdient er durch Gelegenheitsarbeiten bei den Bauern, bei der Ernte, beim Fischfang oder bei Transportarbeiten, oder er mischt sich unter die Bettler und Kranken vor den Portalen von Saint-Sernin in Toulouse. Er verrichtet dieselben Arbeiten wie die ländliche Bevölkerung *(rusticana opera)*; denn er will als *homunculus infimis, incola, peregrinus* zum niederen Volk, zu den bindungslosen Armen gehören.

2. Die Unterlegenheit der Armen in der Karolingerzeit

Das Begriffspaar *pauper – potens*, das die Historiker vornehmlich zur Charakterisierung des sozialen Spannungsfeldes der Karolingerzeit verwenden, ist nicht erst in dieser Zeit entstanden. Eine umfassende Untersuchung zur Geschichte der Armut speziell des 9. und 10. Jahrhunderts muß sich auf Rechtsquellen wie Konzilsbeschlüsse und Kapitularien, auf kirchenrechtliche und kanonische Schriften stützen. Im Zuge der Erneuerung des Königtums und des Aufbruchs im religiösen Bereich, also der karolingischen Renaissance, besannen sich König und Klerus auch ihrer gemeinsamen Verpflichtung zum Schutz der Armen.

Im Sprachgebrauch der Zeit werden zwei Arten von Armen unterschieden. Das zweite Konzil von Aachen[9] nennt *pauperes* und *indigentes*, „Arme und alle Notleidenden". Arme sind Freie, die durchaus über Grundbesitz verfügen können; aber sie sind von den *potentes* abhängig, Großgrundbesitzern, die zum Teil öffentliche Gewalt ausüben und durch ihre Bewaffnung de facto Zwangsgewalt besitzen. Diese einfachen, in Abhängigkeit lebenden Leute werden *pauperes* genannt; das Adjektiv *pauper* erscheint hier in der ersten Phase seiner semantischen Entwicklung.

Die Masse der Notleidenden sind die *indigentes*. Die meisten gehörten ursprünglich zu den *pauperes*, es waren in Not geratene, entwurzelte Menschen, Opfer der landwirtschaftlichen Konjunktureinbrüche: Land war knapp geworden, in manchen Regionen hatte der Bevölkerungsdruck zugenommen, die technische Ausrüstung aber blieb unzureichend. Manche besaßen nicht einmal mehr eine Handmühle, nur noch Mörser und Stößel. Es wurde zu wenig gerodet, die Erträge stagnierten. Die immer stärker aufgeteilten Hufen konnten nicht alle vorhandenen Arbeitskräfte aufnehmen. Für die Nachgeborenen reichte selbst das Brachland der Grundherrschaften, in denen sie geboren waren, nicht aus; der väterliche Besitz bot ihnen nicht genügend Arbeitsmöglichkeiten, auch auf den durch den Niedergang der Sklaverei freigewordenen Hofstellen fanden sie keinen Platz.[10] Vom 9. Jahrhundert an, als Kriege im Innern und die Einfälle der Wikinger, Ungarn und Sarazenen die allgemeine Unsicherheit erhöhten und der Verfall der königlichen Macht die Unordnung wachsen ließ, zogen zahlreiche Bauern durchs Land. Dies bot den *potentes* die Möglichkeit, den Druck zu verschärfen und die Kleinen und Abhängigen völlig zu unterwerfen.

Die Quellen bezeugen die Existenz gradueller Unterschiede sowohl unter den Mächtigen als auch unter den Armen. Erwähnt werden Mächtigere *(potentiores)* und Ärmere *(pauperiores)* ebenso wie weniger Mächtige *(minus potentes)*. Einen dem Wort *potentes* vergleichbaren Gehalt besitzt der Ausdruck *honorati viri*, ähnliche Bedeutung wie *pauperes* haben *impotentes personae*, *privati homines* und *minor populus*. Aber *paupertas* beinhaltet noch den Begriff der Freiheit, *pauper* wird manchmal sogar mit *liber* gleichgesetzt, *paupertas* als Gegenteil von Unfreiheit benutzt. Im kulturellen Bereich scheiden auch die Adjektive *doctus* und *cautus* die Armen von den Mächtigen. Der Arme ist einfältiger, *minus doctus* oder *minus cautus*. Schließlich unterscheidet man noch zwischen *pauper* und *matricularius*, dem in der Armenmatrikel Verzeichneten. Völlig synonym aber werden nur die Begriffe *pauper* und *humilis* benutzt.

Fassen wir zusammen: Der *pauper* der Karolingerzeit war ein freier

Mann. Er litt keine Not; denn er besaß und vererbte bescheidenen Grundbesitz. Er war vielfältigen Abgabenverpflichtungen und Abhängigkeiten unterworfen. Hierin liegt vermutlich einer der Gründe dafür, daß Allodien im Besitz von Leuten niederen Standes erhalten blieben. Hinkmar dagegen bezeichnet als *pauperes* nicht nur freie Bauern, die über ein wenig Grundbesitz *(substantiolas)* verfügen, sondern auch die von grundherrschaftlichen Amtsträgern unterdrückten Kolonen, die Schwachen, gelegentlich sogar einen Probst, der in Auseinandersetzungen mit einem mächtigen Adligen verstrickt ist.

Arten und Formen der Abhängigkeit der Armen von den Mächtigen beschreiben Konzilsbeschlüsse und Kapitularien. Abhängigkeiten begründete in erster Linie das Bannrecht *(bannum)*, das häufig mißbraucht wurde. Allzu oft wurden Gerichtstage von Grafen (belegt 816) und Schultheißen (855) angesetzt, Heeresfolge (802 und 811) oder Herberge (850 und 876) verlangt, Steuerforderungen über den gesetzlich fixierten Satz hinaus erhoben (schon 768 unter Pippin), überhöhte Preise gefordert und falsche Maße verwendet (Konzil von Paris 829). Als Inhaber der Gerichtsbarkeit konnten die *potentes* und ihre Amtsträger den *pauperes* das rechtliche Gehör verweigern und die Urteilsfindung hinauszögern,[11] so daß die Armen in zunehmendem Maße unter Rechtsverweigerung und ungerechten Urteilen zu leiden hatten. Arme wurden „unrechtmäßig des väterlichen Erbes beraubt" oder „zum Verkauf oder zur Verpfändung ihres Besitzes gezwungen", wie Kapitularien aus den Jahren 805, 811 und 847 belegen.

Solche Mißstände wurden durch die Kraft des Faktischen noch verschlimmert; oft trat nackte Gewalt an die Stelle des Rechts. Um die Mitte des 9. Jahrhunderts wird berichtet, daß „große Herren, die mit ihren Pferden und anderen Tieren die Weiden der Armen ruiniert hatten, sich im folgenden Winter nicht scheuten, von denselben Leuten Futter für ihre Pferde zu verlangen".[12] Einen Kolonen der Kirche von Reims hatte der Amtsträger eines benachbarten Grundherrn um seine Ernte und sein Vieh gebracht, und kein Richter wollte ihm zu seinem Recht verhelfen. Mit der Forderung, daß der Ankläger den Beweis für seine Anklage anzutreten habe, stand Hinkmar zu seiner Zeit allein. Daher setzten die Armen, die keine irdische Gerechtigkeit erlangen konnten, ihre Hoffnung auf den Eingriff des Himmels. So berichtet die Vita des hl. Remigius über Wunder, die der Heilige auch außerhalb seiner Stadt vollbrachte: In der Gegend um Nevers hatten sich Bauern vor einigen Adligen in eine dem Heiligen geweihte Kapelle geflüchtet. Einer der Verfolger wollte die Tür eintreten. Da blieb sein Fuß an der Tür kleben, und sein Kumpan lief davon. Der Bösewicht erschrak zutiefst, bekannte weinend seine Sünden und versprach dem Heiligen ein Pferd. Daraufhin löste sich sein Fuß von der Tür, aber fortan hinkte er. Wundbrand ergriff das ganze Bein, hart bestraft und reueerfüllt starb er.[13]

II. Die Armen vom 6. bis zum 11. Jahrhundert

Die schmale Existenzgrundlage solcher *pauperes* wurde durch die Machtfülle der *potentes* und den Mißbrauch dieser Macht ernsthaft gefährdet. In der für alle Menschen – auch für die Reichen – schwierigen Zeit im Frühjahr, vor der neuen Ernte, waren besonders jene *pauperes*, deren Vorräte nicht ausreichten, vom Hunger bedroht. Durch die hohen Preise während der Hungersnöte fiel dieser gefährdete Personenkreis den Wucherern als erster zum Opfer. Die Bischöfe waren alarmiert. In den Beschlüssen des Pariser Konzils von 829 findet sich eine ergreifende Beschreibung dieser Situation: „Geht während einer Hungersnot ein Armer, geschwächt durch den Mangel am Nötigsten, zu einem Wucherer, … so erhält er meist die Antwort: ‚Wenn du kaufen willst, so bezahle den Preis und nimm.' Worauf der Arme erwidert: ‚Ich kann den Preis nicht zahlen, aber ich bitte dich, habe Mitleid mit mir und leihe mir, worum ich dich bitte, zu deinen Bedingungen, damit ich nicht Hungers sterbe.' Der Wucherer entgegnet: ‚Ich kann dir nur einen Scheffel Getreide zu diesem Preis verkaufen. Entweder du zahlst diesen Preis nach der nächsten Ernte, oder du lieferst mir eine entsprechende Menge Getreide, Wein oder andere Waren'."[14] In solchen Situationen kam es natürlich häufig vor, daß von den Armen bei der nächsten Ernte für einen Scheffel Getreide drei oder vier Scheffel erpreßt wurden, für ein Faß Wein mehrere.

Dieses Spekulieren mit der Not der Armen, die Spekulation auf die nächste Ernte, vermittelt bereits eine Vorahnung davon, welchen Druck einige Jahrhunderte später die Geldwirtschaft auf die Landwirtschaft ausüben sollte. Zahlreiche *pauperes* besaßen zwar ein Stück Land, verfügten aber nicht über Geldmittel. Mit Rücksicht darauf mußten in den Kapitularien die Bestimmungen über die Verpflichtung zum Heeresdienst geändert werden. Zunächst gestand man den Armen die Möglichkeit zu, sich in Sechsergruppen zusammenzuschließen, fünf Leute sollten die Ausrüstung des Sechsten bestreiten. 866 wurden vom Heeresdienst alle befreit, deren tägliches Einkommen weniger als ein Drittel Denar betrug. Ein Drittel Denar verteilten die Mönche von Corbie zu Beginn des 9. Jahrhunderts täglich an jeden ihrer Armen. Und noch zu Beginn des 10. Jahrhunderts bezeichnete Abt Regino von Prüm einen Denar (Pfennig) als Sühnegabe, die ausreiche, drei Arme einen Tag lang zu versorgen. So darf man wohl annehmen, daß Einkünfte von einem Drittel Denar im 9. Jahrhundert das absolute Existenzminimum darstellten.

Immer weniger konnten die *pauperes* auf den Schutz der *missi*, der Königsboten, zählen, obwohl dies zu deren Pflichten gehörte. Ludwig der Fromme beklagte sich 829 über die „schuldhafte Gleichgültigkeit" einiger dieser Amtsträger, die ihre Pflichten aus Nachlässigkeit oder wegen fehlender Machtmittel nicht mehr erfüllten, obwohl Unruhen und Kriege mit allen ihren Folgen das Reich von innen und außen bedrohten. Wie anders soll man sonst erklären, daß die Könige ihnen mit wachsendem Nachdruck befahlen, sich in die Gefolgschaft eines Mächtigen zu begeben? Für die Armen konnte dieses Eingeständnis der Ohnmacht bedeuten, daß sich das Königtum um ihren Schutz nicht mehr kümmern wollte, oder aber, daß ihre Sicherheit nur durch eine solche Maßnahme gewährleistet werden konnte. De facto übertrug das Königtum seine Verpflichtung zum Schutz der Armen damit auf die *potentes*. Dies gilt nicht nur für den Norden des Karolingerreiches, sondern in nahezu gleicher Weise auch für den Süden und für ganz Westeuropa. In den Quellen aus Südfrankreich bedeutet *pauper* ebenfalls keineswegs arm im geistigen und evangelischen Sinne; *pauperes* sind vielmehr Inhaber kleiner Allodien, deren mächtige Nachbarn mit aller Gewalt versuchen, diesen Besitz an sich zu ziehen. Im Extremfall sehen sie sich zum Betteln und Umherziehen gezwungen *(mendici discurrentes)*. In Katalonien waren alle Armen frei, aber diese Freiheit kannte zahlreiche Abstufungen, und noch stärker waren die Unterschiede in den materiellen Bedingungen. Zwar gelang einzelnen bäuerlichen Familien, die über Grundbesitz und Gesinde verfügten, der Aufstieg über das allgemeine Niveau hinaus; aber der Großteil der bäuerlichen Bevölkerung lebte in relativer Armut. Es waren abhängige Kleinbauern, jede Mißernte gefährdete ihre Existenz, in Notlagen blieben sie auf die Hilfe anderer, d. h. auf die Hilfe der *potentes* angewiesen. Der Zusammenhang zwischen sozialen und wirtschaftlichen Strukturen wird hier besonders deutlich. 795 erhielt ein Familienoberhaupt von Karl dem Großen eine Hofstelle in der Spanischen Mark. Die Abhängigkeit vom König sicherte ihm und seinen Kindern den Schutz, den der König über *pauperes liberi homines* ausübte. Den gleichen Schutz genossen seine Nachkommen bis ins Jahr 963, als sie der Kirche von Narbonne ihren Besitz auf Rentenbasis überließen und sich in die kirchliche Schutzherrschaft begaben. Schutz zu suchen, nicht allein zu sein angesichts der Besitzgier und des Machthungers der Mächtigen, war sowohl aus psychologischen als auch aus sozialen und wirtschaftlichen Gründen unabdingbar notwendig. Ähnliche Beispiele finden sich in den Kartularien ganz Nordspaniens.

Differenzierter sind die Verhältnisse in Italien. In den nördlichen Regionen ähneln sie den oben beschriebenen, andere Züge finden sich jedoch in Mittelitalien. Im 10. und 11. Jahrhundert beschränkten sich die großen Herren beim *incastellamento* nicht mehr darauf, Existenzen in sozialer Randlage in ihre Gewalt zu bringen, im Gegenteil: Vagabunden waren nur in geringem Maße betroffen, und die *incastellamenti* waren keineswegs vagabundierende Habenichtse aus den untersten Schichten der Gesellschaft.

In England gab es bis zum 11. Jahrhundert eine breite Schicht kleiner Grundbesitzer, die von mächtigen Herren abhängig waren. Erbteilungen und Besteuerung führten zur allgemeinen Verarmung dieser Schicht, ein Vorgang, den die Angelsächsische Chronik und die Kirchengeschichte des Ordericus Vitalis in drastischen Farben schildern.

So war eine neue Welt entstanden, in der sich das Wesen der Macht und die Formen der Gewalt grundlegend verändert hatten. Die *potentes* gab es nicht mehr. An ihre Stelle traten Adlige mit großem Grundbesitz, zu denen auch die *milites* gehörten. Auch die *pauperes* im ursprünglichen Sinne des Wortes waren verschwunden. Entweder hatten sie die Armutsschwelle überschritten, oder sie wurden in eine neue Schicht der veränderten Gesellschaftsordnung integriert.

Aber war jener *potens* ausschließlich der habgierige und brutale Ausbeuter, wie ihn die repressive, aber nahezu wirkungslose Gesetzgebung der Zeit schildert? Vor dem grundsätzlich negativ zu zeichnenden Hintergrund hebt sich die Gestalt des Grafen Géraud d'Aurillac, der im Jahre 909 starb, als leuchtendes Beispiel eines als heilig verehrten Mächtigen ab. Géraud gab seinen Stand nicht auf wie der hl. Seranus. Er verwaltete weiterhin sein Familienerbe, behielt die Attribute seines sozialen Ranges und arbeitete nie mit eigenen Händen. Aber er wachte über das Wohl seiner Bauern, der „Armen". Er achtete darauf, daß bei den Verteilungen vor den Toren seines Schlossens niemand ausgeschlossen wurde, und er bestimmte ein Neuntel seiner Einkünfte für Almosen. Als er einmal eine Frau mit dem Grabscheit arbeiten sah, gab er ihr das Geld zur Bezahlung einer Hilfskraft. Er fällte strenge, aber sehr gewissenhafte Urteile. Einmal hatte er eine Gruppe von Räubern blenden lassen, wurde dann aber von heftigen Gewissensbissen geplagt, als er hörte, daß sich ein unschuldiger Bauer darunter befand. Bemerkenswert erscheint hier, daß ein Mensch, obwohl er zu den Mächtigen gehörte, wegen der Art verehrt wurde, wie er seine Macht ausübte. Andererseits dauerte es bis zum 12. Jahrhundert, bis ein Bauer zur Ehre der Altäre erhoben wurde. Zur Erklärung dieser Zeitspanne muß untersucht werden, wie Gesellschaft und Kirche bis zum 11. Jahrhundert die Armut und die Armen beurteilten und welche Lehren sie aus den Schriften der Kirchenväter zogen.

III. Die Verpflichtung zum Almosengeben: Von der Armenmatrikel zur Armenfürsorge der Klöster

Die beständige Mahnung, Almosen zu geben, war weder neu noch außergewöhnlich. Die Kirche erhob die Barmherzigkeit zu einer Vorbedingung für die Erlangung des Seelenheils; die Kirchenväter lehrten, das Kirchengut sei das Erbe *(patrimonium)* der Armen. Im Islam bildet das Almosengeben einen der fünf Pfeiler des Glaubens, ein Teil der Einkünfte aus den *habous*[15] kommt den Armen zugute. Zwischen der lateinischen Christenheit und der heidnischen Spätantike, zwischen Orient und Okzident besteht eine gewisse Kontinuität sowohl in den Praktiken der Armenfürsorge als auch in deren Anpassung an die sozialen Gegebenheiten. Als Beispiel sei auf den Übergang von der Diakonie zur Armenmatrikel verwiesen; die

Notwendigkeit zur Anpassung führte schließlich von der Armenmatrikel zur Armenfürsorge der Klöster, die in diesem Bereich dann fast ein Monopol ausübten. Die Initiativen und Aktivitäten der Laien traten in den Hintergrund.

1. Der Bischof als Vater der Armen

Die ersten beiden Jahrhunderte praktizierter christlicher Caritas, die Zeit bis zur Festigung des benediktinischen Einflusses, könnte man als Zeitalter der Bischöfe bezeichnen. Der letzte noch der Antike zuzuordnende Kanon vor der Merowingerzeit ist ein Dekret des Papstes Simplicius (468–483), das zweifellos aus der Feder seines Sekretärs, des späteren Papstes Gelasius (492–496), stammt. Dieses Dekret griff zur Zeit Chlodwigs das Konzil von Orléans 511 wieder auf: Es verpflichtete die Bischöfe, ein Viertel ihrer Einkünfte, und die Pfarreien, ein Drittel der eingehenden Spenden den Armen zur Verfügung zu stellen. Diese neuen Bestimmungen führte Bonifatius im 8. Jahrhundert auch in den neu eingerichteten Diözesen Deutschlands ein. Der Anspruch der Armen auf die Einkünfte der Kirche galt bald als so selbstverständlich, daß die Verschwender im Rückgriff auf den hl. Ambrosius beständig als Mörder der Armen *(necator pauperum)* bezeichnet werden, etwa in den Mahnungen der Konzilien[16] oder den Predigten des hl. Caesarius von Arles.[17] Pflicht der Bischöfe war es, selbst Barmherzigkeit zu üben und Klerus und Laien dazu anzuhalten. Die fränkischen, westgotischen und italienischen Konzilien griffen dieses Problem immer wieder auf. Um 500 beschäftigten sich nicht weniger als 41 Konzilien und Synoden – 18 davon im Frankenreich – mit der Armenfürsorge. Der Bischof war Vater der Armen, sein Haus wurde zum Haus der Armen.[18] An seiner Tür erhielten sie, manchmal sogar von seiner Hand, Kleidung und Lebensmittel. Einige Bischöfe wie der hl. Dizier in Verdun verschuldeten sich sogar zu diesem Zweck. Gregor von Tours erwähnt wohl genausoviele bischöfliche Wohltäter wie hartherzige Reiche. Caesarius lud Arme an seine Tafel und aß mit ihnen; allerdings war die Kargheit seiner Mahlzeiten berühmt. Die Gesetzgebung der Konzilien, z. B. des Konzils von Toledo, schrieb eine strikte Trennung des bischöflichen Privatbesitzes vom Kirchenbesitz vor. Natürlich wurde Entfremdung von Kirchengut mit strengen Strafen bedroht; die Kirchengüter sollten straff und umsichtig verwaltet werden, damit den Armen kein Nachteil erwachse. Zwar galt die Vorschrift, ein Viertel der Einkünfte den Armen zuzuwenden, nicht für den persönlichen Besitz des Bischofs; aber er sollte seiner Gemeinde ein Beispiel großzügiger Wohltätigkeit geben. Einige Bischöfe vermachten den Armen ihren gesamten Besitz.

Nicht nur Vorbild, sondern auch Lehrer der Caritas sollte der Bischof sein. Das bezeugen am eindrucksvollsten die Pastoral des Papstes Gregor und die Homelien des Caesarius von Arles. Sie lehren die klassischen

Inhalte, die unmittelbar dem Evangelium entnommen sind: Christus findet man nur unter den Armen; weltlicher Besitz ist nur Treuhandvermögen; der Überfluß gehört den Armen; das Almosen tilgt die Sünden, aber Gott läßt sich durch Almosen nicht bestechen; alle Christen sind zur Barmherzigkeit verpflichtet.

Zumindest ursprünglich war die Armenmatrikel eine Einrichtung der städtischen und ländlichen Gemeinden zum Zwecke der praktischen Fürsorge. Mit großer Sicherheit verdankt sie ihre Entstehung der Übernahme einer orientalischen Institution; als Vermittler fungierte – wie für die Klöster – Cassian. Um 420/430 beschrieb er in Marseille in seiner Schrift *Collationes patrum* die Diakonien Ägyptens, an die die Grundbesitzer des Bezirks ein Zehntel der Ernte zur Verteilung an die Armen ablieferten. In Afrika und in Rom hieß diese Institution damals *brevis*; erst im 6. Jahrhundert erhielt sie den Namen *matricula*. Doch sind beide Begriffe synonym, sie bezeichnen eine Liste, in der die auf Kosten der Kirche unterhaltenen Armen namentlich verzeichnet sind. Papst Leo der Große (440–461) bezeugt Laien als Leiter *(praesides)* dieser Organisation; im Orient leitet ein Kleriker den *ptôchotropheion*, wie das Konzil von Chalcedon 451 belegt.

Die Diakonie war eine Art Versorgungsbehörde, deren Aufgaben dann auf die in der ostgotischen Zeit untergegangene *annona publica* überging. Sie existierte offensichtlich seit dem Beginn des 5. Jahrhunderts in den Regionalkirchen, die seit Ende des 4. Jahrhunderts bestanden, und arbeitete sogar in denselben Verwaltungsgebäuden wie die frühere Annona. Für Ravenna sind Armenverzeichnisse 522–532 belegt. Gregor der Große ließ in Rom eine Matrikel anfertigen und im päpstlichen Palast hinterlegen; sie enthielt die Namen von Männern und Frauen aus allen Berufen, aus Rom und der Umgebung, an die monatlich Getreide, Wein, Speck, Fisch, Öl, Gemüse und Käse verteilt wurden.

In Gallien ist die Armenmatrikel vor 470 für Reims, um 520 für Laon bezeugt. Gregor von Tours kannte sie bereits. Für Clermont (556) deutet er sie zumindest an; daß sie 585 in Tours existiert, erwähnt er ausdrücklich. Im 6. Jahrhundert existierten Matrikeln in allen größeren Orten; Mitte des 7. Jahrhunderts sind in den Verzeichnissen der Metzer Pfarreien und des Umlandes 726 Arme aufgeführt.

Wieviele *matricularii* (wovon das französische Wort *marguillier* abgeleitet ist) verzeichnet werden sollten, wurde jeweils genau festgesetzt; keinesfalls aber geben die Matrikeln Auskunft über die genaue Anzahl der tatsächlich Notleidenden. In der Merowingerzeit schwankte die Zahl an den verschiedenen Kirchen beträchtlich; es konnten einzelne, aber auch mehrere Dutzend Personen sein. Die Zahl 12, die an die Apostelschar erinnert, war nur in der Karolingerzeit in den Klostermatrikeln gebräuchlich, als deren Funktion sich bereits gewandelt hatte und die liturgische Bedeutung in den Vordergrund getreten war. Zuvor hatte der wohltätige Zweck überwogen, was man am verzeichneten Personenkreis erkennen kann: Es waren einige Frauen, vor allem Witwen, vorwiegend aber Männer, Schwache und Kranke, auch gesunde Arme ohne Einkommen oder Opfer von Krieg, Hungersnot und Pest. Insgesamt waren es nur wenige Menschen, ausgewählt vom Klerus der Kirche, an der die Matrikel geführt wurde. Der Anteil der *matricularii* an der großen Masse der Armen ist kaum zu schätzen. Ihre geringe Anzahl und die Vorteile, die sie genossen, sicherten ihnen einen fast privilegierten Status, man könnte sie bereits als Präbendeninhaber im modernen Sinne des Wortes bezeichnen.

Als Gegenleistung für ihre Mitwirkung bei Gottesdiensten, für die Wahrnehmung von Ordnungsfunktionen innerhalb der Kirche und bei der Verteidigung des Asylrechts erhielten diese Armen das Recht, vor dem Portal der Kirche um Almosen zu bitten. Sie genossen einen besonderen Schutz und eine soziale Sicherheit, für die sich kaum Parallelen finden lassen; sie erhielten Nahrung und Kleidung und aßen am Tisch im Armenhaus *(mansio pauperum)* neben der Kirche und in den Städten neben dem Bischofssitz.

Die Worte Armenhaus und Matrikel wurden zunehmend unterschiedslos verwendet, Matrikel wurde fast synonym mit Hospital. Auch wurden *matricula* und der aus dem Orient übernommene Begriff Xenodochium vom 7. Jahrhundert an undifferenziert nebeneinander bzw. abwechselnd als Synonyma verwendet. Immer häufiger finden sich Matrikeln an ländlichen Klöstern; denn da die Armen aus den im Niedergang begriffenen Städten in die ländlichen Regionen zogen, verlagerte sich auch die Armenfürsorge von den Bischofsstädten zu den Klöstern auf dem Lande, deren Hospize, die allen Menschen, vorwiegend aber den Pilgern offenstanden, die Aufgaben der Matrikeln übernahmen.

Gerade wegen ihres Reichtums erlitten die Klöster durch die Säkularisationen des 8. Jahrhunderts starke Besitzeinbußen. Einige der größten und berühmtesten wie St. Martin in Tours gingen in den Besitz von Laien über. In anderen, weniger skandalösen Fällen führte die Enteignung dazu, daß die Matrikelplätze in Sinekuren verwandelt wurden, die nicht an Arme, Schwache oder Greise übertragen wurden, sondern gleichsam als Rente an arbeitsfähige Männer in den besten Jahren. Der hl. Rigobert in Reims und der hl. Chrodegang in Metz versuchten im 8. Jahrhundert, die Matrikeln nach dem Vorbild der damals gut funktionierenden römischen Diakonien wiederzubeleben. 816 erinnerte das Konzil von Aachen die *matricularii* an ihre Pflichten, besonders an ihre Präsenzpflicht; es beklagte ihre ‚Verbürgerlichung' und daß sie immer mehr dazu neigten, die Matrikeleinkünfte als arbeitsfreies Einkommen zu betrachten. Noch etwa 50 Jahre später erhob Hinkmar die gleichen Vorwürfe; er versuchte, in Reims wieder eine reguläre Matrikel einzuführen. Doch inzwischen war der *matricularius* zu einem Diener und fast zu einem Amtsträger seiner Kirche geworden.[19] Armut und Arme gab es anderswo. Aufnahme und Fürsorge fanden die wirklich Armen in den Hospitälern und Armenhäusern, deren Gründung in vielen Fällen auf bischöfliche Initiative hin erfolgte. Sie wurden neben dem Wohnsitz des Bischofs und der Kanoniker errichtet, und noch heute befinden sie sich oft in der Nähe von Kathedralen. Sie sind die Vorfahren unserer heutigen öffentlichen Krankenhäuser, so in Paris, Reims, Laon und Soissons. Andere wurden von Laien gestiftet, etwa St. Christoph in Paris im Jahre 690, eine Schenkung des Verwalters des Palais Archembaud. Gregor der Große begrüßte die Errichtung eines Xenodochiums in Autun durch Königin Brunehaut. Die alten Hospitäler von Lyon verdanken ihre Existenz dem Bischof und den Kapiteln von St.-Jean, St.-Paul und St.-Just. Die Aufzählung solcher Gründungen vor allem in den Städten ließe sich noch lange fortsetzen. Aber außerhalb der Städte, auf dem Lande und meist an belebten Straßen, gewannen die Klosterhospize im Laufe des 9. Jahrhunderts zunehmend an Bedeutung für die ländlicht Armenfürsorge. Andere Zeiten, andere Arme, andere Formen der Wohltätigkeit.

2. Die kirchliche Lehre des 9. Jahrhunderts: Christliche Barmherzigkeit als Bindeglied zwischen Diesseits und Jenseits

Im 9. Jahrhundert, als der Verfall der Armenmatrikel nicht mehr aufzuhalten, das klösterliche Hospizwesen aber erst im Entstehen begriffen war, suchte man nach neuen Wegen, die durch den Umbruch bedingten Härten zu lindern. Ein recht schwieriges Unterfangen, denn die brutale Wirklichkeit menschlichen Elends und menschlichen Geizes stand in krassem Widerspruch zu den Idealen der Bergpredigt. Die geistlichen Ratgeber Ludwigs des Frommen und seiner Söhne suchten den Ausgleich „zwischen Himmel und Erde".[20] Die Konzilsbeschlüsse aus der Zeit Ludwigs des Frommen, die sich mit den Armen befaßten, und besonders die Beschlüsse des Pariser Konzils von 829 stehen in einem bezeichnenden Zusammenhang mit den Reformen des benediktinischen Mönchtums durch Benedikt von Aniane und Adalhard von Corbie. Eine Erziehungsbewegung, deren Handbuch Dhuoda, eine adlige Dame, verfaßte, propagierte die Errichtung einer Gottesstadt, die den Armen Zuflucht und Sicherheit im Schutze des göttlichen Gesetzes bieten sollte.

Eine Überfülle von Schriften moralischen Inhalts kennzeichnet die karolingische Renaissance. Neben Quellen wie den Pseudoisidorischen Dekretalen, deren Echtheit zu Recht angezweifelt wird, zeugt eine eindrucksvolle Reihe seelsorgerischer Schriften von der aufmerksamen Beschäftigung mit den sozialen Verhältnissen.

Die Lehre des Julian Pomerius erlebte eine neue Blüte. Bereits im 8. Jahrhundert hatten Bonifatius, Chrodegang von Metz und Paulinus von Aquileja auf Julians Schrift *De vita contemplativa* zurückgegriffen. Die in der ersten Hälfte des 9. Jahrhunderts zum Schutz der *pauperes* vor der Unterdrückung durch die Mächtigen gefaßten Konzilsbeschlüsse basierten teilweise auf seiner Lehre über die Armut. Pomerius hatte sich jedoch nicht damit begnügt, den Kirchenbesitz für den Unterhalt der Kleriker und die Unterstützung der Armen heranzuziehen, sondern er hatte auch gefordert, daß die Kleriker ihn nur maßvoll nutzen dürften und daß alles Kirchengut umsichtig zugunsten der Armen verwaltet werden müsse. Die geistigen, sozialen und wirtschaftlichen Schlußfolgerungen aus dieser Lehre wurden aber im 9. Jahrhundert nicht von allen Kirchenlehrern durchdacht. Gerade Menschen von tiefster Religiosität, die ansonsten jegliche Usurpation verurteilten, begriffen nicht, welche Folgen daraus erwachsen mußten, daß die Mächtigen immer mehr Land an sich rissen; im Gegenteil, sie glaubten, die Ansammlung von Besitz sei ein Vorteil für die Armen, da ihnen so wirkungsvoller geholfen werden könne. In der Mitte des 9. Jahrhunderts forderte Bischof Raoul von Bourges lediglich, die sozialen Beziehungen sollten von christlicher Barmherzigkeit geprägt sein und die Mächtigen sollten ihre Machtbefugnisse gegenüber den Armen nicht mißbrauchen: „Sie sollen sie (die Armen) nicht bei jeder sich bietenden Gelegenheit zu Unrecht verurteilen, sie sollen sie nicht unterdrücken, sie nicht ungerecht behandeln und ihnen ihre geringe Habe *(substantiolas)* nicht wegnehmen; Forderungen sollen sie nicht grausam und ohne Mitleid eintreiben". [21] Und er wagte hinzuzufügen: „Sie sollen wissen, daß dies ihre Brüder sind und daß sie einen gemeinsamen Vater haben, zu dem sie sprechen: Unser Vater, der du bist im Himmel, und eine gemeinsame Mutter, die heilige Kirche, die sie in derselben heiligen Quelle (der Taufe) wiedergeboren hat". [22]

Vielleicht benutzte Raoul von Bourges eine deutlichere Sprache als seine Mitbischöfe, aber auch Theodulf und Jonas von Orléans dachten nicht anders. Sie predigten eine Moral, wenn nicht gar einen Moralismus. Jonas von Orléans scheint sich um das neutestamentliche Verständnis von Armut kaum gekümmert zu haben: Solange der Reiche seinen Besitz gut nutze und weder seine Nächsten noch die Kirche zu berauben trachte, befinde er sich in Übereinstimmung mit der Moral. In seiner Schrift *De institutione regia* erinnert er den Fürsten daran, daß „es zu seiner Pflicht gehört, die Witwen, Waisen und Fremden zu verteidigen ... und die Armen mit seinen Almosen zu nähren". Den gleichen Gedanken äußert Hinkmar von Reims: Pflicht des Königs sei es, „die Klagen der Armen und Schwachen anzuhören, die Opfer von Unterdrückung geworden sind".

So entstand das Idealbild vom guten König, der als gerechter Richter und Beschützer der Armen Dienste großzügig belohnt, sowie das Gegenbild vom ungerechten und undankbaren Tyrannen, der die Armen ihrem Schicksal überläßt. Wer über staatliche Zwangsgewalt verfügt, wird an den Pflichten seines Amtes gemessen oder mit allgemein verehrten bzw. heiliggesprochenen Repräsentanten seines Standes verglichen. Jahrhundertelang entwickelten Hagiographie und Literatur dieses Idealbild vom guten König weiter, von dem die Armen die Sicherung des Friedens und der Gerechtigkeit erhofften.

Hinkmar von Reims beschrieb am ausführlichsten und klarsten den Ide-

III. Von der Armenmatrikel zur Armenfürsorge

alzustand eines moralischen Gleichgewichts, das nach seinen Vorstellungen erst den gesellschaftlichen Ausgleich ermöglicht. 869 oder 870 soll Karl der Kahle im Laufe einer Unterhaltung in Senlis Hinkmar gebeten haben, Schriften über die Werke der Barmherzigkeit zu sammeln. Bereits 858 hatte der Erzbischof in einem Brief an Ludwig den Deutschen ein Programm entworfen, in dem die Armenfürsorge einen wichtigen Platz einnahm; nach Jean Devisse hatte er zahlreiche Schriften kommentiert, vor allem die Lehre des Salvian über das Almosen. Er wiederholte die klassische Lehre von der erlösenden Wirkung des Almosens und die scharfe Verdammung des Geizes. Er hält daran fest, daß die Armen Anspruch auf ein Viertel des Zehnten haben und daß das Kirchengut ihr Erbe, ihr *patrimonium* sei. Für Hinkmar bedeutet Armut nicht nur Mangel an Einkünften, sondern auch jegliche Art von Schwäche, Abhängigkeit und Mangel, die durch Ungerechtigkeiten und Übergriffe verursacht und verschärft werden. Die Folgen dieser Ungerechtigkeit soll die Caritas beheben. Dem Armen standen drei Möglichkeiten offen: Entweder er begab sich in die Unfreiheit, um der Not zu entgehen, oder er schloß sich mit anderen Freien zusammen, um zu überleben; schließlich konnte er sich in die Abhängigkeit eines Mächtigen begeben, ohne seine Freiheit zu verlieren. Ein Beispiel für den letztgenannten Fall liefert ein Katalane namens Juan im 8. Jahrhundert, der auf diese Weise in den Kriegeradel des *milites* und damit wiederum zu Achtung und Einfluß gelangte. Aber die Möglichkeit einer Veränderung der für unabänderlich gehaltenen Gesellschaftsordnung war für Hinkmar genauso wenig denkbar wie für seine Zeitgenossen. Ein Satz aus der Vita Eligii könnte durchaus von ihm stammen: „Gott hätte alle Menschen reich erschaffen können, aber er wollte, daß es auf dieser Welt Arme gibt, damit die Reichen Gelegenheit erhalten, sich von ihren Sünden freizukaufen".[23]

Der Begriff der Barmherzigkeit scheint damit eine in sich wiedersprüchliche Bedeutung angenommen zu haben. Einerseits sind die Güter und Einkünfte der Kirche und die Werke der Barmherzigkeit der Gläubigen dazu bestimmt, soziale Ungleichheit auszugleichen, nicht sie abzuschaffen. Das Almosen soll die Stabilität der Gesellschaftsordnung und damit den inneren Frieden sichern helfen. Andererseits erinnert der Moralist Hinkmar in fruchtbarer Originalität daran, daß erst die christliche Caritas dem Almosen einen religiösen Wert verleiht.

Gealtert und entmutigt von den Folgen, die die Wirren am Ende des 9. Jahrhunderts für die Armen zeitigten, wagte Hinkmar jedoch keineswegs auf ein Gleichgewicht des Friedens und der Gerechtigkeit zu hoffen. Aber sein Denken fand doch Nachfolger, vor allem in einigen Reichsbischöfen des 10. Jahrhunderts. Die Gestalt des aus Lüttich stammenden Bischofs Rathier von Verona (931–968) erinnert in dieser Beziehung an den karolingischen Episkopat. Rathier entwickelte zwar keine wesentlich neuen Gedanken, doch zählte er in der für die Armen besonders harten Zeit die uns bereits bekannten Kategorien auf und wies den Gefangenen, den Pilgern und den verarmten Adligen einen besonderen Platz zu. Er verurteilte Bettelei und Faulheit und pries die Werke der Barmherzigkeit als Weg zur Wiederherstellung der gottgewollten Ordnung. Interessant ist, auf welche neutestamentlichen Texte er sich stützt: Er bevorzugt Lukas, Matthäus, Johannes und vor allem Paulus. Das bedeutet, daß auch für ihn das religiöse Motiv der Barmherzigkeit den wesentlichsten Aspekt darstellt. So verschmolzen verschiedene Lehrmeinungen: Die tätige Caritas und die getreue Verwaltung der Almosen sollten dazu führen, ,,die größte Not in gemeinsamer Armut aufgehen zu lassen", in einer harten Zeit, in der der Starke den Schwachen tragen und der Schwache dem Starken dienen sollte.

3. Die Wohltätigkeit der Klöster

Das Konzept einer ,Gesellschaft zwischen Himmel und Erde' gehörte zum großen Teil ins Reich der Utopie. Doch war Hinkmar durchaus Realist, als er einen seiner Suffraganbischöfe, den Bischof von Beauvais, an seine vornehmste Pflicht erinnerte: ,,Die Armen und Durchreisenden sollen in dafür bestimmten Hospizen aufgenommen werden, für die das notwendige Personal bereitgestellt werden soll." Außerdem forderte er, die im Niedergang begriffene Armenmatrikel wiederherzustellen; doch für diese Aufgabe waren die Klöster auf dem Lande besser gerüstet als die dahinsiechenden Bischofsstädte.

Im Bereich der Askese und der Geistigkeit gehört Armut zum Leben der Einsiedler aller Religionen; dies gilt für den Hinduismus wie für den Islam, für die jüdischen Asketen wie für ihre christlichen Nachfolger, die Wüstenväter und die keltischen Eremiten. Die Lebensformen der jüdischen und christlichen Einsiedler beeinflußten den Armutsbegriff des ganzen europäischen Mittelalters. Antonius und Pachomius, Basilius und Cassian, später Columban und Fructuosus, sie alle forderten vollständigen persönlichen Verzicht auf materiellen Besitz, ein arbeitsames Leben und einfache Ernährung, Kleidung und Wohnung. Der Mönch, der freiwillig zum *pauper Christi* wurde, wird dazu verpflichtet, sich den unfreiwillig Armen (*pauperes inviti*) zuzuwenden, denen er geben solle, soviel er könne. Im benediktinischen Mönchtum entzündete sich eine Diskussion am Kollektivbesitz ausgedehnter Güter. Daß die Regel des hl. Benedikt diesen Besitz ausdrücklich oder unausgesprochen vom Armutsgebot ausnimmt, steht keineswegs im Widerspruch dazu, daß die persönliche Besitzlosigkeit, d. h. die individuelle Armut, im Benediktinerorden ursprünglich als ein Weg der Askese galt. Die Schüler des hl. Benedikt lebten zweifellos nicht wie die Armen in Sorge ums tägliche Brot. Klösterliche Armut kann man nicht mit der im Steuerregister definierten Armut vergleichen; sie ist eine Art Askese, keine Tugend an sich, sondern ein Weg zur Tugend. So fand denn die Bereitschaft des Mönchs, den wahren Armen zu verstehen, in den Regeln und in den Konstitutionen verschiedene Formen der Verwirklichung. Sowohl die Regel des Meisters (500-525), aus der die Regel des hl. Benedikt hervorging, als auch die Regula mixta bestimmten die Beziehungen zu den Armen. Die Formen der benediktinischen Caritas prägen auch Smaragd von Verdun, Benedikt von Aniane (um 816), Adalhard von Corbie (um 822), Wala von Bobbio (um 834/836) sowie die späteren Konstitutionen der Hauptklöster.

Bekannt ist, welche Bedeutung Benedikt der Aufnahme des Armen zumaß; die ihm zustehende Ehre *(congruus honor)* entspreche dem Rang Christi, den er verkörpere. In einem genauen liturgischen Zeremoniell wird der Empfang der Durchreisenden und vor allem der Armen geregelt. Der Kommentar zur Regel des hl. Benedikt, den Smaragd verfaßte, zählt die Werke der Barmherzigkeit im einzelnen auf, und dieses Schema übernahmen mehr oder weniger alle folgenden Generationen: Die Armen soll man trösten *(pauperes recreare)* aus wohlwollendem Herzen *(libente animo)* und sogar fröhlich *(cum hilaritate)* und großzügig *(cum largitate)*; einen Ehrenplatz unter den Armen erhalten die Kinder unter zwölf Jahren *(infantes)* und die Greise, die in zwei Kategorien eingeteilt werden, und zwar nach physischem Alter und geistiger Senilität, wobei die Geisteskranken *(stulti)* keineswegs vergessen werden. In einigen Punkten führt Smaragd Neuerungen ein: Er bricht mit der mönchischen Tradition und dehnt die Caritas auf Krankenbesuche und auf die Suche nach den Armen aus, damit diese nicht im Freien übernachten müssen. Darin folgten ihm allerdings nicht alle Klöster; denn normalerweise wartet der Mönch, bis der Arme zu ihm kommt. In einem anderen Punkt findet Smaragd zwar ebenfalls nicht die Zustimmung aller Klöster, doch befindet er sich hier im Einklang mit den Gepflogenheiten seiner Zeit, wenn er nämlich *congruus honor* als Anpassung an die Form der Ehre interpretiert, die dem gesellschaftlichen Rang des Gastes entspricht. Dem Mächtigen soll man respektvoll Ehre erweisen *(obsequium)*, dem Armen freundschaftliche Aufnahme *(affectus)* gewähren.

Die benediktinische Wohltätigkeit kam all denen zugute, die darum baten. Wer an eine Klosterpforte klopfte, dürfte das Gefühl gehabt haben, an einer Art Grenze zwischen einer Welt der Not und einem Land des Überflusses zu stehen, man könnte auch sagen, an einer Grenze zwischen einer von Gewalt geprägten Gesellschaft und einer Stätte des Friedens, wovon die Inschrift PAX über dem Eingangstor zeugte. Zwischen dem Leben in der Klausur und der praktizierten Caritas bestand kein Widerspruch. Der Aufnahmeritus begann an der Pforte. Dort wurden die Almosen an die Armen verteilt, dort erhielten sie Zugang zum Hospiz und teilweise sogar zum Konventsleben. Bis zum 9. Jahrhundert war die *porta*, die Klosterpforte, der Ort der Aufnahme und der Wohltätigkeit. Im Auftrag des

Abtes erfüllte diese Aufgaben zunächst der Kellermeister, dann der Pförtner *(portarius)*. Dieses Amt erforderte die Fähigkeit, mit Menschen umzugehen, so daß Benedikt von Aniane empfahl, es einem alten und weisen Mönch anzuvertrauen. In seinen Schriften, in den Aachener Konzilsbeschlüssen, in den Statuten des Adalhard von Corbie und im *Breve memorationis* des Wala kann man das Funktionieren der *porta* in ihren wichtigsten Grundzügen erkennen. Auf dem Plan von St. Gallen befindet sich die Pforte im Eingangsbereich bei den Gästeräumen und entfernt von der Klausur. Gab es mehrere Eingänge, so befand sie sich natürlich am Haupteingang. Die bedeutende Stellung des *portarius* ergab sich aus der Anzahl der Hilfesuchenden und aus der Vielfalt und dem Umfang der Gaben, die er verteilen konnte. In Corbie standen ihm zehn *provendarii* als Hilfskräfte zur Verfügung.

Zunächst hatte der Pförtner festzustellen, wer die Bittsteller waren, Prälaten, Kanoniker, Mönche, reisende Laien, bettelnde Armen oder Vagabunden, Schwache oder Kranke. In der Regel des Meisters schwingt Mißtrauen gegenüber den rastlosen, faulen und unzuverlässigen Vagabunden mit, während Benedikt sich da großzügiger erweist; doch enthält auch seine Regel bezeichnende Nuancierungen: Eine hochgestellte Persönlichkeit klopft an die Pforte, während der Arme nur ruft; der Pförtner antwortet dem hohen Herrn mit „Deo gratias", Gott sei Dank, dem Armen dagegen mit dem Segensgruß „Benedic". Damit ist der Ritus eröffnet, der dann im wesentlichen gleich verläuft – mit geringen Abweichungen je nach dem Stand des Gastes: Fußwaschung *(mandatum)*, Speisung und Unterbringung. Bezüglich der eigentlichen Armen bleiben einige Fragen offen. Aus hygienischen Gründen wurde die Fußwaschung vielleicht sogar täglich vollzogen. Nahrung und Unterkunft fanden sie in einem Gebäude *(hospitale pauperum)*, das nicht identisch war mit dem Gästehaus für die Reichen. Die Kranken wurden vom Pförtner selbst versorgt und fanden unter Umständen Aufnahme in der Krankenstation des Klosters. Wer weiterzog, erhielt Reiseproviant.

Wesentlichstes Element der klösterlichen Fürsorge war die Unterstützung aller Vorüberziehenden *(pauperibus supervenientibus)*. Die Gaben des Klosters Corbie sind überliefert: Brot, Bier oder Wein, Gemüse, Käse, Speck und manchmal Fleisch. Außerdem wurden die getragenen Schuhe und Kleider der Mönche verteilt, Decken, Heiz- und Brennholz, Haushaltsgeräte und vom 9. Jahrhundert an gelegentlich auch Geld.

Insgesamt erforderten die Gabenverteilungen und der Unterhalt der armen wie der reichen Gäste erheblichen materiellen Aufwand. Deshalb erhielt der Pförtner den Zehnten von allen Einkünften, Almosen und jeglicher Schenkung, sei es Geld, seien es Naturalien (Getreide, Wein, Vieh und anderes). Benedikt von Aniane bestand in seinen Vorschriften nicht ohne Grund auf dem Zehnten für die Armen. Damit wird auch verständlich, welch schwerwiegenden Eingriff die Säkularisation des Zehnten bedeutete und welche Bedeutung später zur Zeit der gregorianischen Reform dessen Rückerstattung an die Klöster besaß.

Die breit gefächerten Aufgaben des Pförtners und sicherlich auch die beträchtliche Zunahme seiner ‚Kundschaft' führten in der zweiten Hälfte des 9. Jahrhunderts dazu, daß seine Funktionen auf zwei Amtsträger aufgeteilt wurden: Der *custos hospitum* kümmerte sich um die wohlhabenden Gäste, der *eleemosynarius*, der Almosenier, versorgte die armen. Ihnen wurden unterschiedliche Einkünfte zugeteilt. Den traditionellen Armenzehnten erhielt der Almosenier. Für den Unterhalt vornehmer Gäste wurde eine weitere Abgabe auf die Klostergüter, die *none*, erhoben, gestützt auf das Wort des Moses, daß die freiwillige Gabe das gesetzlich vorgeschriebene Maß überschreiten solle. Damit war die Entwicklung zum Amt des Almoseniers eingeleitet, die sich an den Konstitutionen der Haupt- und Filialklöster verfolgen läßt; sie führte fast überall zur Einrichtung eines besonderen Amtes, der *eleemosynaria*, die sich von der Mitte des 11. Jahrunderts an mit der zunehmenden Pauperisierung immer häufiger nachweisen läßt.

Die Konstitutionen geben ausführlich Auskunft über den wesentlich liturgischen Charakter und den Rhythmus der benediktinischen Armenfürsorge, ihre Prägung durch die Tagesbedürfnisse und den Ablauf des Kirchenjahres mit Zeiten einfacher Versorgung und Festzeiten, alltäglichen und feierlichen Formen. Sie wandte sich an eine mehr oder weniger große Zahl ständiger oder gelegentlicher Empfänger, manchmal an eine unbegrenzte Anzahl. Sie umfaßte sowohl materielle Hilfe als auch geistlichen Beistand, für einige bedeutete sie ständige Versorgung mit Lebensmitteln und Kleidung, für die meisten gelegentliche Zuwendungen. Die Form der Unterstützung war recht unterschiedlich: Einige Arme wurden auf Dauer aufgenommen, eine symbolhafte Anzahl erhielt täglich eine Mahlzeit (drei in Saint Dunston und im Dreifaltigkeitskloster von Vendôme, zwölf in Saint-Bénigne zu Dijon, 18 Präbendenempfänger und 72 ständige Kostgänger in Cluny). Erkrankte Arme wurden einmal in der Woche besucht (so in Cluny, in England und im Anjou), und schließlich wurde in manchen Klöstern täglich, in anderen gelegentlich, vor allem aber am Gründonnerstag in feierlicher Form die Fußwaschung der Armen vollzogen. Liest man die Klosterregeln,[24] so gewinnt man einen plastischen Eindruck von der gravitätischen Heiterkeit des Ritus, den der Aufzug der beiden so unterschiedlichen Prozessionen ausgestrahlt haben muß: Die vom Almosenier ausgewählten Armen wurden von Mönchen gestützt hereingeführt. Eine gleich große Anzahl Mönche zog herein und stellte sich vor den Armen auf. Auf ein Zeichen des Abtes hin „verneigen sie sich, beugen das Knie und beten Christus in seinen Armen an." Dann wuschen sie den Armen die Füße, trockneten sie ab und küßten sie. Zum Schluß wurden die Armen gesegnet und erhielten Getränke und ein Geldgeschenk. Man braucht wohl nicht darauf hinzuweisen, daß der Zeremonie bereits eine erste Reinigung vorausgegangen war. Am Morgen war nämlich eine Armenmesse gefeiert worden, und in einer ersten Fußwaschung mit warmem Wasser hatte man dafür gesorgt, daß die an der Hauptzeremonie teilnehmenden Armen tatsächlich sauber waren *(ut mundi sint)*; dann hatten sie eine stärkende Mahlzeit erhalten. An den hohen Kirchenfesten (Weihnachten, Ostern, Pfingsten und Allerheiligen) wurden reichliche Gaben und sogar Wein und Fleisch verteilt; in Cluny erhielten die Armen an Weihnachten Schuhe und an Pfingsten Kleidung. Auf diese Weise war dafür gesorgt, daß die Armenfürsorge das ganze Jahr hindurch funktionierte, und die Mönche verteilten die Gaben im Auftrag der Wohltäter des Klosters. Doch würde man den spezifischen Charakter der benediktinischen Wohltätigkeit verkennen, wollte man die fundamentale Verbindung zwischen der Liebestätigkeit der Mönche, dem kollektiven Gegenpol zum gemeinschaftlichen Reichtum, und dem individuellen Fasten und dem persönlichen Verzicht übersehen. Alles, worauf die Mönche verzichteten, alle Reste und alles, was an der Konventstafel nicht verzehrt wurde, erhielt der Almosenier zur Verteilung an die Armen.

Wer waren nun eigentlich diese Armen? Die Konstitutionen etwa von Cluny oder Fleury-sur-Loire geben darüber Auskunft: Dem *custos hospitii* und seinem Gehilfen, dem *stabularius*, obliegt die Fürsorge für die Gäste, die zu Pferd ankommen, und für ihr Gefolge. Diejenigen, die „zu Fuß gehen", versorgt der Almosenier; er „richtet sie wieder auf" und gibt ihnen Reiseproviant, ein Pfund Brot pro Tag und ein Maß *(iusticia)* Wein in der Armengaststube oder ein halbes Maß für die Reise. Zu versorgen hatte der Almosenier aber auch die Präbendenempfänger, die tägliche und an Festtagen erhöhte Zuwendungen erhielten. Ferner sorgte er für die wöchentlich zu besuchenden Kranken und schließlich für die zahlreichen Kinder, Witwen und Greise, für die Lahmen, Blinden und alle vorbeiziehenden Armen, die aus Not oder wegen eines Unwetters um Hilfe baten, kurz für alle Hilfsbedürftigen, die *minuti*, wie sie die Konstitutionen des Klosters Eynsham bei Oxford nennen.

Nur die ständige geistige Durchdringung und Erneuerung dieser Liturgie der Wohltätigkeit verhinderte, daß sie zum inhaltslosen Ritual erstarrte. Daß die Caritas zur Institution wurde, liegt daran, daß sie stets eine drängende Notwendigkeit darstellte. Die Funktion des *ministerium eleemosyne*, ein Begriff, der den moralischen Aspekt des Dienens enthält, wurde in Saint-Bertin zu Saint-Omer vom 11. Jahrundert an *officium* genannt; sie wurde Teil der Verwaltung und mit festen Einkünften und Zuteilungen ausgestattet. Aber die Tendenz zur Verrechtlichung wurde von der Realität laufend korrigiert. So forderten die Konstitutionen von Fleury-sur-Loire (um 1020–1030), daß „die Versorgung der Armen einem in geistlichen Dingen erfahrenen Mönch anvertraut wird..., der nach Möglichkeit nicht aus der Gegend stammen soll. Sondern es soll ein Mitbruder sein, der sich von der Welt gelöst und wie ein erfahrener Steuermann die Unruhen dieser Welt vermieden hat und bereits fest in der ruhigen Ordnung des Klosters verankert ist. Dieser wird den Armen und Pilgern mehr Mitleid und Menschlichkeit entgegenbringen".[25]

Diese Idealvorstellung fand am Ende des 11. Jahrhunderts ihre lebendige Verwirklichung in der Person des Almoseniers von Saint-Chaffre du Monestier im Velay. Das Cartular dieses in den Gebirgsregionen Zentralfrankreichs gelegenen Klosters berichtet über ihn: „Diese Aufgaben... im Dienst der Armen erfüllt seit über 30 Jahren ein sehr frommer Mann.. Bevor er dieses Amt übernahm, war hier die Sorge für Arme und Pilger wohl mangelhaft; denn es fehlten sowohl die geeignete Person als auch die nötigen Mittel, und es gab keinen Platz zur Unterbringung der Ankömmlinge. Nachdem dieser Mann den Auftrag seines Abtes erhalten hatte, bemühte er sich eifrig und aus gütigem Herzen, das Wenige, das er auftreiben konnte, an die Notleidenden zu verteilen... und das Haus für die Armen und Pilger instandzusetzen und zu vergrößern... Von dieser Zeit an geschah es oft, daß in dieses Haus zahlreiche Arme, Pilger und alle von Not und Mangel Bedrückten von überall her kamen und ihnen gegeben wurde, was sie benötigten." Dann werden die dem Armenhaus zugeteilten Einkünfte aufgezählt, und weiter heißt es: „All dies sammelte der Bruder zum festgesetzten Zeitpunkt pünktlich ein, damit es dem Armenhaus und nicht anderen Zwecken diene, wie es in anderen Fällen vorkommt; und er verwendete es für dieses Armenhospiz, ohne Verschwendung und Geiz, sondern mit Maß und weiser Vorsorge für den nächsten Tag".[26]

4. Die Suche nach Frieden

Die Institutionalisierung der klösterlichen Armenfürsorge war ein Symptom dafür, daß sich die Lage der Armen seit dem Ende des 10. Jahrhunderts grundlegend verändert hatte. Der Begriff *pauperes* beinhaltet nach wie vor zwei soziale Aspekte, nämlich materielle Not und fehlenden Schutz; dazu kommen natürlich die *pauperes Christi*, die freiwillig Verzicht leisten. Aber die Anzahl beider Arten von Armen wächst, neue Aspekte erweitern den Bedeutungsgehalt beider Begriffe.

Zahlreiche witterungsbedingte Katastrophen, Hungersnöte und Epidemien bestimmten den Rhythmus, in welchem die Anzahl der Armen zunahm. Der Bericht des Raoul le Glabre über das Wüten der Hungersnot in Burgund (1032–1033) dürfte kaum übertrieben sein. Wilhelm von Volpiano erschrak bei seiner Rückkehr nach Italien über das Ausmaß des Hungers, und er ermahnte seine Mönche von Saint-Bénigne in Dijon zum Mitleid mit den Armen. „Wo ist die christliche Barmherzigkeit?", rief er aus. Zur Linderung der Not mußte er die Vorräte seines Klosters verteilen, und dies war kein Einzelfall. Raoul le Glabre schreibt, man habe den Kirchenschmuck verkaufen müssen, um die Armut zu lindern. Abt Richard von Reims mußte die kostbaren Kultgeräte seines Klosters veräußern. Auf diese Art von Vermögensrücklagen zurückzugreifen, war in Mangelgesellschaften durchaus üblich, obwohl die Schätze zur Ehre Gottes angehäuft worden waren.

So wird verständlich, mit welchen Schwierigkeiten der Almosenier zu kämpfen hatte. Der Erzbischof von Trier wollte Geld an die Armen verteilen, ein nutzloses Unterfangen angesichts der überhöhten Preise. Daher mußte er seine eigenen Pferde opfern, die für einen hohen Herrn durchaus gleichbedeutend waren mit seiner Schatzkammer. Schnell hatte die ausgehungerte Menge das Fleisch verzehrt und sie protestierte: ,,Diese kleinen Stückchen helfen uns nicht weiter."

In anderen Fällen erwies sich zwar die Nützlichkeit der kirchlichen Armenfürsorge, doch wurde zugleich deutlich, daß weiterreichende und kontinuierliche Maßnahmen notwendig waren. Das einsetzende Bevölkerungswachstum, die Aufteilung der Hufen und die zunehmende Anzahl der nicht erbberechtigten Nachgeborenen führten auf die Dauer zu einem Ungleichgewicht zwischen dem verfügbaren Ackerland und den vorhandenen Arbeitskräften. Die Bewirtschaftung der Klostergüter, die durch Schenkungen angewachsen waren, erforderte zahlreiche Arbeitskräfte. Die Landvergabe in Form von Prekarien, die mit der Leihe verbunden oder durch sie ersetzt wurde, ermöglichte es einigen Bauern, ihre Existenz mit Hilfe der Klöster zu sichern. Anderen bot die Erntezeit auf den Klostergütern vorübergehende Arbeitsmöglichkeiten und zusätzliche Einnahmen. Wieder andere lebten ständig als Bauern oder Handwerker innerhalb der *familia* eines Klosters, manchmal waren es soviele, daß im Jahre 1075 das Cartular des Dreifaltigkeitsklosters in Vendôme eine *turba famulorum*, eine große Schar von Hausgesinde, erwähnt. Die Zeit nahte, in der Mönche und Bauern sich gemeinsam aufmachten, um Neuland zu gewinnen.

Auch der Schutz, den der Arme benötigte, änderte sich von Grund auf. Die drückende Abhängigkeit der Armen verschärfte sich, seit die königlichen Regalien um 980 endgültig verfallen und auf diejenigen übergegangen waren, die bereits die praktische Zwangsgewalt besaßen. Nicht mehr das Gegensatzpaar *pauper – potens* bezeichnete ihre Situation, sondern das Begriffspaar *pauper – miles*, was im wesentlichen zwei Dinge zur Folge hatte: Einerseits entstand eine Kluft zwischen den Waffentragenden und den Nichtkämpfenden *(inermes)*, deren Zahl die der Bauern übertraf, denn zu den Schwachen gehörten auch die Frauen und die Kleriker und bereits im 11. Jahrhundert einige Kaufleute. Andererseits übernahmen in Ländern wie Frankreich, wo die königliche Autorität um das Jahr 1000 am schwächsten war, die Bischöfe die Aufgabe des Königs, ,,den Frieden wiederherzustellen", den die Übergriffe der *milites* gefährdeten. Das königliche Friedensgebot war zwar seit dem 9. Jahrhundert in zunehmendem Maße unbefolgt geblieben, aber nie ganz in Vergessenheit geraten.

So kündigt sich seit dem Ende des 10. Jahrunderts im Süden wie im

Norden ein neuer Aspekt des Problems der Armut an, nämlich die Wehrlosigkeit gegenüber dem Mächtigen. Es entstehen neue Formen des Schutzes für den Schwachen im Gottesfrieden, und bei den Bemühungen um die Wiederherstellung der Ordnung ergreifen auch die Armen selbst das Wort. Im Jahre 989 verurteilte das Konzil von Charroux „diejenigen, die einen Bauern oder einen anderen Armen berauben". Als arm wurden die Bauern und die einfachen Leute bezeichnet *(pauperes, id est agricultores)*. Die Wiederherstellung des Friedens, wie sie die 1011–1014 in Poitiers versammelten Bischöfe forderten, bedeutete sowohl Verteidigung der kirchlichen Einrichtungen als auch Schutz der *inermes*, die keine Waffen trugen. Wenig später dehnte ein in Beauvais erlassener Landfriede (1023–1025) den für die Armen geforderten Schutz auf diese *inermes* aus. So vereinten sich die Interessen der Bischöfe und Klöster mit denen der Armen. Bischof Jordan von Limoges exkommunizierte die *milites*, die sich ungerechtfertigter Gewalttätigkeiten schuldig machten, und der Bischof von Bourges, Aimon de Bourbon, führte im Jahre 1038 eine Menge unbewaffneten Volkes *(multitudo inermis vulgi)* gegen Mächtige, die den Friedensschwur gebrochen hatten. Ist dieser Aufstand als eine Episode aus einer ungleichmäßigen Serie von Volksbewegungen zu betrachten? In diesem Zusammenhang sei auf eine Verschwörung Unfreier im Jahre 821 in den Küstenregionen Flanderns hingewiesen und auf die Existenz bäuerlicher Schwurgemeinschaften, über die ein westfränkisches Kapitular im Jahre 884 berichtet; Ende des 10. Jahrhunderts hatten sich unter Richard II. normannische Bauern erhoben. Aber gab es zwischen diesen Bewegungen Verbindungen? Und gab es innerhalb dieser Bewegungen eine Art allgemeines Bewußtsein, das über das Gefühl von Zorn und Wut hinausging und die Rebellen gegen die akute Unterdrückung einte?

Das allgemeine Unbehagen blieb jedoch nicht auf den sozialen Bereich beschränkt, sondern wurde in allen Lebensbereichen empfunden. Das Bedürfnis nach moralischer Erneuerung kam im städtischen Milieu zum Ausdruck, so in Arras seit 1025, in ländlichen Bereichen wie in der Champagne um 1030, in Klöstern und bei den Eremiten ganz Europas, besonders in Italien durch Romuald und Petrus Damianus, und sogar im Orient im Ruf des Wanderpredigers Nikon: Kehret um! Die Greogorianische Reform, die Volksbewegung der mailändischen Pataria, die Eremitenbewegung und der erste Kreuzzug verbanden Arme und Reiche, Laien und Kleriker, freiwillig und unfreiwillig Arme in derselben Atmosphäre unauflöslich miteinander. Die Zeiten hatten sich geändert; das Profil des immer noch verachteten und unbekannten Armen zeichnet sich immer deutlicher ab. Man spricht bereits viel von ihm, bevor er selbst als Handelnder auftritt.

Zweiter Teil
Die Kleinen in der christlichen Gemeinde
(Vom Ende des 11. bis zum Beginn des 13. Jahrhunderts)

Vom Kreuzzugsaufruf des Peter von Amiens bis zum Wirken des Franz von Assisi veränderten sich die Stellung der Armen in der Gesellschaft, die Verhaltensweisen gegenüber den Armen sowie das Verständnis von Armut überhaupt erheblich. Zwar blieb innerhalb dieser rund 130 Jahre der vorwiegend religiöse Bedeutungsgehalt der Begriffe arm und Armut erhalten. Auch ist die Anzahl der materiell Armen nicht einmal annähernd zu schätzen, – und sie war zweifellos hoch, zumindest dann, wenn Naturkatastrophen die ohnehin prekäre Versorgungslage, d. h. das Gleichgewicht zwischen Ernteertrag und Bevölkerungszahl bedrohte. Aber auch andere Faktoren wirkten mit, und zwar in erster Linie das Bevölkerungswachstum, das Vordringen der Geldwirtschaft auf das Land, die Erschütterung der patriarchalischen Familie in ihren Grundstrukturen, die Lockerung des hierarchischen Gesellschaftsgefüges zugunsten horizontaler Zusammenschlüsse und nicht zuletzt die Entwicklung des Städtewesens. In dieser Agrargesellschaft, die bislang alle Menschen mühelos integriert hatte, fanden nun zahlreiche Menschen keinen sozialen Halt mehr. Die Vorboten des Bruchs, den die Historiker übereinstimmend in den 80er Jahren des 12. Jahrhunderts ansetzen, kündigten sich bereits ein Jahrhundert zuvor an; die Probleme, die sich um 1200 im sozialen und religiösen Bereich stellten, einem Bereich, der unmittelbar über das Los der Armen entschied, gewannen in dieser Zeit an Schärfe. Die Zuspitzung läßt sich weitgehend auf die wirtschaftliche und soziale Entwicklung zurückführen. Aber auch die Verhaltensweisen waren äußerst vielfältig. Für die Reichen und Mächtigen stellte sich ein zweifaches Problem: Zeitweise, besonders am Ende des 12. Jahrhunderts, schien die weltliche Ordnung aus den Fugen geraten zu sein, und selbst die Hartherzigsten fürchteten, das den Armen angetane Unrecht könne ihr ohnehin unsicheres Heil im Jenseits gefährden. Andererseits war es nach den Friedensbewegungen des 11. Jahrhunderts nichts Neues, daß die Armen selbst aktiv wurden, doch nahmen ihre Aktionen gelegentlich beunruhigende Formen an. Ohne die Ventilwirkung des ersten Kreuzzugs hätte Westeuropa wohl schon am Ende des 11. Jahrhunderts Unruhen erleben können, wie sie dann erst in den letzten 20 Jahren des 12. Jahrhunderts zum Ausbruch kamen. Am Rande der festgefügten Agrargesellschaft und sogar außerhalb der Städte, die doch in ihrer Aufschwungphase das Ziel zahlreicher Menschen waren, lebten ganze Gruppen von Ausgestoßenen und Aufrührern in Unfrieden mit Gesetz und Kirche.

Sowohl chronologisch als auch in der Zuspitzung zeichnen sich drei Phasen dieser ausgesprochen dramatischen Entwicklung ab. Den Hintergrund bilden immer wieder aufflammende Hungersnöte, die am Ende des 11. und in einigen Jahren des 12. Jahrhunderts (1125, 1144, 1161, 1191-1197) besonders hart ausfielen. Nachdem Randgruppen zunächst nur als Banden aufgetreten waren, kam es zu einer ersten Massenansammlung, als Peter von Amiens in den Orient zog, mit Menschen, die durch die Hungersnot verarmt waren, mit Randgruppen und Außenseitern der Gesellschaft. Diesen Armen blieb kaum Hoffnung; es galt, sie aufzurichten und sie wieder in die Gesellschaft zu integrieren. Am Ende dieses Zeitraums stehen die Revolten in London, in Zentral- und Südfrankreich und die Häretikerbewegungen im Waadtland und in der Lombardei, zwischen denen ein Zusammenhang nachgewiesen bzw. vermutet werden kann. Alle diese Armen sahen sich aus den unterschiedlichsten Gründen zum Kämpfen gezwungen. Die von ihnen ausgelöste Unruhe war so groß, daß man darüber leicht die Opfer der allgemein menschlichen Unglücksfälle vergessen könnte, die wie zuvor in ärmlicher Bescheidenheit verharrten und denen zu helfen nach wie vor erste Christenpflicht war.

Die einen wieder aufrichten, die anderen neutralisieren und die dritte Gruppe unterstützen – das war eine dreifache Aufgabe voller Widersprüchlichkeiten und Schwierigkeiten. In dieser Zeit wurden die unterschiedlichsten Lösungsmöglichkeiten angeboten, kühne und traditionelle Antworten verwirrten und beunruhigten die Menschen zutiefst. Wohltätige Organisationen breiteten sich ebenso aus wie wuchernde Ungerechtigkeit. Gedankenlosem Zynismus und wohlüberlegter Gewalttätigkeit stand eine wahre Blüte des religiösen Denkens gegenüber. Und es wäre auch kaum vorstellbar, daß Philosophie und Moral, Theologie und kanonisches Recht im 12. Jahrundert sich nicht mit den grundlegenden Problemen der Armut und der Nächstenliebe, einem ihrer zentralen Themenbereiche, befaßt hätten. Am Ende dieses Zeitraums formulierten um 1230 einige Theologen und Kirchenrechtler, gestützt auf den durch die Armutsbewegung geschärften Sinn für Gerechtigkeit, die Rechte der Armen, wenn auch in sehr zurückhaltender Form und ohne große Breitenwirkung. Franz von Assisi, der wenigstens für Aufsehen gesorgt hatte, war gerade gestorben. Aber seine Verachtung des Geldes, seine Verurteilung der Gewalt und des Hochmuts müssen wir wohl noch der Geistesgeschichte des 12. Jahrhunderts zuordnen.

IV. Armut als beständige Bedrohung

1. Die vielfältigen Arten der Bedrohung

Die Quellen des 12. Jahrhunderts informieren ausführlich über das Ausmaß, die Dauerhaftigkeit und die verschiedenen Aspekte der Armut. Zwar liefern sie keine Zahlenangaben, aber in den zahlreichen Urkundenbüchern, Chroniken, hagiographischen Berichten, Briefen, literarischen und künstlerischen Darstellungen werden doch die Grundstrukturen der Armut deutlich, wenn auch die Mehrzahl dieser Quellen den Armen an sich nicht zu kennen scheinen.

Franz Curschmann konnte auf einen Kommentar zu seiner vor rund 80 Jahren herausgegebenen Anthologie des Hungers leicht verzichten. Den darin vermittelten Eindruck grausamer Not konnten auch spätere Forschungen nicht mildern.

Der im Jahre 1095 beim Konzil von Clermont ergangene Aufruf zum Kreuzzug fiel mitten in eine Periode der Pauperisierung. Die Argumente, die die Chronisten Papst Urban II. in den Mund legen, sind keineswegs frei erfunden: Relative Überbevölkerung auf „einer Erde, die selbst denjenigen, die sie bebauen, kaum ausreichend Nahrung bietet", die Aussicht auf Beute und damit auf Überwindung der Armut, schließlich die Möglichkeit zum Freikauf und zur Erlösung von der Bedrohung durch die habgierigen Großen, die „die Kinder bedrängen, die Witwen berauben und in die Rechte anderer eingreifen". Daß hier die Anliegen der Friedensbewegungen erneut vorgetragen wurden, darf man nicht als Anachronismus verstehen. Es war November, die vorausgegangene Ernte war überall schlecht ausgefallen. Nirgends, weder in England noch im Anjou, weder in Frankreich noch in den Agrargebieten des heutigen Belgien, weder bei Tournai, Gembloux noch um Lüttich konnten die Klöster ihre traditionelle Aufgabe als Reservespeicher erfüllen. Auf eine Trockenperiode, die im Anjou von März bis September gedauert hatte, waren Hungersnot und eine Epidemie gefolgt. Am deutlichsten schildert die Lage ein Bericht aus Tournai: Die Ernte war so schlecht ausgefallen, daß die Ernteerträge des Klosters zusammen mit den Abgaben der Bauern nur Brot für zwei Monate lieferten; notgedrungen mußte man außerhalb Getreide einkaufen. Der Abt wollte jedoch die klösterliche Ruhe nicht durch die Hungersnot gefährden und ließ deshalb weiterhin Lebensmittel an alle vorüberziehenden Armen verteilen, bis ihn die leeren Speicher eines Tages zwangen, vor dem Kapitel einzugestehen, daß „eine große Menge Männer und Frauen" nicht einmal mehr notdürftig ernährt werden konnte. Fassungslos nahmen die Mönche das Eindringen profaner Sorgen zur Kenntnis. Der Prior schlug vor, die Gaben für die Armen einzuschränken, was der Abt aber ablehnte. Und dann folgte ein klassischer Topos: Der Abt beauftragte einen Bruder, die

Vorräte zu inspizieren, und dieser fand die zuvor leere Vorratskammer reich gefüllt. Die Gabenverteilungen wurden fortgesetzt, ohne daß sich die Kammer leerte. Dieser Bericht enthält alle traditionellen Komponenten: Eine außergewöhnliche Notlage, viele hungernde Menschen, die an der Klosterpforte um Almosen bitten; ein ländliches Kloster, das isoliert von den Weltläuften lebt, aber aus christlichem Selbstverständnis den Überfluß an die Armen verteilt, weil er ihnen zusteht *(redditus pauperum)*, schließlich die Vorstellung, daß die göttliche Vorsehung dem Leid die christliche Barmherzigkeit und notfalls ein Wunder entgegensetzt.

Unglücklicherweise häuften sich die Katastrophen. So führten 1097 im Anjou Überschwemmungen zur Zeit der Aussaat zur Erkrankung des Saatgetreides und zu einer wahren Wurmplage im Frühjahr. 1099 war die Lage auch außerhalb des Anjou weitgehend katastrophal, und wieder konnten die Klöster der hungernden Bevölkerung kaum noch helfen. Hie und da mischte man Gras und Kräuter unter das Mehl, woraufhin zahlreiche Menschen an Vergiftung starben.

Andere warteten in dieser Lage nicht, bis die Armen zu ihnen kamen, sondern sie gingen unmittelbar auf sie zu. So gründete Robert d'Arbrissel 1095 in der Bretagne das Haus La Roë, Peter von Amiens mobilisierte gar eine Massenbewegung. Und gleichsam als Gegengabe schleppten vermutlich die Teilnehmer dieses Kreuzzuges die Lepra aus dem Orient ein, der einen Großteil dieser Massen aufgenommen hatte.

Weitere Indizien für einen grundlegenden Wandel liefern die Notzeiten nach 1120, und zwar zuerst 1122 in Portugal und knapp zwei Jahre später in Frankreich, wo das Anjou von Hungersnot und Epidemien geplagt wurde, dann in Deutschland, wo der Bischof von Bamberg im Winter 1124/1125 Tausende von Notleidenden unterstützen mußte, so daß man den Zustrom zu den Verteilungen mit dem Zug der Kaufleute zu den internationalen Messen verglich. Daß dieser Vergleich überhaupt angestellt wurde, weist auf Veränderungen im Wirtschaftssystem hin, die ein Vorfall in Brügge aus dem Jahre 1126 illustriert: Sigebert von Gembloux berichtet in seiner Chronik, daß in diesem Jahr in Flandern große Hungersnot herrschte und viele Arme Hungers starben, und er fährt fort: „Kaufleute aus Südfrankreich führten große Mengen Getreide mit Schiffen heran. Sobald sie dies erfuhren, kauften der Ritter Lambert van Straet, ein Bruder des Probstes von St. Donatus, und sein Sohn dieses Getreide und alle Zehntabgaben der Stifte und Klöster Saint-Winnoc (in Bergues), Saint-Bertin (in Saint-Omer), Saint-Pierre und Saint-Bavon (in Gent) zu niedrigen Preisen auf. Ihre Speicher waren gefüllt mit allen Arten von Getreide; aber sie verkauften es so teuer, daß die Armen nichts davon kaufen konnten." Später berichtet die Chronik, Karl der Gute von Flandern habe diesen Mißstand zu beheben versucht, den man bislang nicht gekannt habe. Zu den Launen der Natur hatte sich die menschliche Habgier gesellt; die Geldwirtschaft und die Entstehung von Handelsstädten ermöglichten die

Spekulation mit dem Hunger der Armen. Zu der gleichsam zu ihrem Status gehörenden Armut der Landbevölkerung, die fest im Sozialgefüge der Gemeinde verwurzelt war und Unterstützung von den Klöstern erfuhr, kam nun die anonyme Armut einer mehr oder weniger entwurzelten und heimatlosen städtischen Unterschicht.

Nicht einmal 20 Jahre später folgte in Westeuropa eine ganze Reihe weiterer Hungerjahre. Die Annalen von Lobbes melden die ersten Anzeichen im Jahre 1142. Ausgedehnte Regenfälle verdarben die Ernte, der Lebensmittelknappheit folgte eine mehrjährige Hochpreisphase in den Niederlanden, in Frankreich, England und Katalonien. 1144 und 1145 besserte sich die Lage kaum, da Stürme, Regen, Frost und niedrige Sommertemperaturen die Ernten verdarben. Die Witterungsverhältnisse brachte man mit dem Planeten Saturn in Zusammenhang. Im Rheinland aßen die Menschen sogar Gras, und „eine unzählbare Menge starb an Hunger." In Mormal ließ sich die Zahl derer nicht mehr feststellen, die zu den täglichen Verteilungen erschienen. Im Anjou hielt die Hungersnot noch 1146 an, im Jahr darauf nur noch in einigen Landstrichen, aber wie so oft folgten epidemische Krankheiten. „Das Geschrei der Armen" hörte nicht auf. Wir befinden uns nun fast genau in der Mitte des 12. Jahrhunderts, und so wird verständlich, daß der Autor des „Romans der Romane" die „dolentes gens" bemitleidete: „Pour un manant y a des pauvres cens" (auf einen Bauern kommen hundert Arme).[27]

Zwar folgten die Hungerjahre im 12. Jahrhundert nicht so rasch aufeinander wie im 11., aber sie trafen die Menschen kaum weniger hart. Jede Generation hatte mindestens einmal darunter zu leiden. Die *Acta* des Papstes Alexander III. berichten zu 1161/62 über Notsituationen in ganz Frankreich. In Aquitanien herrschte harte Hungersnot; im Anjou legten Frauen ihre Kinder vor die Klosterpforten, weil sie sie nicht mehr ernähren konnten; auch Nord- und Ostfrankreich blieben nicht verschont; in den Niederlanden und in Deutschland dauerte die Not bis 1166. 1160 und noch härter 1172 suchten Hungersnöte die iberische Halbinsel heim; die Annalen von Santa Cruce in Coimbra sprechen davon, daß alle Menschen hungerten und daß der Tod Mensch und Tier hinwegraffte. Auch das Anjou war wiederum betroffen. Ein Kanoniker aus Auxerre berichtet, ganz Frankreich leide unter der Hungersnot, die Hilfstätigkeit der Klöster werde außerordentlich stark in Anspruch genommen.

Nach einer weiteren Pause von knapp 20 Jahren schlug die Hungersnot noch härter zu. Auf eine Trockenperiode um 1186 folgte in der Poebene eine Mißernte. Vier Jahre später verdarben außergewöhnlich starke Regenfälle die Ernten, verseuchten Überschwemmungen das Trinkwasser. Damit begann in ganz Europa eine katastrophale Serie von Regenfällen, Überschwemmungen und Mißernten. 1194–1196 trieb das Korn durch, erst Ende August konnte eine spärliche Ernte eingebracht werden. In der Zeit vor der neuen Ernte, die immer schon schwierig zu überbrücken war, kam es zur Katastrophe. Der Weizenpreis stieg um das Zehnfache; besonders um Paris und in Nordfrankreich stiegen die Preise für Gerste und Salz stark an; Hungersnot herrschte in ganz Europa bis nach Österreich und „vom Apennin bis zum Atlantik". Verschärft wurde die Situation wie üblich durch eine Epidemie, am schlimmsten in England. Bis 1197, nach drei Krisenjahren, war offensichtlich kein Land verschont geblieben. Einhellig klagen die Chronisten darüber; das Ausmaß der Not belegen auch die Maßnahmen, die Könige und Fürsten ergriffen, um die Auswirkungen der Plage einzudämmen. Wie ein Refrain kehrt in den Quellen die Klage über die ständig zunehmende Masse der Armen *(excrescens multitudo pauperum)* wieder. 1197 gingen bereits im Januar die Getreidevorräte zu Ende; der Winter dauerte außergewöhnlich lange, und im Juni und Juli waren die Preise so hoch, daß die Armen – wie teilweise berichtet wird – in ihrer Not verendete Tiere aßen. Die ohnehin verspätet gereifte Ernte fiel wiederum äußerst knapp aus. Das Kloster La Vicogne erntete nicht einmal die Menge des ausgebrachten Saatguts; in der Champagne fiel auch die Weinlese schlecht aus. Die Klöster konnten die gewohnten Verteilungen nicht mehr in vollem Umfang fortsetzen. Zu hohen Preisen kauften sie Lebensmittel ein, und sie versetzten sogar ihre Kostbarkeiten; so verkauften die Mönche von Saint-Benoît-sur-Loire ein kostbares Silberkreuz, um 500 bis 700 hungerleidenden Menschen täglich Nahrung bieten zu können. Und trotzdem starben viele vor den Klosterpforten an Hunger. In Val-Saint-Pierre sollen es 1197 täglich 1700 gewesen sein.

Vergeblich mahnte Philipp August den Klerus dringend, die Armen im Lande zu unterstützen. Vergebens organisierte Graf Thibaud in der Champagne mit Erlassen und Verordnungen die Versorgung der Bedürftigen, erinnerte er die Barone an ihre Fürsorgepflicht. Auch die Maßnahmen des Grafen Balduin IX. von Flandern gegen die Spekulation mit den Getreidepreisen fruchteten nichts. Die Not dauerte bis ins Jahr 1198, und noch einmal folgten Schlechtwetterperioden und Überschwemmungen, wieder reifte die Ernte erst spät, so daß die Teuerung ebenfalls anhielt. So endete das 12. Jahrhundert in einer Katastrophe, deren Ausmaß die Zeitgenossen beunruhigte, aber auch ihre Hilfsbereitschaft weckte.

2. Die Wege ins Elend

Am Ende des 12. Jahrhunderts wurden sich die Menschen der Tatsache bewußt, daß das Elend eine ständig steigende Anzahl von Opfern unterschiedlich hart traf. Bislang ließen sich in der allgemeinen Unterentwicklung die Ärmsten immer noch ausmachen, und mit der Gewöhnung an die Unveränderlichkeit der Gesellschaftsordnung hielt man auch Armut für eine normale Komponente menschlichen Lebens. Auch wenn in Krisenzeiten die Menge der Bettler und Kranken anschwoll, veränderte sich das Sozialgefüge nicht wesentlich. Das Bild des Kranken und Schwachen, durch lange Gewöhnung vertraut, trägt in den schriftlichen Quellen und in den künstlerischen Darstellungen fast stereotype Züge.

Über Art und Ausmaß des physischen Elends berichten die hagiographischen und literarischen Quellen, die Chroniken und im 12. Jahrhundert in zunehmendem Maß die Urkunden und Aufzeichnungen der Hospize und Armenhäuser. Daß man Krankheiten mit dem Namen eines wundertätigen Heiligen bezeichnete, weist deutlich darauf hin, daß man sie nicht zu heilen wußte, daß die Krankheiten chronisch waren und der Schwerkranke dem Tod geweiht war: Epilepsie wurde nach dem heiligen Lupus benannt, Ekzeme und Gürtelrose nach dem hl. Laurentius, Halsentzündungen nach dem hl. Blasius. Im 12. Jahrhundert verbreiteten sich die Brandseuche und die Lepra in Westeuropa außerordentlich stark. Die Brandseuche (Ergotismus) hängt eng mit der Armut zusammen; denn sie ist auf Unterernährung und den Verzehr von Getreide zurückzuführen, das von Mutterkornpilz befallen ist. Ende des 11. Jahrhunderts beschrieb Sigebert von Gembloux die schrecklichen Symptome dieser Krankheit: Das „heilige Feuer" (Antoniusfeuer) zehrt den Körper aus, die Gliedmaßen verfärben sich schwarz wie Kohle, Hände und Füße verfaulen. Doch nicht nur die Ärmsten, sondern Menschen aus allen Schichten litten unter Mangelkrankheiten, und im Gegensatz zu dem, was man vermuten möchte, waren es keineswegs die Armen, die von den in den Heiligenviten und Wunderberichten überlieferten Heilungen am häufigsten profitierten. Und doch versammelten sich zu Pilgerfahrten vorwiegend die eigentlich Armen. Zahlreiche Quellen beschreiben den Transport hilfloser Menschen mit verkrüppelten Gliedmaßen, den rücksichtslosen Ansturm der Kranken auf die Reliquien des wundertätigen Heiligen und die Grobheit der Wächter, die sie zurückzudrängen suchten.

In Malerei und Plastik gehörten Krankheit und Armut zum Bild des Hungernden, des Bettlers, des Kranken, des Gefangenen und des Pilgers. Die Künstler verfolgten damit vorwiegend religiöse und moralische Absichten und forderten die Betrachter zur tätigen Barmherzigkeit auf. Dabei wurde das Thema nicht nur allegorisch als Kampf zwischen Tugend und Laster dargestellt, sondern manchmal sehr realistisch. Ein Manuskript des 12. Jahrhunderts aus Amiens stellt in einer Miniatur den Bettler, dem der hl. Martin hilft, als zerlumpten Kranken dar, der sich auf Krücken stützt. Mit Schafsfellen, dem Pelz der Armen, sind die Bettler etwas besser gekleidet, die auf einer Miniatur (um 1125-1135) dem hl. Edmund die Hände entgegenstrecken, um seine Wohltaten zu empfangen. Auf einem Bronzerelief des Portals in Gnesen legt der hl. Adalbert seinen Umhang schützend um kaum bekleidete Gelähmte, Arme, die zu seinem Heiligtum gepilgert waren. Auf dem berühmten katalanischen Fresko von Tahull (um 1123), das der hl. Sernin angeregt hatte, stellt Lazarus, der abgezehrt und erschöpft vor der Tür des Reichen liegt und dem nur ein Hund Trost spendet, indem er ihm die Wunden leckt, den Typ des Armen dar, dem man in der Gegend von Toulouse täglich begegnete. Die Gestalt des Hiob, den man nicht zu den echten Armen zählen kann, weil er reich war, bevor ihn die Krankheit niederbeugte, symbolisiert den tiefen Fall des Menschen, den das Unglück trifft. So jedenfalls beschreiben ihn die Bibel von Souvigny (Ende des 12. Jahrhunderts) und die Darstellung auf einem Kapitell von Saint-André-le-Bas in Vienne an der Rhone. Aus solchen Beispielen ergeben sich die Charakteristika des notleidenden Menschen: Die Nacktheit deutet auf vollständige Mittellosigkeit, der abgezehrte Körper auf Hunger, Geschwüre und Mißbildungen und der Stock auf körperliche Schwäche; die Gegenwart des Hundes macht in drastischer Weise deutlich, daß niemand sich um diesen Armen kümmert, obwohl doch gerade die Bettler den größten Teil der Armen ausmachten. Im großen und ganzen entsprechen diese Details aus Malerei und Plastik den Ausdrücken und Redewendungen, mit denen Chronisten, Autoren von Heiligenviten, Prediger und Urkundenschreiber den Armen und sein Leid – wenn auch manchmal recht flüchtig – beschreiben. Die Quellen sprechen vom nackten Armen, der mit Lumpen *(pannosus)* oder einem schäbigen Schaffell nur notdürftig bekleidet ist. Er ist struppig wie die Waldleute. Wenn er überhaupt eine Wohnung besitzt, dann lediglich eine elende Hütte *(domuncula)*, als Bett dient etwas Stroh am Boden und eine schlechte Decke *(panniculus)*; ein Feuer füllt die Hütte mit Qualm, in einem kleinen Topf bereitet er sein karges Mahl zu, das er hie und da gesammelt oder erbettelt hat. Obwohl er alleine oder in Gruppen viel unterwegs ist, muß er immer barfuß gehen, aber er bleibt immer *vor* der Tür, d. h. am Stadttor, an der Klosterpforte oder am Burgtor.

Häufig aber stellen Literatur und Kunst auch das traditionelle Bild des wohlbekannten, allen vertrauten Armen dar, der in seiner Gemeinde lebt, dessen Namen man kennt und der in der Gemeinde, die für ihn sorgt, integriert ist. Ausgeschlossen lebten diejenigen, die den Normen der Gesellschaft nicht entsprachen, die Prostituierten, Gesetzesbrecher, die bindungslos Umherziehenden, die Rebellen, die mit ihrer Verwandtschaft oder ihrem Dorf gebrochen hatten, die ausgestoßen worden waren und ihren ursprünglichen Lebensbereich verlassen hatten, weil sie darin keinen Platz mehr hatten und sich nicht mehr zurechtfanden. Sie hatten nichts zu bewahren, nichts zu verteidigen, nichts zu verlieren; sie lebten am Rand der Wälder zusammen mit den Waldleuten, die Marc Bloch folgendermaßen charakterisiert: Man betrachtete sie mißtrauisch, vermied jeden Kontakt mit ihnen und benutzte sie als Kinderschreck, ein Personenkreis, von dem man ständig die Störung des gesellschaftlichen Gleichgewichts befürchtete. In manchen Fällen war der Schritt von der gesellschaftlich integrierten Armut zum Randgruppendasein äußerst klein.[28]

Die Gründe lagen nicht allein im ökonomischen Bereich, verarmen konnten nicht nur bäuerliche Schichten. Armut war zu allen Zeiten ein komplexes Phänomen und konnte Menschen aller Schichten betreffen. Unter Mangel an Ackerland, ungünstigen Klima- und Witterungsverhältnissen, Verwüstungen durch Kriege und einer relativ hohen Geburtenrate hatten bald alle Schichten zu leiden. Armut gab es beim Adel wie bei den Bauern, wenn auch auf unterschiedlichem Niveau und in unterschiedlichem Ausmaß. Es sei nur auf die Problematik der adeligen Nachgeborenen hingewiesen. Den Ausschluß vom väterlichen Erbe kompensierten viele in der spanischen Reconquista, durch Teilnahme an Kreuzzügen, etwa beim Beutezug in Byzanz 1204, oder im Dienst der Plantagenets oder der Kapetinger. Davon zeugt auch die zunehmende Zahl der Gefangenen, für deren Freikauf vom Ende des 11. Jahrhunderts an viele fromme Menschen Geldbeträge in ihren Testamenten aussetzten, wie sie z. B. im ,,Grünen Buch'' der Kathedrale von Coimbra enthalten sind. Andere waren weniger vom Unglück verfolgt; zwar konnten sie ihren Sozialstatus nicht halten, aber sie verstanden es, sich reich zu verheiraten. Männer aus adeligem Geblüt griffen sogar zum Pflug; die Quellen berichten von Leuten, die Schafe von Gütern stahlen, die ihre Vorfahren einem Kloster geschenkt hatten. Petrus Cantor berichtet von einem Kartäusermönch, der mit 40 Pfund in der Tasche auf dem Weg zum Markt, wo er für sein Kloster einkaufen sollte, mit einem ,,alten debilen und armen Ritter'' ins Gespräch kam, den er fragte, wohin er unterwegs sei. Der Ritter antwortete: ,,Ich bin völlig verschuldet und will meinen Gläubiger um Aufschub bitten.'' ,,Ich gehe mit dir'', sagte der Mönch. Als sie bei dem Kreditgeber ankamen, bedrohte dieser den armen Ritter und beleidigte den Mönch, der um Schonung gebeten hatte; daraufhin warf der Mönch dem Gläubiger die 40 Pfund vor die Füße, um den Schuldner auszulösen.[29] Dieses Exemplum des Moralisten spiegelt die in zahlreichen Urkunden faßbare Realität. So erklärt in der Normandie, in der Nähe von Evreux, der adlige Geoffroy de la Bretesche im Jahre 1200, er befinde sich in großer Not und sei bei einem Wucherer hoch verschuldet. Als Begründung für seine Notlage nennt er den Krieg und die schwierige allgemeine Lage. In der Tat, fünf Jahre lang hatten sich die Heere des Philipp August und des Richard Löwenherz in der Gegend um Evreux bekämpft, hatten die Söldnertruppen Mercadiers und Cadocs geraubt und geplündert. Hinzu kam die Heirat seiner Tochter: Sieht man von den Feierlichkeiten ab, die manchmal acht Tage dauern konnten, so mußte die Mitgift nach altem Brauch so reichlich ausfallen, daß sie neben dem ehelichen Gemeinschaftsbesitz der Braut eine eigene Kapitalgrundlage bot. Aber noch andere Gründe zählte der verarmte Adelige auf: ,,Ich war in großer Gefahr, meinen gesamten Besitz zu verlieren, da Schulden und Zinsverpflichtungen sehr hoch waren; doch erfuhr ich Rat und Hilfe.'' Rat erhielt er von seinen Freunden und Verwandten, Hilfe vom Kloster Lyre, dem er sein Erbteil vermachte. Und er schließt: ,,Und so entging ich der Gefahr, in die ich geraten war, und der Bedrückung durch Schulden und Zinsen''.[30] Ein Mann also, dem Verwandte und Freunde aus der Not halfen, ein Glücksfall, wie er mit Sicherheit nicht die Regel war.

Ähnlich effektive Hilfe wurde den Bauern nicht zuteil, viele gerieten durch eine Verkettung von Unglücksfällen in Not. Hingewiesen sei nur auf das Ungleichgewicht zwischen dem verfügbaren Land und dem Bevölkerungswachstum. Sicher regten Hungersnöte zur Rodung an, was einige Arme in die Lage versetzte, sich selbst aus der Not zu helfen. Aber manche Rodungen schlugen fehl, zahlreiche Bauern fanden kein Rodungsland oder waren nicht bereit, in die Ebenen Deutschlands oder die Täler Aragons auszuwandern. Und die Gründung neuer klösterlicher Domänen wirkte sich auch nicht immer positiv aus; oft implizierte sie die Abschaffung traditioneller Nutzungsrechte und die Verdrängung der dort ansässigen Bauern. So entzogen z. B. 1159 die Zisterzienser von Maulbronn den Bauern die Felder, vertrieben sie aber nicht aus ihren Häusern. Bekannt ist auch, welchen Widerstand Bauern der Gründung von Klöstern entgegensetzten, so z. B. in Montrieux in der Provence der Gründung einer Kartause; erst nach den ersten Vertreibungen boten die Zisterzienser arbeitslosen Bauern Rodungsland an. Außerdem zwang die außerordentlich starke Parzellierung der Hofstellen durch Erbteilungen viele Bauern, Lohnarbeit auf anderen Gütern oder Höfen anzunehmen. Es stellt sich damit die Frage, bei welcher Mindestgröße je nach Bodenbeschaffenheit die Schwelle zur Armut anzusetzen ist. Wir wollen hier der Untersuchung dieses schwierigen Problems nicht vorgreifen, doch sei vermerkt, daß diese Grenze in vielen Gegenden bei 1,5 bis 3 Hektar zu liegen scheint.

De facto war die Größe des Ackerlandes jedoch nicht so entscheidend wie der Besitz von Produktionsmitteln, von Vieh und Pflug. Welche Bedeutung dieser Faktor besaß, erkennt man daran, daß zu Beginn des 12. Jahrhunderts Etienne d'Obazine sich energisch der Abschlachtung der Tiere sogar in Notzeiten widersetzte. Sein Zeitgenosse Bischof Otto von Bamberg verteilte Erntegeräte an die Bauern. Die Zeit lag nicht mehr fern, in der eine Minderheit von Bauern sich von der Masse der Landarbeiter abheben sollte, die außer ihrer Hände Kraft und ihrer Arbeitsbereitschaft keinerlei Werkzeug besaßen, wie jenes Landarbeiterpaar, das völlig erschöpft und unfähig zur Arbeit war und dem Abt Wilhelm von Hirsau half.

Die Verschuldung ist eng mit den Strukturen der Agrargesellschaft verbunden. Im günstigsten Fall benötigte der Bauer den Kredit zur Anschaffung von Vieh und von Geräten, zum Bau von Scheunen oder Ställen. Die meisten Bauern jedoch, die eine Familie zu ernähren und dem Grundherrn fixe Abgaben zu leisten hatten, mußten – meist kurzfristige – Kredite zur Sicherung des Lebensunterhalts aufnehmen. Ursprünglich hatten die Klöster Kredite gegeben; aber diese Funktion übernahmen bald Geldwechsler, Münzmeister, Agenten der Grundherren, Juden und Lombarden. Guibert von Nogent wetterte bereits in der ersten Hälfte des 12. Jahrhunderts über die ungeheuerlichen Gewinnspannen der Wucherer, die die Armen bis aufs Mark ruinierten. Und keineswegs zufällig verbot Papst Alexander III. auf dem Laterankonzil 1179 die Kreditvergabe gegen Nutzungspfand zu einer Zeit, da dies in Westeuropa bereits weitgehend üblich war. Da diese Art der Pfandgabe die Nutzung des Gutes ausschloß, ohne daß die Erträge auf die Schuld angerechnet wurde, verflog die Hoffnung auf Rückerstattung zur bloßen Illusion. Die langfristigen Folgen wurden nicht sofort spürbar, aber – um nur einige Beispiele anzuführen – die katastrophalen Folgen der Nutzungsverpfändung von bäuerlichem Besitz sind spätestens am Ende des 12. Jahrhunderts deutlich faßbar in der Normandie, im Gebiet um Chartres, in der Pikardie und in Mittelitalien.[31]

Die folgenschwersten Auswirkungen zeitigte die Verschuldung in Notzeiten. Die Schuldner gerieten dann nämlich von zwei Seiten unter Druck: Sie hatten einerseits neben den üblichen grundherrschaftlichen Lasten ihre Kreditschulden abzutragen, und nun kamen Preisanstieg und die Auswirkungen der Spekulation auf sie zu. Nun reichte auch die Unterstützung durch die Gemeinde nicht mehr aus; denn der Gläubiger bestand auf seinen Forderungen, und die Gerichte gewährten keinen Aufschub. Dem Schuldner blieb nur der Ausweg, seine Familie und seinen Besitz zu verlassen und damit einer ungewissen Zukunft entgegenzugehen. Mit der Aufgabe des Besitzes war die Schwelle zwischen Armut und Mittellosigkeit überschritten, der Bruch mit dem bisherigen Lebenskreis vollzogen.

In den Jahren 1196 und 1197 beobachtet man in größerem Umfang dieselben Phänomene wie etwa 1144 im Cambrésis und 1161 im Loiretal. Curschmanns Quellensammlung belegt, daß die Hungersnot von 1196 viele Bauern in Nordfrankreich, zwischen Seine und Schelde, zur Aufgabe ihrer Höfe und zum Betteln zwang. 1197 traf es die Winzer um Reims, Laon, Soissons, Beauvais und Noyon; sie hatten Kredite auf die nächste Weinernte aufgenommen, und als diese schlecht ausfiel, mußten sie ihren Besitz aufgeben.

Der zweite Schritt des sozialen Abstiegs führte ins Randgruppendasein. Nach dem Bruch lebte man ohne Bindungen und am Rande der Kriminalität. Häufig führte der Zwang zum Überleben zum Diebstahl. Auch dies beobachteten bereits die Chronisten. Aus Nordfrankreich wird zu 1197 berichtet, daß „viele, die in eine solche ausweglose Notlage gerieten, eine Lebensweise im Widerspruch zum Herkommen zu führen begannen, Räuber wurden und am Galgen endeten".[32] Da die mittelalterliche Gesellschaft die Verletzung der Normen nicht duldete, gestand die Rechtsprechung auch den Angehörigen von Randgruppen keine mildernden Umstände zu. Petrus von Blois erwähnt, daß Arme verurteilt wurden, weil sie gestohlen oder gewildert hatten, um ihre Familie zu ernähren. Auch während der Hungersnot 1196–1198 blieb die Rechtsprechung unnachgiebig, in England z. B. blieb das Forstgesetz unverändert. Und was der Archidiakon von Bath, Petrus von Blois, feststellte, wird auch für die Ile-de-France und die Champagne von seinem Amtsbruder Petrus Cantor bezeugt. Strafen wie Tod am Galgen und Verstümmelungen waren die Regel. So erstaunt es denn auch nicht, daß sich die Moralisten mit der Verzweiflung der Unglücklichen befaßten.

Fast dieselbe Anziehungskraft wie die Wälder übten die Städte auf die Landflüchtigen aus. Zwar war der Zuzug im 12. Jahrhundert noch nicht sehr stark, und die Neulinge wurden nicht derart verachtet wie die heimatlosen Vagabunden in den Wäldern. Jedoch waren sie einer neuen Form von Schicksalsschlägen ausgesetzt, die die wirtschaftliche Expansion mit sich brachte. Das Beispiel des Metzgers Hagenel und seiner Frau Hersent, über das die Chanson d'Aiol berichtet, dürfte kein Einzelfall gewesen sein: Völlig mittellos waren sie aus Burgund nach Orléans gekommen, ,,zerlumpt, bettelnd, notleidend und halb verhungert". Dann ,,liehen sie ihre Ersparnisse zu Wucherzinsen aus, so daß sie innerhalb von fünf Jahren ein Vermögen zusammengerafft hatten. Heute haben sie zwei Drittel der Stadt zu Pfand; überall kaufen sie Öfen und Mühlen auf und reißen das Erbe der freien Leute an sich".[33] Aber neben solchen Einzelfällen von Armen, die zu Reichtum gelangten und ihrerseits andere ausbeuteten, verharrten sehr viele in ärmlichen Verhältnissen. Dies waren wohl meist diejenigen, die wenig geachtete handwerkliche Tätigkeiten ausübten, wie Gerber, Färber und Weber. Bis zur Erfindung der Walkmühlen arbeiteten die Walker ,,nackt und außer Atem". Nach Jean de Garlande waren die Färber mit ihren rot, schwarz, gelb oder blau gefärbten Fingernägeln so verachtet, daß selbst ,,die hübschen Frauen sich ihnen verweigerten und ihnen ihre Gunst höchstens um des Geldes willen gewährten".[34] Und ebenfalls aus dem 12. Jahrhundert, vor 1173, legt Chrétien de Troyes in seinem Iwein im Vorgriff auf die Entwicklung den Seidenweberinnen von Provins die Klage in den Mund: ,,Wir werden immer arm und nackt sein, immer Hunger und Durst leiden... Derjenige, für den wir arbeiten, bereichert sich an unserem Verdienst".[35]

So ist denn Armut in Stadt und Land mit der unabdingbaren Notwendigkeit zu täglicher Arbeit verbunden. Fehlt die Arbeit, so geraten die Mühlen der Not in Gang, es sei denn, Hilfsbereitschaft oder Rechtsprechung hielten sie auf. Caritas und Rechtsprechung fanden ein reiches Betätigungsfeld.

V. Gegensätze und Skandale

Materielle Armut konnte alle sozialen Schichten treffen, von den Schrecken der Hungersnot des Jahres 1032, die Raoul le Glabre beschrieb und unter der Arme wie Reiche litten, bis zur bedrohlichen Verschuldung des Herrn de la Bretesche und seiner Bauern um 1200. Gewiß traf sie die verschiedenen Schichten unterschiedlich hart und die Landbewohner am häufigsten, aber eine homogene Gruppe bildeten die Armen nicht. Demütigung und Abhängigkeit kennzeichnen das Los aller Armen, das man schon unter religiösen Aspekten betrachten muß, um ihm irgendeinen Wert abzugewinnen. Denn paradoxerweise erhebt nun die Theologie die Armen gewissermaßen zu einem Stand innerhalb der Heilsordnung.

1. Die anhaltende Demütigung und Verachtung der Armen

Die Gleichsetzung der Begriffe Bauer und Armer, die zum literarischen Topos wurde, schöpft zwar die ganze Vielfalt des Elends nicht aus, aber sie kennzeichnet doch die Verachtung, der ein Armer ausgesetzt war. Armut stand im Gegensatz zu allen gesellschaftlichen Werten; einen Gegensatz zur Schönheit und zum Glanz der Farben bilden sowohl der Kranke und der Leprose als auch die abstoßende Gestalt des häßlichen Rigaut in der *Geste de Garin le Lorrain:* ,,Überlange Arme, ungeschlachte Gliedmaßen, die Augen eine Handbreit auseinander, breite Schultern, großer Brustkorb, zerzauste Haare, das Gesicht kohlrabenschwarz. Sechs Monate lang wusch er sich nicht, an sein Gesicht kam kein Wasser außer dem Regenwasser." Kaum anziehender wirkt der Bauer in *Aucassin et Nicolette.* Der kranke Arme in den Wallfahrtsorten wird als abstoßend und übelriechend beschrieben. Außer der Schönheit fehlt ihm natürlich Reichtum, er ist knauserig und diebisch, unfähig zur Großzügigkeit wie zur Heldentat; mangels physischer und materieller Kraft bleiben ihm nur List und Tücke als Waffen. Ferner fehlt ihm natürlich jegliche Bildung: ,,Er ist ein Esel, eben ein Bauer."

Für die Menschen dieser Zeit gab es nichts Schlimmeres als einen Unglücksfall, der zu Krankheit und Not führte. Seltener, aber genauso spektakulär und anstoßerregend war der umgekehrte Fall, daß nämlich ein Armer zu Reichtum und Macht gelangte. Allerdings vertreten die meisten Autoren des 12. Jahrhunderts die Ansicht, die soziale ,Natur' *(natura)* des Menschen sei unveränderlich, auch wenn seine Lebensumstände *(status)* sich ändern könnten: ,,Aus einem Bussard wird man nie einen Falken machen." Der kleine Mann bleibt klein, selbst wenn er alles Gold der Welt besäße. Diese Auffassung von sozialer Stabilität erklärt, weshalb man glaubte, daß auch die Reichen und erst recht die Armen an der essentiellen Armut des Menschen teilhätten. ,,Ohne jeden Besitz, so hat ihn die Natur geschaffen", schreibt Nigel von Longchamp in seinem *Speculum Stultorum.* Der Reiche, der Mächtige, der Gesunde, der Arme, der Schwache, der Kranke, jeder hat seinen Platz, an welchem er auch verbleiben soll, eine Forderung, die mit theologischen Argumenten untermauert wird. In einem Kartular des Klosters Saint-Laud in Angers heißt es: ,,Gott wollte, daß unter den Menschen die einen Herren, die anderen Knechte seien." Und damit war die Gewissensruhe der Gerechten gesichert.

In den Augen dessen, der eine gesellschaftliche Funktion *(officium)* ausübt, ist Armut würdelos oder gar verächtlich. Es gehört sich nicht, daß jemand, der Befehlsgewalt ausübt oder in irgendeiner Form das christliche

Volk lenkt, arm ist. Auch die Gregorianische Reform tastete den Besitz der Kleriker, von dem sie lebten, nicht an, um sie vor der Abhängigkeit von Laien zu schützen. Die grundsätzliche Unvereinbarkeit des geistlichen Standes mit der Armut und erst recht mit Bettelei betont Papst Innozenz III. sogar zur Zeit des Franz von Assisi.

Zwei Konsequenzen zeitigten diese Auffassungen: An den Armen erging der Rat, sein Los geduldig zu ertragen, da dies Gottes Wille sei. Jedoch blieb die Ausübung der Caritas, die doch als Tugend und Christenpflicht galt, geprägt von Herablassung, ja von demütigender Verachtung; das Mitleid reifte nicht zum Mitleiden.

Die Quellenlage vermittelt jedoch möglicherweise einen falschen Eindruck. Die meisten Quellen – Abhandlungen, Predigten, literarische Texte – richteten sich an die Reichen und Mächtigen, meist gehörten die Autoren zur Oberschicht. Den Menschen, die kaum in der Lage waren, die Nuancen der Barmherzigkeit zu erfassen, mußte man Exempel vortragen, die ihre Aufmerksamkeit erregen konnten, die ihrer Geisteshaltung entsprachen und ihr Interesse weckten. Ganz offensichtlich spendeten Ritter zahlreiche und oft großzügige Almosen. Der Arme profitierte zwar davon, doch erscheint er dabei eher in der Rolle des Handelnden: denn eigentliches Objekt und in gewissem Sinne der Empfangende war der Wohltäter selbst, wobei ihm der Arme zu Diensten war. Wohltätigkeit übte man gerne in aller Öffentlichkeit aus; die Geste des Gebens war mit Eitelkeit und Herablassung verbunden. Zweck des Almosens war das Wohl des Spenders; denn es tilgt seine Sünden und verhalf ihm zum ewigen Heil. Die Motive umfassen extreme und widersprüchliche Gefühle. Aber konnte man die undifferenziert denkenden Zeitgenossen anderes lehren, konnte man ihnen mehr abverlangen? Und stellt es nicht einen gewissen Fortschritt dar, daß die – wenn auch egozentrische – Freigebigkeit die unnachsichtige Härte der mehr oder weniger sinnvollen Rechtslage wenigstens milderte? Unglücklicherweise fand die Großzügigkeit des Herrn aber selten seine Entsprechung in der Haltung seiner Untertanen, die oft härter und hochmütiger waren als er selbst. Als Wiedergutmachung von Unrecht, als Sicherheit für das Jenseits, als ostentative Geste nahm die Gabe des Ritters eine Mittelstellung zwischen Großzügigkeit und Wohltätigkeit ein. So wenigstens verstanden es Aiol und Erec.[36] Aber obwohl der Arme dem Reichen nutzt, darf er doch nicht aufdringlich sein. Den hl. Alexis, der als Reicher freiwillig zum „Armen unter der Treppe" geworden war, geleitete eine große Menge Armer zu Grabe, die Trauergäste aber warfen ihnen Almosen hin, „um sie loszuwerden". Erec läßt 169 Arme mit Kleidung versorgen, aber er verhehlt nicht, daß Armut für ihn mit Schande und Häßlichkeit verbunden ist. Aucassin wagt sogar, das Paradies zu verachten, weil er glaubt, es sei voller Bettler und Greise und die besseren Kreise der Gesellschaft befänden sich in der Hölle. Es dauerte lange, bis das biblische Verständnis von Nächstenliebe sich im ritterlichen Milieu durchsetzte.

Zwar kam es auch vor, daß ein armer Ritter einen noch ärmeren unterstützte; aber nach wie vor verteilte der Reiche seine Almosen an Bettler hauptsächlich aus Nützlichkeitserwägungen. Wird der Arme also geliebt oder immer noch verachtet?

Die oben getroffenen Feststellungen sind sicher schockierend, aber auch unvollständig, und vor allem bedürfen sie der Nuancierung. Immerhin blieb die Verachtung der Armen auch in Situationen bestehen, in denen sie noch schockierender wirkt als im Eigennutz des Almosengebens. Die Kreuzzüge waren ursprünglich im wesentlichen eine Sache der Armen, im Grunde eine gemeinsame Pilgerfahrt der Armen wie der Reichen ohne Unterschied. Untersucht man aber ihren Verlauf, so zeigt sich, daß zwar ihr Ziel unverändert blieb, ihr ursprünglicher Charakter aber verfälscht wurde, wobei die verwirrende Vieldeutigkeit des Begriffs Armut offenbar wurde. Um welche Art von Armen und von Armut handelte es sich bei den Kreuzzügen? Zum Verständnis der Chroniken reicht die Gleichsetzung der Begriffe Pilger und Armer nicht aus. Die *Gesta Dei per Francos* beschreiben die Armen als Gruppe, die alles, Not, Angst, Furcht und vielfältige Entbehrungen, miteinander teilte. Aber der Begriff *pauperes* bezeichnet sowohl die Truppen, die von Peter von Amiens, von Pierre Barthélemy, von Gottschalk und Walter, der bezeichnenderweise den Beinamen Habenichts erhielt, oder auch von dem schrecklichen Bandenkönig Tafur angeführt wurden, als auch die unbewaffneten Haufen von Männern und Frauen aller Altersgruppen und Schichten. Albert von Aachen bezeichnet sie als Verbündete ohne Waffen. Militärisch waren sie nach übereinstimmender Meinung aller Chronisten völlig nutzlos, weil sie viele Kranke mit sich führten, die unbewaffnet, militärisch nicht ausgebildet und zum Kampf ungeeignet waren. Anna Komnena war entsetzt über diese Horden; und ganz selbstverständlich wurden sie von den Rittern verachtet, wenn nicht gefürchtet oder gar ins Verderben getrieben. Diese Unglückseligen, die auf der ‚Straße der Armen', wie man den Landweg durch Mitteleuropa nannte, gekommen waren, fielen den blamablen Unternehmen in Anatolien zum Opfer. Der zweite Kreuzzug 40 Jahre später ist gekennzeichnet durch eine ebenfalls tragisch verlaufene ‚Säuberung' unter den Armen, die zuerst in Konya (Ikonium), und später in Antalya ihrem Schicksal überlassen wurden; eingeschifft wurden nämlich nur die Kampffähigen, da nicht genügend Schiffe zur Verfügung standen. Am dritten Kreuzzug nahmen solche Armen nicht mehr teil. Aber kurz zuvor, als Saladin 1187 Jerusalem eroberte und alle Christen als Kriegsgefangene behandelte, wurden wiederum die Armen geopfert; 15 000 Arme wurden als Sklaven in islamische Städte gebracht, weil die Christen nicht solidarisch genug waren, das Lösegeld für sie aufzubringen.

Ähnliches geschah bei der Eroberung von Konstantinopel. Von Anfang an hatten die Anführer geplant, ,,die Kranken, Armen, Frauen und alle kampfunfähigen Leute" zurückzuschicken. Nach der Einnahme von Zara behielten die Barone die Beute für sich. „Sie gaben nichts davon den Armen", die hart unter Hunger zu leiden hatten. Die gesamte Beute „teilten die großen und hochgestellten Barone untereinander, ohne daß die einfachen Soldaten und nicht einmal die kleinen Ritter etwas davon bekamen". Robert von Clari verurteilte solchen Egoismus und die Verachtung der Armen und bezeichnete das wenig später, im Jahre 1205 von den Bulgaren an den Kreuzrittern verübte Massaker als Strafe Gottes: „So rächte Gott der Herr den Betrug an den kleinen Leuten".[37]

Damit übernahm Robert von Clari das Denken einiger Theologen vom Ende des 12. Jahrhunderts. Petrus von Blois hatte geschrieben: „Die Armen, die Allerschwächsten, werden sowohl das Gottesreich als auch das Heilige Land besitzen, das irdische und das himmlische Jerusalem".[38] Vom bewaffneten Kreuzzug ausgeschlossen, nahmen die Armen bald die Pilgertradition wieder auf. Das tragische Ende des Kinderkreuzzugs von 1212 ist bekannt. Dieser erbärmliche, verachtete Haufen war zum Scheitern verurteilt, wurde völlig aufgerieben und gelangte nicht über Sardinien hinaus. An der Küste Dalmatiens scheiterte im selben Jahr Franz von Assisi, der ebenfalls in den Orient aufgebrochen war.

Bevor man zum neutestamentlichen Verständnis der Armut als Zeichen der Auserwählung zurückfand, blieb sie behaftet mit dem alttestamentlichen Stigma der Sünde. Etienne de Fougères bezeichnete sie noch als Fluch, der z. B. die Kinder des unehrlichen Kaufmanns als Strafe für die Sünde ihrer Eltern treffe. Andere dagegen hielten das Seelenheil des Armen für ebenso gefährdet wie das des Reichen. Zwar könne der Arme nicht durch Geiz sündigen, aber umso eher durch Neid und Auflehnung. Auf die Seligkeit, die den Armen im Geiste verheißen wird, hat er nicht mehr Anspruch als der Reiche. Schließlich ist seine Erlösung auch deshalb in Frage gestellt, weil er keine Almosen geben kann. Erst eine Rückbesinnung auf die läuternde Kraft des Leidens und damit der Armut konnte solches Denken erschüttern. Am Ende des 11. Jahrhunderts waren es die Eremiten, die den Armen diese Botschaft brachten und ihre Armut mit ihnen teilten. Von nun an erkannte man die Berufung zum ewigen Heil in der Prüfung durch das Leid.

2. Die Begegnung zwischen Armen und Eremiten

Robert von Arbrissel, zu Beginn des 12. Jahrhunderts einer der berühmtesten französischen Eremiten, hinterließ zwei wichtige, sehr unterschiedliche Erinnerungsstücke. Als erstes einen einfachen Stab, der im Kloster Chemillé im Anjou aufbewahrt wird; er besitzt eine Bronzespitze, als Griff dient ein Antoniuskreuz.[39] Als zweites den eindrucksvollen Gebäudekomplex des Klosters Fontevraud, der im Laufe der Jahrhunderte um die ursprüngliche Gründung Roberts herum errichtet wurde. Allerdings ist –

von der Kirche abgesehen – von der ursprünglichen Siedlung, einer Ansammlung von Wohnungen für Männer und Frauen, Adelige und Bauern, fromme Laien und Kleriker, Vagabunden und Prostituierte, natürlich nichts mehr erhalten. Der Stab ähnelt einem Abtsstab; er bot dem Prediger hilfreiche Stütze auf seiner Wanderschaft. Die Steine des Gebäudes dagegen symbolisieren ein Element der Beruhigung in den gesellschaftlichen Wirren und die Verwirklichung idealistischer Vorstellungen. Diese Gegensätze charakterisieren zum großen Teil die Begegnung zwischen gelebter Armut und Eremitentum.

Die Analyse dieser Begegnung und nicht etwa die Darstellung der ohnehin bekannten Entwicklung des Eremitentums soll hier versucht werden. Wie soll man die Beziehungen zwischen Eremiten und Armen erklären? In welchen Bereichen, auf welche Weise und mit welchen Folgen kamen sie zum Tragen?

Zeitlich und geographisch fällt die Blüte des Eremitentums, von Peter von Amiens bis zu Eon von Stella, in eine lang anhaltende Notzeit, in die Hungerperiode zwischen 1095 und 1144. Einerseits ließ die gregorianische Reform die Saat aufgehen, die zur Zeit des hl. Romuald und des hl. Petrus Damianus gesät worden war; andererseits stellte das beginnende Bevölkerungswachstum die Menschen vor große Probleme. Aber alle diese Phänomene waren weder neu noch auf eine Region beschränkt. Die Massen, die Peter von Amiens folgten, kamen aus der gesamten Christenheit; aber weder die Mehrzahl der Eremiten noch ihre Schüler brachen je in den Orient auf. Festzuhalten bleibt jedoch, daß in manchen Regionen die Eremiten maßgeblichen Einfluß auf die Bevölkerung gewannen und daß diese Entwicklung sich in vielen Regionen zur gleichen Zeit vollzog. Außer in den Eremitagen Italiens lebten Eremiten in der Gegend um Toulouse, im ehemaligen Lotharingien und besonders in Westfrankreich, von der Normandie bis zum Limousin, in Mitteleuropa vor allem in Süddeutschland und in den westlichen Teilen Polens, Böhmens und Ungarns. Eine Zunahme ist auch in Nordspanien und Portugal zu verzeichnen, und in England schließlich erlebte das Eremitentum eine Blüte, die sich nur mit der Entwicklung des Mönchtums im 9. Jahrhundert vergleichen läßt.

Die bekanntesten Predigereremiten Europas lebten fast alle zur gleichen Zeit. Wichtiger als ihre Geburtsdaten sind der Zeitpunkt ihres Rückzugs aus der Welt und ihr Todestag. Ein ebenso außergewöhnliches wie vorbildliches Eremitenleben verlangte der hl. Bruno von seinen Kartäusern. Aber vor ihm und nach ihm, 1076–1078 und 1089, zogen Etienne de Muret und Geoffroy de Chalard aus, um zu predigen, und zahlreiche Wanderprediger folgten ihrem Beispiel. Zwischen 1095 und 1110 wählten einige der Berühmtesten das Eremitenleben, z. B. Peter von Amiens, Vital de Mortain, Robert von Arbrissel, Bernard de Tiron, Raymond Gayrard und Aldwin in England. Um 1130–1140 waren die meisten bereits gestorben; aber Wilhelm von Vercelli lebte in Italien bis 1142, Etienne d'Obazine starb 1159, und in England, wo Langlebigkeit offensichtlich häufiger vorkam, erreichte Godric von Finchale ein Alter von fast 100 Jahren und starb 1170 nach einem 70jährigen bewegten Eremitendasein.

Die gegenseitige Anziehungskraft zwischen Prediger- bzw. Wandereremiten und den Armen beruhte auf verschiedenen Faktoren, zweifellos in erster Linie auf einer gewissen Vergleichbarkeit der Lebensweise und der Einstellungen zur Gesellschaft und auf der Übereinstimmung der Zielsetzungen und Sehnsüchte, soweit diese überhaupt bekannt sind.

Die Begegnung des Eremiten und des Flüchtlings im Wald ist nicht nur ein rein literarischer Topos. Wenn Tristan und Isolde einsam und außerhalb der gesellschaftlichen Normen in den Wäldern des Norrois umherirrten, so stellt dies bekanntlich die Verlassenheit der Nachgeborenen aus ritterlichem Milieu dar, die mit ihren Familien gebrochen hatten. Auch der Einsiedler Ogrin, der, gestützt auf seinen Stab, ihnen aus der Heiligen Schrift Trost zusprach, ist keine vom Dichter erfundene Gestalt; denn Vorbilder gab es genug. Ende des 11. Jahrhunderts ließ sich etwa der aus Schwaben stammende hl. Haimrad in den Waldgebirgen Hessens nieder und erwarb sich schließlich die Sympathie der Bewohner und des Grundherrn des naheliegenden Dorfes, nachdem er überall und von allen, sogar von den Bauern, verjagt und von den Hunden eines zornigen Pfarrers gehetzt worden war. Seine Kleidung wie seine Redeweise waren so ungepflegt, daß sich die Menschen fragten: „Woher kommt dieser Teufel?" Gekleidet ist der Einsiedler ähnlich wie ein Büßer, er unterscheidet sich darin nicht vom Bettler und vom Vagabunden: Er trägt Lumpen, ein Schaffell, einen Umhang mit Kapuze und Stiefel. Die Andeutungen des Verfassers des *Liber de diversis ordinibus* (um 1130) entsprechen durchaus der Beschreibung, die Bischof Marbod von Rennes vom Aufzug des Robert von Arbrissel liefert, der eines Klerikers unwürdig sei. Er sei lumpig *(pannosus)* wie die Bettler und wolle es Johannes dem Täufer gleichtun. Wie Marbod berichtet, war er halb nackt *(seminudo crure)* und trug einen überlangen Bart. Ähnlich sahen auch die Klosterbrüder von Grandmont aus. Manche vernachlässigten ihr Äußeres so stark, daß sie vor Schmutz starrten wie Etienne d'Obazine. Typisch ist folgende Beschreibung des Einsiedlers:

„menant dévote vie	Er führt ein frommes Leben
dedans le haut bocage,	mitten im unzugänglichen Gebüsch
au fond du bois ramée."	im tiefen Wald.

Petrus Cantor beschreibt am Ende des Jahrhunderts den Eremiten wie folgt: „Er sieht wild und ungepflegt aus, mit wirrem Haar und zerzaustem Bart." Auch Herrade von Lansberg sieht ihn so auf der Himmelsleiter in seinem *Hortus Deliciarum*. Und Petrus Cantor berichtet weiter, der Eremit hasse das Geld und führe allen sein „übertriebenes und pervertiertes Leben vor."

Wie Christus, der nicht einmal einen Stein besaß, worauf er sein Haupt betten konnte, so schläft auch der Einsiedler auf dem nackten Boden. Häufig wählt er einen „scheußlichen Ort" zur Wohnstatt. Der Einsiedler Girard baute sich in Montreuil-Bellay eine Hütte aus Zweigen; in Fontgombaud begnügten sich Schüler des Bernard de Tiron mit einer Höhle am Ufer der Creuse. Andere erstellten ein einfaches Mauerwerk wie etwa das fünf Meter breite Bethaus und die Zelle in einem kleinen Garten, deren Überreste in der Butte Saint-Louis im Wald von Fontainebleau erhalten sind.

Ein Gärtchen ist notwendig, denn der Einsiedler lebt vegetarisch. Nach diesem Vorbild beschlossen Tristan und Isolde, „als Bettler von Kräutern und Eicheln zu leben." Nur selten ißt der Einsiedler Fleisch, häufiger schon Fisch wie die Anachoreten auf der Insel Cordouan in der Gironde, in der Bretagne oder in England. Hinzu kommen Milch, Eier, Brot, Suppe, Gemüse, wilde Früchte und Honig, die Nahrung der armen Bauern. Wie der Arme lebt auch der Eremit von seiner Hände Arbeit, er betreibt Ackerbau, Viehzucht, Holzarbeit, Töpferei oder Korbflechterei wie die Wüstenväter.

Mit geringfügigen Varianten lebten so alle Einsiedler, in den Wäldern des Limousin, im Bas-Maine, um Craon, in der Normandie und im Perche, in den Wäldern Englands, der Ardennen, der Vogesen, der Alpen und Mitteldeutschlands. Sie lebten wie Arme und Ausgestoßene. „*Pauper ego, mendicus ego*", sagte von sich der Einsiedler und Schweinehirt Blandin. Wie Haimrad war er Sohn eines Unfreien, war aber mit kirchlichem Dispens zum Priestertum zugelassen worden. Solche Fälle waren selten; denn die meisten Einsiedler hatten freiwillig die Armut gewählt. Meist waren sie zuvor Mönche oder Kleriker, wie Yves de Chartres berichtet. Den Entschluß zum Rückzug in ‚die Wüste' faßten einige, nachdem sie in ihrer Amtsführung gescheitert waren – etwa Robert von Arbrissel und Bernard de Tiron –, andere unter dem Einfluß von Eremiten, die sie bewunderten, so Christian de l'Aumône und Hugo von Lacerta, und wieder andere wie Geoffroy de Chalard oder der hl. Bruno aus dem Bedürfnis nach Gebet und Buße oder nach einer Pilgerfahrt nach Rom oder ins Heilige Land (Haimrad, Bernard de Tiron). Der zeitweise oder endgültige Rückzug aus der Welt konnte auch zum Eintritt in ein traditionelles Kloster führen. Mit Recht hat man auf den Einfluß hingewiesen, den gerade hochgebildete Kleriker und besonders geistliche Lehrer an Stiftsschulen auf den Weg Einzelner ins Eremitenleben ausübten. Aus ihrer gründlichen Kenntnis der christlichen Quellen entwickelten sie das Lebensideal der Nachfolge Christi und der Apostel; andernorts wie im Limousin, in Grandmont und im Artige könnte man auch orientalische Einflüsse vermuten, die verkannt oder vergessen wurden und über Kalabrien oder Venedig vermittelt worden sein könnten.

Der Weg ins Eremitenleben führte aber nicht notwendigerweise über das

Priestertum. Christian de l'Aumône war einfacher Schäfer, als er kurz vor 1120 ‚in die Wüste' zog; Hugo von Lacerta war Ritter, als er sich um 1109 nach Muret zurückzog; Garnier de Montmorency war Ritter, dann Mönch und 1100 schließlich Eremit. Ein glaubwürdiger Passus in der Vita des Bernard de Tiron bezeugt, daß viele seiner Mitbrüder von adliger Geburt waren, und es gibt keine einsichtigen Gründe dafür, daß die soziale Zusammensetzung seiner Gemeinschaft sich von der anderer Eremitagen wesentlich unterschieden haben sollte. Bevor Geoffroy de Chalard sich mit zwei Begleitern in die Wälder des Limousin zurückzog, hatte er in Troyes und in Limoges studiert, wo er bei einem Kaufmann wohnte, und hatte dann in Périgueux die Priesterweihe empfangen. Waderic, der in St. Peter zu Gent Mönch wurde, war von adliger Geburt. So zog also die Einsiedlerbewegung zwar Menschenmassen an; aber den ersten Impuls lieferten selten die Armen, sondern meist gebildete Männer – oder auch Frauen – aus reichem Hause, die nach dem Vorbild des hl. Paulus Christus nachfolgen wollten, auf ihren Reichtum verzichteten und sich für ein Leben in Armut entschieden. In ihrer Lebensweise unterschieden sie sich nicht von den echten Armen oder von der einfachen Bevölkerung, der die feudalen und kirchlichen Strukturen keinen sicheren Halt mehr bieten konnten.

Verließ der Einsiedler sein Refugium, dann ebenfalls wie ein Armer, nämlich zu Fuß und barfuß oder demütig auf einem Esel reitend wie Jesus beim Einzug in Jerusalem. Zwar suchten die Menschen wie Tristan den Gottesmann in seiner Waldbehausung auf, um Rat zu suchen; aber er ging auch auf die Gläubigen zu. Seine häufigsten und liebsten Kunden waren zunächst die Armen. Neu war daran nicht, daß etwa Vital von Savigny, Gayrard de Toulouse, Wilhelm von Hirsau, die Einsiedler des Montevergine und in England Aldwin, der hl. Caradoc und Godric von Finchale den Armen halfen und daß manche wie die Mönche von Grandmont und Muret als Arme die noch Ärmeren unterstützten. Ungewohnt und beunruhigend war für Abt Geoffroy de Vendôme und für Marbod vielmehr die ‚Kundschaft' der Eremiten. Denn in Scharen kamen Leprosen und Prostituierte im Vertrauen auf die Botschaft von Christus, der Lazarus liebte und Maria Magdalena verzieh. Zur gleichen Zeit fand die Verehrung gerade dieser Heiligen weite Verbreitung, zogen zahlreiche Pilgerzüge nach Vézelay und nach Saintes-Maries-de-la-Mer. Neu war das Bemühen, die Würde der Ausgestoßenen wiederherzustellen und sie in die Gesellschaft zu reintegrieren. In Fontevraud wurden die Leprosen nicht abgewiesen und bußfertige Frauen in das Konventsleben aufgenommen. Inmitten seiner „lieben Kranken und Leprosen" wollte Robert von Arbrissel sterben. Von der *liberalitas erga pauperes* war man zur *conversatio inter pauperes* übergegangen, man lebte als Armer unter Armen und begnügte sich nicht damit, sich zu ihnen herabzulassen.

Doch fanden sich unter den Menschen, die zu den Einsiedlern strömten, Leute aus allen Berufen, Schreiner, Schmiede, Goldschmiede, Maler und

Maurer, Winzer und Bauern. Wie Marbod berichtet, wandten sie sich zum Unwillen des Episkopats vom Pfarrklerus ab; die Ursache dafür sah er weniger in religiösen Gründen als in der Neugier und im Reiz des Neuen. Solche Menschen waren weder reich noch mächtig, aber erst recht keine Bettler, und ihr Verhalten enthüllt die tatsächliche Bedeutung der Eremitenbewegung. Die Wanderprediger kannten die Sorgen, Nöte und Sehnsüchte der einfachen Leute und damit der Mehrzahl der Bevölkerung. Daß die Reform des Papstes Paschalius II. scheiterte, wirft ein bezeichnendes Licht darauf, wie schwer es damals der Kirche fiel, die gregorianischen Reformideen durchzusetzen und einen Kompromiß zwischen den pauperistischen Idealen des gläubigen Volkes und dessen unumgänglicher Einbindung in die feudalen Strukturen zu finden. Auf einer niedrigeren Ebene zeigen die Vorfälle um den Mönch Heinrich in Le Mans, welche Folgen die Pauperismusbewegung zeitigen konnte. Vermutlich um 1100, als Bischof Hildebert von Lavardin, der seinerseits die Eremiten und besonders Robert von Arbrissel bewunderte, nach Rom gereist war, entfachte Heinrich von Lausanne einen Aufstand in der Stadt. Die schlichte Armut seines Äußeren, seine Beredsamkeit und die Art seines Auftretens sowie der Erfolg seiner Predigten bei den Prostituierten hatten besonders die Gläubigen in den Vororten weit stärker begeistert als er selbst es wohl erhofft hatte. Die Unruhen entzündeten sich weniger an seinen später als Häresien verurteilten Theorien als an der Schärfe, mit der er die wenig erbaulichen Sitten des noch nicht reformierten Domkapitels geißelte. Die Menschen waren begeistert darüber, daß ihre Sehnsucht nach Erneuerung in den flammenden Reden des Predigers ein so starkes Echo fand.

Genau an diesem Punkt, nämlich in der Gleichsetzung von Armut und moralischer Integrität, begegneten sich Eremitentum und Armut. Der Vorfall von Le Mans weist eine gewisse Analogie zu der mailändischen Pataria des 11. Jahrhunderts auf. Es erstaunt nicht, daß die religiösen Sehnsüchte in einer Stadt zum Ausbruch von Unruhen führten, in der bereits 1070 – für Frankreich relativ früh – kommunale Unruhen ausgebrochen waren. Diese Sehnsüchte sind Teil einer im wesentlichen religiösen Strömung, die die Gregorianische Reform ausgelöst hatte, nämlich der Sorge und Angst der Menschen um das ewige Heil. Der Protest des Volkes gegen den Reichtum des Klerus ist nicht wirtschaftlich bedingt und trägt nur gelegentlich antiklerikale Züge. Keineswegs antireligiös geprägt, kulminiert darin im Gegenteil die Gleichsetzung von moralischer Integrität und Armut. Dieser Protest drang auf die vollständige Verwirklichung der gregorianischen Reformideen und verlangte vom Klerus die Praktizierung einer Armut nach dem idealisierten Vorbild der Ärmsten der Armen.

Die überschwengliche Sehnsucht nach reiner Armut erklärt die Ausstrahlungskraft und auch die Widersprüchlichkeit der bis zum Extrem gegensätzlichen Aspekte, die in der Begegnung von gelebter Armut und Eremitentum offenbar werden konnten. Das Eremitentum, ein Leben außerhalb von Institutionen und Ordnungen, führte unvermeidlich zu Exzessen. Neben Menschen wie Heinrich von Lausanne, deren Ansichten als häretisch verurteilt wurden, und Exzentrikern wie Eon von Stella verloren einige jeden Sinn für Maß und Ziel. Marbod hatte bereits Robert von Arbrissel vor Frauen gewarnt, die in Eremitagen lebten, deren geistliche Berufung aber nicht erwiesen war. In Grandmont und Fontevrault räumte man den Frauen eine gleichberechtigte Stellung im Konventsleben ein; Petronilla von Chemillé übte dort entscheidenden Einfluß aus. Man erlaubte sogar ausgefallene Lebensweisen, mit am bekanntesten die des 1119 verstorbenen Einsiedlers Hervé. Er verließ das Kloster Vendôme und teilte sein asketisches Leben mit einer Nonne englischer Herkunft namens Eva, die ihm als Magd diente und deren ‹Tugend› ihr in der im 12. Jahrhundert entstandenen Reimbiographie immerhin den Titel einer Seligen eintrug.

Im Gegensatz dazu steht der Appell zur Zurückhaltung, den Robert von Arbrissel an Ermengard, die Gräfin der Bretagne, richtete, der er als geistlicher Berater Richtlinien für ihre Lebensweise vorschlug. Er lobte zwar ihr Streben nach Vollkommenheit, forderte sie aber auf, ihren ungetreuen Ehemann zu ertragen: „Ihr möchtet gerne die Welt verlassen...; aber Ihr seid gebunden, und das Band kann nicht gelöst werden... Seid barmherzig zu den Armen, besonders zu den Allerärmsten... Bewahrt in allem das rechte Maß...".[40]

Schon allein die Tragweite dieser Verhaltensmaßregeln, die sich nicht an eine Nonne, sondern an eine in der Laienwelt lebende Frau richteten, würde ausreichen, den Begriff *flambée* (Aufflammen) in Frage zu stellen, der häufig im Zusammenhang mit der Eremitenbewegung verwendet wird. Damit soll keineswegs die Tatsache betont werden, daß das Eremitentum – außer in den Kartausen – seine Begründer nur insofern überlebte, als es gewissermaßen institutionell in das Mönchtum reintegriert wurde. Für die Armen bedeutet dieses ‹Aufflammen› nämlich, daß die Flamme der Caritas neu entfacht wurde und ihr Los wieder stärkere Beachtung fand. Beachten heißt zunächst sehen und erkennen. Der im Wald lebende Eremit hatte dem Wald sozusagen den Teufel ausgetrieben; dort, in der Stille, meditierte er, begegnete er Gott, durch ihn verlor der Mythos des Waldes einen Teil seiner Bedrohlichkeit. Als Armer und Laie, der völlig allein lebte, führte er einer von der Sorge um das Jenseits gequälten Gesellschaft vor Augen, daß Heiligkeit im Gegensatz zu den überkommenen Vorstellungen durchaus nicht unbedingt vornehme Geburt, zu wohltätigen Zwecken verwendeten Reichtum oder ein Leben im Kloster implizieren mußte. Der Eremit versuchte das Elend der Ärmsten zu lindern, ihre menschliche Würde wiederherzustellen und das Spiegelbild des leidenden Christus zu enthüllen. Allen wollte er das Heil durch die Armut, für die Armen und durch die Armen verkünden, indem er die Armen tröstete und die Begüterten aufrüttelte. Sein Handeln sprengte den ökonomisch-sozialen Rahmen, in welchem es sich bewegte, auf eigenartige und offensichtlich bedeutsame Weise. Sein Appell wurde jedoch nur zögernd und teilweise befolgt.

3. Enttäuschungen und Klagen der Armen

Zweimal, in der Mitte und am Ende des 12. Jahrhunderts, mußten die Armen in verschiedenen Gegenden harte Enttäuschungen hinnehmen. Nach der Episode der Tafuren[41] während des ersten Kreuzzuges, die davon überzeugt waren, daß Gott die Armen den Ruchlosen und Anmaßenden vorzieht, nach dem antiklerikalen Aufstand des Tanchelm in den Niederlanden hatte um 1110–1115 Eon de l'Etoile, eine eigenartige Persönlichkeit, ein Bretone ritterlicher Abstammung, „breite Massen gemeinen Volkes", deren Klagen über das Elend sich mit häretischen Vorstellungen mischten, in die „Irre" geführt, eine Bewegung, die blutig unterdrückt wurde. Nach mehreren Handstreichen wurde Eon 1148 gefangengesetzt; seinen Richtern, die sich in Reims um Papst Eugen III. versammelt hatten, trotzte er mit dem Anspruch, von Gott gesandt zu sein, „um die Lebenden, die Toten und die Welt zu richten und sie der Feuerprobe zu unterziehen." Zwar ging das Gerücht, Eon selbst lebe auf großem Fuße, aber wie dem auch sei, wieder einmal erscholl die Forderung nach moralischer Erneuerung aus den Reihen der Armen. Diese Beispiele machen die Verquickung der Volksbewegungen mit den häretischen Strömungen recht deutlich, was der Sache der Armen jedoch zweifellos schadete. In ihrer Unwissenheit klammerten sie sich an chiliastische Hoffnungen, die von einer umfassenden eschatologischen Mythologie genährt wurden.

So lassen sich die enttäuschten Hoffnungen der Armen denn auch eher messianischen Vorstellungen zuordnen als einer Art von Klassenkampf – ein Anachronismus angesichts einer Denkweise, der eine solche Art von Kollektivbewußtsein völlig fremd war. Zwar brachen zu Beginn des 12. Jahrhunderts heftige und relativ kurze Aufstände aus; im Beauvaisis verbrannten 1110 Bauern die Waldungen ihres Bischofs; im Bray setzten sie 1121 die Befestigungen von Poix in Brand; 1125 besetzten sie im Ponthieu Saint-Riquier; im Cambrésis steinigten sie 1127 einen Schloßherrn. In Galizien, am anderen Ende Europas, sah sich 1110 der Bischof von Sahagun mit einem Aufstand der „Feldarbeiter und kleinen Leute" konfrontiert. Aber auch ohne zur Gewalt zu greifen wußten sich die Bauern wirksam gegen die Verletzung des ‚guten alten Rechts' zu wehren, dessen Aufrechterhaltung auf mündlicher Überlieferung beruhte. Durch Flucht konnten sie einem drückenden Herrn Arbeitskräfte entziehen, ohne die eine Bewirtschaftung des grundherrschaftlichen Gutes nicht möglich war. Daß es zahlreiche derartige Konflikte gab, läßt sich nicht leugnen. Daß diese Volksbewegungen mit Perioden der Hungersnot um 1144 und besonders in den beiden letzten Jahrzehnten des 12. Jahrhunderts zusammenfielen, beweist deren Zusammenhang mit der schwierigen Wirtschaftslage.

Aber wenn das Elend auch den bäuerlichen Banden Zustrom verschaffte, so nährte sich deren Elan doch aus anderen Quellen. Männer, die als ‚Messias der Armen' die Kirche reformieren und das Antlitz der Erde erneuern würden, sollten bessere Tage herbeiführen. So kündigte am Ende des 12. Jahrhunderts Joachim von Fiore, ein kalabresischer Mönch, das Zeitalter des Heiligen Geistes an.

Nach den von Arnold von Brescia angeführten Unruhen in Italien liefern die Unruhen in Zentralfrankreich 1182 und 14 Jahre später in England anschauliche Belege dafür, wie drastisch die Armen enttäuscht und die mit der Armut verbundenen Probleme verschärft wurden. In beiden Fällen tauchte zunächst ein Prophet auf und in dessen Gefolge dann die Menge der Elenden, die vom charismatischen Auftreten ihres Retters angezogen wurden. In beiden Fällen waren es Männer aus dem Volk, deren Namen bereits aufschlußreich sind: 1182 hieß der Anführer ganz einfach Durand, 1196 ein anderer William Longbeard, ein Name, der sowohl auf Bußfertigkeit als auch auf Nonkonformismus hindeutet. Durand war ein einfacher und schüchterner Mann und – wie der hl. Josef – Zimmermann von Beruf, ,,so fromm, wie ein Laie nur sein kann"; er lebte in Le Puy, einem Wallfahrtsort, wo ihn die Gottesmutter mit einer Erscheinung beehrte. Klugerweise informierte er seinen Bischof und gründete mit dessen Erlaubnis eine Bruderschaft, deren Fahne die Inschrift trug: *Agnus Dei ... dona nobis pacem* und deren Mitglieder den leinenen oder wollenen, ungefärbten Umhang der einfachen Leute trugen. Insgesamt handelte es sich also um eine ehrbare Bruderschaft, die um den öffentlichen Frieden bedacht war, ein scheinbar ganz normaler Vorgang in einer Zeit, da im Rahmen der Friedensbewegung derartige Initiativen überall aus dem Boden schossen wie etwa einige Jahre früher in Rodez. Das Beispiel machte Furore. ,,Friedenssektierer" sammelten sich aus allen Berufen und Ständen und in allen Regionen, im Berry, in Burgund, Aquitanien und in der Provence. Mit ihrer Ausbreitung wurde die Sache verdächtig. Die Chronisten, die zuvor diese fromme und friedliebende Bewegung eher begünstigt hatten, änderten ihre Ausdrucksweise. Die Bruderschaft wurde nun Schwurverband genannt und nur noch als List des Teufels bezeichnet, der das Bemühen um gegenseitige Unterstützung zu einer ,,grauenhaften, unerhörten, sinnlosen Erfindung" verfälsche. Nach dem Vorbild kommunaler Verschwörungen erhoben die *Capuchonnés* die Forderung, die Grundherren sollten sich mit den Einkünften aus ihrem Grundbesitz begnügen; sie leugneten jede Art von Hierarchie, ihr egalitäres Ideal drohte die gesellschaftliche Ordnung umzustürzen. Damit machten sich die *Capuchonnés* in Südfrankreich am Ende des 12. Jahrhunderts unvermeidlich der Häresie verdächtig, woraufhin sie grausam verfolgt wurden. Zwar behandelte sie der Bischof von Auxerre noch halbwegs menschlich, doch warf er ihnen vor, sie hätten verkannt, daß Unfreiheit die Frucht der Sünde sei.

William Longbeard dagegen fand von Anfang an keinerlei Unterstützung. Er war dynamischer als Durand von Le Puy und machte den typischen Eindruck eines schlechten Hirten: Er war kaum gebildet, beredsam, verschlagen, ein gewandter Redner, leidenschaftlich, aber eitel. William of Newburgh beschreibt ihn in seiner Chronik als gefährlichen Demagogen; arrogant usurpierte er den Titel ‚Schirmherr der Armen', der traditionell den Bischöfen gebührte. Er schmeichelte den Armen und forderte sie auf, in die Wohnungen der Reichen einzudringen: ,,Ich bin der Retter der Armen... Ihr, die Armen, die ihr die harten Hände der Reichen kennt, schöpft in meinen Quellen die Wasser der Heilsbotschaft, und tut es in Freude. Denn sie kommt, die Zeit, da ihr geprüft werdet. Ich werde die Einfachen und Treuen von den Hochmütigen und Treulosen scheiden. Ich werde die Auserwählten von den Verstoßenen scheiden wie das Licht von der Finsternis."[42]

Der Ton ist zweifellos revolutionär, und er will vor allem prophetisch sein, indem er an die Bibel anknüpft, und zwar vorwiegend an Isaias, den ungestümsten unter den Propheten. Die tiefe Sehnsucht nach moralischer Erneuerung spielte dabei eine mindestens ebenso wichtige Rolle wie die wirtschaftlichen Schwierigkeiten. Longbeard scheiterte und wurde gehenkt. Aber die Chronik bemerkt dazu doch, daß es ,,um der Gerechtigkeit und Frömmigkeit" willen geschah. Die Volksmasse schrieb ihm Wunder zu, und fast wäre er als Volksheiliger verehrt worden. Die Armen warteten weiterhin auf den ,,Heiligen der letzten Tage". Aber Durand und William war es noch weniger als dem Mönch Heinrich oder Eon von Stella gelungen, ihre Hoffnungen zu erfüllen.

Wankelmütig, enttäuscht und dann wieder voller Vertrauen folgte die Masse dem, der sich ihr zuwandte. Noch vor dem Ende des 12. Jahrhunderts begegnete sie einer neuen Eremitengeneration. Allerdings war Foulques, der Pfarrer von Neuilly-sur-Marne, der insbesondere als Prediger des vierten Kreuzzuges berühmt wurde, kein Eremit. Auch war er weder Demagoge, noch beruhte sein hohes Ansehen auf seiner asketischen Lebensweise und seinen mitreißenden Predigten. Er war Schüler des Petrus Cantor und wurde seinerseits zum Vorbild für seine Mitbrüder in Paris. Auf Einladungen zu Predigten in Saint-Séverin, dann in Les Champeaux, folgten Einladungen nach Deutschland. Ausnahmslos allen verbot er, anderen Schaden zuzufügen. Häufig griff er die Wucherer und Spekulanten an, oft soll er ausgerufen haben: ,,Ernähre den, der vor Hunger stirbt!" Bei den Armen genoß er große Popularität, und sein Biograph beschreibt ihn umgeben von Bettlägerigen, die man zu ihm brachte und denen er Trost spendete. Wie Robert von Arbrissel bemühte er sich, die Prostituierten zu reintegrieren, deren Zahl im aufstrebenden Paris ständig anwuchs. Ein Hundertjähriger hätte sich in die Zeit der Wanderprediger zurückversetzt fühlen können. Foulques fand Nachahmer, etwa in England den Abt Flay in Kent, der ebenfalls gegen den Wucher kämpfte und durchsetzte, daß sonntags die Märkte geschlossen blieben. In der Bretagne zog der Mönch

Herluin aus Saint-Denis durch die Küstengebiete und bewegte zahlreiche Menschen dazu, als Buße für ihre Sünden am Kreuzzug teilzunehmen. Foulques Schüler zogen überall umher und predigten in seinem Auftrag Buße. Unglücklicherweise versagte der einzige von ihnen, der uns namentlich bekannt ist; durch ihn erfuhren die Armen eine weitere Enttäuschung. Nach Jacques de Vitry, auf dessen für die Zeit sehr wichtige Berichte wir noch mehrfach zurückgreifen werden, soll Pierre de Roissy sich bereichert haben. Während er anderen Vollkommenheit predigte, forderte er für sich eine Kanonikerstelle und die Kanzlerschaft an der Kathedrale von Chartres. Aber auch Foulques selbst blieb von Kritik nicht verschont. Offenbar war die Menge enttäuscht darüber, daß ihr Idol nur mitreißende Predigten hielt, ohne dabei ein spektakuläres Asketentum zur Schau zu stellen oder gar aufsehenerregende Wunder zu vollbringen. Jacques de Vitry zielt mit seiner Kritik tiefer. Er beklagt, daß Foulques in seiner vielleicht durch seinen persönlichen Erfolg bedingten Verblendung den Willen Gottes verkannt und allzu viel Geld angenommen habe; trotz seiner integren Absichten verlor er an Einfluß. Diese Feststellung wiegt schwer; denn sie umreißt die fundamentale Voraussetzung jedes ernsthaften Einsatzes für die Armen: Sie verlangen, daß man ihre Armut teilt.

Die anderen herben Enttäuschungen für die Armen sind bekannt, ihr erbärmliches Schicksal in Zara und 1204 in Konstantinopel sowie der desolate Kinderkreuzzug von 1212. In einem einzigen Satz faßt der Chronist das ganze Ausmaß des Elends der Rückkehrer zusammen: „Sie kehrten zurück, einer nach dem andern, in tiefer Stille."

Konnten die Armen also überhaupt noch hoffen, eines Tages in die Gesellschaft integriert zu werden? Die ihnen bezeugte Verachtung schlug oft in Haß um. Die Episode der *Capuchonnés* und der Vorfall in London belasteten sie mit dem Makel von Umstürzlern. Um 1200 taucht in der Literatur der Haß gegen die Armen im Thema des gemeinen Emporkömmlings auf, der mit allen Mitteln versucht, in die oberen Schichten der Gesellschaft einzudringen. Und dennoch: Mitten in einer Gesellschaft, die zwischen Heiligem und Profanem, zwischen Weltlichem und Geistlichem nicht zu unterscheiden vermochte, die Unordnung mit Häresie gleichsetzte, versuchten einzelne, die Zwiespältigkeit der Armut zu verstehen, wenn nicht gar aufzulösen. So organisierte z. B. der hl. Raymond als Bischof von Piacenza gegen Ende des 12. Jahrhunderts Prozessionen für Verstoßene aller Art. Diese riefen: „Helft uns, grausame Christen, denn wir sterben vor Hunger, während ihr im Überfluß lebt." Dieser Aufschrei war nicht neu; mehr als 500 Jahre zuvor hatte ein Autor, in dem man fälschlicherweise den hl. Bernhard vermutet hat, geschrieben: „Wenn ein Räuber den Armen überfällt, dann weigern wir uns, dem Armen zu helfen ... Christus hängt am Kreuz, und wir bleiben stumm." Heißt das, daß nichts geschehen, nichts getan oder erdacht worden war, um den Armen und Gedemütigten in die Gemeinschaft der Christen zu integrieren?

VI. Die Dringlichkeit der Armenfürsorge

1. Die Neuorganisation der Fürsorge

Im 12. Jahrhundert blieb die organisierte Armenfürsorge nicht mehr länger ein Monopol der Benediktinerklöster. Nicht etwa weil die Stifter, die den Mönchen die Verteilung ihrer Almosen und Stiftungen übertrugen, das Vertrauen in die Klöster verloren hätten; auch lag es nicht an mangelhafter Organisation, im Gegenteil, die Verteilung der Almosen wurde in nahezu allen Klöstern zu einem eigenen Amt, dem ein besonderes Gebäude, ein Teil der klösterlichen Einkünfte, der Speisereste und der getragenen Kleidung zugeteilt wurde, was die regelmäßige und wirtschaftliche Aufnahme und Versorgung der Armen sicherstellte, ein System, das um 1200 die meisten Klöster übernommen hatten.

Für die Klöster bedeutete das aber eine schwere Belastung, sogar für ein so reiches Kloster wie Cluny, das fast ein Drittel seiner Einkünfte für die Armenfürsorge verwendete. Wie oben bereits dargelegt, waren in Notzeiten wie etwa am Ende des 12. Jahrhunderts die Klosterpforten ständig von Hilfesuchenden umlagert. Einige Klöster konnten diese Aufgabe nur unter großen finanziellen Opfern erfüllen, was häufig ihre materielle Substanz gefährdete.

Doch nicht allein das Ungleichgewicht zwischen den materiellen Möglichkeiten und der Nachfrage, sondern auch mangelnde Anpassungsfähigkeit führte zum Niedergang der klösterlichen Armenfürsorge. Daß Kriege, Hungersnöte und Mißernten die Not verschärften, war man gewohnt, und auch die Ausbreitung der Lepra seit Beginn des 12. Jahrhunderts war nicht der Grund für die Überforderung der Klöster. Vielmehr lag die Ursache in – bereits oben erwähnten – Veränderungen im sozialen Bereich. Sieht man von Hungersnöten und Epidemien ab, so gerieten die härtesten Notfälle oft gar nicht ins gewohnte Blickfeld der Mönche; denn sie lebten zurückgezogen in ihren Klöstern, umgeben vom klösterlichen Grundbesitz, wodurch sie die Allerärmsten überhaupt nicht zu Gesicht bekamen, die Ausgestoßenen und Asozialen, die in den Wäldern lebten oder über Land zogen, die Bettler und Prostituierten in den wachsenden Städten, alles Arme im Abseits, unerreichbar für die Wohltätigkeit der Klöster. Gewiß kam es wie in Cluny vor, daß Mönche die Kranken und Notleidenden aufsuchten, aber nur wenn diese nicht in der Lage waren, selbst zum Kloster zu kommen und wenn sie außerdem in erreichbarer Nähe lebten. Denn die Benediktinerregel schreibt die Bindung an den Ort vor, Wohltätigkeit stellt für den Mönch nur ein Element der Liturgie dar, die z. B. zum Ritus des *mandatum* nur eine begrenzte Zahl von Armen zuließ. Die anderen, die zur Pforte kamen oder im Hospiz aufgenommen wurden, mußten schon von sich aus kommen. Im 12. Jahrhundert nun gingen zahlreiche

Menschen auf die Suche nach dem verlorenen Schaf, und zwar nicht nur Eremiten und Wanderprediger. Vielmehr führte die Rückbesinnung auf das Liebesgebot des Evangeliums, die folgenreicher war als die Eremitenbewegung, dazu, daß in allen Gesellschaftsschichten Wohltätigkeit wieder gepflegt wurde. Das implizierte eine Umkehr im Denken, neue Formen der Wohltätigkeit und ein vertieftes Nachdenken über Armut und Caritas.

Darüber, wie die Bergpredigt den einfachen Menschen vermittelt und dargelegt wurde, ist leider nur wenig bekannt. Im 9. Jahrhundert bildete sie einen festen Bestandteil der Pastoral Hinkmars; sie gehörte zum theoretischen Fundament der Friedensbewegungen und bildete ein Element der inzwischen recht gut erforschten Volksfrömmigkeit, die vom 11. Jahrhundert an einen ungeheuren Aufschwung nahm. Das *Elucidarium*, eine Vorform des Katechismus, enthielt noch keine systematische Christenlehre, man müßte daher nach pädagogischen Schriften suchen, die die Pflichten des Christen definieren, wie etwa das um 1093 entstandene Cartular von Le Mas-d'Azil. Fünf von acht Artikeln dieses Cartulars handeln von der Nächstenliebe. Die beiden ersten erinnern an die Pflicht des Christen, Gott zu lieben und ihm zu gehorchen; der letzte empfiehlt den Gläubigen, ihres Todes ständig eingedenk zu sein. Die anderen Artikel behandeln die Werke der Barmherzigkeit:

> „Bewahre stets die Nächstenliebe in deinem Herzen.
> Mahne die Streitenden zu brüderlicher Eintracht.
> Hilf den Armen.
> Besuche die Kranken.
> Bestatte die Toten."[43]

Diese fünf, später sieben Gebote enthalten bereits alles Wesentliche: In der zweiten Zeile kommt die von den ersten Landfriedensgesetzen bis in die Zeit des hl. Franziskus vor allem unter den Armen weit verbreitete Friedenssehnsucht zum Ausdruck. Die dritte Zeile wurde später ausführlicher und präziser formuliert: Die Christen wurden aufgefordert, die Hungernden zu speisen, die Nackten zu kleiden und die Gefangenen zu besuchen. Der wichtigste Aspekt dieses Heilsprogramms liegt wohl darin, daß Laien und Klerikern vom Ende des 11. Jahrhunderts an bereits eine Form der Caritas empfohlen wurde, die ihre Blüte erst in einer veränderten Gesellschaft erleben sollte, in der die Stadt den bislang vorherrschenden Einfluß des Landes zurückzudrängen begann.

Die Reaktionen auf diese an Kleriker und Laien gestellte Forderung waren sowohl von den Grundideen der Gregorianischen Reform als auch von den Denkstrukturen des neu entstandenen Städtewesens geprägt. Der Wunsch nach größerer Bibeltreue und stärkerer Zuwendung zu den Lebensformen der Urkirche regte einige Weltkleriker dazu an, die konkrete, aktive Nächstenliebe mit der Strenge einer nahezu klösterlichen Lebensweise zu verbinden. Diese zu Beginn des 11. Jahrhunderts entstandene

Strömung wurde durch die Eremitenbewegung verstärkt und setzte sich besonders im Mittelmeerraum durch; hier hatten die aus der Karolingerzeit ererbten Strukturen sich nicht so stark durchgesetzt, wodurch das Bedürfnis nach Erneuerung dringlicher empfunden, eine Reform freudiger begrüßt wurde. Kleriker zwischen Seine und Rhein überboten ihre Mitbrüder sogar noch an Strenge; sie übernahmen die zweite, Augustinus zugeschriebene Regel, die strenger war als die erste, und forderten die nach biblischer Vollkommenheit und Caritas strebenden Menschen zu einer neuen Lebensform *(mos nova)* auf, die ernsthafter sei als die alte *(mos antiqua)*. Das Leben der Kanoniker nach der Regel des hl. Augustinus bildete insofern einen Gegensatz zum Klosterleben, als es mitten in der ländlichen oder städtischen Siedlung einen geistigen Mittelpunkt der Seelsorge und der täglichen sozialen Fürsorge darstellte. Darüber hinaus erhöhte die strikte persönliche Armut der Kleriker die Glaubwürdigkeit ihrer Lebensform. Der Wert dieser tätigen Barmherzigkeit lag in ihr selbst und leitete sich nicht aus dem beschaulichen Ideal klausurierter Mönche ab. Das weiße Gewand aus roher, ungefärbter Wolle, das sowohl die Zisterziensermönche als auch die Prämonstratenserkanoniker trugen, brachte zwei unterschiedliche, aber doch einander ergänzende Aspekte des gemeinsamen Armutsideals zum Ausdruck.

Das unterschiedliche Verständnis und die individuelle und gemeinschaftliche Praktizierung der geistigen und materiellen Armut teilten Eremiten, Mönche und Regularkanoniker in zwei *ordines*, den *ordo antiquus* und den *ordo novus*. Ihre bewahrenden und erneuernden Tendenzen kamen in den Modalitäten ihrer Fürsorgetätigkeit zum Ausdruck. In den Kanonikerstiften wurde mit der Übernahme einer Regel die Wohltätigkeit oft ähnlich wie in den Klöstern geregelt. Die *provisio pauperum* sicherte der gemeinschaftliche Besitz der Kanoniker, aus dessen Ertrag die Hospize für Kranke und Pilger und die von einem besonderen Amtsträger verteilten Almosen wie in den Klöstern finanziert wurden.

Überall wo die kanonische Vorschrift, die *quarta*, ein Viertel des Zehnten, für die Armen zu verwenden, nicht mehr befolgt wurde, erneuerte man sie; gerade rechtzeitig betonte das *Decretum Gratiani* seine prinzipielle Gültigkeit. Würde man einmal die Quellen daraufhin untersuchen, in welchem Maße von der Gregorianischen Reform an die Sorge um die Armen mit dazu beitrug, den Zehnten aufrechtzuerhalten bzw. ihn wieder einzuführen, käme man sicher zu interessanten Ergebnissen. Schon im 11. Jahrhundert restituierte Graf Foulques Nerra von Anjou den Zehnten an die Kirche von Ronceray zugunsten der Unterstützung „armer Frauen". Ähnliche Restitutionen erfolgten ein Jahrhundert später, 1122, in den Diözesen Reims und Soissons, und zwar ebenfalls mit der Maßgabe, die Armenfürsorge wieder sicherzustellen. Daß solche genauen Angaben so selten überliefert sind, liegt vermutlich daran, daß ihre Erwähnung oder Nichterwähnung keinerlei Auswirkung auf die Gültigkeit des Rechtsaktes zeitigten, vielleicht aber auch daran, daß die *quarta* selbstverständlich geworden war.

Auch andere Formen der traditionellen Wohltätigkeit wurden im Rahmen der Kanonikerbewegung neu belebt. Besonderes Verdienst kommt dabei Gerhoh von Reichersberg zu, der sich für die Wiedererrichtung der Xenodochien in den Bischofsstädten und der Ptochien in den Landgemeinden einsetzte. Die Bestrebungen des *ordo novus* führten außerdem zu neuen Formen der Armenfürsorge, die sich neben den alten Einrichtungen durchsetzten. Einige Indizien weisen darauf hin, daß solche Einrichtungen von der Kanonikerbewegung beeinflußt sind, z. B. das weit verbreitete Patrozinium einiger ,,spezialisierter" Heiliger wie Christophorus, Aegidius, Jakobus, Johannes, Julian, Maria Magdalena und Nikolaus, ferner die innere Organisation der Hospize unter der Leitung eines Propstes oder Erzpriesters, der in den Konstitutionen zahlreicher Fürsorgekongregationen faßbare Einfluß von Regularkanonikerkapiteln wie St. Viktor in Paris, dessen am Ende des 11. Jahrhunderts verfaßter *Liber ordinis* große Verbreitung fand, oder auch das Vorbild von Prémontré, von Saint-Jean-des-Vignes in Soissons, Hérival in der Diözese Toul, Murbach, Santa-Croce in Mortara und schließlich der Einfluß des Kapitels von Saint-Ruf, dem 1154 eine päpstliche Bulle 108 Gemeinschaften unterordnete, die bis Porto und Coimbra reichten.

Die karitative Tätigkeit der Regularkanoniker war in manchen Fällen ursprünglich stark spezialisiert. Möglicherweise kommt in der Entstehung der Kanonikerstifte und in ihrer Ansiedlung in den Städten das Bemühen zum Ausdruck, sich den Bedürfnissen der Zeit anzupassen. Man darf daher durchaus vermuten, daß ihr Einfluß auch auf dem Gebiet der Medizin zum Tragen kam. Wohl kaum aus reinem Zufall stammen eine ganze Reihe der überlieferten medizinischen Abhandlungen aus den Bibliotheken von Kapiteln, denen relativ große Hospitäler angeschlossen waren, etwa aus Chartres, St. Viktor in Paris, Lyon, Ivrée, Salzburg oder Bamberg. Besser belegen läßt sich die Spezialisierung einiger Kanonikerstifte auf die Ansiedlung spezieller Hospize in ganz bestimmten geographischen Lagen. Vielleicht lag es auch an der städtischen Herkunft der Kanoniker, daß sie sich vorwiegend der Versorgung vagabundierender Armer und der Unterstützung von Reisenden und Pilgern widmeten, die wegen der unterwegs lauernden Gefahren ähnlich hilfsbedürftig erschienen wie die Armen.

Daß an den Routen der Pilger, die ebenfalls als Arme Christi bezeichnet wurden, Hospize errichtet wurden, war gewiß nicht neu. Auch früher schon bildeten Hospize die Etappen auf dem Weg nach Rom oder nach Santiago de Campostela. Auf dem Weg von Frankreich nach Spanien, dem *camino frances,* war Ronceval zwar eines der berühmtesten, aber keineswegs das einzige Hospiz. Neben den Pilgerstraßen nach Compostela gab es auf der iberischen Halbinsel auch andere, die bis Portugal führten, nach Braga, Santa-Cruz zu Coimbra und nach Alcobaça. Rompilger wurden nicht weniger gut versorgt; denn auf der *via francigena* lagen berühmte Etappen, am Mont Cenis, an den Pässen, die nach Bernhard von Menthon (oder Monjou) benannt sind, im Aostatal und an allen Straßen, die nach Rom oder zum Monte-Gargano führten; in der Toskana war das Hospiz von Altopascio zum Zentrum einer regelrechten Hospizkongregation geworden.

Die Entwicklung des Hospizwesens in der zweiten Hälfte des 12. Jahrhunderts verläuft ganz offensichtlich parallel zur Stärkung des Verkehrs im Zusammenhang mit den sich ausweitenden Handelsverbindungen. Nicht alle Reisenden waren arm, aber angesichts der im Gebirge drohenden Gefahren trugen alle dasselbe Risiko. Erinnern wir uns, daß zu den Besuchern der Champagnermessen, die die Alpen auf der *via francigena* überquerten, auch ein gewisser Bernardone aus Assisi gehörte, der Vater des hl. Franziskus. Pilger waren nur zeitweise arm, zur Buße; aber die Zahl der Umherziehenden wuchs insgesamt beträchtlich. Berühmte Kongregationen entfalteten ihre Tätigkeit in Gebirgs- und Waldregionen. Die Kongregation von Chalais, die aus dem Benediktinerorden hervorgegangen war, breitete sich im 12. Jahrhundert so stark aus, daß sie um 1200 13 Hospize in den Alpen besaß. Mitten im Zentralmassiv bot das Hospiz von Aubrac den Reisenden Unterkunft und bewaffneten Schutz. Aber nicht nur im Gebirge fand sich Gelegenheit, Menschen vor den Unbilden der Natur zu schützen. Auch der Wald blieb ein Ort der Angst und Gefahr, obwohl er von den Eremiten geheiligt und von den höfischen Epen idealisiert worden war. Wald bedeckte die Gebirgsketten, aber auch die Hoch- und Tiefebenen; Wald trennte die Bereiche von Sicherheit und Gefährdung ebenso scharf wie Grenzlinien Grundherrschaften und Königreiche voneinander schieden. Deshalb schlossen sich seit dem Ende des 11. Jahrhunderts in den Waldgebieten des alten Lotharingien, zwischen Schelde und Rhein, Mönche, Kanoniker und sogar Laien etwa in Afflingen, Flône, Arrouaise, Vicogne oder Saint-Inglevert zusammen, um wie in Burgund, im Limousin und im Maine Hilfsbedürftige und Reisende zu unterstützen.

Um andere natürliche Hindernisse wie etwa Flußläufe mit ihren tückischen Gefahren zu überwinden, genügte weder Hilfsbereitschaft noch die Anrufung des hl. Christophorus. Einen gewissen Fortschritt brachte das 12. Jahrhundert, als man mit dem Bau steinerner Brücken begann, wofür allerdings Geld und viel Geduld benötigt wurden. Die aus Laienkreisen hervorgegangene Initiative führte zur Bildung von Vereinigungen, zunächst von Bruderschaften und dann von Kongregationen, die weitgehend den traditionellen Mönchsorden glichen. Von der Mitte des 12. Jahrhunderts an breiteten sie sich vor allem in Südwesteuropa aus, wo die Flußläufe besonders gefahrenträchtig sind. Unvergeßlich bleibt das Verdienst des hl. Domingo de la Calzada – er starb zu Beginn des 12. Jahrhunderts – um den Übergang über den Aragon. Zur Legende wurde die Brücke der Brückenbrüder über die Rhone. Das Epos vom kleinen Hirten Bénézet beginnt mit einer Vision im Jahre 1178; es folgt eine Ansprache an das Volk anläßlich einer Sonnenfinsternis, die mißtrauische Haltung des Bischofs und schließlich ein Wunder: Der zwölfjährige Knabe schleudert einen Felsblock in die Rhone, der den Grundstein der Brücke von Avignon bildet, die innerhalb von elf Jahren von einer Bruderschaft von Männern und Frauen, der *Maison de l'oeuvre du pont du Rhône*, erbaut wurde. Diese fromme Bruderschaft, die von Bischof und Papst mit Ablaßprivilegien ausgestattet wurde, verdankte also ihre Entstehung der Initiative eines Armen. Sie sammelte Spenden, unterstützte die Bettler und baute die bei der Brücke errichtete einfache Unterkunft für Arme, Pilger und Reisende später zu einem festen Hospiz aus. Die Wohltätigkeit der Brüder und Schwestern der Brückenbruderschaft von Avignon wurde zu Recht in einem berühmten Chanson zum unvergeßlichen Bestandteil des französischen Liedguts.

Übergänge über die Rhone schufen auch andere Bruderschaften, so von 1180 an in Lyon; eine Brücke über die Durance führte bezeichnenderweise 1189 sogar zur Änderung eines Ortsnamens, aus Maupas (schlechter Übergang) wurde Bonpas. Nach diesem Beispiel verfuhren im darauffolgenden Jahrhundert die Einwohner von Saint-Saturnin-du-Port, zwischen Avignon und Lyon, die ihren Ort in Pont-Saint-Esprit umbenannten.

Wie in anderen Bereichen bedeutete damit die zweite Hälfte des 12. Jahrhunderts auch für die Armenfürsorge eine Periode der Veränderungen und Neuerungen. Während einige ältere Kanonikerkapitel die Fürsorge nicht mehr als wesentlichen Ausdruck ihres geistigen Selbstverständnisses betrachteten, während manche Hospize wie etwa 1175 in Vercelli zu reinen Präbenden wurden, entstanden aus Laieninitiativen in den Städten fromme Bruderschaften, woraus im Laufe der Zeit in einigen Fällen mit Regeln ausgestattete Kongregationen erwuchsen. Berühmt wurde z. B. die Bruderschaft des Guido von Montpellier, die Hospitaliter zum Hl. Geist, die er um 1160 zur Betreuung von Armen, Kranken und ausgesetzten Kindern gründete. Der neue Orden lebte nach der Regel des hl. Augustinus, erhielt die Approbation des Bischofs von Maguelonne und besaß am Ende des Jahrhunderts sogar zwei Niederlassungen in Rom, eine davon bei Sa. Maria in Sassia. 1198 empfahl Innozenz III. die Kongregation vom Hl. Geist allen Bischöfen, Montpellier bestimmte er zum Hauptsitz; sechs Jahre später überließ er dem Orden das ungenutzte Gebäude der ehemaligen Schola Saxorum zur Aufnahme ausgesetzter Kleinkinder, die ansonsten nur allzu oft von alleinstehenden Müttern in den Tiber geworfen wurden. Das Hospiz besteht noch heute. Bedenkt man, daß dies zu eben der Zeit geschah, als die Predigten des Foulques de Neuilly die Armen faszinierten, dann läßt sich das Ausmaß der Not um 1200 wenigstens erahnen.

Die Ernte reifte überall zur gleichen Zeit. Die Zeitgenossen sahen darin ein Gemisch aus Unkraut und gutem Getreide. Zwar darf man die Katharerbewegung nicht als Reaktion der Caritas auf die Entwicklung der Armut mißverstehen; aber die enge Verbindung zwischen praktizierter Armut und der Sehnsucht nach Reinheit belegt doch zweifellos, daß die Bestrebungen eines Waldes und die orthodoxen Bewegungen aus denselben Quellen schöpften. So gleichen sich denn auch die Zielsetzungen der Bruderschaften und Orden, der Heiliggeistbrüder, der Antoniter und der Hospitaliter.

Die Entstehungsgeschichte der Antonianer – oder Antoniter, um sie vom gleichnamigen Orden des Orients zu unterscheiden – verlief sehr widersprüchlich und ist von zahlreichen Legenden umwoben. Fest steht jedoch, daß an der Pilgerstraße, auf der die Kranken die Heilung vom sog. Antoniusfeuer erflehten, in La-Motte-Saint-Didier im Viennois ein um 1150 gegründetes Hospiz von Laien unterhalten wurde; das Hospizsiegel von 1198 nennt die Armen ausdrücklich (*sigillum pauperum*). 1210 verurteilte Innozenz III. die Almosensammler von Saint-Antoine scharf wegen Mißbrauchs und Veruntreuung. Doch zogen die Wunderheilungen des großen Heiligen weiterhin zahllose Kranke von weither an; der Bericht über die Wallfahrt Hugo des Kartäusers, des Bischofs von Lincoln, im Jahre 1200 entwirft ein in seiner Grauenhaftigkeit packendes und insgesamt – allen Einwänden der Textkritik zum Trotz – doch glaubhaftes Bild.[44] Von der zweiten Hälfte des 12. Jahrhunderts an stieg mit dem Ansehen des Hauses die Zahl der Brüder und Schwestern erheblich; um 1200 dienten sie den Kranken in zahlreichen Hospizen, von Lons-le-Saunier über Lyon und Le Forez bis Gap; allein in der Dauphiné unterhielten sie acht oder neun Häuser.

Zur gleichen Zeit widmete sich der Johanniterorden noch sowohl militärischen als auch karitativen Aufgaben. Offensichtlich jedoch nicht ohne Schwierigkeiten; denn Alexander III. ermahnte den Orden, unter dem Vorwand des Krieges im Heiligen Land den Dienst an den Armen nicht zu vergessen. Die 1182 reformierte Ordensregel enthält feierliche Ermahnungen und ausführliche Vorschriften über den ,,Nutzen der kranken Armen". Zwar konzentrierte der Orden seine Tätigkeit im wesentlichen auf den heiligen Krieg im Orient; aber seine weite Verbreitung im Westen führte dazu, daß zahlreiche Hospize, auch die des Ordens vom Hl. Geist, die Johanniterstatuten als Regel übernahmen. Auch die von den Johannitern entlehnte Formulierung ,,unsere Herren Kranken" wurde in fast allen Hospizen üblich.

Der Bedarf an Hospizen war so stark angewachsen, daß auch der Orden vom Hl. Grab neben seinen ursprünglichen Aufgaben die Versorgung kranker Armer und Pilger übernahm und zu diesem Zweck in ganz Westeuropa und besonders entlang der Pilgerstraßen zahlreiche Schenkungen erhielt.

Selbst ein knapp gefaßter Überblick über die zur Armenfürsorge gegründeten Orden und Bruderschaften bliebe unvollständig, wollte man diejenigen Orden unerwähnt lassen, die sich vorwiegend dem Freikauf von Gefangenen widmeten. Diese unselige Problematik war nicht neu; sie war im Gegenteil den südeuropäischen Ländern, die unmittelbar mit dem Islam in Berührung kamen, wohl vertraut. Bezeichnenderweise ist die Mehrzahl der im Schwarzen Buch von Coimbra verzeichneten Schenkungen und Vermächtnisse vom Ende des 11. Jahrhunderts an für die Gefangenen bestimmt. Im 12. Jahrhundert wurden diese Schenkungen den Bruderschaften und Ritterorden, den Johannitern und den Rittern vom Hl. Grab anvertraut. Am Ende des 12. Jahrhunderts entstanden Orden ausschließlich zu diesem Zweck. Der Legende um Felix von Valois kommt wenig Bedeutung zu; vielmehr war es der hl. Johann von Matha, ein Provenzale – seine Schüler nannten sich auch Mathuriner –, der den *Ordo SS. Trinitatis de redemptione captivorum* gründete, einen Ritterorden, dessen Mitglieder sich sowohl zur Versorgung kranker Armer als auch zum Freikauf von Gefangenen aus der Hand der Sarazenen verpflichten mußten. Dazu sollten sie in der ganzen Christenheit Spenden sammeln und dann ohne Zögern mit den Ungläubigen über Lösegelder verhandeln; neben den drei traditionellen Mönchsgelübden legten sie noch ein weiteres ab, womit sie sich verpflichteten, für die Freiheit von Gefangenen, für die sie das Lösegeld nicht aufbringen könnten, gegebenenfalls mit ihrer persönlichen Freiheit einzustehen. 1198 bestätigte Innozenz III. die Ordensregel. 1180 war in Spanien auf Betreiben des Königs Alfons II. mit Billigung Alexanders III. ein Erlöserorden zum Zweck des Gefangenenfreikaufs gegründet worden; einer seiner Nachfolger auf dem Thron von Aragon schuf etwa 40 Jahre später zusammen mit dem aus dem Languedoc stammenden hl. Petrus Nolaskus einen halb geistlichen, halb ritterlichen Orden, dessen Name – Mercedarier bzw. *Ordo B. Mariae Virginis de mercede redemptionis captivorum* – seinen Hauptzweck deutlich benennt.

Schließlich begnügten sich die Laien nicht mehr damit, die Ausübung der Werke der Barmherzigkeit den Klerikern und Mönchen zu überlassen. Von der Mitte des 12. Jahrhunderts an übernahmen sie diese Aufgabe meist selbst, wandten sie sich an die Armen unmittelbar. Die Ausdehnung des Geldverkehrs ermöglichte es einem größeren Kreis von Laien, vor allem der neu entstehenden Kaufleuteschicht, mit der großzügigen Wohltätigkeit des Adels und der Klöster zu konkurrieren. Aber wirtschaftliche Gründe allein reichen zur Erklärung dieser Entwicklung nicht aus. Kommt nicht doch ein gewisses Mißtrauen darin zum Ausdruck, daß die Laien den Mönchen die Verteilung ihrer Spenden entzogen? Hofften sie etwa auf bessere Absicherung ihres Seelenheils durch unmittelbare Hinwendung zu den Armen? Trifft dies zu, so darf man diese Haltung sicher auf eine tiefere Reflexion der Armut und der moralischen und geistigen Stellung der Armen in der Gesellschaft zurückführen. Die Tendenz, eine persönliche Beziehung zwischen Wohltäter und Empfänger herzustellen, war außerdem indirekt durch die Klöster gefördert worden. In Cluny z. B. bemühten sich die Mönche, manchen Stiftern je einen Armen zuzuweisen, den sie im Namen des Klosters auf Lebenszeit mit Kleidung und Nahrung versorgen sollten.[45]

Neu war weniger die Form der karitativen Tätigkeit der Laien, sondern eher die zunehmende Vielfalt der Stifter. Nach wie vor war das unmittelbar oder zur allgemeinen Verteilung gespendete Almosen im ursprünglichen Sinne des Wortes am gebräuchlichsten. Daß nur wenige testamentarische Stiftungen bekannt sind, mag an der mangelhaften Überlieferung liegen, obwohl ja in den nordfranzösischen Städten die Schiedsgerichtsbarkeit der Schöffen und im Süden das Notarwesen zunehmend an Bedeutung gewannen; immerhin führte der Einfluß des römischen Rechts auf die alltäglichen Rechtsgeschäfte dazu, daß die karitativen Absichten des Testierenden eindeutig und klar formuliert wurden. Der Begriff *eleemosyna* bezeichnet selbstverständlich nach wie vor Gaben, die für wohltätige Zwecke bestimmt sind; aber ganz präzise Bezeichnungen benutzen die Stifter in ihrer reichlich egozentrischen Sorge um das eigene Seelenheil in bezug auf die Empfänger. Erwähnt werden täglich bettelnde Arme, heiratsfähige Jungfrauen ohne Mitgift, Kranke, Leprosen und Gefangene. Zwar blieb die Liste der Werke der Barmherzigkeit unverändert, aber ihre Durchführung führte von diesem Zeitpunkt an zu zahlreichen Gründungen von Hospizen und anderen Stiftungen, wozu die gesamte Gesellschaft ihren Beitrag leistete.

Alle gesellschaftlichen Schichten entfachten großen Eifer. Die Wohltätigkeit der Fürsten und Könige ist in einem Bereich zwischen kirchlicher und privater Fürsorge einzuordnen, fällt doch den Inhabern der weltlichen Gewalt, besonders wenn sie geweiht sind, eine doppelte Aufgabe zu, nämlich sowohl Gerechtigkeit als auch Nächstenliebe zu üben. So ordnet sich die Wohltätigkeit eines Ludwig VII. oder eines Philipp August in eine Tradition ein, die von der Frömmigkeit König Roberts bis zur Heiligkeit Ludwigs IX. reicht. 1152 errichtete Ludwig VII. zu Ehren Sugers am Kloster Argenteuil eine Stiftung, die jährlich 300 Armen eine Zuteilung sicherte. Sein Sohn unterstützte großzügig Leprosenhäuser, aber auch zahlreiche Hospize auf den königlichen Domänen, so in Meaux, Noyon und Senlis. Diese Hospize wurden von der königlichen *Aumônerie* finanziert, deren Errichtung vermutlich 1190 zu datieren ist. Während der großen Hungersnöte am Ende des Jahrhunderts ergriff der König außergewöhnliche Maßnahmen; nach dem Bericht seines Biographen Rigord ließ er 1195 großzügige Spenden aus seinen eigenen Einkünften verteilen; den Prälaten und der gesamten Bevölkerung befahl er, seinem Beispiel zu folgen. Auch Graf Philipp von Flandern half zu dieser Zeit der notleidenden Bevölkerung und folgte damit dem Vorbild Karls des Guten, der seinen Beinamen seiner tatkräftigen Unterstützung der Notleidenden bei der großen Hungersnot von 1126 verdankt. 1199 bedachte der Herr von Ferrara, ein Escelini, großzügig 18 wohltätige Einrichtungen seiner Stadt in seinem

Testament. Alfons IX. der Edle gründete zum Dank für seinen Sieg bei Alarcos (1195) das königliche Hospiz in Burgos.

Doch enthalten die Berichte der Chronisten auch Elemente der Hagiographie und der Legende. Orderic Vital hatte Königin Mathilde als Trösterin der Armen gefeiert; aber die volkstümliche Überlieferung berichtete über ihren ersten Gatten, Kaiser Heinrich V., er sei inmitten kranker Armer im Hospiz von Angers eines erbaulichen Todes gestorben. In Wirklichkeit starb Heinrich V. im Jahre 1125, während das Hospiz Saint-Jean erst 1180 von Heinrich II., König von England, einem Sohn Mathildes aus zweiter Ehe, gegründet wurde. Er setzte damit die Fürsorgetätigkeit seines Vaters Gottfried Plantagenet fort, der zahlreiche Leprosenhäuser gestiftet hatte. Heinrich II. gründete noch viele Hospize, nicht nur in Angers, sondern auch in Le Mans (Coëffort), in La Flèche, Saumur, Baugé und Fontevraud. Bei seinem Begräbnis 1190 jedoch warteten 4000 Arme an der Brücke von Fontevraud vergeblich auf Almosen; wie Guillaume le Maréchal berichtet, mußte man sie wegen Geldmangels wegschicken.

Unter den wohltätigen Laien aus Adelskreisen tat sich besonders das Haus Blois-Champagne hervor, und zwar durch seine Stiftungen in Les Montils bei Blois und in den Messestädten Provins und Bar-sur-Seine. Das Haus Burgund stiftete die Charité in Dijon; besonderen Eifer entwickelten auch das Haus Lothringen sowie die Grafen von Toul und von Verdun. Die lothringischen Herren begnügten sich nicht mit frommen Stiftungen, sondern sie achteten auch strikt darauf, daß die Amtleute die Armen tatsächlich beschützten.

Die karitative Tätigkeit der Fürsten unterschied sich von der des Kleinadels lediglich im Umfang. Allerdings erscheint es angebracht, dieses Bild allgemeiner Wohltätigkeit differenziert zu betrachten. Die höfische Literatur überhöhte das Almosen zur Heldentat; der beschenkte Arme diente nur dazu, den Helden vorteilhaft ins Bild zu setzen. Selbstgefällige Eigendarstellung findet sich auch in den testamentarischen Stiftungen; schließlich galt es, die gesellschaftliche Stellung auch im Tod zu bewahren. Aber die Anzahl der Almosenempfänger und der Armen, die bei den Beisetzungsfeierlichkeiten mit Spenden bedacht werden, kann auch mit dem Ausmaß der Reue zusammenhängen, die der Erblasser zum Ausdruck bringt. Da das ewige Heil gefährdet ist, wenn man sich Kirchengüter oder den Besitz der Armen mit Gewalt aneignet, benutzt man das Testament, um zurückzugeben, zu spenden, man errichtet Gnadenkreuze, an die sich jene Unglücklichen klammern, die den Schutz des kirchlichen Asylrechts erflehen. In den Testamenten nimmt die Darlegung der Motive einen immer breiteren Raum ein. Zwar kommt am Rande des Grabes die Reue über „die Gewalt, welche die Ritter den Armen beständig antun", reichlich spät, niemals aber zu spät kommt die bewegende Erkenntnis, daß vor dem Tod alle Menschen gleich sind, dem Tod, der „mit demselben Fuß die Türme der Könige wie die Hütten der Armen umstößt."

Auch nichtadelige Laien beteiligten sich an dieser Entwicklung, die man als Wachablösung des Mönchtums bezeichnen könnte. Sie übernahmen den Bau und die Unterhaltung der im 12. Jahrhundert immer zahlreicheren wohltätigen Einrichtungen. Auf dem Lande unterstützten von alters her die Pfarreien in Not geratene Menschen; aber nun entstanden auch hier zahlreiche Bruderschaften. Von dieser Zeit an entstanden in vielen Dörfern Armenhäuser und Krankenunterkünfte. Die Ausbreitung der Lepra stellte die Obrigkeiten vor schwierige Probleme im Bereich der öffentlichen Ordnung und des Gesundheitswesens, woraus sich erklärt, weshalb die meisten Leprosenhäuser grundherrschaftlichen Ursprungs sind. Armenhäuser dagegen entstanden oft auf Initiative der Gläubigen, ja um 1200 galt in Frankreich wie in England die Armenfürsorge ganz selbstverständlich als Aufgabe der Bruderschaften, Armentafeln oder Armenkassen. So existierten z. B. in drei zu St. Peter in Chartres gehörigen Gemeinden bereits zu Beginn des 12. Jahrhunderts fromme Bruderschaften, die jeweils ein Haus (*domus fraternitatis*) für fromme und wohltätige Zwecke besaßen. Aus einem im 13. Jahrhundert ausgebrochenen Streit zwischen den Mönchen von Bergues-Saint-Winnoc und den Fischern vor Mardijk geht hervor, daß im Jahre 1209 die Einwohner dieses kleinen flämischen Hafens selbst den Zehnten einzogen, ein Drittel für die Armen einbehielten und die Verteilung selbst übernahmen. Auch gab es in Gebirgsgegenden – im Tarentaise von 1175 bis zur französischen Revolution – den Brauch, das sogenannte Maibrot an die Armen zu verteilen, d. h. sie in der schwierigen Zeit vor der neuen Ernte zu unterstützen. Die Reihe solcher Belege ließe sich noch lange fortsetzen; festzuhalten bleibt, daß im städtischen Bereich die individuelle und kollektive Wohltätigkeit der Laien eine neue, bislang nicht gekannte Intensität erreichte.

Infolgedessen nahm vor allem in den Städten und in deren Umland, wo die meisten Armen lebten, die Anzahl der kleinen Hospize beträchtlich zu. Für die städtisch-bürgerliche Armenfürsorge liefern die am stärksten urbanisierten Regionen Europas, der Mittelmeerraum und die Niederlande, zwar nicht die einzigen, aber doch die meisten Belege. Als besonders nachahmenswertes Vorbild galt der 1150 in Cambrai verstorbene Werimbold. Er war durch Wucher reich geworden und pflegte einen verschwenderischen Lebensstil in einem wunderschönen Haus aus Stein und Holz, zu dem zahlreiche Nebengebäude gehörten. Seine Frau aber unterstützte die Armen. Als sie starb, zog er sich mit seinen vier Kindern in ein Kloster zurück; er spendete reichlich Almosen, unterhielt 25 Bedürftige am Kloster Saint-Hubert, trug den Unterhalt für eine Brücke und machte eine Schenkung an ein Hospiz. Nachdem er sein gesamtes Vermögen verschenkt hatte, beendete er sein Leben im Dienst der Armen und mitten unter ihnen. Die Identifizierung mit den Armen, die Werimbold ein halbes Jahrhundert vor Franz von Assisi anstrebte, entsprach sicher nicht dem Lebensziel der meisten Menschen. Im Gegenteil, einige versuchten lediglich deshalb mit der Freigebigkeit des Adels zu konkurrieren, um an ihrem Lebensende ein zweifaches Ziel zu erreichen, nämlich den sozialen Aufstieg und die moralische Rechtfertigung ihrer geschäftlichen Erfolge. Meist jedoch kennzeichnet weder ausschließlich das Streben nach Selbstaufgabe noch die pure Berechnung die Wohltätigkeit der Bürger. Es sei nur auf das Beispiel des Alard de Chimay und seiner Frau verwiesen, die in Reims ein der hl. Maria Magdalena geweihtes Armenhospiz gründeten. Unter dem Patrozinium dieser Heiligen stand im 12. Jahrhundert (1106) auch das älteste bekannte Leprosenhaus im Artois. Noch weniger ostentativ war die Adoption ausgesetzter Säuglinge, die Ausstattung armer Jungfrauen mit einer Mitgift oder die einfache Schenkung an karitative Einrichtungen. Leider gibt es aus dieser Zeit nur wenige bürgerliche Testamente, aber diejenigen, die z. B. aus Nivelles, Brüssel, Angers, Toulouse oder Arles überliefert sind, tendieren doch dazu, den Zweck der Stiftung genau festzulegen.

In der Armenfürsorge der Laien spielten die Frauen eine wichtige Rolle. Erwähnt wurde bereits Ermengard, die Gräfin der Bretagne, die Schülerin Robert von Arbrissels. Die Lebensweise, die er ihr vorschlug („Seid barmherzig zu den Armen, besonders zu den Allerärmsten"), könnte auch für jene *matrona* Richildis, eine zur gleichen Zeit in Brüssel lebende Bürgersfrau, zutreffen, die bei St. Gundula ein *domus hospitalitatis* gründete.

Neben der Wohltätigkeit einzelner steht die Fürsorgetätigkeit von Gruppen. Bruderschaften entstanden im 12. Jahrhundert zunächst als Zusammenschlüsse zur gegenseitigen Unterstützung, und zwar sowohl im materiellen als auch im geistigen Sinne; sie bildeten anfangs geschlossene Zirkel, deren Hilfstätigkeit sich auf die Mitglieder der Vereinigung beschränkte, höchstens ein geringes Almosen wurde den Armen der Stadt einmal im Jahr zur Verfügung gestellt. Freigebigere Bruderschaften gab es zu dieser Zeit bereits im Anjou. Die Bruderschaft von Château-Gontier unterhielt ein Armenhaus, Bruderschaften in Angers und La Flèche jeweils ein Leprosenhaus. In Béthunes existiert noch heutzutage die 1187 gegründete Bruderschaft der *Charitables de Saint-Eloi*, die sich die Beisetzung und das Gebet für verstorbene Mitbrüder und Arme zum Ziel setzte. Durch den Einfluß italienischer Bruderschaften waren solche Zusammenschlüsse in Südfrankreich mindestens so stark ausgeprägt wie im Norden, ja in den Städten des Languedoc und der Provence sogar schon sehr früh. Als Beispiel sei die Bruderschaft von Saint-Nicolas in Millau erwähnt, die wie viele andere seit 1182 jährlich zweimal Almosen an Notleidende verteilte. Im spanischen Zamora ließen die Kaufleute bei einer Brücke ein Haus „zum Gebrauch der Armen" errichten, 1167 erlaubte der Bischof, daß daneben eine Kirche erbaut wurde.

Der Druck der Armut war so groß geworden, daß neben einzelnen und Gruppen auch die kommunalen Körperschaften Fürsorgemaßnahmen ergreifen mußten. Bereits im 12. Jahrhundert begannen die Kommunen die

Einrichtung und Führung von Hilfsinstitutionen zu kontrollieren, verständlicherweise wegen der öffentlichen Ordnung und der Hygiene als erste die Leprosenhäuser, und dies natürlich am frühesten in den urbanisierten Regionen. Aus den zahlreichen Belegen seien hier nur zwei herausgegriffen: Die Bürger von Huy bei Lüttich – hier wie in fast allen Bereichen standen sie an der Spitze des städtischen Fortschritts – beteiligten sich an der Verwaltung der Güter des Hospitals der *Grands Malades*. Im Jahre 1179 erinnerte der Bischof von Metz den Stadtrat mit folgenden Worten an seine Pflicht: „Der Bürgermeister hat dafür zu sorgen, daß die Rechte der Witwen und Waisen, der Armen wie der Reichen gewahrt werden." In Deutschland entstand das bürgerliche Spital in der zweiten Hälfte des 12. Jahrhunderts.

Das Stadtrecht von Châteaudun, das auf das Recht von Lorris zurückgeht, sah vor, daß die Armen, die ihr Recht verletzt glaubten, sich an das Schiedsgericht des Rates wenden konnten. In Narbonne wurden 1177 *probi homines* beauftragt, die Rechtsakte bezüglich der Armenfürsorge zu überprüfen und die Auswahl des dafür eingesetzten Personals zu überwachen. Bereits diese Beispiele belegen, daß die Stadtverwaltungen die Fürsorgeeinrichtungen streng überwachten.

Alle karitativen Einrichtungen namentlich zu erfassen oder auf einer Karte zu verzeichnen, ist unmöglich; deshalb wollen wir es bei einem Überblick bewenden lassen. Erstellte man eine Karte, ergäben sich nur wenige leere Stellen. Natürlich nimmt die Dichte in stark besiedelten Gebieten zu, aber auch in unzugänglichen Regionen wie im Gebirge gab es, wie oben dargelegt, relativ viele Hospize entlang der Verkehrswege. Erwähnt wurde ebenfalls bereits die Bedeutung der Hospize in den Pyrenäen und in den Alpen sowie die frühzeitige Ausbildung der Armenfürsorge im Anjou. In Paris entstand neben dem alten Hôtel-Dieu, dessen Lage seit dem Hochmittelalter unverändert blieb, das Hospiz Saint-Gervais im Jahre 1171, gegen 1186 Sainte-Catherine, wo junge Frauen aufgenommen wurden, und in der Rue Saint-Denis das Dreifaltigkeitshospiz, das 1202 von Bürgern für Pilger, die auf dem Weg nach Compostela waren, gestiftet wurde; nicht zu vergessen die Leprosenhäuser, die fast einen Kranz um die Hauptstadt bildeten, sowie die großen Hospize der wichtigsten Städte im Kronland, in Pontoise, Compiègne, Soissons, Beauvais, Laon, Reims und Noyon. In Chartres kamen zur Stiftung Notre-Dame eine ehemalige Synagoge, die 1179 in ein Hospiz umgewandelt wurde, und ein Leprosenhaus, das wie so oft der hl. Maria Magdalena geweiht war. Im heutigen Ostfrankreich gab es große Hospize in Nancy, Metz, Toul und Verdun.

Auch in Aquitanien konzentrierten sich die karitativen Einrichtungen um die Städte. Zu Beginn des 13. Jahrhunderts zählte man in Toulouse, wo seit 1184 zahlreiche Einrichtungen gegründet worden waren, zwölf Hospize und sieben Leprosenhäuser. In Narbonne kamen zu den fünf aus dem

12. Jahrhundert stammenden Gründungen drei neue hinzu, die zwischen dem Stadtzentrum und den Vororten lagen, ganz abgesehen von der *Charité des Blancs* und dem *Oeuvre des suaires des pauvres de la cité*. Trotz der dünnen Besiedelung kam es am Ende des 12. Jahrhunderts im Rouergue zu einer regelrechten Gründungswelle: Zu den fünf großen Hospizgründungen seit 1100, vor allem in Aubrac (1120), Saint-Antonin (1163) und Millau (1164), kamen zwischen 1179 und 1200 fünf weitere hinzu, und zwar jeweils während einer großen Hungersnot und manchmal sogar an Orten, die bereits ein Hospiz besaßen, wie in Rodez, wo 1170 nach einem Friedensschluß Sainte-Marie-du-Las gegründet wurde, und in Millau (Saint-Esprit, Saint-Antoine und Saint-Jacques).

Im gesamten christlichen Europa wurden alte Hospize weitergeführt oder neue errichtet, in den Bischofsstädten ebenso wie in den Reichsstädten, in England (Rochester 1194, Winchester 1215), in Spanien (Barcelona, Tarragona und Burgos) und in Portugal (Coimbra).

In Italien entwickelte sich das Hospizwesen sehr frühzeitig und parallel zur Stadtentwicklung; ferner weisen hier die Hospize eine andernorts selten erreichte Spezialisierung auf. Bereits 1168 nahm das Hospiz Brolo in Mailand ausschließlich Findelkinder auf, ebenso wie das Hospiz Borgo S. Spirito in Rom. Zum Vergleich sei auch darauf hingewiesen, daß die vor 1220 mit nur wenigen Hospizen ausgestattete Region Latium bereits Xenodochien bei Kirchen, Kathedralen und Kollegiatsstiften besaß, außerdem kleine Laienbruderschaften von Männern und Frauen sowie eine ganze Reihe von Leprosenhäusern, allein acht im Süden der Region.

Das von Jacques de Vitry um 1223-1225 in seiner *Historia occidentalis*[46] beschriebene Bild erhält vor diesem Hintergrund eine besondere Bedeutung. Er war Kanoniker in Oignies bei Lüttich, Legat im Orient, Bischof von Akkon und schließlich Kardinal, ein Mann also mit reicher Erfahrung. Er kannte und benannte die Menschengruppen, die die Hospize aufsuchten: Arme, Kranke, *pusillanimes*, Geisteskranke, Elende, Weinende, Hungernde und Leprosen, und sie alle bezeichnet er als *pauperes Christi*. Diejenigen, die diese Menschen pflegen, lobt er zwar nicht uneingeschränkt, aber man braucht, so sagt er, den „Mut eines Märtyrers, um angesichts des unerträglichen Schmutzes und Gestankes der Armen seinen Widerwillen zu überwinden." Er weiß, daß es Arme und Kranke überall gibt, und sorgfältig wählt er die Hospize aus, die er erwähnt, vom damals noch lateinischen Konstantinopel über Spanien bis Lüttich, Rom und Paris. Jacques de Vitry könnte einen Ausspruch seines Mitbruders Eudes de Châteauroux übernehmen, den dieser über Notre Dame von Paris formuliert hat, und er könnte ihn unverändert auf die Armenhospize anwenden, daß nämlich der Bau zum großen Teil „den Spenden alter Frauen" zu verdanken sei. Im Pariser Kapitel war Jacques de Vitry von Petrus Cantor unterrichtet worden, der die Armen stets besonders umsorgt hatte. Er war Augenzeuge der Notzeit von 1194 bis 1200, er hatte zugehört, wie Foulques de Neuilly den Prostituierten Mut zusprach. Das Elend der Armen bedeutete für ihn etwas Lebendiges und eine geistige Herausforderung, für ihn und für viele andere, aber keineswegs für alle.

2. Eine Theologie der Armut

Jacques de Vitry stand vor einem Problem, das ganze Generationen zu lösen versuchten, nämlich die soziale Integration der Armen. Es genügte nämlich nicht mehr, die Armenfürsorge zu erneuern und weiterzuentwikkeln. Mit bis dahin unerhörter Lautstärke hatten sich die Armen selbst zu Wort gemeldet; sie hatten die *Capuchonnés* erlebt und die Forderungen William Longbeards übernommen. Durch Hunger und Not waren sie sehr zahlreich geworden in einer Zeit, als ihnen die Lockerung der feudalen Bindungen Mut verlieh und die Städte ihnen die Chance zu einem Neubeginn boten. Außerdem fand ihre Sache nicht nur Ermutigung, sondern auch handfeste Unterstützung. Die Goliarden, kirchenfeindliche Kleriker und Scholaren, verachteten die Landbewohner zwar und beschimpften sie als ungehobelte Lügner und verächtliche Taugenichtse, aber insgesamt griffen sie doch die bestehende Gesellschaftsordnung an und verlangten sozusagen die Erhöhung der Kleinen. Auch besteht eine gewisse Übereinstimmung zwischen der Sache der Armen und den genuin religiösen Bewegungen, etwa den Jüngern des Waldes, des Durand de Huesca oder den Humiliaten. Waldes erkannte seine Berufung, als er einem Spielmann zuhörte, der das Leben des hl. Alexis besang. Im Aussehen unterschieden sich die Vagabunden kaum von den Armutsfanatikern, wie Walter Map sie beschreibt: „Barfuß, mit Wolltuch bekleidet und ohne Gepäck." Ihren Lebensunterhalt verdienten zahlreiche Arme in Lyon, in Aragonien und der Lombardei mit der teilweise wenig geachteten Weberei, so daß manche Zeitgenossen die Begriffe Weber und Sektierer gleichsetzten. Ja für manche waren Armut und Häresie fast identisch. Der Zeitpunkt war gekommen, bzw. wieder einmal gekommen, über die Stellung des Armen nachzudenken.

Der soziale Aufstieg des Kaufmanns in einer Gesellschaft, deren Spitze bislang die Ritter eingenommen hatten, führte dazu, daß zwischen Habgier und Caritas das gleiche Verhältnis entstand wie zuvor zwischen Hochmut und Demut, ein Spannungsfeld, innerhalb dessen nichts einfach, nichts eindeutig ist. Die Konzentration der Armut in den Städten läßt es uns ganz selbstverständlich erscheinen, daß die Reflexion dieser Problematik in den städtischen Schulen einsetzte. Robert von Arbrissel hatte in Paris studiert und in Angers gelehrt; Odo von Tournai hatte in Orléans studiert und in Toul gelehrt, Alain von Lille und Petrus Cantor lehrten in Paris; unter dem Einfluß des Petrus Cantor standen Foulques de Neuilly, Jacques de Vitry und Raoul Ardent. Nicht zu vergessen Abaelard; Gerhoh von Reichersberg hatte in Augsburg gelehrt. Auf die Schulen von Bologna und Chartres werden wir später noch zurückkommen. Und ebenfalls in Städten sammelten Arnold von Brescia, Waldes, Franz von Assisi und Dominikus ihre ersten Erfahrungen. Die vom römischen Recht geprägte neue städtische Kultur bot das kritische Instrumentarium an, die traditionelle Theologie und das kanonische Recht lieferten die Prinzipien, und die Alltagserfahrung schließlich trug die Fakten bei und bewirkte eine Öffnung nach außen.

Gestützt auf ihre Alltagserfahrung und auf die christliche Lehre, suchten die Denker des 12. Jahrhunderts nach konkreten Lösungen. Ein Weg dazu führte über die Einführung von Kategorien zu einer Art Kasuistik der gelebten Armut und der Wohltätigkeit. Dabei fielen gelegentlich große Worte, wurden hehre Verpflichtungen angemahnt. Mit den Vorstellungen des 12. Jahrhunderts über die geistige Armut, die von Mönchen und Einsiedlern einzeln oder gemeinschaftlich verwirklicht wurden, wollen wir uns hier nicht beschäftigen; die zeitgenössischen Autoren unterscheiden sie sehr deutlich von jenen Armen, die uns hier vorwiegend interessieren, die Armen, die ihr Los nicht freiwillig wählten, die sich höchstens damit abfanden oder es widerwillig ertrugen, und endlich diejenigen, die sich dagegen auflehnten. Gerhoh von Reichersberg unterschied zwischen den unfreiwillig Armen wie Lazarus *(pauperes cum Lazaro)* und den freiwillig Armen, die die Armut nach dem Vorbild der Apostel auf sich nehmen *(pauperes cum Petro)*. Raoul Ardent bezeichnet nur die erste Kategorie als *pauperes*. Beide Arten von Armut vereinten im 12. Jahrhundert die Zisterzienserkonversen; diese Brüder trugen das Stigma niederer Herkunft und körperlicher Arbeit, welches sie mit der täglichen Askese in Geduld und Gebet verbanden; sie teilten mit den Armen Armut und Verachtung, mit Mönchen die Hingabe an Gott.

Doch blieb das Nachdenken über die Armut kein Monopol dieser neuen Stadtkultur, wenn es auch durch die Umstände angeregt und durch das städtische Millieu gefördert wurde. Da es sich nicht um ein rein intellektuelles Phänomen handelt, sondern zumindest in gleichem Maße religiös und affektiv geprägt ist, darf man es keineswegs ausschließlich auf rein wirtschaftliche Gründe zurückführen. Die Wurzeln lagen viel tiefer; in diesem Denken lebten vorwiegend sehr alte Strömungen und Traditionen wieder auf. Genau wie das 9. Jahrhundert nach fast einem Jahrtausend die *vita vere apostolica* neu entdeckt zu haben glaubte, so fand das 12. Jahrhundert durch die Vermittlung der *auctoritates* direkt oder indirekt zurück zu den klaren Formulierungen eines Augustinus, Ambrosius, Hieronymus, Isidor, Beda oder Gregors des Großen über die Pflichten der Reichen und die Rechte der Armen. Ja sogar die Schriften der griechischen Kirchenväter wurden herangezogen, natürlich Basilius, aber auch Johannes Chrysostomus. Neu und im Mittelalter relativ selten ist der Rekurs auf den Jakobusbrief; aber daß man gerade diese Schrift benutzt, die den Mißbrauch des Reichtums besonders scharf verurteilt, ist bezeichnend für die gesamte

Denkweise. Und das ist noch nicht alles: Nicht nur Kirchenväter und Bibeltexte wurden im 12. Jahrhundert zur Argumentation herangezogen, um Vergehen mit außergewöhnlicher Not zu entschuldigen oder gar zu rechtfertigen, sondern auch die Moralprinzipien antiker Autoren wie Cicero, Seneca, Horaz und Apuleius und sogar das Rhodische Seerecht.

Kanonistik und Theologie reflektierten über Caritas und Gerechtigkeit und unter diesen beiden Perspektiven über Arme und Reiche; etwa innerhalb eines Jahrhunderts steckten sie die beiderseitigen Rechte und Pflichten ab, wiesen sie dem Armen seinen Platz in der Nähe des Reichen zu.

Überflüssig, an dieser Stelle die ständig wiederholte Lehre der Kirchenväter über die Verpflichtung zum Almosen und dessen religiösen Wert zu wiederholen. Bekanntlich brachte Gratian, der mit vollen Händen aus den Lehren seiner Vorgänger schöpfte, Ordnung und Klarheit in ihr Erbe. Hinsichtlich der Wiedereinführung des Zehnten, des Erbteils der Armen, und der Wiedergutmachung des an ihnen begangenen Unrechts verfuhr Burchard von Worms nicht weniger streng als Hinkmar: ,,Diese Armen'', so sprach er zum Reichen, ,,sind deine Nachbarn und können sich nicht verteidigen.'' Genauso streng behandelte Ivo von Chartres denjenigen, der mit der Ernte der Armen spekulierte. Wurde die Verpflichtung zum Almosen dagegen positiv formuliert, dann begründeten die Autoren ihre Argumente juristisch, so etwa Petrus Lombardus in seinen Sentenzen oder auch so unterschiedliche Denker wie Abaelard[47] und der hl. Bernhard.

Sowohl in der natürlichen Weltordnung als auch in der religiösen Heilsökonomie wird den Armen oder zumindest einer bestimmten Art von Armen ein Platz in der Gesellschaft zuerkannt. Bereits im 11. Jahrhundert hatte Bischof Adalbero von Laon in seinem *Carmen ad Robertum regem* die Nützlichkeit der Unfreien beschrieben: ,,Sie sind es, die allen Nahrung und Kleidung liefern; denn kein freier Mann ist fähig, ohne sie zu leben.'' Ähnlich argumentierte Abbo von Fleury; er versicherte, daß durch ihre Arbeit ,,die gesamte Kirche unterhalten wird.'' Was bislang nur Allgemeinplatz war, nahm im Weltverständnis der Theologen des 12. Jahrhunderts konkrete Formen an. Sie zählten die sogenannten unfreien Arbeiten zu den mechanischen Künsten, die das Räderwerk der Welt in Gang halten, womit sie auch die wenig angesehenen Landarbeiter sowie die Wolle, Stein, Holz und Metall verarbeitenden Handwerker in die organisch gewachsenen Beziehungen einordneten, die durch die Moralgesetze und Gewohnheiten geregelt wurden. Diesen Gedanken griff Hugo von St. Viktor auf und benutzte ihn zur Rehabilitierung der Handwerker, in seinem methodologischen Werk *Didascalion* zählt er das Handwerk zu den Faktoren, die den technischen Fortschritt vorantreiben und die sozialen Beziehungen weiterentwickeln. Wie der menschliche Körper auf den Füßen ruht, so bilden für ihn die körperlich arbeitenden Menschen die Grundlage des *corpus sociale*, sie halten ihn im Gleichgewicht. Genauer noch formulierte dies Johann von Salisbury: ,,Das Fundament der *causa publica* wird unterspült, wenn

Bauern und Handwerker ungerecht behandelt werden." Die in Chartres entwickelte Analyse der Ständetheorie, nach der alle Menschen von Natur aus zu einem bestimmten Stand gehören, führte zu einem neuen Verständnis der Begriffe *conditio* und *status*, das der Vielfalt der sozialen Wirklichkeit gerechter wurde. Dies führte schließlich auch zu einer Weiterentwicklung der traditionellen Bewertung der „weltlichen Stände." Die Funktion der Bauern und Handwerker erlaubte ihre Integration in die soziale Hierarchie, wenn auch auf einer unteren Stufe.

Doch muß man zwischen *status* und *conditio* unterscheiden. Die *conditio* der Armen ist nach Jacques de Vitry dadurch gekennzeichnet, daß sie „ihren Lebensunterhalt mit ihrer Hände Arbeit verdienen, ihnen aber nichts übrig bleibt, wenn sie gegessen haben." Die Armut kann wie eine Krankheit Menschen aus allen gesellschaftlichen Schichten treffen, ohne daß sie dadurch die Zugehörigkeit zu ihrem Stand verlieren. Bedrohlich ist ihre Lage, weil sie meist ständig am Rande des Existenzminimums leben. Dies ist z. B. die Auffassung des Bischofs von Rennes, Etienne de Fougères, der in seinem um 1175–1180 verfaßten *Livre des Manières* zwar das Los der Armen beklagt und den Nutzen der körperlichen Arbeit lobt, gleichzeitig aber Menschen niederer Herkunft verachtet.

Mit einer solchen Konzeption ließen sich natürlich diejenigen Armen, die keine gesellschaftliche Aufgabe übernahmen, nicht in die gesellschaftlichen Strukturen einordnen. Entweder hatten sie sich freiwillig aus der Gesellschaftsordnung gelöst, oder sie waren daraus verstoßen worden. Der Bann der Gesellschaft traf sie nicht ihrer Armut wegen, sondern wegen ihrer Zugehörigkeit zu Randgruppen. Nur eine Wiedereingliederung konnte sie retten; aber in diesem Zusammenhang wird auch verständlich, daß die Bemühungen, die ein Jahrhundert zuvor Robert von Arbrissel oder Foulques de Neuilly ihretwegen auf sich genommen hatten, in den Augen vieler nur Tollheiten waren, die ebenso Anstoß erregten wie gesellschaftliche Verweigerung und Revolten.

Ganz anders wurde die Armut im religiösen Denken bewertet. Ihr wurde derselbe potentielle Wert wie jedem Leid zugemessen, und in diesem Fall entspricht der Wert genau der Funktion. So erlangte die Armut wieder einen gesicherten Platz in den Denkkategorien, ja sie erfuhr sogar eine gewisse Rechtfertigung: Armut kann nützlich sein, nützlich für den Armen, für den Reichen, und zwar als Weg zur Vollkommenheit. Armut im weitesten Sinne des Wortes vereinigte ihre Opfer gewissermaßen in einem religiös definierten „Stand", der allerdings nur unter dem Gesichtspunkt der Heilsökonomie und als Teilnahme an der Gemeinschaft der Heiligen verstanden wurde. So erwarb Armut eine soziale Dimension, die bislang den Reichen vorbehalten war. Und hier liegt wohl der Schlüssel zum Verständnis der Denk- und Verhaltensweisen des 12. Jahrhunderts gegenüber der Armut und den Armen.

Die meisten Autoren betrachten den Armen nur in bezug auf den Reichen; ausschließlich zu seinem Wohle scheint der Arme geschaffen und in die Welt gesetzt zu sein. Und zwar deshalb, weil – und das wird immer wieder wiederholt – es für den Reichen schwieriger ist, ins Paradies zu gelangen, als für ein Kamel, durch ein Nadelöhr zu schlüpfen. Die Werke der Barmherzigkeit bilden unter der allgemeinen Bezeichnung Almosen das Thema zahlreicher Abhandlungen, Briefe und Predigten. Die Rolle des Armen besteht in erster Linie im Empfangen, weil das Geben Pflicht ist. Damit bestätigt sich im Denken und Handeln des 12. Jahrhunderts eine jahrhundertealte Lehre. Aber Leitgedanken der Analyse, der Formulierung und der Weiterentwicklung sind die Caritas, die christliche Nächstenliebe, und die Gerechtigkeit.

Eine erste Grundidee, die alle Autoren aufnehmen, ist die natürliche Gleichheit des Armen und des Reichen, „die Gott aus demselben Lehm geformt hat und die die gleiche Erde trägt", so Ivo von Chartres. Dies stand keineswegs im Widerspruch zu der Auffassung von der hierarchischen Ordnung der Funktionen, aber es beinhaltete doch unausgesprochen eine weitere Grundidee, die zwar von den Kirchenvätern und den antiken Autoren übernommen, in dieser Formulierung aber doch neu für die Zeit war. Es handelte sich um den von der Natur gegebenen gemeinschaftlichen Besitz aller irdischen Güter: „Aufgrund des natürlichen Rechts ist allen alles gemeinsam," wiederholte und kommentierte Huguccio das von Gratian formulierte Axiom. Gerade der häufige Gebrauch der Begriffe *communicare*, *communicatio*, *communis* und *communicandus* als Ausdruck der Pflicht, die irdischen Güter zu teilen, charakterisiert die Denkgewohnheiten des 12. Jahrhunderts. Zu dieser Zeit fand die Bindung in die Solidargemeinschaft der Grundherrschaft ihre Fortsetzung in neuen Formen des Zusammenschlusses in Kommunen, Bruderschaften, Zünften und in den neu entstehenden Universitäten. Andererseits war die Theorie, daß von Natur aus alle irdischen Güter allen Menschen gleichermaßen gehören, in Verbindung mit dem Grundsatz, daß der Arme einen Anspruch auf den Überfluß des Reichen besitzt, durchaus vereinbar mit der feudalen Auffassung vom geteilten Eigentumsrecht. Die Unterscheidung zwischen *domaine éminent* und *domaine utile* (Eigenbesitz bzw. Allod und Lehen) implizierte die Auffassung, daß mehrere Berechtigte ein gewisses Anrecht an ein- und demselben Objekt besitzen könnten, woraus sich ohne größere Schwierigkeit die Vorstellung ableiten ließ, daß weltliche Güter sowohl Eigenbesitz als auch Gemeinbesitz darstellen konnten. So wird Besitz zur Nutznießung, der Besitzer erscheint eher in der Rolle desjenigen, der Güter zu verteilen hat, als in der Funktion des *dominus*, der uneingeschränkt im Guten wie im Bösen über seinen Besitz verfügen kann. Nach einer alten Tradition bezeichnete der Titel *Dispensator* den Bischof, der das Kirchengut, das Erbteil der Armen, verwaltete und der sie gegen die Habgier verteidigte. So rückte der Arme in die Position dessen, der darauf wartet und der einen Anspruch darauf hat, daß ihm gegenüber eine Pflicht erfüllt wird; als Gegenleistung ist er zum Gebet für den Wohltäter verpflichtet. Die Art, die Modalitäten, die Bedingungen und das Ausmaß der Wohltätigkeit wurden von den Autoren des 12. Jahrhunderts klar umrissen, die beiderseitigen Rechte und Pflichten genau definiert.

Solche Auffassungen wurden besonders gegen Ende des Jahrhunderts mit Nachdruck vertreten. Die Not und das Elend dieser Zeit hatten zahlreiche berühmte Autoren noch selbst erlebt, so Hilduin, Kanzler in Paris († 1197), Petrus Comestor, auch er Kanoniker in Paris († 1198), Raoul Ardent († 1200), Alain von Lille († 1203) und Huguccio, eine der Koryphäen der Schule von Bologna († 1210). Sie waren auch Augenzeugen des abenteuerlichen Unternehmens von Waldes und der Unternehmungen des Durand de Huesca. Für sie stellte die Armut in erster Linie ein seelsorgerliches Problem dar.

Die Verpflichtung zum Almosen galt für alle Menschen, sogar für die Armen untereinander. Als der hl. Bernhard vor Bauern predigte, forderte er sie auf, untereinander zu teilen und sich gegenseitig zu helfen. „Kein Amt, kein Geschlecht, kein Stand, kein Alter entbindet von der Pflicht zur Wohltätigkeit", schrieb Petrus Cantor, und er verurteilte Prälaten und Kleriker aller Stände, die mit ihren Verfehlungen „das Grab der Armen schaufeln."[48] Noch schärfer und härter äußerte sich Petrus von Blois in einem Brief an Raoul von Wanneville, Bischof von Lisieux und Kanzler des Königreichs England. Die große Hungersnot von 1194 hatte noch nicht begonnen, aber die Ernte ließ bereits auf sich warten; die Armen litten Hunger. Nach den gegenüber einem Bischof üblichen Begrüßungsformeln wendet sich der Erzdiakon an Raoul persönlich und in welch einem Ton!

„Der Herr hat dich eingesetzt, damit du das Salz der Erde seist; hüte dich davor, zum verdorbenen Salz zu werden, das man auf die Schwelle wirft, wo es zertreten wird... Du lieferst das geistliche Amt der Schande und Verachtung aus... Der Herr hat dir einen geraden Weg zum ewigen Heil gezeigt; denn schließlich bedroht eine schreckliche Hungersnot die Armen... Pauper Christi vicarius est... Öffne also dein Herz und deine Speicher, damit du nicht der ewigen Verdammnis verfällst... Bereits sind Tausende von Armen an Hunger und Not gestorben, und noch nicht auf einen einzigen hast du deine wohltätige Hand gelegt... Die Ernte verdirbt bereits auf den Feldern und du, du hast noch nicht einen einzigen Armen getröstet. Du hast zwar vor, deine Speicher zu öffnen, aber nicht um das Elend der Bedrängten zu lindern, sondern um teuer zu verkaufen... Andere Bischöfe haben sich verschuldet, um den Armen zu helfen. Du aber begnügst dich damit, Abgaben einzuziehen."[49] Der Arme gilt also als privilegierter Gläubiger, und jedermann muß ihm nach seinen Mitteln und seinem Stand helfen.

Einzigartig in seiner Tiefe und Differenziertheit ist das Denken des Raoul Ardent. In der ersten Hälfte des Jahrhunderts hatte ein Rupert von

Deutz zugeschriebener Traktat die Selbstaufgabe im persönlichen Almosen reichlich salbungsvoll dargestellt: ,,Das Schaf gibt den Starken sein Fleisch, seine Milch den Schwachen; es bedeckt die Nackten mit seinem Fell, und es entblößt sich, um die Frierenden zu wärmen."[50] Weit konkreter die Sprache Raouls; der von ihm geprägte und schwierig zu übersetzende Begriff *eleemosyna negotialis* wurde als verpflichtendes Almosen interpretiert. Dieses Almosen verpflichtet denjenigen, der gibt, und es begründet eine enge Bindung zwischen ihm und dem Empfänger. Ein solches Almosen impliziert die Selbstaufgabe im Dienste der Mitmenschen. Raoul zählt die verschiedenen Formen von Almosen auf und demonstriert damit die allen auferlegte Pflicht zur christlichen Nächstenliebe, indem er den Armen mit dem Gewissen des christlichen Individuums konfrontiert. Reich ist, wer Geld besitzt: Er soll den Notleidenden, den Witwen, den Waisen und den Jungfrauen ohne Mitgift helfen; er soll seinen Schuldnern Aufschub gewähren. Reich ist, wer Einfluß, Beredsamkeit oder Macht besitzt, wer Offizier, Verwalter, Richter oder Grundherr ist: Er soll Gerechtigkeit üben und den Armen nicht ausbeuten. Reich ist auch, wer über physische Kraft verfügt und Waffen trägt: Seine Aufgabe ist es, den Schwachen beizustehen und sie zu verteidigen. Reich ist, wer ein Handwerk beherrscht und es ausübt: Er soll dem Vorbild jenes Schusters folgen, der einen Tag in der Woche opferte, um unentgeltlich für die Armen zu arbeiten. Reich ist schließlich, wer über Wissen verfügt: Er soll es den Unwissenden zugute kommen lassen und ihnen mit seinem Rat zur Seite stehen. Gewiß war dies nichts vollständig Neues. Raoul konnte sich auf das biblische Gleichnis von den Talenten und auf die Mahnung des Paulus berufen, ,,allen alles" zu sein. Aber als anachronistisch kann man seine Gedankengänge keineswegs bezeichnen; denn die Forderung, den Armen einen Platz in der Gesellschaft einzuräumen, paßte genau in die Zeit. Sie war lediglich eine logische Folge der Forderungen nach Reinheit, Caritas und Gerechtigkeit, wie sie etwa die Waldenser, die Humiliaten und die Volksbewegungen sowie die armselige Anhängerschaft des Foulques de Neuilly und seiner Schüler erhoben hatten. Mit Raoul Ardent wird der Arme zum Objekt der Liebe.

Aber auf die Frage, ob man alle Arme ohne Unterschied unterstützen solle, fielen die Antworten unterschiedlich aus, wobei sich eine gewisse Steigerung feststellen läßt. Gerhoh von Reichersberg z. B. war sehr beeindruckt von der Not der ,,Masse" der ,,Armen, die mit Lazarus vor der Türe liegen", von der Not derjenigen, die feudaler Willkür zum Opfer gefallen waren – was er in deutlichen Worten in einem Brief an Heinrich den Löwen zum Ausdruck bringt –, sowie von der Not der obdachlosen Kranken. Petrus Cantor versichert zwar: ,,Kümmere dich nicht um die Person des Armen", aber eine gewisse Differenzierung erscheint ihm doch angebracht: *Vidi cui des.* Für ihn bedeutet es ein Sakrileg, das, was den Armen gehört, demjenigen zu geben, der nicht arm ist. Sogenannte falsche Arme drängten sich manchmal an die Stelle derer, die tatsächlich in Not waren, Komödianten, Spitzbuben und Gauner, die er in einer Lebendigkeit beschreibt, die durch eine Übersetzung nur verloren ginge: *„clamitant per plateas sub specie pauperum ... trivialiter se influentes, tremulosi et varias figuras aegrotantium induentes."*⁵¹ Neben solchen Betrügern erwähnt er auch falsche Prediger, die mit angeblichen Reliquien und gefälschten Papieren ausgestattet sind, halbe Gaukler und Taschenspieler; diese Leute geißelte auch Jacques de Vitry. Petrus von Blois hielt solche Unterscheidungen für weniger wichtig. Seiner Meinung nach kommt es nicht auf die Tugend oder die Lasterhaftigkeit des Notleidenden an, das Almosen kennt keine Grenzen. Der hl. Ambrosius hatte seinerzeit eine gewisse Rangfolge vorgeschlagen: Anspruch auf Fürsorge besaßen zunächst *parentes, socii* und *fratres,* dann erst andere Menschen. In einem fiktiven Dialog zwischen König Heinrich II. und dem Abt von Bonneval erwähnt Petrus von Blois eine Hierarchie der Wohltaten des Königs: Der König verwendet den größten Teil zur Befreiung des Hl. Landes; an zweiter Stelle folgt der Anteil der Armen, der Rest ist für Waisen und andere Notleidende bestimmt.

Schließlich wird gefordert, daß das, was den Armen gegeben wird, rein sei. Unrecht erworbenes Gut zu verschenken ist böse, und es darf als solches nicht angenommen werden. Diese einhellig vertretene Meinung formuliert Johann von Salisbury wie folgt: „Wer das verschenkt, was er den Armen gestohlen hat, gleicht dem, der seinen Bruder opfert."

Als Maß des Almosens bezeichnen alle Autoren den Überfluß, der wegen seiner Relativität allerdings schwierig zu bemessen ist. Immerhin verlangt Raoul von Ardent, daß mit dem Almosen ein gewisser Verzicht verbunden sein müsse.

Nicht nur im religiösen Denken, sondern auch in seinen Rechtsvorstellungen griff das 12. Jahrhundert auf den aus der patristischen Tradition stammenden Grundsatz zurück, daß die Armen einen Anspruch auf das Almosen besitzen. Nicht nur ihr Anrecht auf den Überfluß der Reichen, auf den vierten oder dritten Teil des Zehnten und auf die Kirchengüter wurde neu bestätigt, man begnügte sich auch nicht damit, Fürsten und Bischöfe an ihre besondere Schutzverpflichtung zu erinnern. Denn damit hätte man sich wiederum darauf beschränkt, den Standpunkt der Reichen einzunehmen und aus deren Perspektive ihre Pflichten aufzuzählen. Vielmehr stellte sich die Frage, ob die Armen legitimerweise ihre Rechte selbst einfordern dürften. Die Tradition räumte ihnen das Recht ein, gegen ungerechtfertigte Forderungen und gegen Gewaltanwendung an den Bischof zu appellieren, und zwar in der Form der biblischen Anklage *(dénonciation évangélique).* Da sie jedoch keinen einklagbaren, sondern nur einen moralischen Anspruch auf den Überfluß der Reichen besaßen, hatte dieser Rekurs an den Bischof nicht die Qualität eines öffentlichen Rechtsaktes. Die Verteidigung der Armen blieb also der Eigeninitiative des Bischofs überlassen; als Vorbild pries der hl. Bernhard den in Irland wirkenden hl. Malachias. Zur Zeit der Landfriedensgesetze waren auch Versuche zur Selbstverteidigung unternommen worden, am berühmtesten wurde wohl die Affaire von Bourges im 11. Jahrhundert. Ende des 12. Jahrhunderts brachen Aufstände aus, deren kläglicher Ausgang zur Genüge bekannt ist.

Schwierig zu lösen war das Problem des Mundraubs. Keinerlei Rechtfertigungsgründe ließ Gerhoh von Reichersberg gelten, er verurteilte jeglichen Versuch, sich den Besitz eines anderen anzueignenden. Im äußersten Falle ließ er aus Barmherzigkeit mildernde Umstände gelten, die die Schwere der Verfehlung und damit die Strafe milderten. Auch die Rechtsprechung nahm diesen Standpunkt ein. Die *Miracula S. Benedicti* berichten mit Nachsicht über einen Armen, der eher aus Not denn aus Bosheit einen Raub begangen hatte. Den Standpunkt Gerhoh von Reichersbergs teilten die Moralisten von Petrus Lombardus, Petrus von Poitiers bis zu Huguccio; Petrus Cantor dagegen räumte der Obrigkeit das Recht ein, die Reichen zum Almosen zu zwingen. Anläßlich der Hungersnot von 1126 war Karl der Gute mit den Spekulanten in Brüssel auf diese Weise verfahren. Ende des 12. Jahrhunderts, zwischen 1194 und 1197, berief sich Richard Löwenherz auf das Rhodische Seerecht, um den Mundraub zu rechtfertigen: Eine von Hungersnot heimgesuchte Gesellschaft vergleicht er mit der Besatzung eines in Seenot geratenen Schiffes, die sich also in einer Lage befindet, in der alle Güter Gemeinbesitz sind und allen ohne Ausnahme zugänglich sind. Von hier aus war es nur noch ein kleiner Schritt dazu, den Mundräuber als schuldlos zu betrachten, ja seine Handlung sogar zu rechtfertigen; Huguccio und seine Schüler hielten ihn denn auch für schuldlos. Der Appell der Armen an den Bischof gegen die Willkür der Reichen, den der Gelehrte aus Bologna vorschlug, besaß aber nur theoretisch die Qualität einer rechtfertigenden Prozedur. Erst zu Beginn des 13. Jahrhunderts wurde die Unschuld des Mundräubers allgemein akzeptiert. Als Endpunkt dieser Überlegungen kann man die Theorie des Pariser Bischofs Wilhelm von Auxerre († 1231) betrachten, der in einer Abhandlung über die Gerechtigkeit im ersten Kapitel das Almosen behandelte und darin ohne alle Einschränkungen die Meinung vertrat, der Arme dürfe sich im Notfall die notwendige Nahrung beschaffen; damit begehe er keine Sünde, weil unter solchen Umständen alles allen gehöre.

Doch täuschen wir uns nicht. Nicht aus Hochachtung vor seiner Person oder seinem Stand wurde der Arme derart gerechtfertigt und in die Gesellschaftsordnung wieder eingegliedert. Wenn Armut auch nicht als Laster angesehen wurde, so doch als Unglück und Bettelei als Verstoß gegen die Ordnung; beide Situationen implizieren die Gelegenheit zur Sünde. Lothar von Segni beschrieb, bevor er Papst Innozenz III. wurde, in einer Abhandlung über die *conditio humana* realistisch das Leid des Armen, aber auch seine Flüche und sein Aufbegehren gegen Gott selbst: „*O miserabilis conditio mendicantis*", schloß er. Keineswegs ist der Arme per definitionem ein Heiliger, nicht einmal der freiwillig Arme und noch viel weniger der unfreiwillige Arme. ,,Selig sind die Armen im Geiste, aber nicht alle," rief Petrus von Blois in einer Allerheiligenpredigt über die Seligkeiten. Der Arme wurde nicht nur verachtet, auch die Notwendigkeit seiner Bekehrung wurde mehrfach betont. Wenn Rigord im Zusammenhang mit Foulques de Neuilly schreibt, daß den Armen das Evangelium gepredigt wurde, so versteht er die Verkündigung eher als Seelsorge denn als Werk der Barmherzigkeit. Wir haben außerdem bereits festgestellt, daß um 1200 der Arme von den meisten Menschen nicht nur verachtet, sondern auch gefürchtet wurde. Man fürchtete seine Zornesausbrüche; seine Gegenwart war ein lebender Vorwurf. Auch die bildliche Darstellung des armen Lazarus enthielt diese Bedeutung.

Furcht und Hochschätzung des Armen wurden gelehrt und empfunden; aber sie resultieren nicht aus seiner bloßen Existenz. Der ihm eingeräumte Platz gehörte ihm nicht, ein weiteres Zeichen der Demütigung. Dieser Platz gehörte Christus, den er verkörperte. Gefürchtet wurde der Arme, weil er den richtenden Gott verkörperte, wie er der romanischen Epoche vertraut war; Petrus Lombardus betonte die sühnende Wirkung des Almosens, das ,,die Sünde tilgt." Geschätzt wurde der Arme gleichsam als geborener Fürsprecher, als eine Art Hüter des Paradieses. Man begann Christus als Urbild der vollständigen oder versteckten Armut zu verstehen, der in den Armen wieder Gestalt annimmt. Bischof Thierry von Amiens griff bei der Weihe von Saint-Martin-aux-Jumeaux das alte, aber beliebte Thema auf und erinnerte daran, daß der Patronatsheilige in der Person des Armen Christus kleidete. Auch der geistesgeschichtliche Bezug wird hergestellt: Christus nachahmen bedeutet die Bereitschaft, arm zu sein oder arm zu werden. Vielfach wiederholen die Autoren die alte Aufforderung: *Nudus nudum Christum sequi;* sehr dringlich formuliert dies Prévostin, der Kanoniker und Kanzler von Paris, kurz nach dem Kreuzzugsaufruf des Papstes Innozenz III. von 1198: ,,Worin ahmst du mich nach? Du fürchtest die Armut, und ich war noch ärmer als du, wo immer ich lebte ..." Der Arme ist nicht nur Abbild Christi als Richter und Erlöser, sondern auch Verkörperung des lebendigen, gegenwärtigen Christus. Dies war der Sinn des Wahlspruches der Hospitäler: ,,Die Armen sind unsere Herren." Vor großem Publikum erklärte 1189 Alain de Lille die Berufung der Kleinen. ,,Christus kann nicht bei den Prälaten wohnen, die Simonie betreiben. Zuflucht wird ihm verweigert von den Rittern, die den Raub rechtfertigen. Es gibt keine Unterkunft für ihn bei den Bürgern, denn dort wohnt der Wucher. Er wird abgewiesen von den Kaufleuten, die die Lüge beherrscht. Er hat keinen Platz in den Gemeinden, weil dort der Diebstahl herrscht. Wo aber soll Christus wohnen? Nur bei den Armen Christi, über die geschrieben steht: ,,Selig die Armen im Geiste.""[52]

Vier Jahrhunderte vor Bossuet sprach Raoul Ardent von der *dignitas pauperum Christi* und nannte die Armen ,,Richter und Pförtner des Himmels." Unmerklich vollzog sich der Bedeutungswandel des Ausdrucks *pauperes Christi:* Außer den freiwillig Armen in den Klöstern, den Mönchen, umfaßte er nun alle Armen ohne Ausnahme, diejenigen Armen, unter denen Robert von Arbrissel und Etienne von Muret gelebt haben, von denen Petrus von Blois schrieb, mit ihnen zu leben sei ein Weg zur Erlangung der heiligmachenden Gnade („*locum eligisti ubi posses inter multos pauperes unus esse*"), und zu denen bald Franz von Assisi gehören sollte.

Ist der Arme also gleichzeitig ein Auserwählter? In ihren Visionen (um 1141–1151) sah Hildegard von Bingen „die ganze Kirche hoch geehrt durch ihre Armen" *(egeni),* und Herrade von Landsberg wies den Armen einen oberen Platz auf der Leiter der Vollkommenheit an. Gewiß gibt es Unklarheiten. Man sprach von Berufung; Berufung bedeutet aber sowohl Vorherbestimmung als auch freie Entscheidung. Die Realität aber war ganz anders. Die neue Hochschätzung der Armut am Ende des 12. Jahrhunderts, als scheinbar alles gedacht und gesagt war, beschränkte sich auf die Bereiche von Philosophie und Mystik. Obwohl der Arme zum Abbild Christi sublimiert wurde, blieb er im Alltag ein Vergessener: Hinter dem Bild des richtenden und erlösenden Christus verschwand sein tatsächliches Gesicht, seine gequälten Züge wurden gemildert durch den Reflex des Antlitzes des leidenden Christus. Sein Platz blieb, zusammen mit den Büßenden, vor den Portalen der Kirche. Er lebte im Schatten des Reichen, ja sogar im Schatten Gottes, den man in ihm sehen wollte. Die zu Beginn des 13. Jahrhunderts zahllos gewordenen Armen blieben in Wirklichkeit weiterhin sich selbst überlassen. Nach wie vor waren sie die *humiles,* die Niedrigen, im zweifachen Sinne des Wortes: *humilitas:* einerseits geistige Demut, die zur Erlösung führt, andererseits Erniedrigung, die mit gesellschaftlicher Verachtung bestraft wird.

Dritter Teil

Die Armen und die Reichen
Vom hl. Franziskus bis zur Großen Pest

Die Glanzperiode des 13. Jahrhunderts währte nicht sehr lange. Einige Historiker datieren ihren Anfang um 1212–1215, als die Christenheit Orient und Okzident umfaßte, als der Albigenserkrieg begann, die Schlacht bei Bouvines stattfand, das vierte Laterankonzil zusammentrat, die Universitäten entstanden, Paris in seine Rolle als Hauptstadt hineinwuchs, die Champagnermessen an Bedeutung gewannen und die Macht Venedigs in voller Blüte stand. Andere datieren den Beginn dieser Periode erst auf 1229–1230 und begründen dies mit dem Ende des Albigenserkrieges, der Ausdehnung der Bettelorden, der Regierungsübernahme Ludwigs IX. des Heiligen. Einhellig sehen wohl alle das Ende dieser Periode in den 70er Jahren des Jahrhunderts. Bereits vor dem Tod Ludwigs IX. wurde das allgemeine Klima der Stabilität und des Wohlstandes, das gewiß regional unterschiedlich stark ausgeprägt war, von neuen sozialen und wirtschaftlichen Schwierigkeiten bedroht. Die Periode der Prosperität dauerte also nur wenig länger als ein Menschenleben. Und doch lebt sie in der Erinnerung selbst der Armen fort als „die gute Zeit des hl. Königs Ludwig" in Frankreich, die Zeit des „weisen" Königs Alfons X. in Spanien und in Italien und der übrigen Christenheit als die Zeit des Poverello, des Armen von Assisi. Die darin zum Ausdruck gebrachte Sehnsucht nach Frieden und Gerechtigkeit weist darauf hin, daß der Rückfall hart und bitter gewesen war, aber doch nicht bitter genug, um die Hoffnung in den Herzen der Armen zu zerstören und ihren Zorn zu besänftigen.

VII. Eine neue Sichtweise der Armut

Was ist neu an der Perspektive, aus der Dominikus und Franziskus die Armen betrachten? Diese Frage könnten eigentlich nur sie selbst beantworten. Aber natürlich bleiben sie, wie auch anders, stumm. Erstaunlich genug, daß sie überhaupt verstanden und gehört wurden. Sie blieben demütig und verachtet; aber trotz des Stolzes, der Gewalt und der Habgier der Reichen und Mächtigen wurden sie für die Menschen nicht nur zum Abbild des leidenden Christus, sondern sie wurden auch, so wie sie waren, von der Gesellschaft akzeptiert, was nicht heißt, daß sie sich von ihr vereinnahmen ließen. Franziskus und Dominikus betrachteten den Armen als lebendiges Wesen, die Armut als konkretes Faktum; sie schlossen sich keiner theoretischen Konzeption an, vielmehr wollten sie die Lebensweise der Armen tatsächlich teilen. Und diese materielle Armut suchten sie dort, wo sie sich immer stärker ausbreitete, in den Städten.

Nun sollen nicht etwa Leben und Werk der Gründer der beiden größten Bettelorden dargestellt werden, sondern wir wollen dem geheimnisvollen Einfluß nachspüren, den sie und ihre Schüler auf das Schicksal der Armen ausübten.

1. Traditionelle und neue Elemente bei Franziskus und Dominikus

Diese beiden Gründer erreichten für die Sache der Armen mehr als alle ihre Vorgänger; Franziskus war dort erfolgreich, wo Waldes scheiderte. Doch geht es hier nicht darum, die Bettelorden und ihre Gründer mit ihren Vorgängern zu vergleichen, sondern wir wollen ihren ureigenen Beitrag zur Geschichte der gelebten Armut herausarbeiten. Dominikus, der Kanoniker von Osma, griff auf die Zielsetzungen der Kanonikerbewegung des 12. Jahrhunderts zurück, deren segenreiches Wirken für die Armen bereits beschrieben wurde. Und Franziskus war auch nicht der erste Laie, der die Verlassenen freundschaftlich tröstete und ihnen die frohe Botschaft der Bergpredigt brachte. Wenn beide wie die Armen und mit den Armen leben wollten, so folgten sie damit nur dem von Petrus von Blois einst formulierten Rat, arm mit den Armen zu sein; neu war ihre Idee also nicht. Nicht sie hatten die Lehre vom Almosen formuliert, auch war es nicht ihr Verdienst, daß die Forderungen nach Gerechtigkeit und Caritas miteinander verknüpft worden waren, und die Rechte der Armen hatten bereits andere definiert. Auch hatten sich schon die Eremiten von der Welt zurückgezogen, um dann zurückzukehren und den Entwurzelten die frohe Botschaft zu verkünden. Genausowenig war die Gründung der Laienbruderschaften das Verdienst des Franziskus oder Dominikus. Kurz, ihr gesamtes Wirken wurzelte im dichten Geflecht einer mehr als tausendjährigen Tradition der christlichen Nächstenliebe. Und genau wie alle ihre Vorgänger beriefen sie sich auf das Evangelium und die Apostelgeschichte.

Das Originelle an Dominikus und Franziskus liegt zweifellos darin, daß sie das beachteten, was man im 20. Jahrhundert die Zeichen der Zeit nennt: Für sie waren das der Wille Gottes und die Bedürfnisse ihrer Zeitgenossen. Sie kannten keine Flucht und keine Verachtung der Welt im engsten Sinne des Wortes, also keine Flucht vor der Sünde. Sie flohen weder das Land, wo die Freilassung der Hörigen in neuen Abhängigkeiten endete, noch die Stadt, wo die Ausdehnung von Wirtschaft und Handel die Anziehungskraft des Geldes verstärkte. Franziskus lehnte die älteren Ordensregeln ab, die ihm die Kurie vorschlug, um sich nicht wie die schwarzen oder weißen Mönche oder wie die Kartäuser zu isolieren. Dominikus behielt die Organisationsform der Kanonikerstifte bei, aber er betraute seine Schüler mit konkreten seelsorglichen Aufgaben, verlangte von ihnen eine anpassungsfähige, grundsätzliche Offenheit für die sich ständig verändernden Probleme. Nicht die Rückwendung zu alten Idealen charakterisiert den Protest der Bettelorden; dieser richtete sich vielmehr ganz konkret gegen die Willkür der Grundherren, die Ungerechtigkeit der Richter, die unnachsichtige Härte der Kaufleute und Spekulanten, gegen Haß und Neid in den Familien, in den Städten und zwischen den Völkern. Das Übel, das sie bekämpften, hieß Geiz, Hochmut und Gewalt und nicht etwa die Welt, nicht Gottes Schöpfung, deren Schönheit und wunderbaren Aufbau der hl. Franziskus besang.

Das gleiche Menschenbild und die gleiche theologische Gesamtkonzeption kennzeichnen sowohl die Grundeinstellung der Franziskaner als auch der Dominikaner. Auf ganz verschiedenen Wegen waren der gelehrte Kanoniker, der gebildete Prediger in seinem Orden versammelte, und der wenig oder überhaupt nicht gebildete *idiota*, wie Franz von Assisi sich selbst scherzhaft nannte, zur gleichen Sicht der Welt und der Menschen gelangt. Ihr Naturbegriff, den Dominikus vom 12. Jahrhundert übernahm und der dem hl. Franziskus intuitiv aus seiner Spiritualität erwuchs, sieht die Natur als einen bewundernswerten Mechanismus, der für alle Menschen geschaffen ist; die Menschen, die von Natur aus gleich und alle von Christus erlöst sind, besitzen alle denselben Anspruch auf das ursprünglich gemeinsame Erbe. Dominikus wie Franziskus glaubten an den rettenden Gott und die Erlösung des sündigen Menschen, woraus sich ihr tiefes Verständnis für die Probleme der durchlebten Armut erklärt.

Die Bereitschaft, die Not, das Elend, die Enttäuschungen und die Hoffnungen der Armen zu teilen, verlieh der von Dominikus verkündeten, von den Katharern aber angezweifelten frohen Botschaft Glaubwürdigkeit; andererseits besaß für beide Ordensgründer das Idealziel der Katharerbewegung, dem Armen als dem Abbild des erniedrigten Christus gleich zu werden, eine unwiderstehliche Anziehungskraft. In einer Gesellschaft, in der das Geld die Macht derjenigen, die es besaßen, immer mehr anwachsen ließ, während jene, die es nicht besaßen, immer weniger geachtet wurden, übernahmen sie die Aufgabe, den Menschen den persönlichen Wert und die Heiligung des Armen durch das Vorbild Christi zu verkünden. Ausgehend von der Lehre Christi traten sie unmittelbar auf den Armen zu; dabei wollen wir ihnen folgen, um die konkreten Formen der Armut und die tatsächlich Armen aufzuspüren. Der bezeichnendste und deshalb wohl berühmteste Vorfall im Leben des hl. Franziskus dürfte wohl der Kuß des Leprosen sein, wobei der Heilige seinen schrecklichen Widerwillen überwinden mußte. Und hier fassen wir seine Originalität: Der Arme und Betrübte wird wegen seines eigenen religiösen und menschlichen Wertes geschätzt und nicht nur als diensteifriges Instrument zur Sicherung des Seelenheils der Reichen. Am Ende des 12. Jahrhunderts war der Arme als *vicarius Christi* bezeichnet worden, nun wurde der bis dahin den Mönchen vorbehaltene Begriff *pauperes Christi* auf alle Notleidenden übertragen.

Zu Beginn des 13. Jahrhunderts, einer Zeit zunehmender Pauperisierung, brachte Franziskus den Armen ,,eine gegen die Armut gerichtete Botschaft vom Sieg über die Armut".[53] Aber er hätte es keineswegs geschätzt, als jemand bezeichnet zu werden, der sich zu den Armen ,,niederbeugt", sondern er verstand sich als jemand, der sich zu ihnen erhob. Er und Dominikus ließen sich weder zu den Armen herab, noch fühlten sie sich als deren Schutzherren.

Franziskus war noch jung und Dominikus kaum älter als er, als die großen Hungersnöte über das Ende des 12. Jahrhunderts hereinbrachen; während seines Studiums in Valencia konnte Dominikus den Opfern der Hungersnot helfen. Die durch das Bevölkerungswachstum zusätzlich verschlimmerte Not zwang besonders junge Leute ohne Arbeit, ihre Heimat zu verlassen. Franziskus, der zunächst von einer Teilnahme am Kreuzzug geträumt hatte, muß in Italien vom unseligen Los der in Zara ausgesetzten Armen erfahren haben; die Teilnehmer des Kinderkreuzzuges, die die genuesischen Schiffseigner 1202 in Sardinien ihrem Schicksal überließen, anstatt sie in den Orient zu bringen, waren nur wenig jünger als er. Zu dieser Zeit vermählte sich Franziskus mit ,,Frau Armut", sammelte er seine erste Jüngerschar. Damals besaßen nach den Worten eines englischen Klerikers die Menschen auf dem Lande ,,nichts als einen Bauch, aber darüber hinaus nichts um ihn zu füllen"; landlose Bauern verfielen aufgrund ihrer Abhängigkeit in eine Art zweite Leibeigenschaft. Zweimal versuchte Dominikus, in solcher Abhängigkeit zu leben, zuerst in Kastilien, dann im Languedoc. Für ihn war danach ,,der Arme im Grunde ein Mensch, dessen geringer Besitz ihn auf Gnade und Ungnade allen in der Gesellschaft ausliefert".[54] Besonders in den Städten, wo sich der Kaufmannssohn aus Assisi gut auskannte, blühten spekulativer Wucher und Prostitution. Vor allem die Beobachtung des Wuchers erzeugte in Franziskus einen solchen Abscheu vor dem Geld, daß er durch seine Freigebigkeit seinen Vater fast genauso ruiniert hätte wie in seiner leichtsinnig verbrachten Jugend durch seine Verschwendungssucht. Um der Prostitution zu wehren, stellte Dominikus in Toulouse den Frauen das Hospiz Arnaud-Bernard zur Verfügung.

Aufgrund seiner extremen und teilweise auch widersprüchlichen Verhaltensweisen läßt sich der ,,wahre" Franziskus nur schwer fassen. Doch darf ungeachtet aller Anekdoten, die sich um sein Leben ranken, eines nicht angezweifelt werden, nämlich daß er sich allen Formen und Stufen der Armut offen zuwandte, gegebenenfalls sogar bis in die unästhetischen Details. Die Sorge um die Armen prägte auch das Leben des hl. Dominikus, wenn es auch nicht so stark von Legenden umwoben ist, die über die Begegnung mit Armen berichten: Diese Armen waren Bauern, denen der Heilige bei der Ernte half, Handwerker wie jener Maurer, dem Franziskus bei der Arbeit zur Hand ging, Vagabunden, die ein Almosen erhielten,

Kleriker wie jener arme Priester von St. Damian, um dessentwillen Franziskus ohne Wissen seines Vaters einen Ballen Stoff und ein Pferd verkaufte, oder auch Adelige wie die Aristokratentöchter aus Toulouse, die Dominikus in Prouille aufnahm, damit sie eine christliche Erziehung erhielten, da sie sonst wegen der Mittellosigkeit ihrer Eltern ausschließlich in Einrichtungen der Katharer Aufnahme gefunden hätten. Adelig war auch jener arme Ritter, dem Franziskus seine nagelneue Rüstung schenkte, auf die er so stolz gewesen war. Vergleicht man diesen Vorfall mit der Tat des hl. Martin vor den Toren von Amiens, so wird der veränderte wirtschaftliche Hintergrund deutlich: In der Mangelgesellschaft des spätrömischen Reiches verschenkte Martin nur die Hälfte seines Mantels, Franziskus dagegen verschenkt alles in einer Zeit relativen Überflusses.

Diese uneingeschränkte Bereitschaft, alles zu geben, die auch in jener Szene zum Ausdruck kam, die einen Skandal auslöste, als Franziskus im Stadtzentrum von Assisi sich nackt auszog, zeugte sowohl von religiöser Entsagung als auch von dem Willen, in absoluter materieller Armut zu leben. Wenn Franziskus und Dominikus nicht die Form der Armut übernahmen wie sie die eremitisch lebenden Kartäuser oder die zönobitisch lebenden Zisterzienser praktizierten, dann deshalb, um die Notleidenden besser kennenzulernen und ihnen besser bekannt zu werden. Die Fakten sind allgemein bekannt. An Franziskus schockierte den englischen Chronisten Mathieu Paris die ärmliche Kleidung, der Verzicht auf Schuhe sowie das Fehlen eines festen Wohnsitzes und einer geregelten, den Unterhalt sichernden Arbeit, ferner der erniedrigende Rückgriff auf Almosen im Falle der Not, ja sogar der Verzicht auf Wissen, das doch als Reichtum galt, kurz die Verweigerung jeglicher Art von Aneignung. Für Dominikus ließ sich die Hochschätzung der Wissenschaft als einer Dienstleistung, d. h. die Vermittlung des Wissens, über das allein der Klerus verfügte, ohne Schwierigkeiten mit einer Armut verbinden, die ihn von andern Armen kaum unterschied. In seinen wenigen Schriften benutzt er das Wort *pauper* fast immer substantivisch zur Bezeichnung des unfreiwillig Armen; da Nahrung, Kleidung und Wohnung für ihn nur materielle Bedürfnisse sind, müssen sie ärmlich oder einfach sein, ja es ist ihm sogar ein Anlaß zur Freude, wenn sie fehlen.

Neben den Auswirkungen der unfreiwilligen Armut jedoch, für die er sich mit voller Absicht entschieden hatte, mußte Franziskus auch physische Leiden erdulden, die er sich nicht ausgesucht hatte, Erkrankungen der Augen und des Verdauungsapparats und sogar die Stigmata, die man wohl kaum als Überreaktion eines sensiblen Menschen auf die Schmerzen des Gekreuzigten abtun darf. So war der hl. Franziskus genau wie Dominikus und vielleicht noch stärker als er in der Lage, alle Notleidenden zu verstehen, wie er sie in seiner Vision der gesamten Menschheit beschreibt, die die Regel von 1221 abschließt: ,,Alle Säuglinge und Kleinkinder, alle Armen und Reichen, Könige und Fürsten, Handwerker, Bauern, Unfreie und

Herren, alle Jungfrauen, Witwen und verheirateten Frauen, alle Kinder und Heranwachsenden, die Jungen und die Alten, die Gesunden und die Kranken, alle Völker, Rassen, Stämme aller Sprachen, alle Nationen und alle Menschen aus allen Ländern der Erde.«

2. Die Begegnung der Bettelorden mit den Armen

Als Name für seine Gefolgschaft wählte Franziskus mit voller Absicht die Bezeichnung für die unteren Schichten der Gesellschaft aus, *Minores*, die Minderen, ein negativ besetzter Begriff, der persönliche Abhängigkeit und mangelnde Rechtsfähigkeit impliziert. Ihre freiwillige Armut ging bis zum Verzicht auf den eigenen Namen; der Bettelmönch, Minderbruder bzw. Predigerbruder entlieh seinen Namen von einem himmlischen Schutzpatron, eine Identifizierung ist oft nur möglich durch die Angabe der Geburtsstadt. So verliert er sich in der anonymen Menge der Armen. Um diese Verfügbarkeit (man ist versucht zu schreiben: Gefügigkeit) zu erhöhen, hätte Franziskus gerne auf die Gründung eines Ordens verzichtet; Dominikus seinerseits entwarf ein Konzept außerordentlicher Anpassungsfähigkeit innerhalb des festen Rahmens hierarchisch geordneter Institutionen.

Die rasche Ausbreitung der Bettelorden beweist, daß ihre Zielsetzungen auf das gerichtet waren, was die Zeitgenossen bewegte und beunruhigte. Ihren Erfolg teilten Dominikaner und Franziskaner mit anderen weniger bedeutenden Bettelorden, den Augustiner-Eremiten, den Karmeliten und den nach dem Schnitt ihres Habits benannten Sackbrüdern (*Fratres de poenitentia Jesu Christi*). 1270 gab es in Frankreich mehr als 200 Minoritenkonvente verteilt auf fünf Ordensprovinzen und 80 Dominikanerkonvente in zwei Provinzen. Bereits früh forderten Bischöfe wie Foulques von Toulouse die Bettelorden zur Mitarbeit in der Seelsorge auf. Ein Bischof von Metz bezeichnete die Gegenwart der Dominikaner als »nützlich für Laien wie für Kleriker«. Bereits 1216 meinte Jacques de Vitry, »der Minoritenorden ist wirklich die Religion der Armen des gekreuzigten Heilandes«. Doch nicht von Anfang an ließen sich die Bettelorden in den Städten nieder. Das lag weder in der Absicht des hl. Dominikus noch des hl. Franziskus. Beide und vor allem Franziskus fürchteten die feste Niederlassung, die sich mit dem Leben der Armen nicht vereinbaren lasse, deren Ungewißheit und unstetes Leben sie doch teilen wollten. Die ersten Dominikaner und Franziskaner besaßen keinen festen Wohnsitz, und wenn sie gelegentlich in eine Stadt kamen, übernachteten sie in irgendeinem einfachen Haus oder auch in der Hütte, die ihnen ein Freund zur Verfügung stellte. Doch hielten sie sich nie lange auf. Die ersten festen Niederlassungen errichteten sie in sicherer Entfernung vom Stadtzentrum, weit entfernt von Luxus und mondänem Leben, in einem noch nicht städtisch geprägten Vorort: Dort lebten sie wirklich mitten unter den Allerärmsten. Eine solche Niederlassung errichteten die Minoriten in Bologna in den 1220er Jahren, die Dominikaner bei Paris im Faubourg Saint-Jacques und bei Rouen in dem von einfachem Volk bewohnten Ort Clos-Saint-Marc.

Als die Bettelorden sich schließlich doch in den Stadtzentren niederließen, geschah dies, weil einerseits die Orden in den Städten, wo die Armut sich unter dem Diktat der Geldwirtschaft ständig ausbreitete, das ideale Terrain für ihre Seelsorge erkannten; die Stadtbewohner andererseits verstanden mehr oder weniger deutlich, daß die Bettelorden ihnen eine Antwort auf ihre religiösen und moralischen Probleme bieten konnten. Das ältere Verständnis von Mönchtum schien obsolet geworden zu sein; es war nicht mehr die Zeit, in der die Mönche in persönlicher Armut, aber gemeinsamem Reichtum lebten und die Stadt als Sündenpfuhl mieden; die Bettelmönche lebten sowohl persönlich als auch in der Gemeinschaft in Armut, und sie gingen auf Reiche und Arme zu, mit einer besonderen Zuneigung natürlich für die Armen. Je größer und reicher, je dichter bevölkert eine Stadt war, umso mehr Arme gab es dort und umso mehr Bettelmönche. Nach der geographischen Verteilung von Armut und Reichtum läßt sich eine Hierarchie der städtischen Zentren erstellen. So unterscheidet Jacques Le Goff Städte mit vier, drei oder zwei Konventen der Bettelorden, die kleinsten Städte besaßen nur einen Konvent.

Dürfen wir nun eine unmittelbare Kausalbeziehung herstellen zwischen der Dynamik der Stadtentwicklung mit all ihren sozialen Folgen und dem Wirken der Bettelorden zugunsten der städtischen Armut? Gewiß insofern, als sie sich in die Sozialstruktur der Stadt einfügten; in der Stadt suchten sie die krasseste Armut, die Allerärmsten auf, um sie aufzurichten und ihre Wiedereingliederung in die Gesellschaft zu ermöglichen. Wie jedes historische Faktum von Ursachen geprägt ist, die ihm wesensgleich sind, so sind auch die Motive der aus religiösen Gründen entstandenen Bettelorden religiöser Natur. Zwar bereitete ihnen die Stadtwirtschaft ein breites Wirkungsfeld, aber sie war weder Anlaß noch Ursache ihrer Entstehung, und die Bettelorden fügten ihre Institutionen nicht in die städtischen, sondern in die kirchlichen Strukturen ein. Wenn sie ihrerseits dazu beigetragen haben, die städtischen Strukturen zu verändern, dann deshalb, weil sie sich nicht kraft obrigkeitlicher Gewalt Gehör verschafften, sondern durch eine glaubwürdige Lebensweise als Arme und Brüder der Armen.

Einer der wichtigsten neuen Aspekte war die Übereinstimmung des bruderschaftlichen Prinzips der Bettelorden mit den Elementen horizontaler Solidarität der städtischen Gesellschaft, die besonders unter den Armen zum Tragen kamen. An die Stelle des traditionellen, vertikal geordneten hierarchischen Schemas, in dem der Prediger als Seelenhirte sich über seine Schafe beugte, trat ein System, in dem der Virus der Nächstenliebe in der gemeinsamen Armut ansteckend wirkte. Die Tendenz zur Solidarität hatte schon im 12. Jahrhundert zu genossenschaftlichen Zusammenschlüssen und zur Entstehung von Bruderschaften geführt; im 13. Jahrhundert wird sie erneut faßbar, diesmal in der Bildung von Gemeinschaften, in denen sich – was vorher undenkbar gewesen wäre – Laien und Kleriker, Arme und Reiche zusammenfanden und denen die Spiritualität der Bettelorden Auftrieb verlieh.

Eine derartige Bewegung begleitete die Ausdehnung der Bettelorden in Norditalien um 1233–1234. Fra Salimbene war Augenzeuge der „großen Frömmigkeit", die unter dem Namen Alleluja bekannt ist. Eine Welle volkstümlicher Begeisterung erfaßte eine Stadt nach der anderen, Ziel war die Erneuerung des städtischen Lebens durch einen reinigenden Strom. Damit wurde in gewissem Sinne die Friedensbewegung des 11. Jahrhunderts wieder aufgegriffen, Unterstützung fand die Bewegung in der Romagna vor allem bei den Dominikanern, in der Lombardei bei den Franziskanern. Überschwemmungen und eine Heuschreckenplage hatten die Ernte vernichtet, eine Hungersnot brach aus, und der Zorn der Armen richtete sich gegen die Spekulanten. Die darüber hinaus zwischen Angst und Hoffnung auf eine Wiederkehr Christi schwankenden Massen waren sehr empfänglich für das prophetische Feuer mancher Volksprediger, etwa des Dominikaners Johann von Vicenza und des Franziskaners Gerhard von Modena. Solche Prediger übernahmen oder erhielten in zahlreichen Städten die Aufgabe, die Gemeindeverfassung zu reformieren, so Johann von Vicenza in Bologna und Verona, Gerhard von Modena in Parma. Ganz im Geiste ihrer Orden setzten sie Maßnahmen der Armenfürsorge durch. In Bologna und Vercelli wurden die leoninischen Bestimmungen abgeschafft, nach denen wucherische Geldverleiher ihre zahlungsunfähigen Schuldner als Eigentum betrachten konnten; in Bologna soll die Menge während einer Predigt des Johann von Vicenza das Haus eines Wucherers geplündert und seinen Tod gefordert haben. In Parma beschloß man, aus der Stadtkasse Anwälte zu bezahlen, die Witwen, Waisen und Arme beraten und verteidigen sollten. Zwischen den streitenden Städten und Parteien stifteten die Bettelorden den von den Armen ersehnten Frieden; schließlich hatten die Armen unter den Umruhen am meisten zu leiden. Insgesamt beschränkten sich die Unruhen, in denen Gefühle und utopische Vorstellungen mit politischen Ideen verschmolzen, auf Italien, sie zeitigten auch keine dauerhafte Ergebnisse. Anderswo waren die Bettelmönche zu Ratgebern, Beichtvätern und Almoseniers von Fürsten und Königen geworden; in dieser Stellung gelang es ihnen häufig, die Aufmerksamkeit ihrer Herren auf die Armen zu lenken bzw. ihre Nachlässigkeit zu rügen. Bekanntlich gewannen Bettelmönche großen Einfluß auf Ludwig den Heiligen, so Gilbert von Tournai und der Minorit Eudes Rigaud, der zum Bischof von Rouen ernannt wurde. Ludwig der Heilige beauftragte Bettelmönche, die Amtsführung seiner Beamten auf den Krongütern zu überprüfen und das von ihnen begangene Unrecht wiedergutzumachen. Der König und seine Untertanen glaubten den Bettelmönchen vertrauen zu können, weil diese persönlich arm waren und sich doch unablässig um den Schutz der Armen bemühten. Wo immer sie aufbrachen, um Ungerechtigkeiten zu ahnden, trafen sie auf Arme. Vor allem Witwen, Waisen, Greise und Bauern, die unter dem Übermaß an Abgabenforderungen litten, klagten über die Ungerechtigkeit der Richter und die Gewalttakte der Soldaten. Solche einfachen und immer wiederkehrenden Beschwerden mußten sich auch noch die von Alfons von Poitiers, einem Bruder Ludwigs des Heiligen, mit ähnlichen Kontrollaufgaben betrauten Bettelmönche anhören. Sie wußten, wo die Armen zu finden waren, sie verstanden es, sie anzusprechen und sie zum Sprechen zu bringen.

Ein wichtiges Element der Seelsorge bestand für die Bettelorden darin, die Gläubigen zur tätigen und unmittelbaren Hilfe für die Armen anzuleiten. Darüber sind wir zwar nicht allzu gut unterrichtet, aber die überlieferten Beschwerden des Weltklerus sprechen eine deutliche Sprache. Die Anleitung der Gewissen durch einen Seelsorger, der zur Nächstenliebe und Gerechtigkeit ermahnen und zur Wohltätigkeit anhalten sollte, wurde vom vierten Laterankonzil ausdrücklich gebilligt, und die – darob beneideten – Bettelmönche beherrschen diese Kunst. Kaum ein Gemeindepfarrer konnte die Gläubigen so aufrütteln wie ein Predigerbruder. Außerdem konnte man durchreisenden Beichtvätern die schlimmsten Sünden bekennen und dabei fast sicher sein, sie nie mehr wiederzusehen. Aus ihrem Mund akzeptierte man deshalb auch die Auflage größerer Almosen als Buße. Abgesehen von solchen Ausnahmesituationen wurde die Klosterkapelle häufig zum Sitz von Bruderschaften, einer Art Gemeinde der Gleichgesinnten, durch deren Hände ein großer Teil der Almosen an die Armen gelangte und die oft selbst ein Hospiz unterhielten. Die Kapelle der Bettelorden bot auch Abwechslung von den oft eingefahrenen Gottesdiensten in den Pfarreien – und außerdem die Gelegenheit, den Gemeindepfarrer zu ärgern. Auch ließen sich manche Gläubige das Vergnügen nicht entgehen, ihre testamentarischen Wohltaten nicht nach dem Gutdünken ihres Pfarres, sondern nach dem Rat eines Bettelmönchs zu verteilen.

Den Bettelorden wurde oft vorgeworfen, sie verdrängten die wahren Armen und veruntreuten Almosen. Obwohl dies nicht in allen Fällen ganz von der Hand zu weisen ist, übernahmen die Klöster der Bettelorden doch insgesamt die Rolle eines Vermittlers zwischen den Gläubigen und den Armen, wie sie früher die Benediktinerklöster ausgeübt hatten. Zwar hatten diese ihre soziale Funktion im 13. Jahrhundert noch nicht vollständig verloren, aber da das Konzil die „Last der Seelen" den Bettelorden anvertraut hatte, wurde der größte Teil der wohltätigen Werke wenn nicht durch sie, so doch wenigstens unter ihrem Einfluß ausgeübt.

Der karitativen Tätigkeit widmeten sich neben den Bettelorden auch Laien in den dritten Orden, als Beginen oder Begarden. Obwohl die erste Regel der Tertiaren, das Memoriale, oder auch das Leben der hl. Angela von Foligno den Eindruck reiner Beschaulichkeit erweckten, war die Alltagspraxis dieser Gemeinschaften doch von der Armenfürsorge geprägt. Die Beginen entwickelten keine gemeinsame Regel wie die dritten Orden, sie blieben autonom in der Ausübung ihrer karitativen Funktion, was es ihnen ermöglichte, sich umso flexibler den lokalen Bedürfnissen anzupassen. Zahlreiche Beginenkonvente gab es zwischen Seine und Rhein, allein um Straßburg etwa 60. So suspekt ihre Autonomie vom religiösen Standpunkt erschienen sein mag, im Bereich der Wohltätigkeit war sie es nie. Daraus erklärt sich auch, daß das Konzil von Vienne 1311 von seinen strengen Bestimmungen diejenigen Beginen ausnahm, deren wohltätiges Wirken allgemein anerkannt war.

Es überrascht keineswegs, daß wir so wenig genaue Angaben über die karitative Tätigkeit der Bettelorden und der von ihnen angeregten Bewegungen besitzen. Da sie selbst arm waren, legten sie keinen Wert darauf, über ihre Almosen Buch zu führen, so daß wir nur indirekte Zeugnisse darüber besitzen. Dagegen mangelt es nicht an Quellen über die Unterweisung der Laien, die in Beichte, Predigt und erbaulichen Lebensbeschreibungen zur wohltätigen Hilfsbereitschaft angehalten wurden.

3. Die Erziehung der Gewissen

Der vom vierten Laterankonzil geforderten religiösen Unterweisung widmeten sich am eifrigsten die Bettelorden. Die Beichtsummen, die sie als erste verfaßten, zeugen von dem Bemühen, den Problemen der städtischen Gesellschaft gerecht zu werden. Thomas von Chobham bezeichnete als einer der ersten die Armut als einen Stand und den Bettel als Beruf. Die oft kopierten und glossierten Beichtsummen des Raimund von Peñafort (1220–1221), des Alexander von Halès, des Johann von Freiburg, des Guillaume Peyrault und zu Beginn des 14. Jahrhunderts des Jean André behandeln beide Formen der Armut, die Armut im Geiste und die materielle Armut. Armut im Geiste wird allen Menschen abgefordert, auch den Reichen. Die materielle Armut wird differenziert betrachtet. Wie wir bereits sahen, galt eine besondere Notlage als Entschuldigung für den Diebstahl von Lebensmitteln und Kleidung; nun befreite sie auch von der Schuldenrückzahlung, von der Einhaltung der Sonntagsruhe und vom Fasten. Arme und Notleidende erscheinen in solchen Überlegungen fast identisch. Auf der anderen Seite begründet die Notlage eines Bedürftigen die Pflicht zu helfen. Einer alten Tradition folgend, erinnern die Beichtsummen daran, daß dies ein Weg sei, „die Sünde zu tilgen", und daß der Arme dem Wohltäter die Möglichkeit biete, sein Seelenheil zu sichern.

Erst in den letzten Jahrzehnten des 13. Jahrhunderts teilen die Beichtsummen die Armen in Kategorien ein, ein Indiz für die veränderte gesellschaftliche Situation. Anders als Raimund von Peñafort betont Johann von Freiburg den sittlichen Wert der Arbeit und tadelt die falschen, starken Armen, die Müßiggänger und Vagabunden, wobei er sich auf das *Decre-*

tum Gratiani und damit auf die repressive Gesetzgebung des Hochmittelalters bezieht.[55] Jean André hält es für nötig darauf hinzuweisen, daß „Armut kein Laster ist" *(paupertas non est de genere malorum)*, und gegen die tief verwurzelte Meinung anzugehen, sie sei eine Sündenstrafe und ein sündhafter Zustand an sich. Die Bettelorden hatten alle Hände voll zu tun, die Armen zu rehabilitieren; denn die Gesamtentwicklung förderte die entgegengesetzte Tendenz.

Angeregt wurde die verstärkte religiöse Unterweisung der Laien über die Nächstenliebe vor allem durch die Bestimmungen des vierten Laterankonzils über die Predigt, was besonders den Dominikanern zugute kam. Jedoch entsprach die rauhe Wirklichkeit nicht der Theorie. Viele Prediger waren bessere Gelehrte, Theologen oder Kanonisten als Seelsorger. Andere wiederum bemühten sich vorrangig, Spenden für ihren Konvent zu sammeln, und sie legten zu diesem Zweck den Gläubigen mehr oder weniger echte Reliquien vor, mit denen attraktive Ablässe verbunden waren, die die Strafen des Fegefeuers nach Tagen, Monaten und Jahren bemaßen. Und dennoch, ein großer Teil der in die Tausende gehenden überlieferten Predigten zeugt von lebhafter Sensibilität für die Leiden der Armen und vom rhetorischen Geschick der Prediger, die es verstanden, das Mitleid ihrer Zuhörer für die Armen zu erwecken.

Die Predigten, die die Bettelmönche in den ihnen zugewiesenen Bezirken, den *termini*, hielten, boten die günstige Gelegenheit, die Gläubigen in volkstümlicher Sprache über die Armen zu belehren. Wesentlicher Bestandteil der dem jeweiligen Milieu oder Stand angepaßten Predigten waren moralisierende, mit lebendigen Details ausgeschmückte Anekdoten, die *Exempla*. Diese Art der Predigt war so geläufig, daß bald ganze Exempelbücher für den Gebrauch der Prediger entstanden. Die Autoren waren meist Mitglieder, zumindest aber Bewunderer der Bettelorden. Am bekanntesten sind Gossouin, Jean de Châtillon, Jean de Metz, Jacques de Provins, Guy du Temple, Guibert de Tournai, der Pole Peregrin von Oppeln, der Dominikanergeneral Humbert de Romans und am Ende des Jahrhunderts Nicolas de Byard; der eifrigste war wohl Etienne de Bourbon.

Um ihre Zuhörer zu rühren, entwerfen die Prediger ein wenig originelles Bild des Armen: Der Arme ist mager, blind, von Geschwüren bedeckt, oft hinkt er, ist er zerlumpt und zerzaust; er bettelt von Tür zu Tür, vor den Kirchen, auf den Straßen. Kaum einmal verfügt er über eine feste Unterkunft; seine Mittellosigkeit ist so groß, daß er noch nicht einmal ein anständiges Begräbnis erhalten wird. So stoßen nach Peregrin von Oppeln physische und moralische Defekte den Armen immer tiefer ins Elend: Ist er zunächst hungrig, blind, gelähmt, krank, von Lepra befallen, elternlos oder alt, so wird er schließlich abhängig, gemein und verächtlich.

Selten löst sich ein Autor aus dieser traditionellen Perspektive und gelangt zu einer offenen Betrachtungsweise. Ein anonymer Franziskaner des 13. Jahrhunderts notierte in seiner *Tabula exemplorum* erste Ansätze einer

Sozialkritik. Ursache der Armut, sagt er, ist der Egoismus der Menschen. Der Schöpfer hat der Menschheit insgesamt alles verliehen, was sie benötigt; es ist Aufgabe der Gesellschaft, wie ein natürlicher Organismus alle Güter gleichmäßig zu verteilen. Der Mangel der Armen folgt aus dem Überfluß der Reichen. Peregrin von Oppeln vergleicht die menschliche Gesellschaft mit dem Roten Meer: Wie im Meer die großen Fische die kleinen auffressen, so werden die Armen von den Reichen und Mächtigen verschlungen; Satan hat den Samen des Egoismus und des Aufbegehrens unter den Menschen gesät; seitdem gibt es keine Wahrheit, keine Nächstenliebe mehr, Blut schreit nach Blut, und die Welt ist rot wie das Meer.

Selten gehen die Prediger so weit, eine Reform zu fordern. Nur wenige Predigten – und die auch erst viel später – enthalten umstürzlerische Ideen. Wenn sich manche Prediger unmittelbar an die Armen wenden, dann raten sie ihnen zur Geduld in ihrer Trübsal und versuchen sie vom religiösen Wert der Armut zu überzeugen, von der Würde, die sie in den Augen Gottes besitzen angesichts ihres Wertes als Betende in der Gemeinschaft der Heiligen. Häufigstes und ständig variiertes Thema der *Exempla* bildet das Almosen. Angesichts einer Gesellschaft, in der die Handelsbeziehungen immer wichtiger werden, wird das Almosen oft mit einer Zollabgabe verglichen, die den Zugang zum Paradies eröffnet.

Zwar enthielt die Lehre der Bettelorden über die Armut keine wesentlichen Neuerungen, aber sie betonte doch einige Aspekte so stark, daß davon wichtige Impulse für die Armenfürsorge ausgingen. Nie zuvor war die religiöse Unterweisung der Laien so intensiv, nie zuvor ihre theologische Fundierung so gründlich durchdacht. Es sei nur auf die Predigten des Peregrin von Oppeln vom Ende des 13., Anfang des 14. Jahrhunderts verwiesen, der an der östlichen Grenze der römischen Christenheit lebte, wo die Dominikaner 32, die Minoriten etwa 40 Konvente besaßen. Von ihm besitzen 25 europäische Bibliotheken ungefähr 200 Manuskripte. Und das, obwohl er nur ein einziges Mal, und zwar im Jahre 1311, seine polnische Heimat verlassen hatte, um als Provinzial am Generalkapital der Dominikaner in Carcassonne und am Konzil von Vienne teilzunehmen. Umso bezeichnender erscheint es, daß er wie Hugo von St. Viktor neben den Kirchenvätern auch die *Summa theologica* des Thomas von Aquin benutzt, dessen Schriften damals noch nicht einmal in seinem eigenen Orden uneingeschränkt akzeptiert wurden. So absorbierte die religiöse Unterweisung der Bettelorden über Armut und Caritas auch zeitgenössisches Denken.

Mit dem Armutsstreit wollen wir uns hier nicht weiter beschäftigen. Außerdem schließen wir uns gerne der Meinung an, daß Franz von Assisi, hätte er damals noch gelebt, ,,wahrscheinlich beide Parteien zurechtgewiesen und die wahren Armen befragt hätte".[56] Denn diese scheinen bei der ganzen Auseinandersetzung in Vergessenheit geraten zu sein. Konnte man sich damit entschuldigen, daß um 1250–1260 sich die Überlebensfrage für die Armen nicht mehr in derselben Schärfe stellte wie zu Beginn des Jahrhunderts? Daß der hl. Bonaventura 1255 in seiner Schrift *Quod renunciationem* schreiben konnte, Hungersnöte gehörten der Vergangenheit an *(manifeste colligitur ex omnibus temporibus retroactis)*, und sich darüber freuen konnte, daß die Versorgungslage ausgewogen und gesichert sei, ermöglicht es uns immerhin, uns über den Gelehrtendisput um das Problem der Armut nicht allzu sehr zu verwundern.

Alle bezeichneten die Wohltätigkeit als Christenpflicht; aber die Begründungen fielen unterschiedlich aus. Für den Weltklerus stellte der Dienst am Armen traditionsgemäß einen der Rechtfertigungsgründe für den Kirchenbesitz als Erbe der Armen dar. So dachten Gerhard von Abbeville und Wilhelm von Saint-Amour. Letzterer hatte persönlich in seiner Familie beengte Verhältnisse erlebt, weshalb er auch die zahlreichen ausgehungerten Kleriker zu den Armen zählte, die sich um eine Pfründe bemühten. War das aber noch Armut? Mit dem Dienst an den Armen beschäftigten sich auch die an den Universitäten lehrenden Bettelmönche, und sie stellten sich die Frage, ob dazu die vollständige Besitzlosigkeit der Mönche erforderlich sei. Einige plädierten für ,,arme Nutzung" und ,,mäßigen Gebrauch", da Rücklagen und Reserven zur Ausübung der Wohltätigkeit unerläßlich seien; diesen Standpunkt vertrat auch der hl. Bonaventura *(De paupertate)* ähnlich wie der hl. Thomas *(Contra gentiles)*. Thomas verurteilte natürlich allzu reichliche Einkünfte, er hielt aber den völligen Mangel an materiellen Reserven für eine Beeinträchtigung der mystischen Kontemplation und der Ausübung der tätigen Barmherzigkeit für hinderlich. Jean Olivi maß dagegen eindeutig der Unterstützung der Armen nach der geistigen Vervollkommung nur zweitrangige Bedeutung bei.

Mindestens so stark wie die Bereitschaft zum Geben beschäftigte die Gelehrten die Frage, wem man was in welcher Weise geben solle. Solche Überlegungen hatte bereits Guillaume d'Auvergne in der ersten Hälfte des 13. Jahrhunderts in seiner Schrift *De bono et malo* vorbereitet und dabei nicht nur über den Mundraub reflektiert. Bis in die Einzelheiten analysierte er die Formen der Armut. Für ihn ist der bohrende, tierische Hunger, den er vom natürlichen, gesunden Hunger unterscheidet, durch eine Gefräßigkeit gekennzeichnet, die auf die Qualität der Nahrung nicht mehr achtet, die bereit ist, sich auf alles Eßbare ohne Unterschied, ja sogar auf Abfälle zu stürzen wie Hunde und Schweine, und die im Grunde nicht zu befriedigen ist. Mit dieser Beschreibung der Primitivreaktion unterernährter Menschen erweist sich Guillaume d'Auvergne als ein besserer Beobachter als Gerhard von Abbeville, der den Heißhunger eines gefräßigen Armen verurteilt, welcher die primitivste Nahrung in sich hineinschlingt *(foedissima gule flamma)*; seiner Meinung nach ist dies ein falscher Armer. Nachdem er seinen Hunger gestillt hat, löscht der Arme seinen Durst mit verschmutztem Wasser, was sein Elend nur noch verschlimmert. Die Nacktheit gibt schändliche Geschwüre und Mißbildungen preis, die der Arme mit abstoßenden Lumpen zu verhüllen sucht. Die Kälte lähmt, verkrampft und macht steif, aber der Arme besitzt keinen Schutz vor den Unbilden des Wetters. Wer keine Wohnung, keinen Herd besitzt, ist wahrhaft arm, ja Guillaume d'Auvergne bezeichnet es als eigentliches Indiz der Armut, wenn jemand kein Feuer besitze, um sich zu wärmen und seine Speisen zu bereiten. Hinzu kommt als allerschlimmste Bedrängnis die Verschuldung, die durch das endlose Ineinandergreifen immer neuer Anleihen in die Unfreiheit führt.

Die abstrakten Formulierungen und die knochentrockene Argumentation der Scholastiker sollten nicht darüber hinwegtäuschen, daß sie die Wirklichkeit sehr genau beobachteten. Auch Thomas von Aquin kennt die Nöte der unfreiwillig Armen. So weiß er, daß es Menschen gibt, die nicht das unerläßliche Minimum an Nahrung, eine tägliche Mahlzeit, zu sich nehmen können. Er sieht, wie ungerecht und außerordentlich ungleichmäßig der Besitz verteilt ist: Der Reichtum des einen bedeutet die Not des anderen, die Verschwendung des Überflusses nützt niemandem. Not zu leiden bedeutet für ihn ein großes Übel, weil der Mensch dadurch in seinem physischen und psychischen Gleichgewicht gestört wird. Seiner Meinung nach muß der existentielle Mangel an Gütern bekämpft werden, ja er hält sogar die Befriedigung der körperlichen Grundbedürfnisse für wichtiger als die Sicherstellung des geistigen Wohlbefindens.

Solche Grundsätze konnten im 13. Jahrhundert nicht in ein soziales Reformprogramm münden. Und wir wollen in den Abhandlungen, die Mönche in früheren Zeiten zu dem Zweck verfaßt haben, die Heilsbotschaft für ihre Zeit umzusetzen, keine Antworten auf moderne Fragestellungen suchen. Immerhin finden sich verstreut in der *Summa theologica* (besonders in II^a und II^{ae}), in einigen Predigten und Gelegenheitsarbeiten, in Ratschlägen für Beichtiger und Fürsten, unzweideutige Aussagen des hl. Thomas zum Problem der gelebten Armut.[57]

In ihren Stellungnahmen zu wirtschaftlichen Fakten befassen sich mehrere Scholastiker zumindest in negativer Weise mit der Verteidigung der Allerärmsten, z. B. wenn sie über Wucher, gewaltsame Aneignung, Preisspekulation, Steuermißbrauch, Rechtsmißbrauch oder den gerechten Lohn sprechen. In positiver Weise werden die Pflichten gegenüber den Armen zum Gegenstand ausführlicher Belehrung. In diesem Zusammenhang nehmen die meisten Scholastiker die Positionen ihrer Vorgänger wieder auf und präzisieren sie.

Da die Art zu geben mehr wert ist als das, was man gibt, soll man höflich und mit Respekt vor dem Empfänger geben, schrieb Guillaume Peyrault. Der Forderung Jean Olivis hätte wohl jedermann zugestimmt: Das vollkommene Almosen solle sofort, fröhlich, reichlich und vernünftig gegeben werden. Bereits beim Begriff ‚vernünftig' jedoch stellte sich die Frage nach dem Maßstab, und erst recht bei der Überlegung, was man geben solle. Wo beginnt der Überfluß? Da Überfluß ein relativer Begriff ist, suchten Thomas und Bonaventura ihn zu definieren. Zumindest für die Laien wurde allgemein der Grundsatz akzeptiert, daß Überfluß das sei, was nach der Befriedigung der Grundbedürfnisse eines Menschen, seiner Familie und seines Hausstandes übrig bleibe. Und es erscheint selbstverständlich, daß in einer Ständehierarchie diese Bedürfnisse die Ausgaben für den jeweils angemessenen Lebensstil einschlossen. Die Marge schwankte also von Stand zu Stand. Aber wenn der Nächste in Not war, bestand auf jeden Fall die Verpflichtung, all das zu geben, was man nicht unbedingt benötigte, was jener aber zum Überleben brauchte. Allgemein galt der Grundsatz, den Eudes de Châteauroux formuliert hatte, daß das Almosen normalerweise vom Überfluß, in Ausnahmefällen auch von der Substanz genommen werden soll. Auf keinen Fall jedoch darf das Almosen aus unrechtmäßig erworbenem Gut oder unrechtmäßigen Einnahmen stammen. Von Diebstahl zu profitieren ist verboten, ob es sich nun um Raub, veruntreutes Erbe oder veruntreute Mitgift handelte, um Einbruchsdiebstahl, Rechtsverweigerung, unerlaubte Spekulation oder Wucher. Was der Wucherer gibt, ist die „Substanz" des Armen, und Gerechtigkeit geht vor Almosen. Um 1220 schrieb ein Bischof von Angers in die Statuten seiner Diözesansynode, daß „das Almosen nicht immer das beste Mittel zur Tilgung der Sünde ist, denn bevor man großzügig Wohltätigkeit übt, muß der Gerechtigkeit Genüge getan sein". Die testamentarische Rückerstattung zu Unrecht erworbener Güter ist nutzlos, weil sie zu spät kommt, sagt Guillaume Peyrault.

Von den Empfängern der Almosen galten nur wenige als hoch achtbar wie etwa der hl. Franziskus, auch falsche Arme gelangten in ihren Genuß. Die Scholastiker vertraten durchgehend die Ansicht, das Almosen solle nicht zum Müßiggang ermutigen. Der Bettel war nicht geachtet, und Wilhelm von Saint-Amour z. B. bezeichnete mit dem lateinischen Begriff *trutannus*, von dem das französische *truand* (Landstreicher) abgeleitet ist, sowohl gesunde Berufsbettler als auch junge Beginen, die Mitglieder von Banden und Sekten sowie die Neomessalianer, die in Paris auf Kosten ihrer Mitmenschen vorgeblich ständig im Gebet lebten. Der durch und durch traditionalistische Advokat des Weltklerus beschränkte den Kreis derjenigen, die Anspruch auf Almosen haben, auf Kranke, Kinder, Greise, unfreiwillig Arbeitslose und auf Menschen in außergewöhnlichen Notlagen. Seiner Ansicht nach durfte Mitleid nicht dazu verleiten, ohne Unterschied zu schenken. In jedem einzelnen Falle müsse man prüfen, ob der Bittsteller ein Anrecht auf Almosen besitze, und man solle ihm raten, sich Arbeit zu suchen. Diese geistige Enge ist nicht nur deshalb bemerkenswert, weil sie uralte Wurzeln hat, sondern auch, weil sie den modernen Dirigismus der Wohltätigkeit um Jahrhunderte antizipierte. Und es sollte nicht lange dauern, bis aus Laienkreisen erwachsene wohltätige Initiativen und neue wirtschaftliche Schwierigkeiten die Bereitschaft der Herzen stärker anregten, das Gedankengebäude der Gelehrten erschütterten und veränderten, beide aber auf eine harte Probe stellten.

VIII. Die Blütezeit der institutionalisierten Wohltätigkeit

1. Organisierte und öffentliche Fürsorge

Die im 12. Jahrhundert in Gang gesetzte „Revolutionierung der Caritas"[58] nahm im 13. Jahrhundert immer größere Ausmaße an. Die Art der Fürsorge blieb zwar im wesentlichen unverändert, aber durch die ständig zunehmende Zahl der wohltätigen Einrichtungen und Stiftungen erreichte sie eine größere Beständigkeit und einen höheren Grad an Organisation, die Formen der Wohltätigkeit paßten sich stärker den sozialen Gegebenheiten, der städtischen Sozialstruktur und der Geldwirtschaft an. Daß sich neben Privatleuten auch Gruppen sowie die kirchliche und weltliche Obrigkeit immer stärker daran beteiligten, belegt, daß in einem sozialen und geistigen Umfeld, in welchem das Geld einen wichtigen Platz einnahm, die Versorgung der Notleidenden zum drängenden Problem wurde.

Längst war die Zeit vergangen, da die Wohltätigkeit fast ausschließlich in den Händen der Mönche lag. Das heißt aber noch lange nicht, daß das Klosteramt des Almoseniers verschwand, im Gegenteil, auch die Klöster, die im 12. Jahrhundert kein eigenes Amt für das Armenwesen besaßen, führten es nun ein, und fast überall wurde es zu einem der am reichsten mit Einkünften, Abgaben und Dienstleistungen ausgestatteten Ämter. Gerade diese Entwicklung aber führte zum Verfall des Amtes und sicherte doch gleichzeitig seinen Fortbestand; denn sobald der Almosenier über regelmäßige Einkünfte verfügte, bestand die Gefahr, daß er sein Amt als Pfründe verstand. Die Erstarrung wurde noch dadurch beschleunigt, daß die neuen Orden die Spenden der Gläubigen und die Bittsteller an sich zogen. Natürlich wurde weiterhin die liturgische Zeremonie des *mandatum* gefeiert, wurden die Vorschriften der Ordensregeln peinlich genau befolgt und eine bestimmte Anzahl armer Leute regelmäßig beköstigt. Aber überall, in Cluny, Corbie, Tournai, Mont Saint-Michel, Saint-Ouen zu Rouen oder in Saint-Denis, verloren diese Riten allmählich ihren sozialen Bezug. Zur Sicherung der Armenfürsorge mußte man nicht mehr wie früher das Milchvieh abschlachten; die größten Klöster verwendeten nur noch zwei bis fünf Prozent ihrer Einkünfte für die Verpflegung und Unterbringung der Armen. Wie stark die karitative Funktion der Klöster zurückging, bezeugen die Visitationsprotokolle. Eudes Rigaud, der die Provinz Rouen visitierte, machte den Rückgang der Spenden und vor allem Mängel in der Amtsführung dafür verantwortlich. Aber zweifellos muß man dabei auch berücksichtigen, daß sich der Schwerpunkt der Armut in die Städte verlagerte. In Florenz z. B. unterhielten die Benediktiner von La Badia und die Vallombrosaner noch im 14. Jahrhundert zwei Hospize, die schon über 200 Jahre bestanden.

Neuere Orden setzten die Tradition der klösterlichen Armenfürsorge fort, so die Templer, die – wie aus den Akten des Templerprozesses hervorgeht – in dreiwöchentlichem Rhythmus Gaben an die Armen verteilten. Ähnlich organisierten die Hospitaliter ihre Armenfürsorge, wie Untersuchungsberichte aus den Jahren 1338 und 1373 belegen. Schließlich sind die Bettelorden zu nennen, soweit sie überhaupt materielle Hilfe leisten konnten, da sie ja selbst in Armut lebten.

Mit der Errichtung eines eigenen Amtes für das Armenwesen wurde auch die Wohltätigkeit der Bischöfe und Kanoniker zur geregelten Institution. Zur Verteilung seiner Gaben führte Simon de Beaulieu, der Erzbischof von Bourges (1281–1294), anders als 20 Jahre zuvor Eudes Rigaud in Rouen oder seinerzeit Nicolas Gellent in Angers, bei seinen Visitationsreisen einen eigenen Almosenier mit. In einigen Bischofstädten erhielt der Almosenverwalter einen ständigen Sitz. In Barcelona führte die Reorganisation der Armentafel der Kanoniker (1226) zur Entstehung der *Pia Almona de la Seo*, die täglich etwa 50 Armen eine Mahlzeit anbot, im Hungerjahr 1317 aber 1920 Rationen an 178 Bedürftige austeilte. 1288 richtete der Bischof von Valencia ein ständiges Amt ein, das jeweils samstags und an Feiertagen die Ausgabe von Lebensmitteln sowie den Unterhalt eines Hospizes zu besorgen hatte. 1311 ergriff der Bischof von Bologna ähnliche Maßnahmen und befahl seinen Suffraganbischöfen, in ihren Bischofsstädten jedes Jahr *uomini da bene* mit der Kollekte und Verteilung der Almosen in den verschiedenen Stadtvierteln zu beauftragen. Außerdem forderten Regionalkonzilien und Synoden zur Wohltätigkeit auf und faßten entsprechende Beschlüsse, etwa in Westfrankreich, besonders in Angers, und im spanischen Valladolid (1322) und in Tortosa (1343); die Geistlichen mahnte man an ihre Pflicht, Arme und Reisende zu beherbergen.

Etwas später als andere Bischöfe fügte ihr Primus, der Papst, den Dienst an den Armen fest in die Verwaltungsstruktur der Kurie von Avignon ein. Die Wohltätigkeit eines Fürsten, und sei es eines Kirchenfürsten, war zunächst seine persönliche Angelegenheit, und weder Päpste noch Kardinäle hatten es je daran fehlen lassen; aber solange der päpstliche Hof umherzog, konnte keine stabile Organisation zustandekommen. Sobald sich der Papst in Avignon fest niedergelassen hatte, wurde ein eigenes Amt unter der Aufsicht des päpstlichen Kämmerers eingerichtet, das aus direkten Zuwendungen und aus Anweisungen auf die Spendenkollektoren finanziert wurde. Es erhielt die Bezeichnung *Pignotta*; so nannte man die kleinen Brote, die an Notleidende verteilt wurden. Aber die Armen erhielten zu verschiedenen Anlässen auch andere Lebensmittel sowie Kleidung und Schuhe. Da die päpstliche Verwaltung genau Buch führte, sind die Ausgaben und Einnahmen der Pignotta fast lückenlos überliefert. Doch kamen die großzügigen Gaben nicht nur echten Armen zugute; diese werden in den Aufzeichnungen überhaupt nicht erwähnt, sie bleiben eine amorphe Masse. Überliefert sind nur die nahezu gleichbleibenden Beträge, die zumindest im Prinzip für die Armen verwendet wurden. Von der Wohltätigkeit des Papstes profitierten auch karitative Einrichtungen, vor allem Hospize, in der gesamten Christenheit.

Aus dem Rahmen fällt die Spende, die Benedikt XII. 1340 den Einwohnern Nordfrankreichs (Cambrésis, Vermandois, Thiérarche) während der ersten Wirren des Hundertjährigen Krieges zukommen ließ. Er entsandte einen seiner Kapläne, der den treffenden Namen Bertrand Carit trug; dieser sollte 6000 Goldfloren (8900 Pfund Tournosen) unter den am schlimmsten Betroffenen verteilen. Den Geldtransfer besorgte das Florentiner Bankhaus Bonaccorsi. Auch der Bischof von Laon und König Philipp VI. von Frankreich schlossen sich der päpstlichen Großzügigkeit an.

Die Pignotta stellt eine Übergangsform zwischen kirchlicher und fürstlicher Armenfürsorge dar. Letztere erhielt im Laufe des 13. und 14. Jahrhunderts an allen Höfen fast gleichzeitig feste Organisationsformen. Zur Wohltätigkeit war der Fürst genauso verpflichtet wie zur Gerechtigkeit, und für Ludwig den Heiligen „bedeutete die Verwaltung eine hohe Form des Dienstes am Nächsten".[59] In Umkehrung dessen könnte man sagen, daß er die Hilfe für den ärmsten Nächsten für den Hauptzweck der Ausübung von Herrschaft hielt, was in seinen *Enseignements* für seinen Sohn zum Ausdruck kommt. Doch entstand die königliche Aumônerie in Frankreich nicht zur Regierungszeit Ludwigs IX.; bereits Philipp August hatte zahlreiche Privilegien und Schutzurkunden ausgestellt, Schenkungen gemacht, Leprosenhäuser, Armenhäuser und Hospize gegründet, wobei er manchmal sogar ältere Privilegien erneuerte. Die Aufgabe des königlichen Armenamtes darf auch nicht mit der privaten Wohltätigkeit des Königs verwechselt werden. Erinnern wir uns nur an die erbaulichen Anekdoten, die Joinville oder Guillaume de Saint-Pathus, der Beichtvater der Königin Margareta, erzählen, oder an die ausführlichen Zeugenaussagen anläßlich des Heiligsprechungsprozesses. Als Gründer der *Quinze-Vingts* bedachte Ludwig IX. auch andere Blindenanstalten, etwa in Caen, und zu den Wundern, die seiner Fürsprache zugeschrieben werden, zählen zahlreiche Blindenheilungen. Die Anekdote über die Begegnung mit dem Leprosen in Royaumont erinnert daran, wie der hl. Franziskus, eines der Vorbilder des hl. Ludwig, den Leprosen küßte. Wie der Arme von Assisi bekämpfte auch Ludwig IX. die Prostitution und gründete in Paris die *Maison des Filles-Dieu*. Für die Kranken ließ er Hospize erneuern oder erbauen, so in Vernon, Pontoise und Compiègne, nicht zu vergessen seine Zuwendungen für das Hôtel-Dieu in Paris. Arme waren in der Vorstellung Ludwigs IX. wie seiner Zeitgenossen hauptsächlich Kranke und Bettler. Für sie ließ er Mahlzeiten austeilen, an denen manchmal bis zu 200 Menschen teilgenommen haben sollen. Wegen der schwierigen Zeitläufte und aufgrund vielfältiger Klagen über Ungerechtigkeiten ließ er die Verwaltung überprüfen. Zwei Aspekte sind also deutlich voneinander zu trennen: Der legendäre Ludwig der Heilige, über den die Hagiographie berichtet, der nachts ohne Wissen seiner Umgebung aufstand, um mit den Armen im Hospiz von

Vernon das Lager zu teilen, wo dann „das Bett des seligen Ludwig" für immer unbelegt blieb; andererseits der Politiker Ludwig IX., der Untersuchungen anordnete und über die ordnungsgemäße Abrechnung des Armenamtes wachte.

Kein anderer französischer König hat sich persönlich so für die Armen eingesetzt, und seit dieser Zeit blieb die *Aumônerie* ein Hofamt, das mit der Oberleitung aller vom König gegründeten Armenhäuser, Hospitäler und Leprosenhäuser betraut war, das Personal ernannte und überprüfte, die Anstalten finanzierte, die Abrechnungen überprüfte und über Rechtsstreitigkeiten urteilte.

Die *Aumônerie* des Königs von Frankreich war kein Ausnahmefall. Alfons von Poitiers teilte die Sorge seines Bruders für die Armen und ließ nicht nur wie er die Amtleute überprüfen, sondern er unterhielt an seinem Hof offensichtlich auch eine Art Armenamt, das zusammen mit einem Amtsträger namens Pierre le Trésorier bei zahlreichen wohltätigen Schenkungen und Stiftungen des Grafen eine bedeutende Rolle spielte. Auch außerhalb von Frankreich folgten die Herrscher dem Vorbild des hl. Ludwig, z. B. seine kastilischen Vettern. Kg. Ferdinand ordnete 1216 an, seine Almosen sollten allen zugute kommen, „*tam bono homini quam malo*". Das gleiche gilt in England für seinen Schwager Heinrich III. sowie für seinen Vetter Eduard I., in dessen Regierungszeit (1277) ein königliches Almosenamt ausdrücklich erwähnt wird.

Ein typisches Beispiel für die Wohltätigkeit der Fürsten der folgenden Generation liefert Mauhaut von Burgund, Gräfin von Artois. Die Abrechnungen ihres Armenamtes zeugen von einer straff geordneten und peinlich genauen Verwaltung; sie informieren über Einkünfte, Art und Rhythmus der Schenkungen, die Empfänger, die Art der Verteilung durch die Amtleute und die Stiftung von Hospizen und Hospitälern (u. a. in Hesdin und Salins). Über die Bedürfnisse der Armen informierte sich die Gräfin auf ihren Reisen: In Calais ließ sie 1306 in einem besonders strengen Winter die Allerärmsten ermitteln und sorgte für ihre Unterstützung; 1321 kamen in Saint-Omer 11000 Menschen in den Genuß ihrer Wohltaten. Was diese zu Recht oder zu Unrecht übel beleumundete Gräfin zustande brachte, vollbrachten andere, die im Ruf der Heiligkeit standen, natürlich erst recht. Im 13. Jahrhundert hatte Elisabeth von Thüringen, eine ungarische Königstochter, ihre Wohltaten ausgeteilt; sie starb 1231 und wurde bereits vier Jahre später heiliggesprochen. Ein Jahrhundert später gründete Elisabeth von Aragon, die Gemahlin des Königs Dionysios I. von Portugal, 1336 eine Organisation zur Unterstützung der Opfer des Jahres 1333, außerdem von Gefangenen, ausgesetzten Kindern und verschämten Armen. Für ein von ihr gestiftetes Hospiz in Coimbra wählte sie bezeichnenderweise die hl. Elisabeth von Thüringen als Patronin. Zur gleichen Zeit gab es in Aragon bereits ein von Peter IV. eingerichtetes Armenamt und einen *procurador dels miserables* (1343), dessen Aufgabe es war, die Gefängnisse zu inspizieren, dort Lebensmittel abzuliefern und darauf zu achten, daß jede Woche ein Arzt die Gefängnisse aufsuchte; ein eigener *padre de los Huerfanos* kümmerte sich um elternlose Heranwachsende; er stattete die Mädchen mit einer Mitgift aus und verschaffte den Knaben Lehrstellen.

Die Armenämter der Fürsten hatten im weltlichen Bereich dieselbe Funktion wie im kirchlichen die Armentafeln, und auch sie besaßen eine alte Tradition. Der Fürst ließ sich als Wohltäter zu den Armen herab, denn sein Amt und der Wille Gottes verpflichteten ihn dazu. Die Besonderheit der fürstlichen Armenfürsorge besteht darin, daß sie eine der ersten Formen der von Laien organisierten karitativen Einrichtungen darstellt, obwohl im Mittelalter weltlicher und geistlicher Bereich kaum voneinander zu trennen sind. Karitative Tätigkeit entfalteten im 13. Jahrhundert auch Laien, die sich in Bruderschaften oder auf Pfarreiebene zusammengeschlossen hatten. Sie beschränkten sich unter dem Einfluß der Bettelorden nicht mehr auf ihr ursprüngliches Konzept gegenseitiger Unterstützung, sondern widmeten sich nun auch allgemeiner Wohltätigkeit. Aus den nur selten erhaltenen Archivalien wohltätiger Einrichtungen der Pfarreien läßt sich die konkrete Praxis der Caritas sowohl aus der Perspektive der Empfänger als auch der Spender fassen. Die Bezeichnungen dieser Einrichtungen sind unterschiedlich, ihre Objekte und Funktionen aber nahezu identisch. Befriedigende Synthesen stehen zwar noch aus, aber immerhin lassen sich Vergleiche anstellen.

In dem französischen Ausdruck *commune aumône* bezeichnet das Adjektiv die Pfarrgemeinde insgesamt, wodurch das Substantiv eine bezeichnende Bedeutungsveränderung erfährt. Andernorts werden konkretere Bezeichnungen verwendet, etwa der Begriff *Börse*. Der in den Niederlanden und im Reich verwendete Begriff *Armentafel* bezeichnete ursprünglich den Tisch, den man vor der Kirche zur Verteilung der Almosen aufstellte; er erinnert aber auch an die Arbeitstische der ersten Kreditgeber und der ersten Banken, die Wechseltische. Häufig verband man Geistiges und Materielles miteinander und wählte als Schutzpatron der Armentafeln den Hl. Geist. Im Mittelmeerraum gab oft das Behältnis, in welchem man die Almosen einsammelte, der ganzen Institution den Namen, im Rouergue nannte man sie *Bassin*, im Spanischen *Plat* und im Italienischen *Ceppo*.

In den ländlichen Pfarreien Nordfrankreichs und des heutigen Belgien existierten Armentafeln bereits im 13. Jahrhundert. Die Armentafel von Prisches im Hennegau besaß 1330 Grundbesitz und regelmäßige Einkünfte, denn in diesem Jahr trat sie gegen eine jährliche Rente von 20 Pariser Sous die Hälfte einer Windmühle an den Grafen von Avesnes ab. Insgesamt aber sind wir für die Zeit vor 1350 weit besser über die städtischen als über die ländlichen Armentafeln informiert, zwischen denen allerdings nur graduelle Unterschiede bestanden. Die Existenz einer Armentafel in Saint-Omer ist für das Jahr 1229 belegt, als das Schöffenamt ihr bestimmte Einkünfte abtrat und die Zubereitung und Verteilung der Mahlzeiten in den beiden Pfarreien der Stadt regelte. Von den Pfarrern ernannte Tafelherren *(tabliers)* verwalteten Grundbesitz, finanzielle Mittel und Einkünfte der Tafel, die ihr aus Schenkungen, Testamenten, Renten und Geldspenden zuflossen, worüber der Einnehmer *(cueilloir)* Buch führte. Die Verwaltung der Tafeln durch Notabeln unter Aufsicht des Pfarrklerus war allgemein üblich, in der Mitte des 13. Jahrhunderts in Brüssel wie in Dinant, in Calais, wo Gräfin Mauhaut dies in den drei Pfarreien der Stadt einführte, und in Compiègne, wo die städtischen Verwaltungsbeamten an der Armentafel häufig ihre Lehrzeit absolvierten. Wurde eine Pfarrei aufgeteilt, so blieb es in manchen Fällen trotzdem bei einer einzigen Armentafel für die ganze Stadt, so in Douai und in Mons, während in Löwen die „Gemeine Tafel vom Heiligen Geist" die Tafeln der neuen Pfarreien kontrollierte.

Gut erforscht ist die Armentafel von Mons, ihre Vorgänger waren die *Bonnes Maisons*, die im 12. Jahrhundert die Armen versorgt hatten. Im 13. Jahrhundert ernannte die Stadt eigene Verwalter, deren Stellung, dem Umfang des für 1290 belegten Besitzes der Tafel entsprach; dieser hatte sich durch Schenkungen, testamentarische Stiftungen und mehrfach im Jahr abgehaltene Kollekten angesammelt. Unterstützt wurden zwei Kategorien von Bedürftigen: Zunächst diejenigen, die in der jährlich von den Tafelherren und Schöffen revidierten Liste verzeichnet waren und zum Nachweis ihres Anspruchs auf regelmäßige Unterstützung eine Marke trugen; dann die anderen, die nur gelegentlich Unterstützung genossen. Sie erhielten Geld, vor allem zu Beginn des 14. Jahrhunderts (1308), und Naturalien (Brot, besonders zu Weihnachten und Pfingsten gesalzenen Speck und Kleidung). Außerdem übernahm die Armentafel das Begräbnis der Armen und – was besonders bemerkenswert ist – den Unterhalt armer Schüler *(povres élèves de l'escole)* aus Mons (1286). Die kunstvollen Berechnungstabellen heutiger Sozialfürsorge kannte man damals leider noch nicht. Solche Beispiele ließen sich viele aufzählen, aus Holland, Deutschland und England. In Frankreich scheint die Existenz von Armentafeln im 14. Jahrhundert fast überall selbstverständlich gewesen zu sein. 1340 rügte der Bischof von Grenoble als Verstoß gegen alte Gewohnheit *(antiquitus constituta)*, daß in Vif-outre-Drac keine Almosen verteilt wurden. In der Diözese Angers fielen die Bußgelder der Gotteslästerer in die Armenbörse, wie überhaupt die von den Beichtigern zur Buße auferlegten Almosen häufig in die Armenkassen der Pfarrei gezahlt werden mußten.

Ähnlich wie im Norden funktionierten die Armentafeln offensichtlich in Südfrankreich. Im Rouergue gab es am Ende des 13. Jahrhunderts Armenbecken *(bassins)* in Rodez, und zwar in der Innenstadt und in den Außenbezirken. Regelmäßige Kollekten wurden von eigens ernannten *questeurs des pauvres* eingesammelt; sie verwalteten auch die Gewinne aus Konfiszierungen und Bußgeldern, welche die Konsuln als eigentlich Verantwortliche für die Armenfürsorge den Unterstützungskassen zuwiesen. Auch in

Millau überwachten die Konsuln die jährlichen Kollekten und genehmigten im 13. Jahrhundert zusätzlich zu den beiden bereits im 12. Jahrhundert existierenden Spendenverteilungen drei weitere, ein Beleg dafür, daß in Südfrankreich die städtischen Magistrate schon sehr früh Fürsorgeaufgaben übernahmen.

Zwei weitere Beispiele für die Fürsorgetätigkeit von Pfarreien seien aus Spanien angeführt: 1288 teilte in der Diözese Valencia jeden Samstag ein gewählter Armenvater Geldspenden aus; an Feiertagen gab es außerdem Brot, Reis und Fleisch und an Allerheiligen Kleidung und Decken für den Winter. Er machte auch Hausbesuche und sorgte dafür, daß die Armen regelmäßig ärztlich untersucht wurden. Verzeichnet waren die Unterstützungsbedürftigen in einem Armenbuch. Barcelona verfügte vom Ende des 13. Jahrhunderts an über eine der Bedeutung einer Stadt von 40000 Einwohnern angemessene Organisation. Neben der Armentafel der Kathedrale gab es auch in den vier Pfarreien (Santa Maria del Pi, Sant Pere de les Puelles, Sant Jaume Apostol, Sant Miquel y Sant Cugat del Reco del Forn) sogenannte *Plats dels pobres*. Die Armentafel des Hafenviertels Santa Maria del Mar entstand im Krisenjahr 1275. Nach dem Umfang der ihr zugedachten testamentarischen Stiftungen zu urteilen muß sie sehr angesehen gewesen sein; verwaltet wurde sie von *probi homines*, die jeweils auf ein Jahr gewählt wurden.

Ähnliche Verhältnisse wie in den Niederlanden und in Katalonien herrschten in Nord- und Mittelitalien in Stadt und Land. Als Belege seien nur der *Ceppo* von Carmignano angeführt, der über Grundbesitz verfügte, sowie in San Godenzo in der Region Mugello die „Gesellschaft zur Ernährung der Armen Christi". Doch scheinen in Italien die Bruderschaften im Bereich der Armenfürsorge die führende Rolle gespielt zu haben.

Um die karitative Tätigkeit der Bruderschaften zu charakterisieren, können wir uns auf einige Beispiele beschränken, da Wohltätigkeit in diesem Zusammenhang nahezu selbstverständlich erscheint. In den meisten Fällen bedeutete die Übernahme allgemeiner Fürsorgeaufgaben eine natürliche, aber erst nachträglich erfolgte Ausdehnung der Zielsetzungen dieser Zusammenschlüsse, die ja nicht zu diesem Zweck gegründet worden waren. Dies gilt sogar für die Gebets- und Bußbrüderschaften, deren ursprüngliche Zweckbestimmung die religiöse Vervollkommnung ihrer Mitglieder war. Und umso mehr gilt es für Bruderschaften, die aus handwerklichen Zusammenschlüssen hervorgegangen oder auch, wie in einigen Fällen, deren Vorläufer waren. Gegründet zur gegenseitigen Absicherung der Mitglieder, gingen sie schließlich zur Unterstützung Armer und Kranker über. Besonders viele Belege stammen aus den Niederlanden; hier waren es Weber, Walker, Tuchscherer, Färber oder Schmiede. Einen der ältesten Belege liefert die *Charité de Saint-Eloi* in Béthune, eine Bruderschaft von Schmieden, die zunächst ausschließlich den Mitgliedern ein würdiges Begräbnis und gegenseitiges Gebet garantierte, die dann aber den Unterhalt eines

Hospizes übernahm, in welchem 1332 ein Dutzend Arme lebten. Viele Bruderschaften überließen die Reste ihrer gemeinsamen Mahlzeiten den Armen und verpflichteten ihre Mitglieder, die Armen in ihrem Testament zu bedenken und von ihren Einkünften einen Gottespfennig in eine Almosenkasse zu zahlen.

Gabenverteilungen fanden regelmäßig an den hohen Feiertagen statt, aber auch bei besonderen Gelegenheiten, wie etwa beim Begräbnis eines Mitglieds der Bruderschaft. Die Anzahl der Empfänger konnte beträchtlich ansteigen; bei den Spendenverteilungen der Bruderschaft vom Hl. Geist in Montbrison, einer recht kleinen Stadt, erschienen immerhin bis zu 3000 Arme.

Das Bruderschaftpatrozinium des Hl. Geistes war stark verbreitet, man findet es überall, in Lyon, Genf, Freiburg, Peterlingen, Sitten, Zürich, Köln und Brüssel. Noch häufiger aber wählte man ein Marienpatrozinium, wofür die Normandie zahlreiche Belege liefert.

Die Rolle der Bruderschaften ist besonders gut und ausführlich aus Florentiner Quellen belegt.[60] Dort konnten die Bettler sich die Almosen gewissermaßen auswählen bzw. kumulieren, denn nicht nur Pfarreien und Klöster verteilten ihre Gaben, sondern auch die Zünfte und Bruderschaften. Am reichlichsten flossen die Almosen bei den Franziskanertertiaren, die seit 1229 das Hospital San Paolo de Convalescenti unterhielten, und bei der mächtigen Gesellschaft Or San Michele, ein typisches Beispiel für die – drei Jahre nach ihrer Gründung (1221–1224) erfolgte – Umwandlung einer Gebetsbruderschaft in eine wohltätige Organisation. Diese beiden Bruderschaften verfügten über so große finanzielle Mittel, daß sie sich vielfältigen Aufgaben widmen konnten. Die Armen wurden ernährt, gekleidet und erhielten Unterkunft. In Zeiten von Krieg oder Hungersnot flohen sie vom Land in die Stadt und fanden Aufnahme in Hospizen, Klöstern oder auch in den Palästen von Privatleuten; die Gesellschaft Or San Michele unterhielt außerdem ein Hospital in Monlupe und besaß ein Armenhaus in Florenz. In ihrem Hauptsitz wie bei den Rundreisen im *contado*, der ländlichen Umgebung, welche die Mitglieder der Bruderschaft alle zwei Monate unternahmen, wurden mehrmals in der Woche Lebensmittel und Kleidung verteilt. Die Register der Gesellschaft verzeichnen für einige Jahre aus der ersten Hälfte des 14. Jahrhunderts die detaillierten Modalitäten ihrer Wohltätigkeit:

Wie die anderen wohltätigen Organisationen versorgte die Gesellschaft sowohl gelegentlich vorsprechende Bettler als auch einen festen Kreis von Bedürftigen. Jeder Bettler erhielt einen Geldbetrag und je nach Jahreszeit und nach seinen Bedürfnissen Verpflegung, Kleidung und Brot. 1324 präsentierten sich bei drei Gabenverteilungen zwischen dem 13. und 31. Oktober etwa 1000 Arme; 1347 sollen 6000-7000 Bedürftige drei- oder viermal pro Woche unterstützt und allein in dem damals noch ländlichen Viertel Santa Maria Novella 18 000 Spenden verteilt worden sein. In diesem

Jahr verwandte die Gesellschaft ein Viertel ihrer Einkünfte für die Herstellung und Verteilung von Brot.

Gegenüber der Vielzahl anonymer Bettler bildeten die Hunderte von Armen, die von der Bruderschaft in das Verzeichnis der Unterstützungsbedürftigen aufgenommen wurden, eine privilegierte Gruppe. Ausgewählt wurden sie nach Untersuchung ihrer familiären und beruflichen Verhältnisse; neben ihren Namen wurde die Stellungnahme des Kämmerers vermerkt. Sie erhielten vier- oder fünfmal höhere Zuwendungen als die Bettler, 1324 im Durchschnitt fünf Solidi. Hinzu kamen in regelmäßigen Abständen Lebensmittel, vor allem Brot, Kleidung und Schuhe. Diese Unterstützung erfolgte mit der Regelmäßigkeit eines Abonnements, auf dessen Bezug ein auf den Namen des Berechtigten ausgestellter Ausweis einen Anspruch begründete; dieser Ausweiß hieß *polizza*, von den Inhabern sagte man, sie seien *in polizzis* eingeschrieben. Insgesamt kann man die Gesellschaft Or San Michele mit ihrem hohen Organisationsniveau, ihrem Bemühen, sich den Gegebenheiten anzupassen und sich den Armen persönlich zuzuwenden, als exemplarischen Beleg für die Blüte der Armenfürsorge betrachten, die im 13. Jahrhundert eingesetzt hatte.

Die von Gruppen organisierte Wohltätigkeit erschöpfte sich nicht in Gabenverteilungen. Einige Armentafeln und Bruderschaften unterhielten auch Hospize. Ähnliche Aufgaben übernahmen neben den Bruderschaften und dritten Orden auch die Beginenkonvente, die häufig Almosen verteilten, Kinder aus armen Familien erzogen und Armenhäuser unterhielten.

Auch in anderen Bereichen trug Wohltätigkeit dazu bei, die sich ständig vertiefende Kluft zwischen Arm und Reich zu überwinden. In den Königreichen der iberischen Halbinsel, die auf eigenem Boden, auf dem Meer und in Afrika noch mit dem Islam kämpften, wäre die Gefangenschaft für die armen Opfer von Überfällen zu Wasser und zu Lande zum unwiderruflichen Schicksal geworden, wenn nicht die in der vorangegangenen Epoche gegründeten Orden zusammen mit den Bruderschaften und mit Hilfe von Spenden den Austausch von Gefangenen organisiert und Lösegelder gezahlt hätten. Insgesamt blieb ihre Wirksamkeit zwar beschränkt, aber in Einzelfällen erzielten sie bemerkenswerte Erfolge.

Nach wie vor skandalös blieb die fast alltägliche Benachteiligung der Armen vor Gericht. Ludwig der Heilige war sich dieser Tatsache wohl bewußt, als er die Kontrolluntersuchungen anordnete und die *Enseignements* für seinen Sohn verfaßte; über ungerechte Richter erregte sich auch Philippe de Beaumanoir in seinen *Coutumes du Beauvaisis*, und die Prediger wetterten dagegen. Damit die Armen zu ihrem „guten Recht" kamen, benötigten sie vor allem einen gewissenhaften Anwalt. Guillaume Peyrault skizzierte die Grundzüge einer Berufsmoral der Anwälte und beschrieb ihre Pflichten gegenüber den Armen. Einige Jahre später sprach die Kirche Yves de Tréguier heilig und empfahl ihn damit Richtern und Anwälten als Vorbild; volkstümliche Darstellungen zeigen ihn umgeben von Witwen und Waisen, seinen Klienten. Dies war ein typisches Zeichen der Zeit, ein anderes die Einsetzung von Armenanwälten in mehreren europäischen Ländern. Denn nicht nur vor dem von B. Guenée untersuchten Gericht von Senlis[61] hatten arme Kläger alle Mühe, die Gerichtskosten aufzubringen. 1311 protestierte Guillaume Le Maire, der Bischof von Angers, in einem Memorandum beim Konzil von Vienne dagegen, daß Arme häufig mißbräuchlich und zu Unrecht vor die Gerichte zitiert wurden. Daraufhin erhob das Konzil die Forderung, daß gemäß der traditionellen Aufgabe des Bischofs als Verteidiger der Armen Kleriker vor Gericht nur Arme verteidigen sollten. Im 14. Jahrhundert ernannte Graf Amadeus VI. von Savoyen einen Armenanwalt; 1337 erließ Alfons XI. von Kastilien Vorschriften über die Honorare und verpflichtete die Alkalden, den Armen einen Anwalt zur Verfügung zu stellen; in der Mitte des Jahrhunderts finanzierten die Städte Valencia und Lyon eigene Armenanwälte. Im 15. Jahrhundert geschah dies überall in Spanien und Italien.

Wohltätige Organisationen bemühten sich, die materiellen Unterschiede selbst noch im Tode zu mildern. Wie wir sahen, besorgten viele Bruderschaften nicht nur das Begräbnis ihrer Mitglieder, sondern auch das bedürftiger Armer. War dieses siebte Werk der Barmherzigkeit nicht notwendig, damit nicht die Leichen der Armen, christlicher Mitbrüder, ohne Gebet unwürdig wie Tierkadaver verscharrt würden? Bei den Begräbnisfeierlichkeiten wurde den Armen in der Regel nur eine Statistenrolle eingeräumt, hinter dem Sarg eines Reichen oder Mächtigen, dessen ewige Ruhe ihren Gebeten empfohlen wurde, wenn sie überhaupt welche kannten; ihren Lohn erhielten sie nach den Feierlichkeiten in Form von Almosen. Aber über das Sterben der Armen selbst wüßten wir nichts, gäbe es nicht die Archive von Bruderschaften und Hospitälern und die vereinzelten Pfarrarchive. Für einen Armen bedeutete es fast ein Privileg, in einem Hospital zu sterben; denn der Kaplan brachte ihm die Tröstungen der Kirche, während ihm die Brüder und Schwestern die letzten Schmerzen nach Möglichkeit erleichterten. In den Abrechnungen der Hospitäler sind die Kosten für Leichentücher und Totengräber verzeichnet, die Arme auf den hauseigenen Friedhöfen begruben, soweit der kirchenrechtliche Status des Hospizes einen eigenen Friedhof erlaubte. Sonst wurden die Armen in einem für sie reservierten Teil des Pfarrfriedhofs beerdigt. In solchen Fällen bestritt die Bruderschaft die Kosten für Gottesdienst und Begräbnis. Ähnlich wie die Bruderschaft von Béthune arbeitete 1227 in Narbonne eine Bruderschaft mit der Bezeichnung *Oeuvre des suaires des pauvres morts*. Aus den Akten der Armentafel von Mons geht hervor, daß die Armen im 14. Jahrhundert zwar lediglich in ein Leichentuch gehüllt oder auch ganz nackt beigesetzt wurden, aber nicht immer unmittelbar in die Erde, wie oft behauptet wird; denn die Armentafel kaufte Särge für mittellose Tote. Auch entrichteten die Bruderschaften die dem Klerus zustehenden Gebühren für die Beisetzung. Einige Bischöfe mußten sogar Pfarrer zurechtweisen, die diese Abgaben selbst von den Armen unnachsichtig eingetrieben hatten. Ein Predigtexempel berichtet von einem Bischof, der erfuhr, daß ein Pfarrer einem Armen ein würdiges Begräbnis verweigert hatte, und der den Geistlichen daraufhin zur Entrichtung der Summe verurteilte, die er dem Bischof hätte zahlen müssen, wenn dieser sein Pfarrherr gewesen wäre.

2. Das Hospiz als Grundherrschaft der Armen

Da die Armen bis in die neuere Zeit hinein die einzigen Klienten der Hospitäler blieben, waren sie dort regelrecht zuhause. Insofern besitzt die von den Hospitalitern im 12. Jahrhundert geprägte Formel „unsere Herren Armen, unsere Herren Kranken" nicht nur sentimentalen und religiösen Bedeutungsgehalt. Im Laufe des 13. Jahrhunderts entstanden überall in Europa größere und kleinere Hospize und Hospitäler, von denen bereits viele, wenn auch längst nicht alle, erforscht sind.

Mit den Leprosenhäusern wollen wir uns hier nicht ausführlich beschäftigen; denn sie dienten dazu, Arme wie Reiche von der Gesellschaft fernzuhalten. Nach den Angaben des englischen Chronisten Mathieu Paris gab es in Westeuropa um die Mitte des 13. Jahrhunderts 19000 Leprosenhäuser; kaum ein Dorf verzichtete darauf, im Umland der Städte waren sie sehr zahlreich vorhanden. Mehr als 200 soll es zu dieser Zeit in England und Schottland gegeben haben. Ein Jahrhundert später verfügte allein die Diözese Paris über 50 Leprosenhäuser, von denen mehr als die Hälfte von Pfarreien oder Bruderschaften unterhalten wurde. Nur 15 davon beherbergten allerdings tatsächlich Kranke. Trotz des schrecklichen Massakers im Jahre 1321, als die Aussätzigen beschuldigt wurden, die Brunnen vergiftet zu haben, steht fest, daß die Lepra vom Ende des 13. bis zur Mitte des 14. Jahrhunderts zurückging und damit auch die Neugründungen nachließen. Das Los der Kranken blieb aber unverändert trostlos. Man behandelte sie wie Tote auf Abruf, strenge Riten trennten sie von der Welt der Lebenden; sie waren Ausgestoßene, die man mehr fürchtete als Vagabunden; je angesehener sie vor ihrer Erkrankung waren, umso härter müssen sie unter der Verbannung gelitten haben.

Über die Anzahl der großen und kleinen Hospize, die den Armen und Kranken Unterkunft für eine Nacht boten, zeitlich begrenzte oder unbefristete Pflege oder die Behandlung ihrer Krankheit, können wir uns nur eine ungefähre Vorstellung verschaffen. Und auch andere Fragen müssen vorerst unbeantwortet bleiben: Wie waren die Hospize in den Ländern, zwischen Stadt und Land verteilt? In welchem Verhältnis stand die Zahl der Hospize zur Bevölkerung, die ihrerseits von den Demographen nur zögernd beziffert wird? Wie hoch schließlich war die Aufnahmekapazität der einzelnen Häuser? Als Antwort finden sich in einer Masse von Untersuchungen unterschiedlicher Qualität nur einige beispielhafte Angaben. In den stark urbanisierten und in gewissem Ausmaß bereits industrialisierten Gegenden Nordfrankreichs, der Niederlande und Italiens stiftete neben Adel und Kirche auch das Großbürgertum zahlreiche Hospize, ein Patrizier in Lille z.B. das Genter Hospital ganz in der Nähe des Hospitals Comtesse, einer Gründung der Johanna von Flandern, oder in Douai, Brügge, Gent, Brüssel und Saint-Quentin, einer mit sieben Hospitälern, zwei Leprosenhäusern, einem Beginenkonvent und einem Hospiz für Kinder *(Bons enfants)* außergewöhnlich gut ausgestatteten Stadt. In Italien waren selbst die mittleren Städte verhältnismäßig gut versorgt, besonders aber die Wirtschaftsmetropolen wie Mailand, Genua, Venedig und Florenz, wo nach Giovanni Villani etwa 30 Hospize existierten. Einige Hospitalbruderschaften breiteten sich über mehrere Städte aus, so die 1361 gegründete Bruderschaft der *Disciplinati* des hl. Thomas, die in Venetien, Friaul und im Trentino wirkten.

Selbstverständlich waren die Messestädte der Champagne dafür gerüstet, die Bedürftigen zu versorgen, die im Gefolge der Großkaufleute von der Stadt angezogen wurden. In Provins finanzierte das Bürgertum aus Unter- und Oberstadt zusammen mit den Grafen die Fertigstellung des heute noch bestehenden Krankenhauses und den Umbau des Heilig-Geist-Hospizes. Ähnlich bedeutende Stiftungen erfolgten in Lagny, Bar-sur-Seine und Meaux.

In der Hauptstadt Paris mit ihren vielfältigen Funktionen reichten etwa 60 Einrichtungen unterschiedlicher Größe, vom antiken Hôtel-Dieu bis zu kleinen Armenhäusern, kaum zur Versorgung einer Bevölkerung aus, die um 1328 auf mehr als 200 000 Menschen geschätzt wurde. Sie waren über die ganze Stadt verteilt, in der Innenstadt, in den volkreichen Vierteln rechts der Seine, an den Hauptausfallstraßen, während links der Seine hauptsächlich die Klöster Saint-Victor, Sainte-Geneviève und Saint-Germain-des-Prés die Armen versorgten. Zu den im bzw. vor dem 13. Jahrhundert gegründeten Hospizen, Hospitälern und Armentafeln kamen im 14. Jahrhundert weitere Einrichtungen hinzu, die vorwiegend aus Laieninitiativen hervorgingen, wie das Hospiz Saint-Julien-des-Ménétriers und besonders das Hospital der Bruderschaft Saint-Jacques-aux-Pèlerins, das in der Geschichte der Hauptstadt noch eine wichtige Rolle spielen sollte.

Auch in den großen Reichsstädten dehnte sich das Hospizwesen beträchtlich aus, aber zur vollen Blüte gelangte es erst später. Dasselbe gilt für Ungarn und Polen mit einiger Zeitverschiebung gegenüber Westeuropa; im 13. Jahrhundert beauftragten die Bischöfe die Bruderschaft vom Hl. Geist und die Kreuzherren mit der Leitung der Hospitäler in Krakau und Breslau. In England, wo sich das Hospizwesen erst später durchsetzte, waren damals nur einige Bischofsstädte (Winchester, Canterbury, Oxford) ähnlich gut versorgt wie die großen Städte des europäischen Kontinents.

In Südfrankreich und auf der iberischen Halbinsel lebte mit der Stadtentwicklung die alte Tradition der Armenfürsorge wieder auf, mit wenigen

Ausnahmen allerdings in relativ bescheidenen Grenzen; die Anzahl der Häuser läßt jedoch keine zuverlässigen Schlüsse auf die Zahl der betreuten Personen zu, in Toulouse und Narbonne waren es z. B. zu Beginn des 14. Jahrhunderts je ein Dutzend. Auf der iberischen Halbinsel gab es Hospize in Barcelona, Valencia und Sevilla, 15 in Cordoba, von denen acht bereits vor dem 14. Jahrhundert bestanden. Im rückeroberten Andalusien brauchten die Christen nur die islamische Tradition in christlichem Geiste weiterzuführen, im Königreich Granada funktionierten weiterhin islamische Institutionen. Als letztes Beispiel sei die damals relativ bedeutende Stadt Porto in Portugal angeführt, die immerhin drei Hospitäler besaß; diese standen bezeichnenderweise unter dem Patrozinium der hl. Klara, des Hl. Geistes und Unserer Lieben Frau von Rocamadur.

Das ländliche Hospizwesen läßt sich kaum überblicken. Nur wenige Archive sind erhalten, und oft ist es nur dem Zufall der Überlieferung zu verdanken, daß wir von der Existenz dieses oder jenes Hauses wissen. Erforderlich wäre die Erfassung der Fürsorgeeinrichtungen in Repertorien und Karten, wie sie für die Regionen Poitou und Anjou bereits existieren.[62] Die Armentafeln, die Aumôneries, wie sie in diesen Gegenden genannt werden, entsprechen in etwa den unzähligen Fürsorge- und Krankenstationen, wie es sie heute noch in den größeren Dörfern gibt. Bevölkerungszuwachs und zunehmende Siedlungsdichte sorgten vermutlich dafür, daß ihre Anzahl im Umland der Städte anstieg, so um Nantes, Poitiers, Bressuire, Thouars, Pouzanges und Saumur. Sie waren recht einfach ausgestattet: Zur Aumônerie Saint-Jean in Craon gehörten „ein Garten, eine kleine Kapelle, ein Haus mit einem Saal im Erdgeschoß, wo die Armen untergebracht waren, und eine Dachkammer für den Verwalter, die er nur über eine Leiter erreichen konnte".[63] Je nach Größe waren sie unterschiedlich organisiert; im 13. und 14. Jahrhundert entschieden überall Laien über die Auswahl des ebenfalls weltlichen Personals. In ähnlicher Form, wenn auch unter verschiedenen Bezeichnungen, in geringfügig unterschiedlichen Organisationsformen und in unterschiedlicher geographischer Dichte war das Hospizwesen auf dem Lande im gesamten christlichen Europa organisiert, in den Niederlanden, in Deutschland wie in England. Andere bereits erforschte Organisationsformen finden sich in Italien mit den Häusern der *Disciplinati* im Hinterland von Venedig und in Portugal, wo der kleine Ort Torres-Novas zum Zentrum eines lokalen Netzes von etwa zehn Hospizen wurde, die eine Bruderschaft unterhielt. Obwohl die angeführten Beispiele keinen Gesamtüberblick bieten können, lohnt es sich doch, diesen weit verbreiteten Typus kleiner Fürsorgeeinrichtungen zu untersuchen; denn sie bilden ein Element der sonst so schwer faßbaren Lebensbedingungen der untersten Gesellschaftsschichten.

Besonders aufschlußreich, wenn auch in den Quellen leider selten erwähnt, ist die Aufnahmefähigkeit der Hospize, doch lassen sich Schätzwerte anhand von Indizien ermitteln. Zumindest theoretisch hängt die Leistungskraft eines Hauses von seinem Besitz und seinen Einkünften ab. Inventare und Abrechnungen enthalten Angaben über das Mobiliar, die Anzahl der Leintücher und Decken, die Küchengerätschaften und die Einkäufe von Lebensmitteln und anderen für die Versorgung benötigten Waren. Die Anzahl der Todesfälle lassen sich in einigen Fällen aus den Angaben über den Kauf von Leichentüchern und Särgen und über die Entlohnung von Totengräbern ermitteln. Aussagekräftiger sind schon Angaben über die Anzahl der Personen oder Betten in den Stiftungsurkunden, wobei die Bettenzahl nur Annäherungswerte vermittelt, weil bis in neuere Zeit mehrere Personen in einem Bett untergebracht wurden. Auf das Fassungsvermögen eines Hauses läßt schließlich auch die Größe der Gebäude schließen, und soweit die Ausmaße der Krankensäle bekannt sind, kann man die Anzahl der Betten in etwa abschätzen.

In einem großen Hospital maß der Krankensaal etwa 40 Meter in der Länge und 15 bis 20 Meter in der Breite, Säulen teilten den Raum in zwei oder drei Abteilungen. Solche Ausmaße hatten z. B. die Hospitäler in Provins, Tonnerre, Valenciennes, Tournai (Saint-André), Seclin, Lille (Hospital Comtesse), Angers und Le Mans (Coëffort). Das Hospital in der Innenstadt von Narbonne besaß zwei Abteilungen, eine für Frauen und eine für Arme. In Tonnerre hatte der Saal 40 Alkoven. Insgesamt war die tatsächliche Belegung sehr unterschiedlich. Ursprünglich hatten einige Stifter sie – ähnlich wie beim *mandatum* in Anlehnung an die Apostelzahl – auf 13 beschränkt, z.B. 1314 in Saint-Michel zu Angers (neun Arme und vier Blinde). Kleinere Stiftungen verfügten nur über ein paar Betten, manchmal weniger als sechs. Die ländlichen Hospize besaßen wahrscheinlich 12–15 Betten, Hospize in Stadtnähe etwas mehr (20 in La Forêt bei Angers). In den Städten lag der Durchschnitt bei 25–30 Betten (Narbonne, Annonay, Millau, Rodez, Genua, Lissabon u. a.). Völlig aus dem Rahmen fällt die Kapazität einiger großer Hospize: Das Hôtel-Dieu in Paris konnte 400 bis 600 Kranke aufnehmen. 1339 verfügten in Florenz 30 unterschiedlich große Hospitäler zusammen über rund 1000 Betten. 300 Betten hatte das Hospital Borgo Santo Spirito in Rom, 200 bis 250 besaßen die Hospitäler in Nürnberg und Regensburg. Kaum glaubhaft erschiene die Angabe Joinvilles, Saint-Nicolas zu Compiègne fasse 130 Arme, gäbe es nicht ein Inventar aus dem Jahre 1264, das 200 Personen erwähnt; unklar bleibt, wer hier übertreibt. Wie soll man die 40 Alkoven (also mindestens 80 Personen) in Tonnerre in eine Beziehung setzen zu den Angaben im Verzeichnis der Kosten für die Totengräber, in dem jährlich zwischen 100 und 150 Begräbnisse angeführt sind? Starb man dort etwa eher als anderswo? Immerhin wurde 1306 der Friedhof vergrößert. In Hesdin dagegen starben in einem Jahr nur 12 Arme. Bei so vielen Variablen und Unbekannten sind fundierte Schlußfolgerungen nicht möglich.

Da die Anzahl des männlichen und weiblichen Pflegepersonals bekannt ist, sollte man annehmen, daß man daraus auf die Zahl der Kranken schließen könnte, die ja normalerweise in einem bestimmten Verhältnis dazu stehen müßte. Aber gerade dieses Verhältnis läßt sich nicht ermitteln. Da aber die Proportionen vermutlich in etwa konstant blieben, darf man sicher vom Umfang des Personals die Leistungsfähigkeit eines Hauses in etwa ableiten. Den kleinen Häusern genügte eine Führungskraft, ein Prior, eine Priorin, ein Meister, ein Rektor oder eine Meisterin, der in größeren Häusern eine zweite zur Seite stand. Auch die Anzahl der Geistlichen variierte. 1220 arbeiteten im Hôtel-Dieu zu Paris 38 Brüder, davon 30 Laien, und 25 Schwestern, in Amiens 7 Brüder und 8 Schwestern, in Brüssel 3 Brüder und 6 Schwestern, je sechs Brüder und Schwestern in Rodez und 13 Brüder und 6 Schwestern in Tonnerre. 1261 und 1267 fand Eudes Rigaud bei seinen Visitationsreisen durch die Normandie im Hospital von Rouen zehn Priester, 20 Schwestern und zwölf Mägde vor, fünf Priester und zehn Schwestern in Caen, vier Brüder und zwölf Schwestern in Pontoise. Unerklärlich bleibt jedoch der Personalbestand des Hospitals von Aubrac im Jahre 1310, wo neben 120 Brüdern noch eine ganze Reihe von Schwestern und Laienbrüdern arbeiteten.

Auskunft über die Bedeutung eines Hauses liefert auch der Rechtsstatus einer Institution, z. B. wenn ein Hospital die kirchliche Erlaubnis erhielt, eine eigene Kirche oder Glocke oder einen eigenen Friedhof zu unterhalten, Privilegien, die ansonsten nur den Pfarreien zustanden. Vom Beginn des 13. Jahrhunderts an wurde die Entwicklung der immer zahlreicheren Stiftungen in diesem Bereich relativ unübersichtlich. So sehr darin die Hilfsbereitschaft der Laien für die Armen zum Ausdruck kommt, so verständlich erscheint das Bemühen der kirchlichen und bald auch der weltlichen Obrigkeit, einen geregelten Status für die Einrichtungen der Armenfürsorge zu schaffen.

Motiv der kirchlichen Intervention war nicht allein die Sorge um die Armen. Mit einem gewissen Mißtrauen beobachtete die Kirche die frommen und wohltätigen Gruppierungen und Grüppchen, die ohne feste Regel lebten und so der kanonischen Aufsicht entgingen. Die Synoden von Paris (1212) und Rouen (1214) und besonders das vierte Laterankonzil (1215) verpflichteten zahlreiche Hospizbruderschaften zur Annahme einer Regel, ein deutliches Indiz nicht nur für den Aufschwung der Armenfürsorge insgesamt, sondern auch für den Geist, von dem diese Organisationen getragen wurden. Die Konzilien verlangten von den in den Hospitälern tätigen Männern und Frauen die Ablegung von Gelübden, so daß sie fast denselben Status erhielten wie die Mitglieder der Orden, Kongregationen und Bruderschaften. So wurde das religiöse Leben der Gemeinschaften vorwiegend nach der Regel des hl. Augustinus geordnet und von der Spiritualität der Zisterzienser, der Kanoniker von St. Viktor und der Bettelorden beeinflußt. Aber Aufnahme und Versorgung der Kranken richteten sich nach den Normen, wie sie die Hospitaliter, die Antoniter, die Brüder vom Hl. Geist oder auch die Dombruderschaft von Aubrac geschaffen hatten.

Neben dem Bemühen um die kirchenrechtliche Ordnung, die in der Übernahme von Ordensregeln zum Ausdruck kommt, zeichneten sich auch erste Versuche ab, die medizinische Kompetenz der Hospitäler anzuheben. Wohlgemerkt, in ganz rudimentären Formen; denn die Hospitäler boten eher Unterkunft und Verpflegung als Krankenpflege im eigentlichen Sinne. Die Fehlernährung der Kranken mit Pökelfleisch, Brot und Wein läßt sich mit dem Bemühen entschuldigen, die Unterernährung zu beheben, an der die Armen litten, und mit der wohlwollenden Freundlichkeit, die den Armen das geben wollte, was sie zuvor entbehrt hatten oder wonach sie gerade verlangten. Selten werden die verschiedenen Krankheiten der Armen in den Statuten differenziert angeführt. Einige Gründungsurkunden erwähnen besondere Kranke, so in Narbonne die *contracts*, Gichtkranke im Endstadium, häufiger werden Wöchnerinnen erwähnt (Narbonne, Saint-Malo und Saint-Pol), für die ein eigener Saal bereitgestellt wurde. Vereinzelt wurden nur ausgesetzte Kinder aufgenommen, ab 1231 in Brügge, in Reims vom Beginn des 14. Jahrhunderts an und in Provins. Um 1330–1340 machte die Spezialisierung weitere Fortschritte: Das Hospital von Tonnerre kaufte 100 Säuglingsflaschen auf einmal; in Venedig bettelte der Franziskaner Petruccio von Assisi mit dem Ruf „pieta, pieta" für die Gründung eines Hospitals, das schließlich den Namen Pieta erhielt, so häufig waren damals Kindesmord und Aussetzung. In Bar-sur-Seine allerdings schlug das Personal dem Bürgermeister der Stadt die Bitte um Aufnahme der Findelkinder aus der Befürchtung heraus ab, dadurch die Kindesaussetzung eher zu fördern. Die ersten spezialisierten Häuser gab es für Blinde; den Stiftungen Ludwigs des Heiligen folgten weitere: 1291 in Chartres, 1331 St. Mary in London. Offensichtlich zögerte man noch, Geisteskrankheit als regelrechte Erkrankung anzuerkennen, man hielt die Menschen vielmehr für besessen oder kriminell. Erste Asyle für sie entstanden in der zweiten Hälfte des 14. Jahrhunderts, nachdem aber bereits eine auf 1250 datierte Armenbibel zum erstenmal die Versorgung der Geisteskranken zu den Werken der Barmherzigkeit gezählt hatte.

Eine gewisse Spezialisierung der Hospitäler vollzog sich weniger nach medizinischen Gesichtspunkten, sondern eher nach Berufen; sie folgte damit der Tendenz zu sozialer Differenzierung und Abschottung. Die Zünfte unterhielten Häuser zur Versorgung ihrer Mitglieder, die Weber, Walker und Tuchscherer in Brüssel, Gent und Venedig, die Schmiede in Flandern und im Lütticher Land. Besondere Hospize und Lazarette errichtete man relativ früh für Seeleute, da man schon immer fürchtete, sie könnten Krankheiten einschleppen. Mit dem Namen des Schiffseigners Auffredy ist das Marinehospital in La Rochelle seit Beginn des 13. Jahrhunderts verbunden. In Venedig wurde der Chirurg Gualtieri 1300 von der Signorie mit der Pflege der Kranken und Verwundeten auf den Galeeren beauftragt und wenig später (1318) mit der Leitung eines Hospizes (San Antonio) für arme, alte und kranke Seeleute betraut. Einige Stiftungen galten auch speziellen sozialen Schichten. In St. Mary zu London und in St. Giles (1340) zu Norwich fanden z. B. nur alte und kranke Priester Aufnahme. Andererseits entstanden unter der Bezeichnung *Bons Enfants* nicht nur Schulen, sondern auch Krankenhäuser für Kinder aus armen Familien. In Brüssel blieb vom Jahre 1306 an das zuvor allen Schichten zugängliche Hospiz Saint-Nicolas verarmten Patriziern vorbehalten, ein Vorgang, der nicht nur die soziale Abschottung belegt, sondern auch die Entstehung einer neuen Art von Armut, deren Opfer von finanziellem Ruin, sozialem Niedergang und Statusverlust betroffen waren.

Der weltlichen, für die öffentliche Ordnung verantwortlichen städtischen Obrigkeit war auch daran gelegen, daß die Fürsorgeeinrichtungen ordnungsgemäß funktionierten. Das Rentabilitätsdenken der führenden Kaufleuteschicht verlangte logischerweise eine stabile und sachkundige Verwaltung der sich mehrenden Institutionen, die immer reicher, aber auch immer stärker in Anspruch genommen wurden, sowie ihre Ausstattung mit zuverlässigem Personal. Noch versuchten die städtischen Magistrate nicht, die kirchlichen Autoritäten zu ersetzen oder gar zu verdrängen, sondern sie kooperierten mit ihnen.

Kirchliche und geistliche Obrigkeit vollzogen eine Art Stellungswechsel: Zunächst forderten städtische Magistrate und weltliche Stifter Mönche auf, die Leitung der Fürsorgeeinrichtungen zu übernehmen; später jedoch empfahl der Episkopat, etwa 1305 der Bischof von Poitiers, Laien mit der Leitung der Häuser zu beauftragen, da sich die geistlichen Verwalter häufig nicht bewährt hatten. Beide Seiten waren an der Ernennung und Kontrolle der Verwalter interessiert, was eine Möglichkeit zur Zusammenarbeit, aber auch potentiellen Konfliktstoff bot. Man kam zu unterschiedlichen Lösungen, die aber schließlich alle auf ein Aufsichtsrecht der städtischen Magistrate hinausliefen. Die kirchliche Obrigkeit, die das Eigenkirchensystem toleriert hatte, gestand den Stiftern der Hospitäler auch die Ernennung der geistlichen Leitung zu. Das Hospiz von Mézières wurde seit seiner Gründung (1214–1215) von Laien geleitet. In Brüssel ernannte der Bischof den Verwalter des Hospitals Saint-Jean auf Vorschlag der Schöffen. In Douai unterstellte die Oberin der Beginen das von ihrem Konvent unterhaltene Hospiz selbst der Aufsicht der Schöffen. In Mons verwaltete zu Beginn des 14. Jahrhunderts eine Magistratskommission alle Hospitäler, Leprosenhäuser und die Armentafel. Mitte des 13. Jahrhunderts waren die Konsuln von Narbonne „Herren und Patrone" aller Fürsorgeeinrichtungen; die Verwaltung übernahmen schließlich Laien, die vor den Konsuln einen Amtseid ablegten. Auch die Leitung ländlicher Hospize übernahmen Laien, Schöffen und Bürgermeister. Bruderschaften jedoch, die Hospitäler unterhielten, wahrten ihre Handlungsfreiheit; sie agierten auf beiden Ebenen; schließlich waren ihre Mitglieder ursprünglich Laien, dann Geistliche und Laien, und durch die Übernahme von Regeln erhielten sie den Status von Ordensleuten. Sie integrierten sich schließlich ins städtische Patriziat.

Die Kommunen hatten gute Gründe, stärker in die Armenfürsorge einzugreifen. Öffentlicher Aufsicht bedurften die Spendenverteilungen an die wachsende Schar von Bettlern, die finanzielle Verwaltung der Hospitäler, die Vormundschaft für Waisen sowie das gesamte städtische Gesundheitswesen. Die am Ende des 13. Jahrhunderts einsetzende ungünstige Konjunkturentwicklung erforderte klare und neuartige Lösungen.

3. Motivation und Stellenwert der individuellen Wohltätigkeit

Notwendigerweise beruht jegliche Art von Armenfürsorge auf der Freigebigkeit und Nächstenliebe von Einzelpersonen, die den Gruppeninitiativen erst Wirkungskraft, der obrigkeitlichen Fürsorge die materielle Basis verleihen. Dabei kann der Anteil der Individuen durchaus unterschiedlicher und auch gegensätzlicher Art sein. Das echte Almosen ist von Natur aus spontan, frei, uneigennützig, diskret, es entspringt regelmäßig geübter Gewohnheit. Das war nicht immer so. Wie zu allen Zeiten gab es auch im 13. Jahrhundert gesetzliche bzw. kirchenrechtliche und gesellschaftliche Pflichtspenden: die Kollekte in der Pfarrgemeinde und der Armenpfennig in der Bruderschaft; die übliche Fastenspende, das bei einer Dispenserteilung fällige Almosen, etwa für die Heiratserlaubnis trotz Blutsverwandtschaft oder Patenschaft, das zur Buße vom Beichtiger auferlegte Almosen; schließlich die Strafe für Vergehen, wenn etwa ein Matrose zu spät an Bord gekommen oder während einer Wache wegen Trunkenheit eingeschlafen war. Natürlich gab es auch zu allen Zeiten die eitle Selbstdarstellung im Zusammenhang mit besonderen Spenden, aber im 13. Jahrhundert erreichte die herablassende Großzügigkeit des Kaufmanns Ausmaße, die an die stolze Freigebigkeit des adligen Herrn erinnern. Man gibt auch aus Eigennutz, denn Reputation ist die Quelle menschlichen Erfolgs. Dieser Eigennutz besaß neben dem moralischen auch einen religiösen Aspekt: Seine Armen zu haben, wie man seine Hörigen und seine Knechte hatte, bedeutete auch, seine Fürsprecher zu haben mit dem Ziel der Vergebung der eigenen Sünden und der Absicherung des eigenen Seelenheils. Dabei soll keineswegs bestritten werden, daß man auch echtes Mitleid mit dem armen und kranken Gegenüber empfand. Festzuhalten bleibt, daß die Untersuchung der individuellen Wohltätigkeit, Grundlage aller gemeinschaftlichen Fürsorge, die Erforschung ihrer Motive und ihres Stellenwerts als Manifestation gesellschaftlichen Lebens die Berücksichtigung unendlich vielfältiger Aspekte und Nuancen erfordern.

Die Individualisierung des Almosens im 13. Jahrhundert entsprang der verstärkten religiösen Gewissenserziehung. Einige Grundzüge charakterisieren diese Individualisierung: Neu ist, daß die Wohltätigkeit der städtischen Kaufleute zugenommen hat; neu ist auch ihre Anpassung an die

Erfordernisse der Geldwirtschaft; neu ist ferner die beträchtlich angestiegene Zahl testamentarischer Verfügungen zugunsten der Armen.

Wohltätigkeit übten Menschen aus allen sozialen Schichten; zahlreiche Stiftungen stammen z. B. von Ehepaaren. Ein Ehepaar aus Bordeaux stiftete ein Hospiz an der Straße nach Dax, das Pilger und die Armen aus der Umgegend versorgen sollte. Ein anderes Beispiel ist mit einer Legende verbunden: Ein abgehauener Baumstamm *(ceppo)* soll mitten im Winter geblüht und auf diese Weise den Ort angezeigt haben, wo nach Gottes Willen das von einem Ehepaar aus Pistoia versprochene Hospiz errichtet werden sollte. So entstand der Legende nach das heute noch bestehende Ospedale del Ceppo. Daß solche testamentarischen Vermächtnisse allgemein üblich waren, belegen die in England erteilten Dispense für Schenkungen aus dem Besitz der Toten Hand. Wilhelm von Saint-Amour bedachte in seinem Testament die Notleidenden, die er deutlich von den freiwillig Armen unterscheidet, unter der Bedingung jedoch, ,,daß es anständige Menschen und keine Müßiggänger sind''. Analysiert wurden bereits Hunderte von Testamenten von Bürgern aus Douai, Provins, Toulouse und Narbonne, aus den Regionen Rouergue, Provence, Forez, Lyonnais und Anjou, aus den Niederlanden und Spanien. Die Synodalbeschlüsse und die Mahnungen der Seelsorger riefen im 13. Jahrhundert die Gläubigen immer wieder dazu auf, ,,den Anteil der Armen'' in ihren Testamenten nicht zu vergessen. Die reichsten Bürger stifteten ein Hospital, die ärmeren spendeten ein paar Solidi, eine Decke oder Tücher. Je nach Vermögen wurde die Zahl der Armen festgesetzt, die nach einem Begräbnis beschenkt werden sollten; wer es sich leisten konnte, verfügte auch Spendenverteilungen bei den jährlich wiederkehrenden Gedächtnisgottesdiensten. Auch die Bauern begannen die Armen in ihren Testamenten zu bedenken und bevorzugten dabei karitative Einrichtungen, die Armentafel der Pfarrei, Bruderschaften oder – in mehr als 25% der Fälle – Hospize. Diese Tendenz verstärkte sich unablässig, in den Städten wurden die Legate immer umfangreicher. Erinnert sei nur an Jean Roussel und seine Frau, die in Paris in der Rue des Poulies (der heutigen Rue des Francs-Bourgeois) mit Schindeln gedeckte Häuser finanzierten; darin sollten *bonnes gens* untergebracht werden, je zwei in einem Zimmer, unter der Bedingung jedoch, daß jeder Bewohner täglich ein Vaterunser und ein Ave Maria für das Seelenheil der Eheleute beten sollte (1334). Berühmt wurde ihr Mitbürger Nicolas Flamel aus der Pfarrei Saint-Jacques-de-la-Boucherie, der ebenfalls Häuser zu den gleichen Bedingungen stiftete und sie armen Arbeitern zudachte.

Viel wurde schon gelästert über die Stiftung von Hospizen post mortem, harte Kritik wurde daran geübt, daß man die Armen bei Begräbnissen reich beschenkte, eine bequeme Lösung, wenn man sich zu Lebzeiten wenig um sie gekümmert hatte. Angesichts der Gewinnspannen mancher flämischer oder italienischer Kaufleute fielen ihre Wohltaten allerdings recht knauserig aus. Man braucht nur ihre Geheimbücher oder den *conto di Messer*

Dommeddio anzuschauen. Ein Verdienst der Bettelorden besteht darin, daß sie den Kaufleuten, deren Beruf sie im Prinzip als verwerflich verurteilten, einen Weg wiesen, ihr Seelenheil durch Spenden zu erlangen. Dieser Weg führte über den rechten Gebrauch des Geldes, wie ja auch einst die alten Orden den Gebrauch des Schwertes gutgeheißen hatten; das Schwert schützte die Schwachen, das Geld half den Notleidenden, Nutznießer waren in jedem Falle die Armen.[64]

Die Anwendung geldwirtschaftlicher Methoden auf die Organisation der Wohltätigkeit gehört ebenfalls zu den für das 13. Jahrhundert charakteristischen neuen Form der Anpassung an die sozialen Gegebenheiten. Die Kaufleute verschafften sich mit ihrem Geld sozusagen ein Guthaben bei Gott und den Armen, indem sie es den Bruderschaften und Hospitälern zur Verfügung stellten; verwaltet wurde das Guthaben wiederum von Kaufleuten, denn sie stellten die städtischen Magistrate und leiteten die Bruderschaften. Die Gesellschaft Or San Michele in Florenz trug nicht nur die Bezeichnung, sondern arbeitete auch nach den Methoden einer Kompanie. Die *polizze* ihrer regelmäßigen Kunden wurden daher schon mit den Coupons einer Bankobligation verglichen. Anderswo in Europa, besonders in den Niederlanden, diente die Marke *(token)* aus Blei oder Kupfer mit dem Zeichen der Institution, die sie ausgegeben hatte, den Armen als Geldersatz; sie ersetzte ihnen die kleinen Münzen, die den Großteil der Almosen ausmachten, weshalb sie immer dann in Not gerieten, wenn die kleinen Münzen knapp wurden.

Die Monetisierung der Wohltätigkeit war ein nicht nur in wirtschaftlicher, sondern auch in gesellschaftlicher und moralischer Hinsicht bedeutsamer Vorgang. War ein Geldgeschenk erniedrigender als eine Spende in Naturalien? Auf jeden Fall war es ein Ersatz dafür. Die freie Verfügung über die Marken räumte dem Armen die Möglichkeit ein, in begrenztem Rahmen über seine Einkäufe tatsächlich selbst zu entscheiden. Auf diese Weise blieb seine persönliche Würde gewahrt, was umso wichtiger war, als die Zahl der verschämten Armen mit den wirtschaftlichen Schwierigkeiten beständig zunahm. Die Wahrung der bei der Unterstützung der „geheimen Armen" angebrachten Diskretion wurde dadurch stark erleichtert. Diese Menschen bettelten nicht, voll Scham über ihren Abstieg versteckten sie sich in ihren Wohnungen. Zu ihren Gunsten verstärkte sich in vielen Gesellschaftsschichten die Tendenz zu gegenseitiger Hilfeleistung. In den Niederlanden wie in den italienischen Städten setzte eine Art Selbstverteidigung der Eliten[65] ein, welche Bürger vor dem endgültigen Ruin bewahrte, Handwerker und Bauern ohne oder mit ungenügendem Einkommen unterstützte, junge Frauen ohne Mitgift vor einer Mesalliance oder der Prostitution bewahrte und Waisen eine Lehrstelle verschaffte. Solchen Zwecken wurden zahlreiche testamentarische Schenkungen und Stiftungen gewidmet. Besonders deutlich formulierte 1311 der Erzbischof von Ravenna das Problem, als er scharf zwischen den *poveri vergognosi* und solchen

Armen unterschied, die vor aller Augen Almosen entgegennahmen und zu den öffentlichen Spendenverteilungen erschienen. Diese Unterscheidung kennzeichnet auch die Praxis der Bruderschaft Or San Michele, deren namentlich ausgegebenen *polizze* die Anonymität der Armen und Vagabunden durchbrach; die Brüder suchten die Notleidenden in ihren Wohnungen auf, sie kannten ihre Namen und ihre Gesichter. Auch das hatte es zuvor nicht gegeben.

Man unterschied die Armen also nicht nur in bezug auf das Ausmaß der Unterstützung, die man ihnen gewährte, sondern auch nach ihrer Würde, wobei der Begriff nicht nur rein religiös definiert wird als Würde des Armen Christi. Mit der aufkommenden Problematik der verschämten Armut stellte sich die Frage nach der Menschenwürde. Franz von Assisi und andere nach ihm hatten festgestellt, daß die Gefährdung dieser wie jener Art von Würde von der Vielfalt der Formen von Armut ausgehe und daß es deshalb zunächst notwendig sei, unmittelbar auf den Armen, das menschliche Individuum, zuzugehen. Bereits Elisabeth von Thüringen hatte die traditionellen Formen der Wohltätigkeit gesprengt, eigenhändig den Notleidenden geholfen, mit ihnen die physische und moralische Belastung körperlicher Arbeit geteilt und war damit von der wohltätigen Geste zur individuellen Zuwendung übergegangen. 30 Jahre später bewies Facio von Cremona seine intime Kenntnis der Armut, als er der von ihm begründeten Einrichtung den bezeichnenden Namen *Consortium Spiritus Sancti* gab; dort sollten alle Notleidenden ohne Ausnahme Hilfe finden, vor allem aber solche Arme, ,,die aus wohlhabenden Verhältnissen stammen und in Not geraten sind". Facio starb 1272. Mit dem Absinken der Konjunktur wuchs die Armut, wurden die dauerhaften Elemente, aber auch die Mängel der organisierten Wohltätigkeit sichtbar.

IX. Realitäten und Enttäuschungen

1. Veränderungen der Gesellschaftsstruktur und Konjunkturschwankungen: Die fleißige Armut

Vorboten der Krise

Die Blüte eines regelmäßig funktionierenden Spendenwesens und eines dichten Netzes von Hospizen entsprang nicht nur dem Samen, den ein neues Verständnis von Caritas in die Herzen gesenkt hatte. Sie war eine unter dem Einfluß der Bettelorden zustandegekommene Reaktion auf die Herausforderung durch die Geldwirtschaft, von deren Ausdehnung nicht alle Gesellschaftsschichten profitierten. Erinnern wir uns, daß Bonaventura 1255 schreiben zu können glaubte, Hungersnöte gehörten der Vergangenheit an. Drei Jahre später bereits berichtete Mathieu Paris, der den Armen meist nur wenig Beachtung schenkte, weil er das Thema banal fand, daß in England 15 000 Menschen der Hungersnot zum Opfer gefallen seien. Auf die Exaktheit dieser Angabe kommt es nicht an, zumal es der Autor mit Zahlen sowieso nicht so genau nahm; auf jeden Fall aber liefert sie einen Anhaltspunkt. In Wirklichkeit hatten die Schwierigkeiten nie ganz aufgehört. In Frankreich hatten bereits die Pastorellen, in Italien die Alleluja im Jahre 1233 ein Alarmsignal gesetzt. Auch die italienischen Städte waren von neuem von Hungersnot, Teuerung und Unruhen betroffen worden: 1250 Piacenza, 1255 Parma, 1256 Bologna, 1258 Mailand, 1262 Siena, 1266 Florenz, 1268 Venedig. Seit 1245 schwelte die Unzufriedenheit in Flandern, und im Lütticher Land hatte sich zwischen 1251 und 1255 mehrfach das „Geschrei der Armen" erhoben, die gleiches Recht vor Gericht für Arme und Reiche und die gerechte Verteilung der Abgabenlasten forderten. Ähnliche Forderungen führten 1268–1270 zu Unruhen in der Provinz Cahors. Solche Vorfälle weisen auf neue Probleme hin, deren Ursachen nicht allein in Seuchen und in den Unbilden der Witterung zu suchen sind, obwohl Hungersnöte deren unausweichliche Folgen waren. Klimaforscher untersuchten für die Zeit von 1250 bis 1400 die harten und außergewöhnlich strengen Winter. 1250–1300 zählte man fünf harte Winter, darunter einen besonders strengen, 1301–1350 acht harte, darunter drei sehr kalte Winter und 1351–1400 drei außergewöhnlich kalte Winter. Aber sieben noch so strenge Winter innerhalb von 150 Jahren reichen zur Erklärung der Gesamtproblematik nicht aus. Denn in der Region Forez sind für 34 Jahre und damit die Hälfte der Zeit zwischen 1277 und 1343 Hungersnöte belegt.

Menschliche Bosheit erschwerte die Situation der Unterschichten in einer Periode fortschreitender Rezession sicher in größerem Maße als die Launen der Natur. Der Anstieg der Lebensmittel- und Mietpreise, Inflation, Abgabenforderungen und Ausbeutung der Arbeitskraft verschärften zusammen mit der Hungersnot die Lage der unteren Schichten, schufen neue Formen von Armut und forderten neue Arten der Fürsorge. Dies war der Preis der wirtschaftlichen Expansion.[66] Bevor wir die sich daraus für die Armen ergebenden Konsequenzen untersuchen, sei die Entwicklung kurz skizziert:

Die sogenannten Volkserhebungen waren keineswegs von den Armen selbst initiiert. Die Mittelschichten, die dem städtischen Patriziat die Herrschaft streitig machten, identifizierten sich nicht mit der Sache der Armen, die aber dabei trotzdem eine Rolle spielten. Denn die Wirren der 80er Jahre des 13. Jahrhunderts in den Städten an Seine und Rhein, von Rouen über Arras, Douai, Tournai, Gent, Ypern und Brügge bis Köln, in Mittelitalien und in Barcelona waren von wirtschaftlichen Schwierigkeiten verursacht, denen die Armen als erste zum Opfer fielen. Unter der Führung des aus Brügge stammenden Pierre Le Roy (flämisch: De Coninc) erhob sich in Flandern knapp 20 Jahre später (1300–1302) der Unmut der Unterschichten gegen das städtische Patriziat, gegen die Grundherren und sogar gegen den König von Frankreich. Ähnliche Unruhen brachen zur gleichen Zeit in Brabant aus.

Während in den Niederlanden die Probleme politischer und sozialer Natur und die Akteure Bürger waren, sorgten wenig später konjunkturell bedingte Hungersnöte für weitverbreitete Unruhe. 1302 bereits herrschte auf der iberischen Halbinsel eine Hungersnot, wie sie Gesamteuropa erst 1315–1317 erleben sollte. Nach der Chronik Ferdinands IV. von Kastilien „starben die Menschen auf den Plätzen und Straßen; die Sterblichkeit war so hoch, daß ein Viertel der Bevölkerung starb, die Hungersnot so groß, daß man Brot aus Löwenzahn aß; nie zuvor sah die Menschheit eine so große und schreckliche Sterblichkeit".[67] Was hätte der Chronist erst gesagt, wenn er fünf Jahrzehnte später die Große Pest erlebt hätte! 1315–1317 wurde das gesamte atlantische Europa von einer Reihe von Witterungskatastrophen, Überschwemmungen, von Preisanstieg und Spekulation betroffen. Im Winter 1315/16 mußten die Engländer Getreide aus Frankreich einführen, und im darauffolgenden Sommer gab es in Provins Arbeiterunruhen „wegen der allgemeinen Hungersnot und der Teuerung des Brotes". In Flandern wurde aus der Notlage eine Katastrophe, weil Getreide in benachbarte, noch schwerer betroffene Regionen exportiert wurde; es war ein Preisanstieg um das Zwanzigfache zu verzeichnen. Hungernde Menschen „ließen sich in den Straßen sterben", die städtischen Rechnungsbücher verzeichnen hohe Ausgaben für das Begräbnis von Armen; besonders stark betroffen waren die Lohnarbeiter des Tuchgewerbes in Ypern.

Schon lange Zeit zuvor hatten die Geldwertschwankungen die Spekulation gefördert, und nicht nur in Flandern. 1262, also 50 Jahre zuvor, litt Venedig unter Inflation und Lebensmittelschwarzhandel. Danach wurde die Lage in Frankreich und vor allem in Paris noch weit schwieriger. 1306 führte eine unglücklicherweise vorher von Philipp dem Schönen angekündigte Abwertung von rund 39% zu einem steilen Preisanstieg. In Paris erhöhten sich die Mieten um das Dreifache, eine Katastrophe; zu allem Überfluß verlangten die Gläubiger die Rückzahlung von Schulden in guter Währung. Im Januar 1307 plünderten Handwerker das Haus des Münzmeisters Etienne Barbette. Die Reaktion der Obrigkeit war hart, und trotz zahlreicher Währungsunruhen blieb den Unzufriedenen nichts anderes, als den König in einem Chanson zu verspotten, das ihn mit einem Taschenspieler vergleicht, der auf Kosten der Armen und Bauern seine Tricks vorführt:

Il paraît que le roy nous enchante.	Es scheint, der König zaubert uns was vor.
D'abord de vingt sous fit soixante Puis de vingt, quatre, et de dix, trente.	Zuerst machte er aus 20 Sous 60, dann aus 20 vier, dann aus zehn 30.

Or et argent, tout est perdu	Gold und Silber, alles ist verloren.
Et jamais n'en sera rendu	Und dem Notleidenden wird
Au souffreteux ni croix, ni pile...	nie etwas zurückgegeben werden, weder Kreuz noch Schrift...
Des blés, n'eumes-nous que le chaume:	Vom Getreide bekamen wir nur die Stoppeln,
Le blé au roy, la paille nostre.	das Korn für den König, das Stroh für uns.

Mehrere Faktoren wirkten zusammen, die das wirtschaftliche Gleichgewicht störten; ihre Auswirkungen kumulierten in der Mitte des Jahrhunderts zur Krise. Erinnern wir uns kurz an einige ebenso bekannte wie bezeichnende Faktoren: In Flandern, etwa 1322 in Douai, verschärfte Lebensmittelknappheit eine Situation, in der die Konkurrenz zwischen städtischem und ländlichem Tuchgewerbe bereits zu Arbeitslosigkeit geführt hatte. Die beiden folgenden Jahre brachten auch keine Besserung: Trockenheit und Gewitter im Sommer, gefolgt von Regenfällen in der Zeit der Aussaat des Wintergetreides und starke Frosteinbrüche im Winter verdarben zwei Ernten nacheinander. Im Juli 1324 gab es soviele Arme, daß der Graf den Genter Klöstern befahl, unverzüglich das gesamte in den Zehntscheunen gespeicherte Getreide auszuteilen. Den Effekt dieser weisen Anordnung verdarb eine zu diesem Zeitpunkt unangebrachte Steuererhöhung. Ein Teil der Aufständischen der Erhebung in Seeflandern, von Brügge bis Ypern, die bis 1328 anhielt, waren Arbeiter aus den Städten und Bauernknechte vom Lande, die nichts zu verlieren und alles zu gewinnen hatten.

Ganz Europa, von Nord nach Süd, litt gleichzeitig oder zeitlich versetzt unter solchen Plagen. 1321-1330 erlebte Florenz mehrfach Hungersnot und Teuerung; 1329 warteten zahllose Arme, die aus dem *contado* in die Stadt geflohen waren, unter den Vordächern der Häuser und den Portalen der Kirchen auf Spendenverteilungen. Wenn überhaupt Brot verkauft wurde, berichtet Villani, war es unbezahlbar; die Armen, die es benötigten, konnten es nicht bezahlen, während die Reichen, die eigene Reserven besaßen und es daher nicht brauchten, es sich leisten konnten.

Es folgte eine neue Pauperisierungswelle. In Florenz ließ 1333 eine Überschwemmung die Not nicht abreißen. In Südfrankreich und besonders in der Provinz Rouergue dauerte sie ununterbrochen ein Jahrzehnt lang an. Auch die Champagne war betroffen; 1330 herrschten in Provins, wo der Niedergang der Champagnermessen und die Krise des Tuchgewerbes bereits zu Schwierigkeiten geführt hatten, Arbeitslosigkeit und Hungersnot, wie zuvor schon 1316 und danach 1348. Spanien und Portugal litten 1333 und 1334 unter Mißernten. In Barcelona war das ohnehin knappe Brot bereits an Weihnachten unbezahlbar, und der Engpaß hielt bis April an; die in diesem Zusammenhang ausgebrochenen Unruhen wurden durch Hinrichtungen beendet. Hungersnot herrschte auch in Kastilien, Galizien und Portugal; die Einwohner aßen sogar das Fleisch verendeter Tiere und andere Scheußlichkeiten; die Toten begrub man in Massengräbern auf den Feldern.

Kehren wir über die Provence und die Dauphiné nach Italien zurück. Zwischen 1340 und 1347 zwangen Stürme und Mißernten in der oberen Provence die verschuldeten Bauern zur Landflucht, sie waren gezwungen, bettelnd umherzuziehen. In Castellane wurden viele zahlungsunfähige Schuldner verurteilt. Die Wirtschaftsrezession verschärfte sich in der Provence zusätzlich in einer Phase politischer Instabilität nach dem Tod König Roberts von Anjou (1343); das machte sich auch in der Gegend von Brignoles bemerkbar.

In Italien wütete 1340 eine Epidemie, die auch in den folgenden Jahren nicht ganz erlosch; denn Sanudo schreibt, vor dem „großen Sterben" von 1348/49 „herrschten fast ständig Krieg, Pest und Hungersnot". Folgt man diesem Chronisten, so zählen die Jahre 1343-1354 zu den tragischsten in der Geschichte Venedigs. Hinzuweisen ist auch auf die Vielzahl von Mordfällen und Auseinandersetzungen um die knappen Lebensmittel, besonders im Jahre 1347. Die *Camera del Frumento* war überfordert. Am Ende dieser traurigen Liste stehen die Städte Mittelitaliens. Nachdem Florenz 1338 alle Mühe hatte, die „große Menge von Armen, die aus vielen Regionen herbeikamen," zu versorgen, wie ein anonymer Chronist berichtet, brachen 1340 und erneut 1344 und 1346 Pest und Hungersnot aus. In den dicht bewohnten Vierteln von Santa Croce und Santo Spirito war die Armut sehr groß, und die 1343 unter der Herrschaft des Walter von Brienne bei den Armen geweckten Hoffnungen waren in nichts zerstoben.

Nach einem „Jahrzehnt von Unglücksfällen"[68] brach 1347 über ganz Italien eine Katastrophe herein. Alles wirkte zusammen: Bürgerkrieg, Hungersnot, Epidemien, Wirtschaftsrezession und Inflation (in Venedig wurde die Währung im Verhältnis 1 zu 12 abgewertet). Darin stimmen die Berichte des Sanudo und des Giovanni Villani überein. Hinzu kamen Erdbeben und in Florenz eine Überschwemmung. In Orvieto wurde mit dem Getreide spekuliert, während die Armen hungerten. In Bologna flohen die ausgehungerten Bauern in die Stadt. In Siena rief die Menge in den Straßen: „Tod den Hunden, die uns aushungern!" Nach dem für die wirtschaftlichen Schwierigkeiten bezeichnenden Bankrott der Bardi und Peruzzi (1346) nahm die Hungersnot in Florenz nach dem Bericht Villanis solche Ausmaße an, daß 6000 Menschen Hungers starben und daß die Stadtverwaltung drei bis vier Fünftel der Gesamtbevölkerung von 80000 bis 90000 Menschen mit Lebensmitteln versorgen mußte. Das Los der Allerärmsten kann man sich leicht ausmalen... Hilfreich, wenn auch nicht entscheidend war die Verfügung eines Zahlungsaufschubs für Schuldner. Soweit die Situation vor dem Ausbruch der Großen Pest. Welche Leistungen erbrachten in diesem Zusammenhang die doch so zahlreichen karitativen Einrichtungen? Und für wen? Bevor wir nach Antworten suchen, wollen wir uns mit den Opfern beschäftigen.

Die städtische Armut
Die mit den Konjunkturschwankungen stark anwachsende Zahl der Armen traf die Zeitgenossen unvorbereitet, aber sie suchten nach Lösungen. Bruderschaften wie San Paolo oder Or San Michele in Florenz entfalteten dabei ein gewisses Geschick, obwohl man damals die strukturellen Ursachen der Armut nicht zu erkennen vermochte. Sie sahen den Unterschied zwischen der absoluten Mittellosigkeit anonymer Berufsbettler und den dürftigen Lebensumständen derjenigen, die mit sehr geringen Mitteln auskommen mußten; sie scheinen das Phänomen der ,,fleißigen Armut" erkannt zu haben, das Problem der Armen, deren ganze Arbeit und Mühe nicht ausreichten, ihnen Lebensunterhalt, Unabhängigkeit und Glück zu sichern. Diese Menschen hatten einen Beruf und übten ihn auch aus, einige verfügten sogar über bescheidenes Vermögen, aber bei ihren geringen Einkünften und ihrer Abhängigkeit von einem Arbeitgeber barg jeder persönlich oder konjunkturell bedingte Unglücksfall die Gefahr, in die Armut abzusinken. Dies gilt nicht nur für Florenz, überall, in Stadt und Land brachte die Rezession neue Formen von Armut zutage.
In Italien, genauer in Florenz, stellten die ,,fleißigen Armen", die Lohnarbeiter, nur einen Teil des *popolo minuto*, sie bildeten auch keine geschlossene Gruppe. Diese armen Arbeiter waren meist *sottoposti*, d. h. sie nahmen in den städtischen Handwerkszünften einen untergeordneten Rang ein. Verbindungen untereinander pflegten sie nur gelegentlich, während ihre Bindungen an die großen Familien, von denen sie Protektion und manchmal eine Präbende als Entlohnung für ihre Gefolgschaft erwarteten, unversehrt erhalten blieben. Die Parteien einer italienischen Stadt des Mittelalters sind mit den sozial und politisch geprägten Parteien unserer Tage nicht zu vergleichen. Die reichen Kaufleute, die die Gilden beherrschen, betrachteten die *sottoposti* der Zünfte mit Mißtrauen. 1355 verbot die Seidenweberzunft ihnen Zusammenschlüsse; die Wollenweberzunft kontrollierte die zahlreichen unruhigen Färbereiarbeiter, die man dringend benötigte, weil von ihrer Arbeit die Qualität der Tuche abhing. Die 1343 von Walter von Brienne vielleicht aus demagogischen Gründen gegründeten beiden neuen Zünfte für Färber und Kardierer scheiterten an der sofort einsetzenden Opposition der ,,Fetten" aus den großen Zünften; nur vorübergehenden Erfolg hatten auch Walters Bemühungen um eine geregelte Entlohnung der Webereiarbeiter und um die Gleichheit aller vor Gericht.
Einige anschauliche Quellenbelege vermitteln einen lebendigen Eindruck von der Lage der *sottoposti:* ,,Ich lebe von meiner Hände Arbeit, um meine vier Kinder zu ernähren, die alle noch klein sind. Ich bin ein armer *popolano*, der seinen Lebensunterhalt durch eigene Arbeit verdienen muß, und bin nicht stark genug, ihm Widerstand zu leisten", erklärte ein Kleinhand-

werker aus Florenz in einem Rechtsstreit mit einem Mitglied der mächtigen Familie Bardi. Diese Armen waren derart häufig heillos verschuldet, daß Giovanni Villani berichtet, um 1340 habe Wucher in Florenz nicht mehr als Todsünde gegolten; aufschlußreich ist in diesem Zusammenhang, daß er für die Armen, die sich nicht aus ihrer Verschuldung lösen können, die ungewöhnliche Bezeichnung *impotenti* benutzt. Zwei Maurer, die angeklagt waren, Walter von Brienne immer noch zu bewundern und ihm nachzutrauern, erklärten: „Florenz ist eine schlechte Stadt für die Handwerker und die kleinen Leute."

Färber, Kardierer, Maurer, Lohnarbeiter ... Aber die konjunkturellen Schwierigkeiten verschonten auch den *popolo grosso* nicht, dessen potentielle Verarmung in den Zunftordnungen erwähnt wird. Im Jahre 1324 gehörten z. B. zu den von der Gesellschaft Or San Michele betreuten Bedürftigen zwei Notare, ein Trödler, ein Brettschneider, zwei Schuster, ein Taschentuchmacher, drei Schmiede und drei Makler. Neuere Untersuchungen kamen zu dem Ergebnis, daß zwar alle Berufszweige betroffen werden konnten, die Lohnarbeiter aber besonders gefährdet waren.

Aus den Rechnungsbüchern des Hospitals Santa Maria Nuova geht hervor, daß die Situation der landwirtschaftlichen Tagelöhner, der Gärtner und Bauarbeiter, besonders wenn sie Familien zu versorgen hatten, schon acht Jahre vor der Großen Pest kritisch war. Setzt man den Nominalwert der Löhne der Familienväter in Kalorienwerte um, so erkennt man, daß sie ständig am Rande des Existenzminimums lebten; ein Tageslohn entsprach weniger als 1000 Kalorien, erheblich weniger als die zur normalen Ernährung notwendigen 3500 Kalorien. In einer derartig katastrophalen Lage befanden sich viele Lohnarbeiter bereits 1326, die Mehrzahl von 1340 an.

Diese in seltener Genauigkeit überlieferten Daten aus Florenz illustrieren die Entwicklung einer neuen Art von Armen. Bislang war in Armut verfallen, wer wegen Alter oder Krankheit seinen Lebensunterhalt nicht selbst verdienen konnte, wer arbeitslos oder geschäftlich ruiniert war oder sein Kapital verloren hatte. Nun entstand eine neue Gruppe von Personen, die einer ordentlichen Berufstätigkeit nachgingen, deren Einkünfte aber nicht ausreichten, ihnen und gegebenenfalls ihren Familien einen sicheren Lebensunterhalt zu gewährleisten. Diese Armen sind Mitglieder der städtischen Gesellschaft, sie nehmen teil an ihren Festlichkeiten, an ihren Auseinandersetzungen und an ihren Unglücksfällen. Zweifellos besaßen sie nicht die Privilegien und Rechte von Vollbürgern, und eine gewisse Tendenz zur Trennung der Wohnbezirke manifestiert sich nicht nur in Florenz in den Vierteln Santa Croce und Santo Spirito und in Siena im Viertel von Ovile, sondern auch in Orvieto, in Pisa, an den beiden „Flüssen" Genuas und in Venedig, wo noch heute in einigen *contade* der Giudecca Spuren davon zu finden sind. Die neu Zugezogenen, die allein schon deshalb suspekt erschienen, mußten sich sowieso am Stadtrand ansiedeln. Innerhalb der Stadt aber lebten die Armen unmittelbar neben den Reichen, in der Nähe des Geschlechts, von dem sie abhängig waren. Diese Armen waren keine Ausgestoßenen; sie waren abhängig und gerade dadurch auch nützlich. Man mochte die neuen Armen verachten, ignorieren konnte man sie nicht.

Nach etwa denselben Grundzügen, mit geringen Nuancen je nach Berufsgruppe und Region, entwickelte sich die neue Armut auch außerhalb Italiens. In den Hafenstädten, in Venedig und Genua, in Marseille und Barcelona, in Bordeaux und Nantes, Rouen und London, Brügge und Lüttich lebte ein Großteil der Bevölkerung in Lohnabhängigkeit von Kaufleuten und Reedern: Zimmerleute und Kalfaterer, Segeltuchmacher, Schauerleute, ausgebildete und Hilfsmatrosen, Fischer, Fischhändler, Fuhrleute für den Fischtransport. Sie bildeten eine Welt für sich, die manchmal unversehens in Aufruhr geriet, z. B. 1298 in Calais, 1306 in Saint-Malo oder in Genua, wo die Matrosen gegen die Galeerenbesitzer meuterten.

Im Landesinneren waren die Berufssparten nicht so vielfältig. Bekanntlich beschäftigte schon in der Mitte des 13. Jahrhunderts das Tuchgewerbe von Rouen vorwiegend schlecht entlohnte Arbeiter besonders aus den Stadtrandpfarreien (Saint-Vivien und Saint-Nicaise) und aus umliegenden Ortschaften wie Darnétal. In Toulouse konzentrierten sich einige Berufsgruppen auf der Insel Tounis, Färber, holz- und tuchverarbeitende Handwerker, Kerzenzieher und Fischer, während im Stadtkern und im Vorort Saint-Sernin wohlhabende Leute und Lohnarbeiter wohnten. In Besançon wohnten viele Arme im Viertel Chamars rechts des Doubs. In Paris zeichnet sich die „fleißige Armut", die schon im *Livre des Métiers* des Etienne Boileau faßbar war, in den Kopfsteuerlisten aus der Zeit der letzten Kapetinger deutlicher ab. Und vieles von dem, was über die Stellung der Armen in den italienischen Geschlechtern gesagt wurde, gilt auch für das Abhängigkeitsverhältnis zwischen den Armen und den Geschlechtern in England oder in den Metzer Patrizierfamilien *(paraiges)* und für die Klientel der Bürger in den Städten des Deutschen Reiches.

Und wiederum entsprechen die Verhältnisse in den Niederlanden denen in der Toskana. Die streikenden Textilarbeiter in Douai (1245), die Mitglieder der 1233 verbotenen Gilden in Arras, die Arbeiter im Tuchgewerbe, die in Flandern wegen der Unterbrechung der englischen Wollimporte zwischen 1270 und 1274 ohne Arbeit waren, die aufständischen Handwerker in Brügge, Ypern und Gent, die unter der Konkurrenz des ländlichen Tuchgewerbes leidenden städtischen Handwerker von Douai, sie alle gehörten zur „fleißigen Armut". Zwar verfügen wir nicht über so detaillierte Angaben wie für Florenz, aber anhand einiger Beispiele läßt sich die Situation der flandrischen Tucharbeiter doch umreißen. Georges Espinas untersuchte die Akten eines Prozesses, der nach dem Tod des Herrn Jean Boinebroke in Douai (um 1285/86) stattfand und aus dem wir viel über die Lage des von ihm beschäftigten Personals erfahren. Boinebroke importierte Wolle aus England und beschäftigte die ortsansässigen Handwerker gegen Stücklohn; er verkaufte ihnen die Wolle und kaufte ihre Produktion auf. Bei der Lieferung der Wolle füllte er den unteren Teil der Säcke mit schlechter Wolle, nur den oberen mit guter und ließ sich hohe Preise bezahlen. Er focht Umfang und Dauer der Arbeit an und weigerte sich, soviele Arbeitstage zu bezahlen, wie die Weber verlangten. Einer Frau, die für ihn arbeitete und der er Lohn schuldete, antwortete er, als sie ihr Geld verlangte: ,,Geht, geht, gutes Weib, arbeitet in der Abdeckerei! Euer Anblick bedrückt mich." Lieh er Geld aus, so bestand er darauf, daß es in Form von Arbeitsleistung und nicht in Geld zurückgezahlt wurde, wodurch er seinen Schuldner fast unwiderruflich an sich band, weil dieser kaum hoffen konnte, sich aus dieser Bindung zu lösen. Die *eswardeurs*, die Zunftaufseher, konnten den mächtigen Unternehmer, der mehrmals zum Schöffenamt der Stadt gehört hatte, nicht verurteilen. Außerdem schwächte die technische Organisation des Arbeitsprozesses, der aus zehn bis fünfzehn Einzeltätigkeiten bestand, die Position des Lohnarbeiters gegenüber einem Unternehmer, der den gesamten Produktionsablauf von der Lieferung des Rohstoffs bis zum Verkauf des Endprodukts kontrollierte. Aus solchen offensichtlich allgemein üblichen Praktiken erklärt sich das problematische Abhängigkeitsverhältnis der Arbeiterschaft, die ständig zwischen Kargheit und Not leben mußte. So erfuhren am Ende des 13. Jahrhunderts die Menschen bereits eine Problematik der Arbeitsorganisation, der Lohnabhängigkeit und der Preisentwicklung, von der viele annehmen, sie sei erst im Zeitalter der Industrialisierung entstanden.

Die Armut auf dem Lande

In der Stadt wie auf dem Lande nahm die ,,fleißige Armut" neue Züge an. Georges Duby schreibt dazu: ,,Man kann ... die zunehmenden Besitzunterschiede als die entscheidenste Veränderung der ländlichen Sozialstruktur bezeichnen, die sich in der Endphase der das ganze 13. Jahrhundert über anhaltenden Landwirtschaftsexpansion vollzog." Die neue Armut bedeutete auf dem Land, daß zahlreiche Bauern eine Minderung ihres Status hinnehmen mußten, und zwar sowohl im Verhältnis zu ihren Grundherren als auch im Verhältnis zu der Minderheit reicher Bauern, die in der Lage waren und sich darauf verstanden, von der landwirtschaftlichen Expansion zu profitieren. Unter den Komponenten, die zur Verschlechterung der bäuerlichen Verhältnisse beitrugen, wirkten sich einige offensichtlich besonders gravierend aus: die ungenügende Größe der Bauernstellen, die Unsicherheit der Arbeitsplätze, die Verschärfung der Abhängigkeit und die Verschuldung.

Der größte Teil der bäuerlichen Familien verfügte nicht über genügend Land, selbst wenn man die Unterschiede in Bodenbeschaffenheit, Klima und Bewirtschaftungsform berücksichtigt. Die Aufteilung der Hufen, teilweise eine Folge des Bevölkerungswachstums und der Auflösung der patriarchalischen Großfamilie, wirkte sich am schärfsten aus, als die großen Rodungswellen ausliefen. In England verfügte einer von drei Bauern über rund 6 Hektar, aber davon lag jeweils ein Drittel brach, und aus dem Rest erzielte er beim Einsatz von 5 Zentnern Saatgetreide pro Hektar nur 20 Zentner bei der Ernte, wovon er die Hälfte als Abgaben an den Grundherrn, den König und die Kirche ablieferte. Diese 6 Hektar galten in England bis zur Schwarzen Pest als lebensnotwendiges Minimum für eine fünfköpfige Bauernfamilie; aber um 1280 sollen 46% der Bauern nur über 3 Hektar verfügt haben. Solche Größenverhältnisse, wie sie Ende des 13. Jahrhunderts für den Grundbesitz des Hospitals von Ewelme belegt sind, erfahren in der zweiten Hälfte des 14. Jahrhunderts eine grundlegende Veränderung. Diesseits des Kanals bebauten 1305 in einer Grundherrschaft des Klosters Saint-Bertin 70% der Bauern weniger als 4 Hektar und 30% weniger als 2 Hektar. Nicht weit davon entfernt, in Flandern, fanden sich unter den 3185 aus der Region von Furnes stammenden Toten der Schlacht von Cassel (1328), die einen Aufstand beendete, 1222 ländliche Handwerker, die ein Haus, aber kein Land besaßen, und 891 Leute ohne jeden Besitz; aus den Akten der auf die Erhebung folgenden Gerichtsprozesse geht hervor, daß 95 von den 193 mit Konfiszierung ihres Besitzes Bestraften 2 bis 2½ Hektar und 17 überhaupt kein Land besaßen. Während in Brabant meist 4–6 Hektar zu einem Hof gehörten, lag im Hennegau, wo die Böden von unterschiedlicher Güte sind, die lebensnotwendige Mindestgröße eines Hofes zwischen 30–40 Ar und 5 Hektar.[69] Im Cambrésis lebten um 1300 45% der Bauern in ärmlichen Verhältnissen: 33% besaßen ein winziges Grundstück, 12% waren bettelarm. Andererseits boten Höfe von nur 2–3 Hektar auf den tiefen Lehmböden der Pikardie 36% der Hüfner eine relative Sicherheit; aber noch 33% besaßen mit weniger als 1 Hektar kaum das Nötigste, und 12% ohne Grundbesitz lebten in völliger Armut, sie zogen bettelnd umher und tauchten aus ihrer Randgruppenexistenz nur auf, um als Hilfskräfte bei der Ernte oder beim Dreschen zu arbeiten.[70] Ähnliche Belege liefert die südliche Champagne, wo z. B. 1345 in Rummily-lès-Vaudes ein gutes Drittel der Landbevölkerung nur über sehr geringe Einkünfte verfügte.

Relativ besser gestellt war offensichtlich die Ile-de-France. Zwar besaßen sicher nicht alle Bauern eine Hofstelle auf den fruchtbaren Böden der Region; denn die Bevölkerungsdichte war dort immer sehr hoch. Aber die günstige Verteilung der vielfältigen Bodenarten und der günstig gelegene Absatzmarkt der Großstadt Paris verhalfen der Region in den Jahren vor und nach 1300 zu „einer Art Blütezeit".[71] Fortschrittliche Anbaumethoden wie der Fruchtwechsel, den auch die Bauern übernommen hatten und der die Erträge steigerte, hielten die Zahl der Notleidenden hier stärker als anderswo bis zum letzten Drittel des 14. Jahrhunderts in gewissen Grenzen. Tatsächlich mußte nur eine Minderheit von den Erträgen eines einzigen Hektars leben, während zwei Drittel der Hofstellen ihren Inhabern ein Mindestmaß an Autonomie gewährleisteten. Diese relativ günstige Situation wirkte sich auch noch im weiteren Umland der Hauptstadt aus, in den Regionen Brie, Vexin und im Gebiet um Chartres.

Aus anderen Regionen ließen sich andere Beispiele zitieren, aber bezüglich der Höfe mit überwiegendem Getreideanbau sind die grundlegenden Faktoren überall vergleichbar, ob in Deutschland, Polen oder in der Poebene; Besitz oder Nichtbesitz einer der Größe des Hofes entsprechenden Ausstattung entschied über Wohlstand und Armut.

In Regionen mit andersartiger Wirtschaftsstruktur galten sicher andere Kriterien, über die wir aber nur bruchstückhafte Informationen besitzen. Wo liegt z.B. das Existenzminimum in Weinbau- und Waldgebieten, in Landschaften mit Schaf- oder Rinderzucht? Auch die geographischen Strukturen und die Klimaverhältnisse schufen Unterschiede. Gab es denn nicht auch eine eigene Art oder gar mehrere Arten von Armut, die typisch für den Mittelmeerraum waren? Hier muß man wohl eher von einigen Ar als von großflächigem Anbau sprechen und die Bewässerungsmöglichkeiten stets mitberücksichtigen. Die Unterschiede waren beträchtlich, dennoch wurde für Katalonien, die Grafschaft Foix – etwa in Montaillou –, die Languedoc und die Provence der Anteil armer Bauern an der Landbevölkerung auf 20–25% geschätzt; in San Gimignano dagegen besaßen 65% der Bauern nur winzige Parzellen, und in Orvieto gab es Bauern, die über weniger als 100 Quadratmeter verfügten.

Wo immer aber die Einkünfte nicht ausreichten, mußte man nach einer Möglichkeit suchen, sie zu ergänzen. Die einfachste Lösung bestand im Zusammenschluß von zwei, drei oder vier Inhabern kleiner Parzellen; dies geschah in der Gegend um Lyon und in der Region Forez. Häufig erbrachte handwerkliche Tätigkeit das benötigte Zusatzeinkommen; darin lag eine der Ursachen für die Entwicklung des ländlichen Tuchgewerbes in Flandern. Meist aber verdingten sich die Bauern ständig oder saisonweise als Tagelöhner. Daraus entwickelte sich überall ein ländliches Proletariat, in Frankreich *bergers* (Hirten) und *valets* (Knechte), in England *cottiers* (Häusler) und in Deutschland die *Söttner* und *Gärtner*. Um 1300 war schätzungsweise die Hälfte aller bäuerlichen Familien auf ein zusätzliches Einkommen des Familienoberhauptes angewiesen. Zur gleichen Zeit gab es Dörfer in der Gegend um Namur, in denen mehr als ein Drittel, ja bis zu 72% der Einwohner ihre Arbeitskraft verdingen mußten. Das hatte man in diesem Ausmaß nie zuvor erlebt, und dennoch waren doch nur ein paar Jahrzehnte vergangen, seit Guillaume Le Clerc ein immer noch gültiges, wenn auch wenig schmeichelhaftes Bild des landlosen Bauern beschrieben hatte, der sich nicht gerade zur Arbeit drängt:

Quant un, por fouir ou por batre	Wenn einer fürs Pflügen oder Dreschen

Doit prendre trois deniers ou quatre	3 oder 4 Denare erhalten soll,
Petit fera se l'em nel geite.⁷²	wird er wenig tun, wenn man ihn nicht beaufsichtigt.

In der Grundherrschaft des Thierry d'Hireçon wie auf den großen Höfen der Ile-de-France, auf den Ländereien der Hospitaliter, in den Weinbergen Burgunds, den Gütern des Klosters Ramsey wie in den Ebenen Deutschlands oder der Lombardei arbeiteten zur Erntezeit ganze Heere von Tagelöhnern. Man stritt sich um die Schnitter, und die Nachfrage nach Arbeitskräften ließ zusammen mit der günstigen Konjunkturentwicklung die Löhne der landwirtschaftlichen Tagelöhner vom Ende des 13. Jahrhunderts bis 1325 um das Doppelte ansteigen. Der Lohnvorsprung wurde allerdings durch die Preissteigerung in den folgenden Krisenzeiten rasch aufgeholt. Zwar verfielen nicht viele landwirtschaftliche Lohnarbeiter in Armut, aber in Nordfrankreich unterstützten die Armentafeln in manchen Fällen doch ein Viertel der Dorfbewohner.

Die Unsicherheit hinsichtlich der Arbeitsmöglichkeiten und die Verschärfung der Abhängigkeit trugen ebenfalls zur Entstehung der neuen ländlichen Armut bei. Trotz der relativen Stabilität ländlicher Strukturen blieb die Anstellung von Tagelöhnern stets ungewiß und richtete sich ebenso nach den Jahreszeiten wie nach den Launen des Arbeitgebers. Der Zwang, ihre Arbeitskraft zu verkaufen, brachte die Tagelöhner in der Landwirtschaft in eine ähnliche Lage wie die städtischen Arbeiter. Wenn Giovanni Villani von der Erhebung in Flandern spricht, kommt ihm der Vergleich mit dem Florenzer *popolo* sofort in den Sinn. Ein Arbeitgeber-Arbeitnehmerverhältnis entstand nicht nur zwischen Tagelöhnern und den alteingesessenen Grundherren, sondern in vielen Fällen auch zwischen Tagelöhnern und Großbauern, die sich auf Kosten der Kleinbauernschaft, aus der sie aufgestiegen waren, bereicherten, wie jener Jehan Inglevert, der bei Saint-Omer 40 Hektar besaß und ein Dutzend Knechte befehligte.

Ein Element wenn auch nur relativer Unsicherheit lag auch in den vertraglichen Formen der kurzfristigen Vergabe von Ackerland. Die in Deutschland und den Niederlanden aufgekommene Vergabe in Pacht oder Halbpacht wurde in Italien *(mezzadria)*, Frankreich und England übernommen. Diese Praxis ermöglichte es dem Besitzer, die Abgabenlasten der abhängigen Bauern laufend zu verändern und seine Einkünfte den Konjunkturschwankungen anzupassen, was die Stabilität und Sicherheit der Bauernschaft gefährdete. Das Kloster Ely z. B. erhöhte im Laufe der ersten Hälfte des 14. Jahrhunderts die Abgaben durch kurzfristige Vergabe auf 57% des Ertrages, insgesamt um das Dreifache. Mit dem Anwachsen der Abgaben schrumpfte das Einkommen des Bauern auf ein Minimum, ohne daß sich deshalb seine Abhängigkeit in irgendeiner Form lockerte, eher im

Gegenteil, konnte doch der Hüfner kein erbliches Anrecht mehr auf die Übernahme der Hofstelle geltend machen.

Daneben entstanden neue Formen von Unfreiheit. Bekannt ist die in Südfrankreich gebräuchliche Form der Vergabe unfreier Lehen *(hommage servile)*. In England zeugen die Gerichtsakten von den vielfältigen Bemühungen der Grundherren, die Hörigkeit der Hüfner aufrechtzuerhalten und sie sogar auf freie Bauern auszudehnen. Der Hörigenstatus lieferte den Bauern uneingeschränkt den Forderungen des Grundherrn aus. Dabei bot sich den grundherrschaftlichen Amtsträgern reichlich Gelegenheit, zum eigenen Nutzen höhere als die üblichen Leistungen zu verlangen, wie z. B. 1330 der Intendant des Priors von Christ Church zu Canterbury auf der Domäne Bocking Hall (Essex); doch griff in diesem Falle die Justiz ein.

Überhaupt war menschliche Profitgier für sehr viele neue Aspekte der Armut verantwortlich. Die Grundbesitzer suchten mit einem Minimum an Aufwand ein Höchstmaß an Erträgen zu erzielen, was in England z. B. bedeutete, sich an dem einträglichen Wollexport nach Flandern zu beteiligen. Damit verhielten sich die Schafbesitzer ähnlich wie Jean Boinebroke und seinesgleichen. Doch muß der Gerechtigkeit halber darauf hingewiesen werden, daß man sich auch auf den großen Höfen der Ile-de-France um Steigerung des Ertrags bemühte und daß aus der Anwendung fortschrittlicher Techniken in den 70–150 Hektar umfassenden Ländereien die gesamte Region ihren Nutzen zog.

Von allen Aspekten ländlicher Armut ist die Verschuldung seit jeher und überall der bedrohlichste. Um 1300 war der Verkauf von Grundrenten überall üblich geworden, wobei die Vorteile für die Bauern die Nachteile bei weitem nicht aufwogen. Auf diese Weise besorgte man sich Geld, ohne sich an Wucherer wenden zu müssen. Aber die Festsetzung eines um 5–8 % überhöhten Pachtzinses, der häufig in Naturalien zu entrichten war, verminderte die jährliche Rendite und bedeutete eine langjährige, manchmal auf Lebenszeit eingegangene Bindung und Verpflichtung, die in einigen Fällen sogar noch die Erben übernehmen mußten. Käufer waren Nachbarn, manchmal Bauern, Bürger aus der nächstgelegenen Stadt, Klöster, Adelige und häufig sogar der Grundherr, dessen Land der Bauer bearbeitete; immer aber verschärften die Grundrenten die Abhängigkeit und die Verschuldung der Bauern.

Auch die Plage des Wuchers griff immer weiter um sich. Am Ende des 13. und zu Beginn des 14. Jahrhunderts zog es Juden und Lombarden in die Landgebiete. Die zu 30, 40 oder mehr Prozent ausgegebenen Kredite wurden auf kurze Laufzeit vergeben und dienten zum Ankauf von Saatgetreide, Vieh oder Konsumgütern; sie mußten oft in Naturalien und innerhalb eines Jahres zurückgezahlt werden, z. B. nach der Ernte, wenn der Kredit im Herbst vergeben worden war, zu dem Zeitpunkt, an dem auch die grundherrschaftlichen Abgaben fällig waren. Der Geldwechsler Lippo di Fede del Seca schuf sich nach und nach in Pontanico bei Florenz ein *podere* von 25 Hektar; er achtete darauf, welche Bauern in Schwierigkeiten gerieten, bot sich ihnen als Kreditgeber und dann als Landkäufer an, nachdem er sie zum Verkauf überredet hatte, und machte sie auf diese Weise zu seinen Pächtern oder Lohnabhängigen. Nachdem er nach Frankreich übersiedelt war, war er einer der 30 oder 40 Lombarden, die um 1325 zwischen Auxerre und Rouen und in der Pariser Gegend Geldgeschäfte betrieben, in Wechselstuben, die den *casane* ihrer Landsleute in den Marktflecken Savoyens glichen. Juden fungierten als Kreditgeber in der Normandie, in Burgund und im Roussillon. Die zunehmende Verschuldung der Bauern geht auch mehr oder weniger deutlich aus den Akten der christlichen Notare hervor. 1335 z. B. verliehen in einem Weiler der oberen Provence zwei Brüder 4 Pfund und 18 Sous für den Ankauf von Saatgetreide und die Entlohnung der Feldarbeiter; dafür ließen sie sich im voraus die gesamte Ernte abtreten.

Von der Wechselstube des Wucherers führte der Weg oft direkt in den Gerichtssaal, wie aus den Justizakten hervorgeht: Auf die Kreditnahme folgte Zahlungsverzug, Zahlungseinstellung, Einzug des Pfandes, Flucht, Vagabundenleben, Verbrechen (Raub, Diebstahl, Salzschmuggel) und Kriminalität. Belege dafür gibt es in der Provence z. B. in Castellane und in den Rechnungsbüchern des Schultheißen von Moustiers-Sainte-Marie. Die Landflucht nahm solche Ausmaße an, daß 1317 z. B. das Marseiller Kloster Saint-Victor zu Konfiskationen überging, um die Verödung der Dörfer zu verhindern.

Die Verschuldung der Landbevölkerung beschränkte sich nicht auf die Bauern. Auch einige Adelsgeschlechter bekamen die ersten Erschütterungen des feudalen Wirtschaftssystems zu spüren. In anderen Fällen gerieten ganz unterschiedliche Schichten der Landbevölkerung in Bedrängnis. Als z. B. in der Region Albi die Außenstände der vom Inquisitionsgericht zwischen 1308 und 1323 Verurteilten eingetrieben wurden, waren 53% der zahlreichen Betroffenen Bauern; dazu gehörte aber auch Bertrand III. von Lautrec, der nicht mehr in der Lage war, seine Schlösser instandzusetzen. Die meisten Schulden waren zwar geringfügig, aber gerade ein Kleinkredit ist ein Zeichen dafür, daß der Kreditnehmer in dürftigen Verhältnissen lebt.

Auf dem traditionellen Tableau der ländlichen Armut waren neue Gesichter aufgetaucht. Einst waren die Kontrolleure Ludwigs des Heiligen Witwen oder Waisen begegnet, dem kranken Greis, dem Bauern, der einer willkürlichen Abgabenforderung oder einem ungerechten Urteilsspruch zum Opfer gefallen war, oder dem Dorftrottel, der sich aus purer Dummheit vergangen hatte. Das übliche Familienportrait! Nun gerieten immer häufiger und überall ganz durchschnittliche Dorfbewohner in Schwierigkeiten, z. B. in Montaillou in der Provinz Ariège. Wer war ärmer, der Schuster oder seine Kundinnen, denen er Zahlungsaufschub für die Reparatur der Schuhe ihrer Männer gewähren mußte, bis sie an Pfingsten ihr Geflügel verkauft hatten und den Lohn zahlen konnten? Infolge einer Schlägerei und anschließender Rechtsverweigerung besaßen zehn Holzfällerfamilien weder festen Wohnsitz noch gesicherte Einnahmen. „Ein blauer Rock über einem Kittel, auf der Schulter eine Axt und ein Buchenreisigbündel"; solche Leute hatten weder das Bedürfnis noch die Möglichkeit, sich in Unkosten zu stürzen. Der Dorfweber hielt Schafe, die von Kindern gehütet wurden. Der Hirte des Sabarthès ist nur ein lokaler Fall, der durch die Predigttätigkeit des Katherers Pierre Mauri bekannt wurde; aber ob der Hirte nun die Schafe im Gebirge oder in der Ebene hütete oder von Weide zu Weide wanderte, in seiner Gestalt spiegelt sich in Grundzügen die ganze ländliche Armut. Wir sind noch weit entfernt von der Rehabilitierung des Schäferberufs durch Jean de Brie im 14. Jahrhundert und erst recht von der idyllischen Verniedlichung des Schäferlebens im 15. Jahrhundert. Am Anfang des 14. Jahrhunderts war der Schäfer nicht höher geachtet als seine Schafe. Er wurde zwar vom Grundherrn oder der Dorfgemeinde entlohnt, aber seine Lebensweise erlaubte ihm doch eine gewisse Distanz von der Gemeinde und der Obrigkeit, zu seinem Glück, aber auch zu seinem Unglück. Andere Regionen, andere Menschen, aber die gleiche Armut: In Flandern z. B. die 1328 abgeurteilten Aufständischen. Ein Großteil dieser Bauern besaß nur ärmliche Hütten oder gar nur die Hälfte oder ein Viertel eines Hauses, dazu einige Ar mit Renten überlastetes Ackerland, wie etwa Lankin Wekins; dieser besaß nur „einen Teil eines ärmlichen Hauses und vier Felder in Ychtenghiem und Cokelarde; für eines davon schuldete er dem Jehan Drussatre 9 Pariser Denare jährlich, für ein anderes dem Kasin von Coukelare 12 Pariser Denare jährlich." Sein Besitz wurde konfisziert. Es war nicht angenehm, zu den neuen Armen zu gehören; besser man war seit langer Zeit arm *(pauper)* als kürzlich verarmt *(depaupertatus)* – und bereits dieser Neologismus ist aufschlußreich. Ein verarmter Adliger aus Montaillou drückte das so aus: „Überall werde ich wegen meiner Armut verachtet."

Aus literarischen und populären Texten ließe sich eine auch ethnologisch interessante Anthologie der Armut der Landbevölkerung am Anfang des 14. Jahrhunderts erstellen. Drei Texte seien hier zitiert. Der erste stammt aus England; ein Kanoniker bringt darin zum Ausdruck, daß ein Unfreier sich nicht aus der Unfreiheit lösen kann:

Bauer Wilhelm, ich bitte dich, berichte mir über deine Sache...
Ich rate dir nicht, gegen deinen Grundherrn zu klagen;
Bauer, du wirst unterliegen, der du deinen Herrn besiegen willst.
Du sollst das ertragen, was dir das Landrecht auferlegt.

Der zweite Text, ein Gedicht Alfons XI., stammt aus Spanien. Der Autor läßt einen Bauern zu Wort kommen, der unter Willkür und Not leidet:

> Unsere Felder werden Wüsten,
> da Gerechtigkeit fehlt.
> Wir sind Bauern,
> von allen verlassen.
> Man nimmt uns unseren Besitz,
> und man fügt uns Unrecht zu.[73]

Der dritte Text, ein sogenanntes Kerelslied, entstand zur Zeit des Aufstandes in Seeflandern und beschreibt voller Verachtung die Lage des Hörigen, der es wagt, sich zu Wort zu melden:

> „Die Karls ... haben alle einen langen Bart; sie tragen zerlumpte Kleidung, ihre Kappen sitzen ganz schief auf ihren Köpfen, und ihre Schuhe sind zerfetzt."

Refrain: „Saure Milch, Brot und Käse ißt der Karl jeden Tag, und mit mehr darf man seinen Verstand nicht belasten."

> „Ein großes Stück Roggenbrot genügt für ihn: Er hält es in der Hand, wenn er zu seinem Pflug geht, wobei ihm sein zerlumptes Weib folgt, den Mund halb voller Flachs, das ihren Spinnrocken dreht, bis es geht, um das Essen im Napf vorzubereiten."

Refrain: „Saure Milch ..."

> „Wir werden die Karls zu bestrafen wissen ... Sie müssen wieder unter das Joch kommen."

Diese Thematik war keineswegs auf die Literatur beschränkt. Bereits Villani hatte in ähnlichen Wendungen die Bauernlümmel verurteilt, die aus der Sporenschlacht (1302) als Sieger hervorgegangen waren: „Die gemeinsten Menschen, die es auf der Welt gibt ..., die alle Nationen wegen ihrer Gemeinheit Fettsäcke *(lapins pleins de beurre)* nennen." Wilhelm in England, Karl in Flandern und wenig später Jacques in Frankreich, die Unglücksfälle der Epoche trafen die Arbeiter in der Stadt wie auf dem Lande. Aber wieviele Arme gab es eigentlich?

Die Anzahl der Armen
Gäbe es nicht die Besteuerung, so wüßten wir über die Anzahl der Armen kaum etwas. Die in der zweiten Hälfte des 13. Jahrhunderts erstmals vorgenommene Einteilung der Bevölkerung nach Vermögensklassen entsprach sowohl den finanziellen Bedürfnissen der Stadt bzw. des Staates als auch einem moralischen und sozialen Anspruch. Dieser wurde gelegentlich in drastischer Form erhoben, etwa von Adam de La Halle, der um 1275 in seiner bissigen Satire *Jeu de la Feuillée* die Bürger von Arras, die „augenblicklichen" Herren der Stadt, der Spekulation, der Untreue und des Steuerbetrugs bezichtigte. Die Hand einer „stummen, tauben und blinden" Frau am Rad der Fortuna, so schreibt er, reiche aus, deren Macht zu zerrütten. Damit der Schwache nicht länger den Starken tragen müsse, aber

auch um die Voraussetzungen für den Zugang zu den städtischen Ämtern festzulegen, beschloß man, Grundbesitz und Einkünfte der Bürger zu erfassen und sie proportional zu ihrem Umfang zu besteuern; dabei wurde ein besteuerbares Minimum festgesetzt, dessen Höhe sich nach den jeweiligen Bedürfnissen der Stadt bzw. des Staates richtete. Unterhalb dieses Minimums lagen die Armen, wobei natürlich die Definition des Steuerarmen wiederum von der jeweiligen Höhe des Minimums abhing. Andererseits wurden die Nichtsteuerpflichtigen nicht immer in den Erfassungslisten verzeichnet. Schließlich erfolgte die Besteuerung meist nach Herdstätten, d. h. nach Haushalten; aber bekanntlich haben die Historiker ihre Schwierigkeiten, die Zahl der zu einem Haushalt gehörenden Personen oder auch Ehepaare zu ermitteln, die zeitlich und geographisch recht unterschiedlich war. Soweit zur Komplexität der Quellen, die nur mit behutsamer Vorsicht zu benutzen sind.

Vorreiter waren die italienischen Städte. In Pistoia beschloß man bereits am Ende des 12. Jahrhunderts die Steuerbelastung so zu verteilen, daß „die Armut durch den Reichtum und der Reichtum durch die Armut aufgewogen" werde. Zu Beginn des 13. Jahrhunderts richtete sich in Volterra die Besteuerung danach, „ob man reich oder arm" war. Dieses System wurde schnell übernommen, in Siena, Florenz, Pisa, Lucca, Genua und Venedig und schließlich fast überall, auch in Südfrankreich. Dort ordnete 1263 Alfons von Poitiers eine Vermögensschätzung in allen Ortschaften an. Das galt zwar nur für die Languedoc, aber im 14. Jahrhundert war diese Praxis allgemein üblich geworden.

Zum Verständnis der Lage der Armen wäre es wichtig zu wissen, ob und in welchem Maße dabei ein Minimum an sozialer Gerechtigkeit verwirklicht wurde. Arme und Bettler waren aus begreiflichen Gründen exempt; aber wie verhielt es sich mit jenen „fleißigen Armen" in Stadt und Land, die weniger in Armut als in ärmlichen Verhältnissen lebten? Aus der Zeit vor dem 14. Jahrhundert sind nur wenige Steuerlisten erhalten. Der Kataster *(catasto)* von Orvieto aus dem Jahre 1292 erfaßte die Stadt und das Umland *(contado)*. Die ganz Armen, d. h. diejenigen Armen und Bettler, die öffentliche Unterstützung erhielten, machten etwa 10% der Bevölkerung aus. Ungefähr 20% lebten nur von ihrer Hände Arbeit und verfügten über keinerlei Besitz; zählt man zu diesen noch die Besitzer winziger, aber der Besteuerung unterliegender Grundstücke hinzu, die sehr karg und am Rande des Existenzminimums lebten, so kommt man insgesamt auf 35–40% Arme, ein Prozentsatz, der sich in vielen europäischen Städten wiederfindet.

Leider setzen die Steuerlisten *(estimo)* von Florenz erst mit dem Jahr 1365 ein. Von dem davor angewandten Besteuerungssystem ist ein Gesetz aus dem Jahre 1342 bekannt, das die *miserabiles* und *pauperes* definiert, die von der Besteuerung ausgenommen wurden: Diejenigen, die kein Grundstück im Wert von mehr als 100 Lire besitzen, die weder Handwerker noch

Lohnarbeiter sind, also die Arbeitslosen; hinzu kommen die zahlungsunfähigen Schuldner und Leute, deren geringes Einkommen mit dem Anstieg der Lebensmittelpreise nicht Schritt halten konnte. Aber auch diese Exempten wurden in einer eigenen Liste als *nihil habentes* erfaßt, was nicht mit absoluter Mittellosigkeit gleichgesetz werden darf; vielmehr war dies ein variabler, rein steuerrechtlicher Begriff zur Bezeichnung derjenigen, die in dem jeweiligen Jahr nichts besaßen, was mit einer Steuer belegt werden konnte. Solche Leute waren keine Bettler, aber der Fiskus erfaßte sie nicht, sie waren weder zu einer Vermögenserklärung verpflichtet noch einer Kontrolle unterworfen. Von zahlreichen Armen würden wir außerdem nie erfahren, gäbe es nicht die Unterstützungsverzeichnisse der Bruderschaften und einzelne verstreute Hinweise. Giovanni Villani berichtet z. B. über ein Testament aus der Zeit der großen Überschwemmung von 1333, das bestimmte, daß jeder Arme in der Stadt 6 Denare erhalten solle. Man schloß sie alle gleichzeitig in den verschiedenen Kirchen von Florenz ein, ließ sie dann einzeln heraustreten und gab jedem seinen Teil. Da insgesamt 430 Lire verteilt wurden, gab es in Florenz damals 17900 Arme, wenn man die verschämten Armen außer acht läßt.

Von Stadt zu Stadt, von Land zu Land differieren die Prozentanteile nur geringfügig. In Lunel im Languedoc waren 1295 18% der Bevölkerung von der Steuer befreit. Neun Jahre später waren in Carcassonne 33% der Bevölkerung „zu arm, um Steuern zu entrichten". Präzisere Angaben enthalten die Steuerlisten *(estimes)* von Toulouse. Doch existieren für die Zeit vor 1348 Vermögensschätzungen zwecks Steuerveranlagung nur noch für das Jahr 1335 und nur für das dicht besiedelte Gebiet nördlich des Stadtkerns; außerdem sind die Einwohner, die wegen ihrer Armut keine Steuern zu entrichten brauchten, nicht aufgeführt. Von den 936 erfaßten Haushalten lagen 476, also fast die Hälfte, unterhalb des besteuerbaren Minimums von 10 Tolosaner Pfund; sie besaßen nur 6% des erfaßten Gesamtvermögens. Wie in Florenz ist auch hier der Ausdruck *nihil habentes* nicht wörtlich zu verstehen. Obwohl Hilfsarbeiter, Tagelöhner, Knechte und Bettler nicht verzeichnet sind, entsteht der Eindruck von einer Gesellschaft mit höchst unterschiedlicher Besitzverteilung, in der die Anzahl der in bescheidenen, unsicheren, prekären oder völlig unzureichenden Verhältnissen lebenden Menschen die der Wohlhabenden und Reichen bei weitem übertraf. Anzumerken bleibt allerdings, daß diese Vermögenseinschätzung in Toulouse zu Beginn einer wirtschaftlichen Depression vorgenommen wurde.

Nicht anders als im Süden waren die Verhältnisse im Norden, wie aus den Kopfsteuerlisten von Paris und deutlicher noch aus den Listen von Reims hervorgeht. Die darin angeführten *menus* entsprechen den *nichils* von Toulouse. Die Proportionen sind ähnlich gelagert. In Paris stellen im Jahre 1297 die *menus* 42%, im Jahre 1298 47% der Erfaßten; in den sechs Pfarreien von Reims schwankt der Anteil der *menus* im Jahre 1328 zwischen 40 und 60%. Wie in Toulouse werden auch hier die Bettelarmen nicht in den Listen verzeichnet; sie besitzen auch nicht das Bürgerrecht. Der Anteil der *menus* am gesamten Steueraufkommen beträgt in Paris 5%, in Reims 2-5%. Hier läßt sich auch eine gewisse Aufteilung der Reichen auf die verschiedenen Pfarreien feststellen, doch schließen sie sich weder völlig ab noch dominiert irgendwo eine bestimmte Vermögenskategorie.[74] In Reims schließlich sind wie in Toulouse die kleinen Steuerpflichtigen de facto Arme und manchmal potentielle Arme, es sind kleine Handwerker und Arbeiter, Kleinverdiener, deren Tätigkeit keine besonders qualifizierte Berufsausbildung voraussetzte und deren wechselnde Namen auf den Steuerlisten auf eine gewisse Mobilität hindeuten.

Zahlenangaben über die Provence liefert eine größere Sammlung von Rechnungsbüchern der gräflichen Justiz.[75] Ein Teil davon betrifft das Ende des 13. und die erste Hälfte des 14. Jahrhunderts. Im Verwaltungsbezirk Sisteron betrafen 53% der Gerichtsprozesse Schuldenangelegenheiten, im Bezirk von Castellane waren es 58%. Da es sich in der Mehrzahl der Fälle um Konsumkredite handelte, läßt sich das Ausmaß der Armut in etwa beziffern. Zwischen 1303 und 1316 wurden in Castellane von insgesamt 1000-1200 Haushalten 250 Familien wegen Schulden verurteilt. Von den Verurteilten wurden 150 nur einmal als Schuldner angeklagt, 60 häufiger; 19 bzw. 13 von diesen waren bereits jeweils bis zu vier- oder siebenmal verurteilt worden. Vergleicht man diese Liste mit der Herdsteuerliste des Jahres 1303, so zeigt sich, daß von den 60 häufiger Verurteilten im Jahre 1303 ein Drittel nicht besteuert worden war und ein weiteres Drittel nur nach dem Minimalsatz, also auf einem Niveau, das in den anderen Städten dem der *nichils* und der *menus* entsprach. Zu ähnlichen Ergebnissen führt auch ein Vergleich der Schuldnerlisten mit der bei einer amtlichen Untersuchung 1297 entstandenen Liste der Frondienstpflichtigen. Von 320 Hüfnern mußten 173 Frondienste auf den Feldern leisten; davon gelang es nur 26, sich und ihre Hufe durch die Abgabe eines Stücks Vieh von der Fron freizustellen, aber 91, die keine eigenen Gerätschaften besaßen, konnten die Ablöse nur für ihre eigene Person aufbringen. Aus denselben Quellen erfahren wir, daß die Abgabe, die zu Pfingsten von Herden mit mehr als zehn Tieren fällig war, im Jahre 1304 in einem Ort namens Courchon nur von 17 der 35 Abgabepflichtigen entrichtet werden konnte; die 18 anderen besaßen nur Schafe. 1312 konnten nur sieben, 1316 nur acht Bauern diese Abgabe aufbringen.

In einigen Fällen lassen sich auch aus den Urbaren Schlüsse über die Anzahl der Armen auf dem Lande ziehen. Wenn in den Niederlanden ein grundherrschaftlicher Schreiber notierte, daß *mult de povres* (viele Arme) die Bürgerschaftsabgabe nicht entrichten konnten, so irrte er nicht; es waren insgesamt 29%, als Grund dafür wird manchmal die fehlende Hofausstattung angegeben.[76]

Auf diese Weise gewinnen unterschiedlichste und scheinbar nebensächliche Zahlenangaben an Aussagekraft, sobald man sie in eine Beziehung zueinander setzt und mit anderen Quellen vergleicht. Vermutlich könnte eine intensive Durchforstung der Archivbestände zu präziseren Daten über die ,,fleißige Armut" in Stadt und Land führen. Zweifellos werden dann die Analysen der Wirtschaftshistoriker auch die grundlegende Frage nach dem Lebensstandard, d. h. praktisch nach der Kaufkraft der Armen lösen können. Es genügt eben nicht, die Schuld beim Klima oder in ungünstigen Witterungsverhältnissen zu suchen, bei der Verteilung des Ackerlandes oder der Technik, bei den Steuerforderungen oder im Kreislauf des Getreidehandels. Nur durch einen Vergleich der Lohnentwicklung mit den Preisschwankungen und besonders mit dem Brotpreis über lange Zeiträume hinweg wird man eines Tages zu einer gültigen Definition der Armut und Not am Ende des Mittelalters gelangen, einer Definition, die auch die notwendigen gesellschaftlichen und geographischen Unterschiede berücksichtigt. Das wäre umso wichtiger, als sich zu Beginn des 14. Jahrhunderts die gesellschaftliche Bedeutung der Armut ändert. Zu den Armen im traditionellen Sinne kommt die Masse der Familien, die auch ein regelmäßiges Einkommen nicht vor Notlagen bewahrt. Anders als die traditionellen Armen haben sie andere Bedürfnisse und andere Sehnsüchte.

2. Wunschträume und Enttäuschungen

Die Bedürfnisse der Armen
Man braucht kein großer Gelehrter zu sein, um die Bedürfnisse der Armen zu kennen. Jener Handwerker, Vater von vier Kindern, der den Verlust seines Arbeitsplatzes befürchten mußte, weil ein Bardi straflos ausgegangen war, war nicht der einzige, der in Florenz und anderswo genau wußte, daß sein einziges Vermögen in seiner Arbeitskraft lag. In einer anderen Gegend Europas, wo der Häretiker Jacques Gautier wirkte, legte dieser in einer Predigt vor Hirten des Sabarthès Satan eine Rede in den Mund, in der sich die Wunschträume der Armen spiegeln: ,,Ich werde euch in meine Welt führen, und ich werde euch Ochsen, Kühe, Reichtümer und eine Frau als Gefährtin geben; ihr sollt eure eigenen Häuser besitzen und Kinder haben." Man beachte die Reihenfolge: Zuerst das Vieh, dann das Geld, die Frau, ein Haus und erst an fünfter Stelle das Kind.

Der Gedanke an das Schlaraffenland *(pays de Cocagne)* drängt sich auf; erinnert sei auch an die große Bedeutung der Feste und Festessen im Brauchtum der Völker[77] und an die Funktion des Karnevals.[78] Was ist eigentlich dieses Schlaraffenland, von dem die Menschen träumen?

Li pais a nom Cocagne;	Das Land heißt Cocagne,
Qui plus i dort, plus i gaaigne:...	wer dort am meisten schläft, verdient am meisten ...
Et si vous di que toutes voies	Und so sage ich euch, daß man
Par les chemins et par les voies	jederzeit an den Straßen

Trueve l'en les tables assises,	und Wegen Tische aufgestellt findet,
Et desus blanches napes mises,	die mit weißen Decken belegt sind.
S'i puent et boire mangier	Dort können alle, die es wollen,
Tuit cil qui vuelent sans dangier.⁷⁹	ohne Gefahr essen und trinken.

Der Arme träumt davon, in einem Palast des Überflusses *(palais de la Dame Tartine)* reichlich Nahrung und beliebig viele Vergnügen zu finden. Alle Elemente dieser Darstellung zeugen von unbefriedigten Sehnsüchten und Zwangsvorstellungen.

In diesem Sinne kann man auch einen Teil der Fabliaux interpretieren. Die im *Roman de Renart* beschriebene Welt der Tiere spiegelt bekanntlich die bäuerliche Gesellschaft, und um die Sehnsucht der Armen zu verstehen, genügt allein schon eine Untersuchung der Wendungen, die Bedrängnisse aller Art zum Ausdruck bringen. Im *Roman de Renart* dient der Bauer als Knecht einem reich gewordenen Dorfbewohner, oder er ist selbst verarmt und wird von seinem Herrn schlecht behandelt. Er hat nichts zu verkaufen und kann nichts kaufen, seine Kinder weinen vor Hunger, seine Frau ist schwanger, er macht Schulden und kann sie nicht zurückzahlen, verläßt sein Dorf, zieht umher, stiehlt, um essen zu können, und findet Aufnahme bei einem Dorfbewohner oder in einem Schloß, wo man ihm die Armenmahlzeit vorsetzt; er ißt soviel er kann, und wenn er eingeschlafen ist, träumt er, er esse immer noch weiter. Der Arme hungert, weil er kein Geld hat; seiner Unterlegenheit ist er sich voll bewußt: „*Povres hom qui n'a avoir, fu fet de la merde au diable*".⁸⁰ (Der arme Mann, der nichts besitzt, ist aus Teufelsdreck gemacht.)

Sehnsucht empfand der Arme auch nach Gerechtigkeit und Sicherheit. Aber kommt nicht auch ein gewisses Neidgefühl – eine übrigens in allen Schichten verbreitete Sünde – darin zum Ausdruck, wenn es in einem Gedicht über „Die Krähe, die durch List das Wasser trank", heißt:

Par engin et soubtivité	Mit List und Scharfsinn
Fuist-on disette et povreté.	vermeidet man Hungersnot und Armut.

Der Arme weiß, daß er weder Rücklagen noch Beziehungen besitzt, um wie der Reiche den Qualen des Hungers zu entkommen. So ist es denn auch nicht weiter verwunderlich, wenn sich bei den Armen neben den Gefühlen von Ohnmacht, Ungerechtigkeit und Unsicherheit Verbitterung breitmacht und die in der menschlichen Natur latent vorhandene Aggressivität freisetzt. Wie wir sehen werden, kommt diese Entwicklung im ausgehenden Mittelalter noch stärker zum Tragen.

Die verschämten Armen setzten, wie der Ausdruck schon besagt, einen gewissen Stolz darein bzw. sie versuchten aus Scham, ihre Lage möglichst zu verheimlichen. Andere aber mögen sich auch aus Resignation, Sorglosigkeit oder Gewohnheit auf fremde Hilfe verlassen haben. Oder erhoben sie gar mehr oder weniger bewußt einen Anspruch auf Almosen? Wir werden es nie erfahren; denn was die Armen über ihre Situation dachten und wie sie sich selbst sahen, ist außerordentlich schwer zu erfahren.

Gelegentlich wird erkennbar, daß Arme sich gegenseitig halfen. Bis jetzt sind nur wenige gesicherte, aber aussagekräftige Belege bekannt. Einige Aspekte der Tätigkeit der Bruderschaften lassen sich auch in diesem Sinne deuten. In der portugiesischen Region Torres-Novas halfen sich die Bauern untereinander nicht nur bei außergewöhnlichen Unglücksfällen wie beim Brand eines Hauses, sondern auch gelegentlich oder einen ganzen Tag lang bei der Feldarbeit. Im städtischen Bereich verfolgte die bereits erwähnte Gründung des *Consortium pauperum verecundorum* in Ravenna (1311) ähnliche Ziele. Einzigartig zu dieser Zeit waren die Blindenbruderschaften, die damals in Barcelona und Valencia bereits bestanden; ihre 1329 anerkannten Statuten sahen vor, daß man sich den Blindenführer *(lazarillo)* gegenseitig auslieh, Almosen untereinander teilte und sich im Krankheitsfalle gegenseitig besuchte. Mit großer Sicherheit können wir davon ausgehen, daß solche Verhaltensweisen aus einem Geist der Solidarität und der gegenseitigen Hilfsbereitschaft entsprangen. Und kommt darin nicht auch – wie häufig bei Blinden – ein Gefühl der Würde und das Streben nach Unabhängigkeit zum Ausdruck, aber auch ein Aufbegehren gegen die Gleichgültigkeit der Umwelt, die durch lange Gewohnheit die vielgestaltige Not ihrer Mitmenschen für unveränderlich hielt?

Grenzen und Mängel der Wohltätigkeit
Die Frage stellt sich, wie effektiv angesichts der Zunahme der Armen und ihrer wachsenden Not die wohltätigen Einrichtungen tatsächlich waren. Gilt die Aussage Giovanni Villanis nur für Florenz, oder übertreibt er gar, wenn er behauptet, daß die religiöse Unterweisung der Kirche und besonders der Bettelorden nicht im Wunschdenken verblieb, sondern daß in breitem Ausmaß sowohl einzelne als auch Gruppen die Werke der Barmherzigkeit tatsächlich ausübten?

Bleiben wir ein weiteres Mal in Florenz. Die Tertiaren von San Paolo und die Brüder von San Michele schenkten zu Beginn des 14. Jahrhunderts den fleißigen Armen, die sie von den Bettlern unterschieden, besondere Aufmerksamkeit. Vielleicht kannten die Laienbrüder die Bedürfnisse der Armen besser als die Kleriker, weil sie häufig in Kontakt mit dem Alltagsleben einfacher Leute kamen. Auf ihrer Liste *(in polizzis)* verzeichneten sie regelmäßig Handwerker (Färber, Gerber, Holzverkäufer, Schlüsselmacher, Metzger u. a.), und zweifellos waren darunter auch *sottoposti*. Aber daß die Unterstützung dem sozialen Milieu angepaßt wird, bedeutet noch lange nicht, daß sie auch den Bedürfnissen des Bedürftigen entspricht. Charles de La Roncière hat errechnet, daß das Durchschnittsalmosen von

5 Solidi, welches die ständigen Kunden von Or San Michele vom Jahre 1324 an erhielten, damals etwa dem Lohn eines Tagelöhners für 1½ Tage Arbeit bzw. dem Preis von 6-7 kg Weizen entsprach; berücksichtigt man die Lohn- und Preisentwicklung, so ergibt sich, daß der gleiche Betrag im Jahre 1347 zwei Tageslöhne, aber nur 2 kg Weizen wert war. 6 kg Weizen entsprachen 15 000 Kalorien, das war für einen Junggesellen noch akzeptabel, der auf diese Weise täglich 500 Kalorien zusätzlich zu seinem Arbeitslohn erhielt. Aber wenn es sich um eine fünfköpfige Familie handelte, erhielt jedes Familienmitglied nur zusätzliche 100 Kalorien. Die auf das Jahr 1324 bezogene Berechnung ist für 1347 hinfällig, denn 5 Solidi entsprachen nun nur noch 5000 Kalorien. Dieses Defizit mitten in der Wirtschaftskrise erklärt zahlreiche Mangelkrankheiten besonders bei Kindern, und das ausgerechnet kurz vor Ausbruch der Pest. Gewiß, Almosen sind von Natur aus zusätzliche Gaben, aber es gibt doch Grenzen, die nicht unterschritten werden dürfen. Die Bruderschaft Or San Michele half den ihr bekannten Armen so gut sie konnte, aber die Hilfe konnte nicht ausreichen. War es anderswo genauso? Bekannt sind auch andere Arten der Anpassung: In Pisa ergriff man 1335 Maßnahmen zugunsten der Sträflinge und aller *sottoposti* auf den Galeeren. Da den Matrosen häufig ihr gutes Recht verweigert wurde, indem man sie des Vertragsbruchs beschuldigte, verfügte man die Einsetzung eines *scrivano per parte de marinari* an Bord der Schiffe neben dem Schreiber des Schiffseigners. In der Regel jedoch blieben sowohl die Empfänger als auch die Formen der Wohltätigkeit so, wie sie in der Vergangenheit gewesen waren, und bei weitem nicht in allen wohltätigen Einrichtungen gehörte der fleißige Arme zum regelmäßig versorgten Personenkreis.

Wohltätigkeit kannte auch noch Grenzen ganz anderer Art. Ohne noch einmal auf die Unterscheidung zwischen guten und schlechten Armen zurückzukommen, die Hilfe verdienen bzw. nicht verdienen, dürfen wir die Menschen nicht vergessen, die von der Barmherzigkeit ausgeschlossen wurden. Die Synode von Vernon z. B. verbot 1264 Juden den Zugang zu den Hospizen, und zur Zeit des Eudes Rigaud galt das Verbot in dieser Gegend auch für gesunde Reisende. Vielleicht wollte man den Platz für Kranke und Arme freihalten!

Unfähigkeit und blanker Mißbrauch drohten im Bereich des Hospizwesens zu Beginn des 14. Jahrhunderts die unbestreitbar großen Bemühungen zu gefährden. Nicht überall waren die bereits von Jacques de Vitry angeprangerten Mißstände abgestellt worden. Dazu hatte es auch nicht ausgereicht, daß alle Häuser zur Annahme von Statuten verpflichtet wurden, daß viele Hospize in regelrechte Hospitalkonvente umgewandelt wurden und daß die weltliche Obrigkeit die Führung der Häuser strenger kontrollierte. Neue Mißstände und besorgniserregende Entwicklungen hatten sich eingestellt. Einige Beginenkonvente, sogar solche, die Hospize führten, wurden bekanntlich verdächtigt, mehr oder weniger häretische Konventikel zu sein. Andere, meist sehr kleine Häuser, wurden schlicht zu Heimen für ältere Damen aus wohlhabenden Kreisen. Häufig ist auch die Tendenz zu beobachten, ein Hospital als Pfründe zu betrachten. Hier ließ sich ein Kleriker ein Hospiz übertragen und residierte dann nicht im Haus, dort übernahm ein anderer, manchmal auch ein Laie, die Leitung, ohne die dazu notwendigen Fähigkeiten zu besitzen. Kurz, manche Hospize wurden nicht ordentlich geführt, ihre Einkünfte wurden für private Zwecke entfremdet, und die Zahl der Aufnahmen ging – aus Nachlässigkeit oder mit voller Absicht – zurück. Gegen solche Mißstände erhob sich bald Protest; so verurteilten sie um 1300 der Bischof von Poitiers, wie bereits erwähnt, und sein Amtsbruder in Angers, Guillaume Le Maire.

1311 beschäftigte sich auch das Konzil von Ravenna damit, und ein Jahr später erließ das Konzil von Vienne den ausführlichen Kanon *Quia contigit*: Um alle Hospize wieder der Bestimmung zuzuführen, die ihnen ihre großherzigen Stifter und Wohltäter zugedacht hatten, erging das Verbot, sie fortan als Pfründen an Laien zu vergeben; die Leitung sollten „kluge und fähige Männer von gutem Ruf" übernehmen, die einen Eid ablegen und jährlich einen Rechenschaftsbericht vorlegen sollten; der Pfarrklerus wurde angewiesen, die Kapläne in ihrem Dienst an den Armen nicht zu beeinträchtigen. Von diesen Bestimmungen nahm das Konzil die von Orden geführten Hospize und einige Beginenkonvente aus, die sich der Armenfürsorge widmeten.

Zweifellos wurden diese Konzilsbeschlüsse befolgt, was die Quellen der folgenden Zeit belegen. Aber bereits vom Beginn des 14. Jahrhunderts lassen sich zwei Belege für Reformen anführen: In Brüssel wurde schon 1311 das Hospital von Térarkem, das zuvor nur kranke Beginen aufgenommen hatte, in ein Hospiz für arme und kranke Frauen umgewandelt, während der eigentliche Beginenkonvent von Notre-Dame-de-la-Vigne geschlossen wurde und die Insassen sich in der Stadt verstreut niederließen.[81] In Angers reagierte Bischof Fulco von Monthefelon 1327 auf das Konzil von Vienne und ließ auf einer Synode beschließen, daß alle Gemeindepfarrer innerhalb eines Jahres im Hinblick auf Reformen einen ausführlichen Bericht über den Zustand der im Bereich ihrer Gemeinden existierenden Hospize vorlegen sollten. Allerdings hatte er sich damit fünfzehn Jahre Zeit gelassen!

Eine Erneuerung war zweifellos notwendig, aber sie zeitigte auch nachteilige Auswirkungen. Die Institutionalisierung barg die Gefahr, daß das Hospizwesen in seiner alten Struktur erstarrte, während ringsum sich alles veränderte. Überhaupt litten die von Dominikanern und Franziskanern angeregten Bestrebungen, die Armut zu rehabilitieren und das Los der Armen zu verbessern, mit der Zeit unter Verschleißerscheinungen. Der Schwung erlahmte gerade in dem Augenblick, da er am dringlichsten benötigt wurde.

Die Unfähigkeit der meisten Theologen und Autoren zur Verarbeitung der Alltagswirklichkeit

Die Frage wurde aufgeworfen, ob es den Bettelorden gelang, die körperliche Arbeit und die Armen zu rehabilitieren. Wenn auch in England, so argumentierte man, manche Arme im 13. Jahrhundert besser behandelt wurden als je zuvor, so scheint sich in Deutschland die Verachtung, die man den Bauern gegenüber empfand, zumindest in der Literatur eher noch zu verstärken.[82] Eines scheint jedenfalls sicher, nämlich daß der erfinderische Elan der Wohltätigkeit durch den Armutsstreit der Bettelorden gedämpft wurde. Die Spiritualen, von der Idee der freiwilligen Armut geradezu besessen, räumten ihr schließlich einen höheren Wert ein als der Caritas; paradoxerweise führte das dazu, daß sie weniger Zugang zur Welt der materiellen Armut fanden als die Mitbürger des hl. Franziskus; eine Art geistige Sperre in ihrem Armutskonzept schnitt sie von der gesellschaftlichen Wirklichkeit ab, eine Art Trennwand erhob sich zwischen den Armen und der 200 Jahre alten Rhetorik. Aber dafür waren die Spiritualen nicht allein verantwortlich.

Für Florenz untersuchte unter diesem Aspekt Charles de La Roncière Predigten, Moraltraktate und Heiligenviten. In der Predigt, die der Dominikaner Giordano da Rivalto zu Beginn der Fastenzeit 1304 hielt, kommt ein ganz traditionelles Verständnis von Armut und Almosen zum Ausdruck: Die Armut ist ein notwendiges Übel, eine Möglichkeit, sich Verdienste für das Jenseits zu erwerben, und zwar für den Armen durch Geduld und für den Reichen durch Almosen. Der Arme bleibt wie eh und je Objekt des Bedauerns. Diese geläufige Auffassung findet sich zu Beginn des 14. Jahrhunderts auch in französischen Predigten, in Traktaten und in der Literatur, etwa in einem anonymen Gedicht, das während der Hungersnot von 1316 die Reichen auffordert, den Armen zu helfen. Verwunderlich ist das keineswegs. Denn schon seit der um 1260 entstandenen *Legenda maior* wurden die Vorbilder und sogar der hl. Franziskus selbst in verniedlichenden Versionen beschrieben; der Arme erscheint dabei als abstrakter Einheitstyp; man verzichtet auf die Darstellung eindeutiger Situationen wie etwa der trostlosen Lage eines Familienvaters oder des Armen, dem sein Arbeitgeber Unrecht zufügt. Die Sicht der Armut verengt sich auf die traditionellen Typen von Armen, wie sie zwar durchaus noch, aber nicht mehr ausschließlich existierten. Daß solche Predigten mit Begeisterung aufgenommen wurden, verblüfft uns zu Unrecht, wenn man bedenkt, wie langsam die Menschen gewohnte Denkschemata aufgeben. In Florenz strömte die Menge zu den Predigten eines Giordano da Rivalto, Simone de Cascia oder Giovanni de San Gimignano. Selten fanden dort Predigten solchen Zulauf wie zwischen 1320 und 1348.

Aber die Alltagsschwierigkeit der fleißigen Armut kam darin überhaupt nicht vor, weil man auch minimale Einkommen nicht als Zeichen der Armut anerkannte. Daher sucht man in diesen Predigten auch vergebens nach konkreten Äußerungen über die Arbeitslohnmoral. Bestenfalls erging man sich in allgemeinen Wendungen, die an scholastische Buchweisheiten erinnern. Damit ließ sich zwar die Bereitschaft erhalten, das Los der Armen zu erleichtern, aber eine Reflexion darüber, wie man ihre Lage verbessern könne, wurde nicht in Gang gesetzt.

Ein einziger Prediger wagte das Schweigen zu brechen, der Dominikaner Taddeo Dini. Einen Ausnahmefall stellt er schon deshalb dar, weil er sich – ungewöhnlich für die Zeit – auf den Jakobusbrief berief. Geistige Eigenständigkeit bewies er auch in der Art, wie er die Probleme der Armen verstand und darstellte. Für ihn sind die Armen nicht passive Objekte, sondern handelnde Personen, deren Klagen Gott anhört und die einen Anspruch auf Gerechtigkeit und gerechten Lohn besitzen. Seine Auffassung von Armut schließt die fleißige Armut mit ein; er fordert die Armen nicht zur Resignation auf, sondern er verleiht ihnen Hoffnung sowohl auf irdisches Glück als auch auf eine beseligende Endzeit. Solche Gedanken wurden in jener Zeit selten gedacht und noch seltener ausgesprochen.

Neben der Weitsicht des Taddeo Dini könnte man auf die Hellsichtigkeit anderer Denker unterschiedlicher Herkunft hinweisen. Zu den Vorläufern könnte man etwa Gautier de Coincy zählen, der bereits in der ersten Hälfte des 13. Jahrhunderts diejenigen Handwerker zu den Armen zählte, die für geringen Lohn für ihre Mitmenschen arbeiten:

Li forgeron, li manouvrier	Der Schmied, der Arbeiter,
Li parmentier et lisueur	der Pergamentmacher, der Tuchglätter,
Nos paissent toz de leur sueur ...	sie alle nähren uns mit ihrem Schweiß ...
Las sont et mat et accoisié	Sie sind müde, matt und niedergeschlagen,
Et noz sont dru et envoisié.[83]	und wir sind gut dran und werden beneidet.

Weit entfernt von literarischen Ergüssen ist eine Stellungnahme, die sich überraschenderweise in einem amtlichen Untersuchungsbericht findet, den der Bailli von Caen 1297 über das prosaische Problem der Wegeinstandsetzung anfertigte. Mit ihrer klaren Sicht der Probleme hätte die Äußerung des Vicomte de Montgommeri einem Intendanten der Aufklärungszeit zur Zierde gereicht: Seiner Meinung nach könnte die landwirtschaftliche Produktion gesteigert und die Zahl der Armen vermindert werden, wenn man die Staubecken für Mühlen und Fischer verböte. Und er berichtet, mehr als 7000 Arme kämen aus drei, vier und fünf Meilen Entfernung im Umkreis zu den Gabenverteilungen des Klosters Troarn.

Kehren wir zurück zur Literatur und in den Mittelmeerraum, so stoßen wir mit Ramón Llull (Raimundus Lullus) schnell wieder auf die Beschränkung der klugen Weitsicht und auf utopische Vorstellungen. Er wiederholt die traditionelle Theorie, in der Heilsökonomie sei die Existenz der Armen theologisch notwendig; aber sein ganzes Streben gilt einer gerechteren Verteilung des Reichtums, allerdings nur durch Almosen. In seinem *Libre de Sancta Maria* wendet er sich an die Gottesmutter und ruft: ,,O Königin, wie ungerecht sind die Reichtümer dieser Welt verteilt!''

Bruder Bernat Puig schließlich, Lektor der Karmeliter in Barcelona, hatte vielleicht die Schriften seines Landsmanns Ramón Llull gelesen, und vielleicht fühlte er sich dazu berufen, die Rolle des ,,Kanonikers der Barmherzigkeit'' zu spielen, den Llull in seinem Werk *Blanquerna* auftreten läßt. 1333 hatte die Weihnachtspredigt Bruder Bernats in der Kathedrale einen Skandal ausgelöst. Auf eine schlechte Ernte war ein harter Winter gefolgt. Heftig und in aller Öffentlichkeit griff der Prediger in diesem Zusammenhang die Räte der Stadt an. Diese richteten daraufhin ein Schreiben an den Prior des spanischen Karmel und forderten die Ausweisung dieses ,,Menschen, der Zwietracht sät''. Dieser Bruder, so schrieben sie, hetze das Volk auf, anstatt es dazu anzuhalten, die hohen Getreidepreise mit Geduld zu ertragen und die Hilfe Gottes zu erflehen. Hier stießen zwei gegensätzliche Auffassungen von Armut aufeinander, und es ist sehr aufschlußreich, wie sich der Dominikaner Taddeo Dini in Florenz und der katalanische Karmelit Bernat Puig unter vergleichbaren Umständen mit der gleichen Problematik auseinandersetzten.

Die Illusionen der Armen. Rattenfänger und Träumer
Nicht alle, die sich Beschützer der Armen nannten oder sich dazu aufwarfen, besaßen solche Weitsicht und Integrität.

Einer der Vorwürfe Wilhelms von Saint-Amour an die Bettelorden lautete, daß sie durch ihre Predigten in der Volkssprache eschatologische Tendenzen und damit Häresien und Pauperismusbewegungen verstärkten.[84] Der Vorwurf, die Vorstellungen des Joachitismus in Verbindung mit einem gewissen Populärmessianismus zu vertreten, traf manche sicher nicht zu Unrecht. Schließlich war es gefährlicher, in den Armen die Erwartung eines unmittelbar bevorstehenden Paradieses auf Erden zu wecken als ihnen die Hoffnung auf das Jenseits zu predigen. Zwischen den prophetischen Strömungen der zweiten Hälfte des 13. und vom Beginn des 14. Jahrhunderts einerseits und den armen Teufeln, die sich davon mitreißen ließen, andererseits stand die Illusion als schwerwiegendes Mißverständnis. Zweifellos befaßte sich Hugues de Digne in seiner Schrift *De finibus paupertatis* nicht mit den Grundproblemen der unfreiwilligen Armut, aber der Joachitismus, den er predigte und den die Spiritualen propagierten, kam offensichtlich den Hoffnungen der Armen auf eine bessere Welt entgegen. Doch muß man bei diesen Propheten zwischen franziskanischen und dominikanischen Spiritualen unterscheiden und außerdem korrekterweise darauf hinweisen, daß einige von ihnen sich tatkräftig für die Armen in Not einsetzten. Das gleiche gilt für die Beginen- und die Katharerbewegung, aus der Pierre Mauri hervorging, der sich in der Armenfürsorge beispielhaft hervortat. Sie waren nicht alle – und erst recht nicht in gleichem Maße – ,,Fanatiker der Apokalypse".

Heftig diskutiert wurden in neuerer Zeit die gesellschaftlichen Implikationen der Apostolikerbewegung um Segarelli und Fra Dolcino. Einige Gelehrte vertraten die Ansicht, das Hauptmotiv der Repression sei darin zu suchen, daß sie die Gesellschaftsordnung in Frage stellten.[85] Andere glaubten, daß die Agitation bei den Bauern nicht die bislang vermutete Resonanz fand, weil zu Beginn des 14. Jahrhunderts keine besonders starken sozialen Spannungen im Val Sesia existierten.[86] Andererseits wird die Meinung vertreten, daß soziale Motive durchaus solche Bauern beeindrukken konnten, die unter grundherrschaftlichen Lasten zu leiden hatten; in der Bewegung hätten sich daher viele echte Arme zusammengefunden, denen sie ein besseres Los versprach.[87] Wie dem auch sei, fest steht, daß diejenigen Armen, die sich an der Agitation des Fra Dolcino beteiligten, in eine Sache hineingezogen wurden, die nicht unmittelbar die ihre war. Dies wiederholte sich nicht ganz 50 Jahre später in Rom, allerdings auf einer ganz anderen Ebene, durch die Verführungskünste eines Cola di Rienzo. Doch diese fantastischen Illusionen sind eine Geschichte für sich.

In der Zwischenzeit waren aber auch regelrechte Schlachtpläne gegen den Pauperismus entworfen worden, intelligente und ehrgeizige, aber doch wiederum utopische Pläne, wie z. B. der Dialog des Arnold von Villanova (1309). Der Autor glaubte in Friedrich II. von Sizilien, der die Spiritualen protegierte, den einzigen Fürsten gefunden zu haben, der ihn anhören würde. Er schlug ihm ein Programm vor, das auf der eines hl. Ludwig würdigen Idee basierte, daß das Königsamt Gottesdienst sei: Erste Pflicht des Königs sei es, die Armen zu beschützen, die von den Reichen, von ungerechten Erlassen und der rechtmäßigen Härte der königlichen Amtsträger bedrückt werden. Der Fürst solle eine wöchentliche Audienz für Arme einrichten und häufig sein Land bereisen, um Beschwerden anzuhören und entgegenzunehmen. Friedrich II. scheint diese Ratschläge tatsächlich beherzigt zu haben; denn er war ständig unterwegs und immer in Kontakt mit seinem Volk. 1310 erließ er Regelungen zugunsten von Sklaven, besonders der von almohadischen Abenteurern verschleppten Griechen, und stets war er Armen gegenüber freigebig. In seinem Testamtent verfügte er die Gründung eines Hospizes für Vagabunden in Messina, und in weiser Voraussicht plante er eine Zusammenlegung der kleinen Hospitäler. Doch zeitigte diese Politik keinen dauerhaften Erfolg, und so blieb von den Bestrebungen des Arnold von Villanova nichts übrig als ein großherziger Plan.

In noch viel stärkerem Maße gilt dies für die Ideen des Ramón Llull, so interessant sie auch sein mögen. In *Evast et Aloma* und vor allem in *Blanquerna* träumt Llull von einer Kirche, die konkret Partei für die Armen ergreift und sie gegen die Reichen aufstachelt. Blanquerna geht sogar selbst auf die Straße, um die Armen vor den Wohnungen der Kanoniker zu versammeln, und einige dieser Kanoniker werden selbst zu Beschützern der Armen. Der „Kanoniker der Armut" übernimmt die Führung und zieht an der Spitze der Truppe, die immer wieder „Gerechtigkeit, Gerechtigkeit" ruft, zuerst vor das Haus des Archidiakons und dann vor den Bischofssitz. Darauf übernimmt der „Kanoniker der Barmherzigkeit" die Rolle des Anwalts; er klagt über Ungerechtigkeiten und Betrügereien besonders der Tuchhändler und droht, von Worten zu Taten überzugehen. Dann tritt als Dritter der „Kanoniker der Strafverfolgung" auf. Ramón Llull scheint also auf den ersten Blick zur Erhebung aufzufordern, während er in Wirklichkeit ein Gleichgewicht anstrebt, und zwar in der alten überlieferten Form des Pflichtalmosens mit erlösender Wirkung.

Die Ausbeutung der Armen und ihre Ernüchterung
Weder die Kanoniker des Ramón Llull noch Fra Bernat Puig waren unaufrichtig, als sie den Zorn der Armen rechtfertigten und aufstachelten, sie anführten oder verteidigten. Fanden sie nicht sogar bei manchen Scholastikern eine Rechtfertigung der Revolte, z. B. bei Heinrich von Gent? Dieser verlangte zwar grundsätzlichen Gehorsam der Obrigkeit gegenüber, räumte aber das Recht zur Beschwerde ein und, falls diese nicht angehört werde, das Recht, den Gehorsam zu verweigern.[88]

Streiks und Zusammenschlüsse dagegen wurden abgelehnt und verurteilt. In dieser Hinsicht bleibt sogar der ansonsten recht behutsam abwägende Jurist Philippe de Beaumanoir in seinen *Coutumes de Beauvaisis* unnachgiebig. Allerdings entstand die Schrift auch in einer Zeit sozialer Unruhen in Nordfrankreich. Vom Ende des 13. Jahrhunderts an begnügten sich die Armen in Stadt und Land nicht mehr mit einer passiven Rolle. Unglücklicherweise geschah es fast jedesmal, wenn sie sich Gehör verschaffen wollten, daß andere ihre Unternehmungen an sich rissen, sie in fremde Bahnen lenkten und für ihre eigenen Zwecke mißbrauchten und daß ihre Aktionen schließlich niedergeschlagen und die Beteiligten verfolgt wurden. Wie häufig in der Geschichte wurden die Armen als Manövriermasse für Bestrebungen benutzt, die sie nach den Aussagen der Demagogen für ihre eigenen hielten.

Hungerunruhen darf man nicht gleichsetzen mit den städtischen Unruhen. Unter den Hungerunruhen sind die beiden Bewegungen, die mit dem Namen der Pastorellen verbunden sind, am typischsten. Beide Male, 1251 und 1320, waren es wie beim Kinderkreuzzug von 1212 junge Menschen und Leute aus der Unterschicht. 1251 „verließen sie das Vieh auf der Weide und zogen weg, ohne Vater oder Mutter zu grüßen", und vertrauten in ihrer messianischen Hoffnung Priestern, die mit dem Bann belegt waren und sich als Bischöfe ausgaben. Ihr Anführer, der „Meister von Ungarn", gerierte sich als Prophet, mit einem „großen Bart wie ein Büßer" und mit

IX. Realitäten und Enttäuschungen

„bleichem und hagerem Gesicht". So beschrieben ihn Primat und die Chronik von Saint-Denis. Erzbischof Eudes Rigaud erlebte bei einer Synode in Reims, wie dieser Haufen in die Kathedrale eindrang. 1320 handelte es sich um einen „Haufen von Bauern und gemeinem Volk", darunter „sogar sechzehnjährige Kinder, ohne Geld und nur mit einem Bettelsack und einem Stab ausgerüstet". Sie waren in Gruppen zu je 10, 100 und 1000 eingeteilt unter der Führung von „Meistern und Bannerherren". Gott allein mochte wissen, wohin sie zogen. In beiden Fällen war die Bestrafung hart und blutig, wurden die Armen enttäuscht.

Die Analyse und Beschreibung der städtischen Unruhen braucht uns hier nicht zu beschäftigen. Zweifellos war eines der auslösenden Elemente die Unzufriedenheit mit der Besteuerung, unter der sicher auch die Armen zu leiden hatten. Aber ihr tatsächliches Ziel war in der Anfangsphase, vor der Mitte des 14. Jahrhunderts, die Beteiligung der Mittelschicht am Stadtregiment, und das betraf die Armen nicht unmittelbar. Zwar waren es die Massen der Armen, die zwischen Seine und Rhein um 1280, dann nochmals 1302 und von 1323 bis 1328 vor allem in Flandern und schließlich zwischen 1333 und 1348 in Barcelona wie in Florenz auf die Straße gingen, aber sie hatten auch die harten Strafmaßnahmen zu erleiden, ohne daß sich die Lage ihrer Kinder besserte. Sie büßten dafür, daß sie ungeschickten oder unfähigen Anführern vertraut hatten oder von ehrgeizigen Demagogen ausgenutzt worden waren. Das war z. B. 1280 in Rouen und in Flandern der Fall, wo die *Kokerulle* von Ypern und die beiden *Moorlemaye* von Brügge an fehlgeschlagene Revolten erinnern, für deren Scheitern der gemeine Mann zahlen mußte. 1285, also nur wenig später, brachte Beranguer Oller, der als Mann niederer Herkunft beschrieben wird, in Barcelona fast die gesamte Unterschicht dazu, ihm Gefolgschaft zu schwören; wenn die Armen sich seiner Bewegung auch anschlossen, so verfocht diese doch nicht ihre Interessen, sondern die einer Kleinbürgerschicht, die soviel Vermögen angesammelt hatte, daß sie nun nach Höherem strebte. 1300 kam es in Brügge wiederum zu Unruhen, wo Pierre de Coninc aus „armem Geschlecht", der von seiner Arbeit als Weber lebte und nie in seinem Leben 10 gute Pfund besessen hatte, „soviele Worte hatte und so gut zu reden wußte, daß es ein rechtes Wunder war; deshalb glaubten ihm die Weber, Walker und Tuchscherer, und sie liebten ihn so, daß er nichts sagen oder befehlen konnte, was sie nicht getan hätten." Und wiederum nicht um ihrer eigenen Sache willen mußten die Armen 1328 in Seeflandern für die fünf Jahre dauernde Erhebung büßen. Die wohlhabenden Bauern, die die Bewegung angeführt hatten, waren harte und fleißige Nachkommen jener Siedler, die die Polder angelegt hatten. Ihr ererbter Pioniergeist und ihr starkes Selbstbewußtsein machten es ihnen schwer, die Bindungen an die Grundherren, den Grafen von Flandern und an die Kirche zu ertragen. Sie fühlten sich unterdrückt, obwohl sie doch weit unabhängiger waren als die Kleinbauern und Knechte, denen sie ihrerseits große Arbeitsleistungen abverlangten und die sie – zu deren Unglück – in ihren Kampf hineinzogen.

Solche Unruhen beschränkten sich nicht auf Nordfrankreich und die Niederlande, es gab sie auch in Deutschland, und zwar nach 1330 immer häufiger, 1332 in Straßburg und 1336 in Zürich. In allen Fällen zogen die Handwerker ausschließlich zu dem Zweck in den Kampf, ihren Zunftmeistern den Zugang zum Stadtregiment zu verschaffen. Interessante Belege dafür liefert auch Italien. Wir sahen schon oben, welche Hoffnungen die *minuti* in Walter von Brienne setzten. Bei seinem Sturz 1343 brach eine typische Revolte aus. Wie Villani berichtet, versuchte Andrea Strozzi, die *sottoposti* aus dem Viertel San-Lorenzo, Kardierer und Wollkämmer, zum Aufruhr zu bewegen. Er warf ihnen Apathie vor und beschimpfte die „Kanaille, die Hungers stirbt", sie habe den Mann fallen lassen, der es möglich gemacht hatte, daß sie das Korn zu 10 statt zu 20 Solidi den Scheffel erhielten. Seine unglücklichen Gefolgsleute, die mit ihm zusammen vor Gericht gestellt wurden, gaben zu, auf sein Wort hin geglaubt zu haben, „aus Armen Reiche zu werden".

Derselben Illusion erlagen wenig später kleine Handwerker aus Siena. Angeführt von Mitgliedern der Aristokratenfamilie Tolomei war die Menge bei einer Hungersnot in die Stadt geströmt. Die Bestrafung – 32 Todesurteile – traf unter anderem fünf Kardierer, fünf Strumpfwirker, zwei Schneider sowie Messerschmiede, Korbmacher, Sattler und andere Handwerker.

Wenn Andrea Strozzi seine Gefolgschaft aus niederem Volk als Kanaille beschimpfte, stellte er sich ganz in eine Tradition, die das Volk verachtet. Caffo degli Asti äußert sich über die Handwerker: „Questi artifici? de la merda!" Francesco Sacchetti bezeichnet sie als Hurenböcke. Aber offensichtlich zahlten es die *minuti* den „großen Wölfen und raffgierigen Menschen, die das Volk beherrschen wollten", mit gleicher Münze zurück.

Man braucht nicht lange zu suchen, um die Glieder einer Kette zu finden, deren weit zurückliegenden Anfang wir bereits kennen. Eines der am Ende des 13. Jahrhunderts meistgelesenen Bücher, der *Roman de Sidrach*, verkündet eine simple Moral: Almosen ist Pflicht, Arme und Reiche sind gleich; aber natürlich muß der Arme schwerere Arbeit leisten, weil diese Arbeit seinen Körper stärkt. Es gehört sich auch nicht, daß die Armen sich unter die Mächtigen mischen, weil sie dazu bestimmt sind, „Schafe" zu sein, „die sich im Wasser gegenseitig stoßen, Frösche, die sich die Füße zertreten lassen, weil sie klein sind"; schließlich soll der Arme überall vor dem Reichen zurückstehen, „außer in den Schlachten". Ist das unbewußter Zynismus?

Um die Mitte des 14. Jahrhunderts ging eine lange Periode zu Ende, die besonders stark geprägt wurde vom Einfluß der Bettelorden, von einem wirtschaftlichen Aufschwung, dem eine beginnende Rezession folgte, und von gesellschaftlichen Veränderungen in zuvor nicht gekanntem Ausmaß.

Zum Kreis der Armen stießen neue Personengruppen, städtische und ländliche Arbeiter, deren Einkünfte zur Sicherung des Lebensunterhalts nicht ausreichten. Wohltätige Organisationen schossen aus dem Boden, aber ihre Kundschaft scheint sich kaum verändert zu haben. Nach wie vor hielten alle die Armut für ein Übel, aber der Arme blieb ein Armer, die fleißige Armut wurde oft übersehen. Am Schlimmsten war wohl, daß diejenigen, die den Menschen als von Natur aus gut und gleich priesen, die Armen mit den wohl verächtlichsten Bezeichnungen belegten, die je ein Mensch benutzte. Im *Roman de la Rose* wird die allegorische Darstellung der Armut auf den Wänden des geschlossenen Gartens wie folgt beschrieben:

„Sie hatte nur einen alten engen, schlecht geflickten Sack an, der war sowohl ihr Mantel als auch ihr Kleid, und sonst besaß sie nichts, sich zu bedecken; daher fror sie oft. Ein wenig abseits von den anderen kauerte sie geduckt wie ein armer Hund; denn wer arm ist, ist immer traurig und schämt sich, wo immer er sich aufhält. Verflucht sei die Stunde der Empfängnis des Armen, denn er wird niemals wohlgenährt, gut gekleidet und gut beschuht sein. Auch wird er nicht geliebt werden noch je gebildet sein."

Waren die Lehren des hl. Franziskus und des hl. Dominikus am Vorabend der schrecklichen Großen Pest vergessen? Ja und nein. Die Antwort soll uns die nächste Generation geben.

Vierter Teil

Arme und Bettler als lästiges und beunruhigendes Element
Von der Mitte des 14. bis zum Beginn des 16. Jahrhunderts

X. Von einer Prüfung zur anderen: Von der Schwarzen Pest bis zu den Wirren am Ende des 14. Jahrhunderts

1. Die Konfrontation der Armen mit der Pest

Die Schwarze Pest dezimierte zwar die Armen, aber die Armut vernichtete sie nicht. Wer konnte sich schon gegen die Plage gefeit glauben? Die aus Caffa von genuesischen Schiffen eingeschleppte Pest breitete sich zunächst in den Häfen aus, wo es keinerlei Schutzmaßnahmen gesundheitspolizeilicher Art gab; erst 1377 wurde erstmals in Ragusa eine Quarantäne verordnet.[89] Von den als ersten betroffenen Adriahäfen aus dehnte sich die Epidemie im Frühjahr 1348 entlang der Mittelmeerküste aus, erreichte dann den Atlantik und den Ärmelkanal und 1350 schließlich die Ostsee. Über die kontinentalen Verkehrsadern erfaßte sie ganz Europa, wobei sie unerklärlicherweise einige Gebiete verschonte, so das Béarn, Flandern, Ungarn und Böhmen. Über den Atlantik und von Calais aus wurde die Krankheit nach England übertragen, während sie den Weg nach Deutschland von Italien aus über Tirol und wenig später über die Nordsee und die Binnenschiffahrtswege fand. Fast ein Drittel der europäischen Bevölkerung aller Altersgruppen fiel der Epidemie zum Opfer.

Zwar verschonte die Pest niemanden. Bei den Armen aber fand sie einen fruchtbaren Nährboden, den eine lange Kette von Hungersnöten bestens vorbereitet hatte. „Erst herrscht die Hungersnot, dann die Pest", sagte ein Sprichwort. Wenn die Chronisten – ähnlich wie die Künstler in ihren Totentänzen – immer wieder betonen, daß Reiche und Arme ohne Unterschied gefährdet seien, so relativieren andere Quellen diese Aussage doch insofern, als sie bezeugen, daß die Armen die bevorzugten Opfer der Epidemie waren. Fast immer breitete sie sich zuerst in den Armenvierteln aus, etwa in Rimini oder Orvieto, wo den Reichen eine Schonfrist von drei Monaten vergönnt war, oder unter den Färbern an den Ufern der Aude in Narbonne. Anderswo wütete die Pest unter den Armen besonders schlimm, während die Notabeln z.B. in Lincoln gänzlich verschont blieben. In Lübeck blieb die Todesrate der Reichen mit 25% um die Hälfte unter der durchschnittlichen Gesamtrate (50%) in den deutschen Städten. In Nordfrankreich starben 1348/49 vermutlich doppelt soviele Arme wie

Reiche; zu Recht hat man deshalb bereits von einer Proletarierepidemie gesprochen.

Daß die Pest in manchen Schichten besonders viele Opfer forderte, bemerkten bereits die Zeitgenossen. Guy de Chauliac, der berühmteste Arzt seiner Zeit, der die Schwarze Pest 1348 und ihr erneutes Auftreten 1361 erlebte, berichtet, zwischen den beiden Epidemien sei insofern zu unterscheiden, ,,als während der ersten mehr Leute aus dem einfachen Volk, während der zweiten mehr Reiche und Adlige starben." Sein Kollege Simon de Couvin, der an den Beratungen der Pariser Medizinischen Fakultät über die Pest teilnahm, beweist eine relativ seltene Weitsicht und ein gewisses sozialpsychologisches Verständnis, wenn er schreibt: ,,Wer mit wenig nahrhaften Lebensmitteln schlecht ernährt war, erlag bereits dem leisesten Hauch der Krankheit. Der bettelarme Mann aus dem niederen Volk *(pauperrima turba)* nimmt den Tod gern in Kauf, denn für ihn heißt leben sterben. Fürsten, Ritter und Richter aber verschonte die grausame Parze; von ihnen erlagen nur wenige, denn ihnen war auf dieser Welt ein angenehmes Leben zugeteilt." Ein literarischer Topos? Denselben Gedanken legte La Fontaine seiner Fabel *La Mort et le Bûcheron* zugrunde. Aber wer mochte schon inmitten der Pestzeit geistvoll Spielereien betreiben? Gewiß, Boccaccio baute sein *Decameron* auf der Unterhaltung junger Adliger auf, die auf andere Gedanken kommen und die Pest vergessen wollten. Aber daß ein gelehrter Arzt aus Vergnügen die Not des Armen beschrieb, dessen Leben ein einziger Todeskampf sei, erscheint undenkbar. Jedes einzelne seiner Worte ist von Gewicht.

Daß ein Hauch genüge, um den Armen niederzustrecken, nahmen die Mediziner des 14. Jahrhunderts ganz wörtlich. Man glaubte damals, bereits durch Einatmen oder auch nur durch einen Blick könne sowohl Beulen- als auch Lungenpest übertragen werden. Dem ersten Auftreten brandiger, schwärzlicher Flecken, die der Krankheit den Namen gaben, folgten Beulen bzw. Abszesse in der Leiste oder in den Achseln; zugleich traten hohes Fieber bis 42 Grad, Bewußtseinstrübungen und Blutungen auf. Die Krankheit verlief um so schneller, je anfälliger der Betroffene war. Blutvergiftung konnte innerhalb von zwei oder drei Tagen zum Tode führen.

Bereits im Oktober 1348 erklärte die Pariser Medizinische Fakultät in einem feierlichen *Compendium de Epidemia*, vorwiegend allgemeine Schwäche zusammen mit Angst und Fettleibigkeit machten für die Krankheit anfällig. Zu Recht dagegen sah Simon de Couvin die Hauptursache in mangelhafter Ernährung. Die Ernährungsweise der Armen in Florenz z. B. wies schwerwiegende Mängel auf; es fehlten Proteine, Fette, Calcium, die Vitamine A und C, die gegen Skorbut vorbeugen, und das antirachitisch wirkende Vitamin D. In den Jahren zwischen 1340 und 1347 konnte sich ein durchschnittlicher Handwerker außer Graubrot, das hauptsächlich aus Gerste und Spelz bestand, kaum genügend Fleisch, Käse, Milch und Gemüse leisten. Die Pest überfiel die gesamte Stadtbevölkerung in einem Zustand schwerwiegender Mangelerscheinungen. Offensichtlich war dies nicht nur in Florenz der Fall, sondern auch im benachbarten Orvieto, und auch in anderen Städten Westeuropas weisen viele Indizien auf ähnliche Zustände hin. Auf dem Lande war die Fehlernährung schlimmer als die Unterernährung. Man aß vorwiegend weniger nahrhafte Getreidesorten, im Verhältnis zum Frischfleisch viel zu viel Pökelfleisch, stärkehaltige Nahrungsmittel wie Erbsen, Bohnen und Brei und trank schlechten Wein und unsauberes Wasser. Die Bevölkerung und erst recht die Schicht der Armen war weit davon entfernt, die ausgeklügelten Ernährungsvorschriften zu befolgen, die sich die Fakultät zur Bekämpfung der Pest einfallen ließ: Essen solle man Brot aus gutem Weizen, helles Fleisch, einjährige Lämmer, wenig Gemüse; vermeiden solle man Lauch, Zwiebeln und Rüben, ,,die starke Blähungen erzeugen"; insgesamt sollten die Nahrungsmittel ,,fein und leicht" sein. Mit solch gesunder Ernährung überstehe man die Angriffe der Krankheit besser.

Ebensowenig wie solche Ernährungsratschläge konnten die Armen die von der Fakultät empfohlenen prophylaktischen Maßnahmen befolgen. Der gelehrten Ausdrucksweise zum Trotz handelte es sich lediglich um ebenso banale wie unangebrachte und vorwiegend wirkungslose Ratschläge zur Hygiene. Wollte man ein trockenes und warmes Zimmer bewohnen, dann mußte man es sich leisten können. Aber eine Wollspinnerin, wie sie im *Ménagier de Paris* beschrieben wird, besaß nur eine enge, dunkle, ungeheizte Kammer in einem der vielstöckigen Häuser, die mit dem Bevölkerungswachstum auf dem rechten Seineufer aus dem Boden geschossen waren, oder sie lebte in einem Schuppen zu ebener Erde. Unglücklicherweise bieten Trockenheit und Wärme dem Überträger der Pest, der schwarzen Ratte *(Rattus rattus)*, ideale Vermehrungsbedingungen. Feuchtigkeit und Kälte hätte die Armen eher vor den Rattenschwärmen verschonen können; denn Ratten entfernen sich kaum weiter als 200 Meter von menschlichen Wohnungen und halten sich am liebsten in einer Umgebung aus Holz oder Stroh auf, Materialien, aus denen Häuser und Dächer – aber auch die Laderäume der Schiffe, die ihnen die Überfahrt ermöglicht hatten – gebaut waren. Auf dem Lande waren die Wohnverhältnisse gesünder, aber ob die Wohnhäuser nun aus Stein errichtet wurden wie in Dracy (Burgund) oder in Rougiers (Provence), wo dank archäologischer Grabungen die Häuser rekonstruiert werden konnten, oder auch aus Holz oder Lehm wie in der Normandie, in Flandern oder in England, entscheidend war die Nähe der Scheune und des Stalls und die Konzentration des gesamten Familienlebens um eine einzige Feuerstelle, was der Ratte ideale Bedingungen bot. Wie die Epidemien bewiesen, nutzte es auch wenig, die Häuser wie in England in jeder Generation abzureißen und wieder aufzubauen.

Zur Bekämpfung der Flöhe, der eigentlichen Überträger der Pest, die in Symbiose mit den Ratten leben, wäre auch ein gewisses Maß an Reinlichkeit, an Körperpflege und an Pflege der Kleidung nötig gewesen. In den 1340er Jahren konnten sich aber nur die Reichen modische Neuheiten leisten. Wieviele Bauern und städtische Lohnarbeiter mochten wohl unter der Kleidung aus grober Wolle, die oft beim Trödler gekauft war, oder unter den billigen Fellen (von Hase, Katze, Fuchs oder Schaf), die im 14. Jahrhundert immer häufiger benutzt wurden, überhaupt ein Leinenhemd getragen und dieses auch noch gelegentlich gewechselt haben? Daß man die Felle mit der Behaarung nach außen trug, genügte nicht, um das Ungeziefer daraus zu vertreiben. Außerdem wusch man sich selten, so daß die Ratschläge der Ärzte, sich nicht zu baden, reichlich überflüssig waren. Immerhin konnte man eine Ansteckungsquelle vermeiden, wenn man ihrem Ratschlag folgend die Dampfbäder mied; aber Bauern gingen da sowieso nicht hin. Andere Ratschläge der Fakultät waren für die Armen der reine Hohn: Weniger arbeiten, sich mit mäßiger Körperanstrengung begnügen, den Kopf beim Schlafen hoch betten auf ,,guten und wohlduftenden Bettlaken'', aromatische und teure Desinfektionsmittel benutzen, Weihrauch, Myrrhe und Aloe aus Socotora, und das Schlafzimmer mit Rosenwasser besprengen.

Vielleicht war die Unkenntnis der Armen, die die Natur walten ließen, sogar noch ihr Glück und rettete viele von ihnen. Doch seien wir gerecht: Es gab auch Ärzte, die sie pflegten, ja manche ließen sich nicht daran hindern, mit den Minderbrüdern zu den Pestkranken zu gehen und sich bei der Pflege anzustecken. Papst Klemens VI. stellte mehrere Ärzte ein, um die Armen von Avignon unentgeltlich zu pflegen. In Venedig wurde zur Beisetzung der Armen eine eigene Bruderschaft gegründet. Bezahlten die Armen während der Pest von 1348 nun einen im Verhältnis zu ihrer Zahl höheren Tribut als die anderen Gesellschaftsschichten? Die hohe Sterblichkeitsrate der städtischen Lohnarbeiter kann unter Umständen zu falschen Schlußfolgerungen verführen. Auch lassen sich die verheerenden Auswirkungen der Pest auf dem Lande nicht verleugnen, ihr Ausmaß bezeugen manche verlassenen Dörfer noch heutzutage. Trotz aller Fehlernährung konnten aber das Leben im Freien und die weite Entfernung von Menschenansammlungen manche Gegenden vor der Epidemie bewahren, und zwar um so sicherer, je weiter sie von den großen Verkehrsadern entfernt lagen. Die physische Widerstandskraft der Bergbewohner aus der oberen Provence ist auf dem Höhepunkt der Pest, im April 1348, im Brief eines niederländischen Kanonikers bezeugt: Sobald die von ihren Familien verlassenen Pestkranken tot sind, so schreibt er, ruft man ,,kräftige Bergbauern aus der Provence, die arm und elend sind und viel Temperament besitzen und die man *gavots* (Hinterwäldler) nennt, um sie zu Grabe zu tragen''; dafür erhalten sie ,,eine große Belohnung''. Dann aber zeigt er sich erstaunt: ,,Sogar diese elenden Hinterwäldler'', die er an anderer Stelle als Hurenböcke bezeichnet, ,,sterben auch nach kurzer Zeit, infiziert von dieser ansteckenden Krankheit und vom Elend zermalmt, ähnlich wie die

Armen in der Pignotta sterben, die den Leichenbegängnissen der Reichen beizuwohnen pflegen.«

Sieht man einmal von der Entlohnung ab, so fragt man sich, welche Motive diese verachteten, aber nützlichen hinterwäldlerischen Totengräber bewegt haben mögen. Wir werden es nie erfahren, genauso wenig, wie wir je die tatsächlichen Verhaltensweisen der Armen gegenüber der Pest kennen werden. Gewiß war ihre Angst weder größer noch geringer als die der Wohlhabenden, obwohl der kluge Arzt Simon de Couvin in den Bevölkerungsschichten, die der Hunger ständig lebensgefährlich bedrohte, Resignation und sogar ein gewisses Maß an Fatalismus konstatierte. Ethnologie, Liturgie, die religiöse Praxis und die Hagiographie liefern ein ganzes Bündel von Zeugnissen über die Verhaltensweisen des einfachen Volkes; Teilnahme an eigens angesetzten Prozessionen in Florenz, Orvieto, Barcelona und Bath in den Jahren 1348 und 1349 und an Messen für Pestzeiten, für die Klemens VI. 1348 einen eigenen Ritus vorgeschrieben hatte; Stiftung von Votivtafeln; Verehrung der Nothelfer, vor allem des hl. Antonius, des hl. Adrian (später des hl. Rochus, der zur Zeit der Schwarzen Pest lebte) und des hl. Sebastian, dessen von Pfeilen durchbohrtes Bildnis allgemein verehrt wurde und dem zu Ehren Gilles Le Muisit zwei weit verbreitete Gebete verfaßte. Eine aus dem 14. Jahrhundert stammende norwegische Legende führt das Geschlecht der Rype auf die einzige Überlebende aus einer von der Pest ausgelöschten Familie zurück, die sich in einen Wald bei Bergen geflüchtet hatte und den Beinamen Wilder Vogel trug.

Das den Armen entgegengebrachte Mißtrauen nahm nun in der Volksmeinung eine neue Qualität an. Hatte man einst den Leprosen Brunnenvergiftung vorgeworfen, so bezichtigte man nun die Armen. In einem Bericht vom 17. April 1348 erwähnt der Landvogt von Narbonne, »Arme und Bettler aller Nationen« seien öffentlich bezichtigt worden, Giftpulver »in die Gewässer, die Häuser, die Kirchen und die Lebensmittel gestreut zu haben, und zwar in der Absicht zu töten«; sie hätten gestanden, das Gift von Unbekannten erhalten zu haben und dafür bezahlt worden zu sein. Vier dieser unglücklichen Kreaturen seien bereits geviertelt worden. Waren nicht genügend Arme vorhanden, wandte sich der Volkszorn vorwiegend gegen die Juden, etwa in Katalonien und im Rheintal; in ihnen rächte man sich an Geldverleihern, Wucherern und Reichen.

2. Atempause und Rückfall nach der ersten Pestwelle

Als die Pesttoten begraben waren, begann in Europa eine Periode geringer Bevölkerungsdichte. Die Epidemie hatte das Problem der Überbevölkerung auf brutale Weise gelöst, sie hatte die übergroße Zahl von Menschen, die ernährt werden mußten, drastisch verringert. Arme wie Reiche hofften nun auf ein besseres Leben. Ein denkwürdiges Panorama der sozialen und moralischen Folgen der Pest entwarf Matteo Villani:

„Die kleinen Leute, Männer wie Frauen, wollten ihr gewohntes Handwerk nicht mehr ausüben, da ja alles im Überfluß vorhanden sei. Sie verlangten die teuerste und feinste Nahrung ... Man nahm an, nun herrsche Überfluß an allen Erzeugnissen der Erde, dagegen herrschte – wegen des Unverstands der Menschen – Mangel an allen Dingen ... Die meisten Waren kosteten doppelt soviel wie vor der Pest oder gar noch mehr. Die Löhne und die Erzeugnisse aller Zünfte und Handwerke stiegen unkontrolliert im Preis ... Klagen, Auseinandersetzungen, Streitigkeiten und Schlägereien um Erbschaften und Erbrechte entstanden allenthalben."

Die Hinterlassenschaft der Pesttoten verschaffte den überlebenden Armen kein besseres Leben. Ein Leintuch, ein Bett, ein paar Lumpen, eine Truhe, eine Ziege, mehr konnte ein Armer einem Armen nicht vererben. Nutzen brachte die Konzentration der Erbfolge nur den Begüterten. Wie Yves Renouard es formulierte, „machte die Sterblichkeit die Reichen reicher und beließ die Armen in ihrer Armut."

Die einzige Chance für ländliche und städtische Lohnarbeiter bestand in der Nachfrage nach den knapp gewordenen Arbeitskräften und im Anstieg der Löhne. Was die archivalischen Quellen in diesem Zusammenhang verschweigen, berichten zeitgenössische Autoren wie z. B. Jean de Venette: „Als die Pest nachließ, war es in vielen ländlichen und städtischen Siedlungen nahezu leer." Und Gilles Le Muisit liefert trotz seiner nostalgischen Verklärung alles Vergangenen eine noch detailliertere Beschreibung: „Der allgemeinen Sterblichkeit von 1349 fielen soviele Winzer und Bauern, soviele Handwerker aus allen Berufen zum Opfer, ... daß daran ein großer Mangel herrschte ... Alle Arbeiter und ihre Familien forderten überhöhte Löhne." Man beachte den neuen Akzent, der im Gebrauch des Begriffs ‚fordern' zum Ausdruck kommt. Fast einen Kommentar dazu liefert Agnolo di Tura aus Siena: „Nach der großen Pestilenz des vergangenen Jahres lebt jeder nach seiner Laune."

Es war eine Periode allgemeiner Auflösung. Hier war die Ernte nicht eingebracht worden, weil Arbeitskräfte fehlten; dort hatten Bauern ihre Höfe aufgegeben, um besseren Boden zu suchen. Unfreie nutzten die verworrene Lage und entwichen aus der Leibeigenschaft. Die Stadt und die hohen Löhne, die Handwerker dort erzielten, zogen sie an. Das Gesetz von Angebot und Nachfrage beherrschte den Arbeitsmarkt, wie bereits Matteo Villani festgestellt hatte. Doch war der Mangel an Arbeitskräften vermutlich nicht die einzige Ursache für das Ansteigen der Löhne. Die Landflucht hatte bereits vor der Pest eingesetzt, und der Zustrom der Neuankömmlinge hätte auf dem Arbeitsmarkt eigentlich zu einer Senkung der Löhne zumindest für Hilfsarbeiter und ungelernte Lohnarbeiter führen müssen. Außerdem stiegen parallel zu den Löhnen auch die Lebenshaltungskosten, was wohl auch nicht ausschließlich von der Knappheit des Warenangebots verursacht wurde. Vielmehr beruhte das wirtschaftliche

Ungleichgewicht nach Meinung der Wirtschaftswissenschaftler darauf, daß die Menge des im Umlauf befindlichen Geldes schrumpfte.

Zunächst war es für die Armen ein Segen, daß die Löhne, wie manche Autoren berichten, auf dem Lande um 100%, in der Stadt um 150% stiegen. Man riß sich um die Arbeitskräfte; in Toulouse warben sich die Meister gegenseitig Lehrlinge und Gesellen ab. Auf dem Lande, und vor allem in England, wo die Unfreiheit der Bauern besonders drückend gewesen war, versuchte man die Bauern durch relativ großzügige Vergabebedingungen auf den Höfen zu halten. Die Veränderung vollzog sich rasch: Nach der Großen Pest verminderte sich die Zahl der Adelsgüter, die ausschließlich mit Frondiensten bewirtschaftet wurden, um die Hälfte, während die Zahl der nur teilweise mit Frondiensten bewirtschafteten Güter sich verdoppelte; auf 44 Gütern (zuvor 6) wurden die Frondienste in Geldabgaben umgewandelt. Freilassungen, Verminderung der Abgaben und Dienstleistungen sowie kurzfristige Vergabeverträge kennzeichneten neben dem Lohnanstieg für die Tagewerker die allgemeine Situation.

In der Stadt kam der Lohnanstieg den Hilfsarbeitern, den jungen Arbeitern und den qualifizierten Gesellen zugute. Die Quellenberichte aus Paris und Florenz stimmen darin überein. In Paris erhöhten sich die Löhne der beim Bau des Hospitals Saint-Jacques beschäftigten Hilfskräfte der Maurer und Dachdecker zwischen 1348 und 1353 um 100%, während der Preis für einen Hektoliter Weizen sich bis 1350 verdreifacht hatte, 1352–1353 aber wieder auf dem Stand von 1349 oder gar darunter lag. In Florenz war 1350–1356 der prozentuale Lohnanstieg in vier Berufsgruppen mindestens doppelt so hoch wie in der Zeit von 1326 bis 1347. Am stärksten waren die Löhne der Webergesellen und anderer Webereiarbeiter, die von der Pest besonders stark dezimiert worden waren, gestiegen. In Florenz wie in Paris verzeichnete man bis 1352 einen ständigen Anstieg des Weizenpreises, der dann wieder absank; diese Niedrigpreisphase hielt 14 Jahre lang an. Weniger stark stiegen nach der großen Pest die Tagelöhne der Bauarbeiter in England, immerhin aber um mindestens 20%; die Löhne der landwirtschaftlichen Tagewerker lagen 1340 bis 1360 schätzungsweise 2,35 mal höher als zu Beginn des Jahrhunderts. Eine vergleichbare Lohnentwicklung läßt sich nach 1350 in Navarra, Tirol und Krakau feststellen.

Das Los derjenigen, die vom Anstieg der Löhne nicht profitierten, der Notleidenden, der verschämten Armen, der Bedürftigen und Zerlumpten, konnte höchstens die zunehmende Anzahl von Stiftungen erleichtern. Angesichts des großen Sterbens erinnerten sich die Menschen an begangenes Unrecht, ihr Gewissen trieb sie sowohl zum Notar als auch zum Priester. Zwar fielen die Stiftungen nicht mehr so großzügig aus wie im vorangegangenen Jahrhundert, aber die zunehmende Anzahl der Testamente, deren Verbreitung dem Weg der Pest folgte, belegt, wie groß die Bereitschaft war, durch großzügige Almosen Sühne zu leisten. Vorwiegend Hospitäler und wohltätige Bruderschaften waren die Nutznießer. Ein Einzelfall mag eine Vorstellung vom Umfang der Stiftungen vermitteln: Die Gesellschaft Or San Michele in Florenz hatte aus einem Testament 350000 Florin für ihre Armen erhalten; aber da viele Arme gestorben waren, verwendete sie einen Teil der Summe für die dem Künstler Andrea Ocagna übertragene Anfertigung eines reich verzierten Altaraufsatzes, der heute noch in der ehemaligen Kapelle der Gesellschaft zu besichtigen ist. Diese Zweckentfremdung der Spende macht deutlich, wie die Bruderschaft die Lage der Armen beurteilte. Und tatsächlich hatte sich die finanzielle Lage der fleißigen Armut auch gebessert.

Zwar läßt sich die Ansicht, die Jahre nach der Pest seien ein goldenes Zeitalter für Lohnarbeiter gewesen, nicht verallgemeinern, aber zumindest den Florentiner Arbeitern muß die Lohnentwicklung zwischen 1350 und 1360 wie ein Wunder vorgekommen sein.

Die Patrizier in den Stadtregierungen Italiens waren stärker als andere an einer Kontrolle der Löhne interessiert; in Orvieto wurden 1350 Höchstlohngrenzen für alle Berufszweige, von der Hebamme bis zu den Maurern, festgesetzt. Problematisch dabei waren die Naturalentlohnungen in Form von Nahrung oder Unterkunft, deren Wert die Nominallöhne beträchtlich übersteigen konnte. Die Signorie in Florenz erließ mehrere Verfügungen – die wichtigste 1355 – über Preise und Löhne, deren Höhe für die Bedürftigen von entscheidender Bedeutung war.

Die Beschäftigungskonjunktur hatte sich günstig entwickelt, und die Löhne, selbst die der kleinen Handwerker, zeigten eine dauerhafte Tendenz nach oben. Ein Bauarbeiter, der zwischen 1340 und 1346 im Durchschnitt täglich zwei Solidi und zwei Denare verdiente, brachte es zwischen 1350 und 1356 auf neun Solidi und zwei Denare, zwischen 1363 und 1369 auf neun Solidi sechs Denare und vor Ausbruch der Wirren der Ciompi sogar auf neun Solidi neun Denare. Nach wie vor war die Lage für Familien mit Kindern schwieriger als für Unverheiratete, aber in dieser Zeit relativ guter Beschäftigungsverhältnisse konnten die Frauen einen beachtlichen Beitrag zur kargen Haushaltskasse erarbeiten. Die zwischen 1355 und 1360 in Florenz geborenen Kinder hatten das außergewöhnliche Glück, als einzige Generation dieses Jahrhunderts in den für die Entwicklung so entscheidenden ersten Lebensjahren keinerlei Mangel erleiden zu müssen. In diesen Jahren gab es keine Wohnungsnot; was Nahrung und Kleidung betrifft, so scheinen die Fakten die tugendsame Empörung Matteo Villanis über die anspruchsvollen *minuti*, die ,,im überreichen Überfluß an Dingen" lebten, durchaus mit guten Argumenten zu rechtfertigen. Kleidung zu beschaffen, fiel dem einfachen Volk nicht mehr schwer. Der Verbrauch von billigen Getreidesorten ging zurück, während mehr weißes Weizenbrot konsumiert wurde; die Armen entwickelten einen beachtlichen ,,Hunger nach Fleisch", besonders nach Schweinefleisch und Geflügel; der Konsum von Wein besserer Qualität stieg an. Eine Verbesserung der Ernährungslage läßt sich auch in der Provence, im Languedoc, in Deutschland und in England feststellen. Gleichzeitig schuf die veränderte Ernährungssituation neue Gewohnheiten; um so widerwilliger wurde um 1370 der Konjunkturabschwung ertragen, was die Stimmungen und Verhaltensweisen zur Zeit der Ciompi entscheidend mitprägte.

Doch darf man nicht davon ausgehen, daß die Armen in Florenz in dem Jahrzehnt nach der Großen Pest ein paradiesisches Leben geführt hätten. Sogar hier blieb die allgemeine Prosperität unstabil. Bereits 1360 begannen die Löhne der Webereiarbeiter zu sinken, und schon 1366 kündigte sich im Woll- und Färbergewerbe die Rezession an. Aber die Armen hatten wenigstens einmal aufatmen können.

In den anderen Ländern wurden sie nicht im selben Maße geschont. Schuld daran war entweder eine restriktivere Gesetzgebung oder die politische und militärische Lage. Die städtische oder staatliche Obrigkeit bzw. die verschiedenen gewählten Gremien (das englische Parlament, die Cortès, die Provinzialstände) regelten unterschiedlich streng Löhne, Preise, Zünfte, die Mobilität der Arbeitskräfte, den Müßiggang und die Bettelei, Bereiche, von denen die Armen stets unmittelbar betroffen waren. Als städtische Obrigkeit, wenn auch mit geringerer Kompetenz als die souveräne Signorie in Florenz, begrenzten z. B. die *Capitouls* von Toulouse die Löhne der Gerber; bereits 1359 setzte der Stadtrat von Amiens eine Höchstgrenze für Löhne fest; dies beschloß auch der Magistrat von Metz, der außerdem Vorschriften über die Einstellung von Arbeitskräften erließ (1355). In den flandrischen Städten scheint der Lohn- durch den Preisanstieg ausgeglichen worden zu sein. In Gent bereiteten die Weber ihre Rache an den Walkern vor, die 1349 Sieger geblieben waren; 1359 war es soweit, die Walker wurden zu Bürgern minderen Rechts degradiert. Auch im Hennegau wurden 1354 die Löhne begrenzt.

Daß der Staat in allen Ländern gleichzeitig derart tief in den gesellschaftlichen Bereich eingriff, war neu und ein typisches Zeichen der Zeit. In den iberischen Königreichen und in England geschah dieser Eingriff Mitte 1349, auf dem Höhepunkt der Epidemie.

Vom Standpunkt der Armen aus betrachtet, besaßen diese Entscheidungen einen zweifachen Aspekt: Schon im Juli 1349 wurde in Aragon eine Höchstgrenze für die Löhne der Schneider, Gerber, Schmiede, Zimmerleute, Fuhrleute, Landarbeiter, Schäfer und Bediensteten festgesetzt, die sich vier- oder fünfmal höher entlohnen ließen als vor der Großen Pest. Im nächsten Jahr wurden zwei weitere derartige Gesetze erlassen, offensichtlich weil das erste kaum Wirkung gezeigt hatte. Der König von Kastilien setzte bei den Cortès von Valladolid 1351 ähnliche Beschlüsse durch. Alfons IV. von Portugal ging noch weiter: Er begnügte sich nicht damit, 1349 eine Obergrenze für Löhne festzusetzen, er wollte auch der Tendenz zur Aufgabe des Arbeitsplatzes wehren sowie Vagabundentum und Bettelei eindämmen, worüber die Städte allgemein klagten; sie mußten daraufhin

Nichtseßhafte ausweisen und ihnen den Zugang zu den Hospizen verwehren. In Aragon dagegen führten liberalere Regelungen dazu, daß einigen bäuerlichen Schichten Zahlungsaufschub gewährt wurde, daß ihre Lasten gemindert und sie vom Zehnten befreit wurden, während in Valencia den Fischern der Albufera die Leistungen an die Krone erlassen wurden, zu denen sie verpflichtet waren. Doch die in diese Maßnahmen gesetzten Hoffnungen scheinen sich nicht erfüllt zu haben. Der Arbeitskräftemangel hielt auf der gesamten Halbinsel weiterhin an und wurde durch neue Pestwellen und Hungersnöte noch verschärft. Eine 1371 vor den Cortès in Lissabon vorgetragene Klage über die Verödung der Felder, über hohe Lohnforderungen und vagabundierende Bettler führte 1375 zum Erlaß der sog. *Sesmarias*, eines Gesetzes, das in erster Linie die Landwirtschaft neu beleben sollte und zu diesem Zweck Löhne und Dienstleistungen festsetzte sowie die Zwangsverpflichtung aller ‚Müßiggänger', also der Vagabunden und gesunden Bettler, zur Arbeit vorsah. Auch in Navarra und den Ländern der Krone Aragon stellte sich die Aufgabe, die dahinsiechende Landwirtschaft wieder zu beleben. Dieses Ziel verfolgte in Katalonien das den *Sesmarias* vergleichbare Gesetzeswerk der *Remensas*, und auch hier zeitigten die reaktionären feudalistischen Tendenzen, die das Gesetzeswerk prägten, bereits am Ende des 14. Jahrhunderts dramatische Folgen. Aber aus dieser Auseinandersetzung gingen die Bauern und sogar Unfreie als Sieger hervor.

Vom Juni 1349 an griff man in England zu ähnlichen Maßnahmen, die dann auch ähnliche Auswirkungen zur Folge hatten. Aber das englische System war perfekter und methodischer angelegt, die darin festgeschriebenen Prinzipien waren geeignet, die Lage der Armen dauerhaft zu zementieren. Auch hier verlief die Entwicklung zunächst vorteilhaft für die Armen. Weil aber „einige nur für überhöhte Löhne arbeiten wollen und andere lieber müßiggehen und betteln als ihren Lebensunterhalt durch Arbeit zu verdienen", wurde ein Lohnstop beschlossen, den man mit Strafandrohungen gegen Arbeitnehmer und Arbeitgeber durchzusetzen versuchte. Den Gesunden verbot man, zu betteln und Almosen anzunehmen; zur Lohnbeschränkung kam das Verbot, den Arbeitsplatz zu wechseln. Soweit die wichtigsten Bestimmungen des berühmten englischen Arbeiterstatuts, das zumindest bis in die elisabethanische Zeit die Grundlage der englischen Arbeitsgesetzgebung bleiben sollte. Seine rigorose Anwendung vor allem auf die Lohnempfänger führte zu zahlreichen Gerichtsverfahren und trug wesentlich zur Schaffung der Unzufriedenheit bei, die in dem Aufstand von 1381 zum Ausbruch kam.

In Frankreich zwang die Notlage zu zwei Erlassen, die möglicherweise auch vom Beispiel Englands angeregt wurden. Daß es 1354 notwendig wurde, die 1351 fixierten Lohntarife neu festzusetzen, beweist, wie schwierig es war, die Preisbewegungen tatsächlich zu kontrollieren. Ein Lohnanstieg um ein Drittel gegenüber der Zeit vor der Großen Pest war zugestanden worden; in Wirklichkeit erzielte ein Hilfsmaurer, der nach dem Gesetz im Sommer täglich 20 Denare erhalten sollte, 1354 zwischen 36 und 42 Denare. Um dieser Praxis zu wehren, verbot das neue Gesetz Akkordlöhne, es verpflichtete ‚Müßiggänger' in strenger Form zur Arbeit, schloß Vagabunden von Almosen aus und verweigerte ihnen den Zutritt zu den Hospizen. Überhaupt befaßte sich die Obrigkeit häufig mit den Vagabunden. Der Erlaß von 1351 verdient außerdem noch deshalb besondere Beachtung, weil er der erste amtliche Text in französischer Sprache ist, der die Bezeichnungen für die Randgruppen aufzählt. Er betraf hauptsächlich den Amtsbezirk von Paris, wo der Zustrom von fragwürdigen Elementen besonders stark war und der König die öffentliche Ordnung gefährdet sah.[90]

Hauptinteresse der Armen, d. h. der Notleidenden und Bedürftigen, war die Sicherheit. Auch ohne die Begrenzung der Löhne nach oben wurde die Kaufkraft durch wiederholte Geldabwertungen, Preiserhöhungen und Kriegssteuern gemindert. Für die Armen war die Erleichterung der grundherrschaftlichen Lasten nicht so wichtig wie die Zuverlässigkeit der Hofstellenvergabe und vor allem der Schutz vor Requisitionsforderungen, die zu Recht oder zu Unrecht, in aller Form oder mit Gewalt von Bewaffneten aller Art durchgesetzt wurden, sowie vor simplen Banditen und Räubern. Zwischen den beiden ersten Etappen des Hundertjährigen Krieges, den Niederlagen von Crécy (1346) und Poitiers (1356), war neben der Pest auch ein verdeckter Bürgerkrieg zwischen König Johann und seinem Schwiegersohn, König Karl dem Bösen von Navarra, ausgebrochen, und am Hof bekämpften sich die Parteicliquen.

Daher erstaunt es nicht, daß die Armen wie die übrige Bevölkerung auf jene hörten, die ihnen zur Besinnung auf die eigene Kraft rieten und ihren Zorn sowohl auf die schlechten Ratgeber des Königs als auch auf den Adel lenkten, der sich auf dem Schlachtfeld als unfähig erwiesen hatte, seiner Aufgabe gemäß das Volk zu schützen. Demagogische Sprachgewandtheit besorgte das Übrige. Die einfachen Leute folgten denen, die ihnen die Erfüllung ihrer Hoffnungen versprachen. In Paris, wo seit der Großen Pest zahlreiche Arbeiter und Vagabunden zugezogen waren, folgte die Masse dem Aufruf des Etienne Marcel und unterstützte die Stände. Und kam nicht auch der als *Grande Ordonnance* bezeichnete Erlaß von 1357 den Wünschen der Armen entgegen, wenn er ungerechtfertigte Eintreibungen verbot und die Selbstverteidigung bei Notwehr erlaubte? Als dann der Vorsteher der Kaufmannschaft Etienne Marcel die Handwerker zur Arbeitsniederlegung aufforderte, übernahm die Straße die Macht und behielt sie zwei Jahre lang. Am schlimmsten wurde die Lage, als 3000 Handwerker am 28. Februar 1358 in die Residenz des Dauphin Karl eindrangen, der anstelle seines gefangenen Vaters die Regentschaft übernommen hatte. Sechs Monate später aber hatte das Volk bemerkt, daß Etienne Marcel nicht die Interessen der Kleinen, sondern die einer Fraktion des Pariser Großbürgertums und des rebellischen königlichen Schwiegersohns vertrat.

Die Menge „murrte laut" und ließ Etienne Marcel ermorden. Dieser hatte mit der Unterstützung anderer Städte gerechnet, mit der Hilfe von Toulouse und von Montbrison, wo die Winzer sich gegen die Steuerbeamten erhoben hatten, von Rouen, wo die Navarrapartei das Schloß besetzt hatte, von Troyes, wo ein Konflikt über die Arbeitszeit in der Tuchindustrie schwelte, und von Amiens, wo die Kürschner den Kampf gegen die Besteuerung anführten. In Laon, der Bischofsstadt des Robert le Coq, der mit Etienne Marcel verbündet war, „besorgte" der Stadtprokurator „den Tod der Großen"; in Arras lösten 1356 die *menus* durch die Ermordung von 17 Adligen die Unruhen aus.

Etienne Marcel hatte außerdem gehofft, die Jacquerie für seine Zwecke einspannen zu können, eine ganz andersartige Bewegung, ein „Schrecknis", dessen Heftigkeit und plötzliches Auftreten die Zeitgenossen zu leidenschaftlichen Übertreibungen verleitete. Aus ihren Äußerungen könnte man den Eindruck gewinnen, bei der Jacquerie habe es sich um einen ausgedehnten Aufstand gehandelt. Gewiß, Unruhen gab es im Bray und um Amiens, im Artois und Ponthieu, in der Champagne und im Perthois; und sieht man vom Bezirk Longjumeau im Süden von Paris ab, so lag das Epizentrum des Aufstands in der nordfranzösischen Ebene und im Beauvaisis. Dort kam es in Saint-Leu-d'Esserent in der Nähe von Creil am 29. Mai 1358 zum ersten Zusammenstoß, bei dem nach den Berichten von Jean le Bel und Froissart Bauern, bewaffnet mit „eisenbeschlagenen Knüppeln und Messern", einen Haufen Kriegsvolk niedermachten. Ebenso begrenzt wie die geographische Verbreitung der Jacquerie war auch ihr Anhang; Jean de Venette, der eher zu Übertreibungen neigt, spricht von 5000–6000 Mann. Daß dieses kurzlebige, nur zwei Wochen anhaltende „Schrecknis" so großen Widerhall fand, erklärt sich aus dem allgemeinen Entsetzen über die gewaltsamen Formen der Revolte, aber vor allem aus dem Gefühlswert, der mit der Erinnerung daran verbunden ist. Von Gefühlen geprägt waren bereits die Urmotive der Jacquerie, wobei sich merkwürdigerweise der Vergleich mit der *Grande Peur* aufdrängt. Gefühlsbetont ist vor allem die Bezeichnung der Bewegung; der Begriff *jacques* erhielt in der französischen Sprache die Bedeutung ‚unglückliche, revoltierende Bauern', und die Bezeichnung *Jacquerie* wurde wie das Wort *grève* (Streik) damals in zahlreiche andere Sprachen übernommen.

Obwohl der Großteil der Jacquerie unbestreitbar bäuerlicher Herkunft war, mischten sich nach den *Grandes Chroniques de France* unter die „Menschen vom Lande" auch „reiche Männer, Bürger und andere" und ganz gewiß auch fahnenflüchtige Soldaten. Carle wurde zum Anführer gewählt, „weil er klug war und gut reden konnte"; seine organisatorischen Fähigkeiten und seine Führungsqualitäten hatte er möglicherweise im Kriegsdienst erworben.

Eine Revolte wie die Jacquerie ist noch lange keine Revolution. Einige, die zur Teilnahme gezwungen worden waren oder sich einfach hatten mitreißen lassen, erklärten später, angesichts des „mit Lilien bemalten Banners" hätten sie geglaubt, dem König zu dienen. Auch die zweifellos gegen den Adel gerichtete Jacquerie machte diesem die Niederlage bei Poitiers zum Vorwurf, aber stärker als die Existenz des Feudalsystems griff sie dessen Mißstände an. Zwar soll ein Jacques gesagt haben: „Lassen wir alles laufen, und seien wir alle Herren." Aber weit häufiger wurde daran Kritik geübt, daß der Grundherr abwesend war, weil er unter dem Banner des Königs Kriegsdienst leistete. Muß man also die Ursache der Revolte in übergroßer Not suchen? Jean de Venette berichtet: „Schwärzestes Elend herrschte überall, besonders bei den Bauern; die Grundherren verschlimmerten ihre Not noch, indem sie sich ihrer Felder und ihres ärmlichen Lebens bemächtigten." Zur Jacquerie zählten sicher auch eine ganze Reihe von Lohnarbeitern, deren Hoffnung auf bessere Löhne enttäuscht worden war, so wie jener „arme kleine Händler, der Geflügel, Käse, Eier und andere Kleinwaren verkaufte"; er stammte aus Acy-en-Multien, wurde in das Abenteuer hineingezogen und fand sich im Gefängnis wieder. Paradoxerweise aber waren die aufständischen Regionen die reichsten der Ile-de-France, wo es nur noch „eine Handvoll Unfreie" gab. Mit Guy Fourquin kann man zur Erklärung darauf verweisen, daß die Preise für landwirtschaftliche und industrielle Güter auseinanderklafften, daß die Steuerbelastung erhöht worden war und Soldatenbanden plündernd umherzogen. Der Unwille über solche Zustände bereitete dem Aufstand den Boden, auf den die Ärmsten ihre Hoffnung setzten. Daß sie gelitten haben, ist unbestreitbar, aber ebenso auch die Tatsache, daß sie wie zuvor in Flandern ehrgeizigen Naturen, unter denen Etienne Marcel nicht die einzige war, als Manövriermasse dienten. Einmal mehr bezahlten die Armen die Zeche.

Zwei Jahrzehnte lagen zwischen der Großen Pest und den Wirren vom Ende des 14. Jahrhunderts. Für diese Zeit läßt sich die Lage der Armen in ganze Europa beschreiben als „stagnierende Mittelmäßigkeit". Allerdings sind dabei regionale Unterschiede sowie Unterschiede zwischen städtischen und ländlichen Verhältnissen zu beachten.

Wie üblich bedeuteten die drei großen Plagen Pest, Hunger und Krieg für diejenigen, die bereits arm waren, eine harte Prüfung, und sie stießen Menschen aller Schichten ins Elend. In Zahlen lassen sich die Auswirkungen nicht fassen. Ganz erlosch die Pest nie, aber besonders starke Ausbrüche erfolgten 1360–1362 und 1374–1375. Die erste Pestwelle erfaßte, ähnlich selektiv wie 1348, vorwiegend Kinder und junge Männer; erstaunt berichten die Chronisten über die große Anzahl von schwarzgekleideten Witwen, die man in Paris sehe. Bei der zweiten Pestwelle reichten vielerorts die Hospitäler nicht aus. 1363 beklagte sich der Bischof von Paris über die mangelnde Leistungsfähigkeit des Hôtel-Dieu; in Florenz erwiesen sich die fünf Gebäude von Santa Maria Nuova als zu klein, und die Ausgaben des Hospitals stiegen um das Fünffache. 1371 war die Armentafel von Mons den Anforderungen nicht mehr gewachsen. Zu allem Unglück für die Armen fielen diesmal Pest und Hungersnot zusammen, besonders in Südeuropa, von Aquitanien bis zur Provence, von Portugal bis Italien. Landbewohner genossen den Städtern gegenüber den Vorteil, daß sie dem Ansteckungsrisiko nicht so stark ausgesetzt waren und ihre Ernährung vor Ort selbst sichern konnten. Die Städte sahen sich mit schwierigen Problemen konfrontiert; Getreide mußte beschlagnahmt und manchmal aus großer Entfernung importiert, die Preise mußten festgesetzt werden. Der englischen Verwaltung in Aquitanien und den Behörden in der Provence gelang es noch, wenn auch unter großen Anstrengungen, die Schwierigkeiten zu meistern; dagegen erzeugten die Maßnahmen des Herzogs von Anjou im Languedoc eine Unzufriedenheit, deren ganzes Ausmaß erst einige Jahre später im Aufstand der *Tuchins* offen zutage trat. In den Städten Draguignan, Montpellier, Béziers und Toulouse hatten die städtischen Behörden, so etwa in Toulouse, große Schwierigkeiten bei der Beschlagnahme von Vorräten bei denjenigen, die sie ,,boshafter Weise'' besaßen. In Mittelitalien scheiterte die päpstliche Verwaltung mit dem Versuch, die Getreidevorräte zu erfassen und an die Bevölkerung zu verteilen. Die Armen begannen zu hungern.

Da ein Unglück selten allein kommt, wurden ohne Rücksicht auf die ohnehin schwierige Lage die Steuern erhöht. Auf diese Weise verarmte das Languedoc unter Ludwig von Anjou, der damit seine Unpopularität endgültig sicherte. Die Herdsteuer Karls V. belastete die Bevölkerung schwer, selbst wenn sie mit der Wiederaufnahme des Krieges gegen England entschuldigt werden konnte; denn sie folgte auf hohe Abgaben, die zum Freikauf König Johanns erhoben worden waren. Zu diesen Ausgaben kamen auch noch die Tributzahlungen hinzu, die Räuber- und Soldatenbanden erpreßten. Aber im Vergleich zum Wüten der Landstreicherbanden in Italien, in der Provence, in Zentralfrankreich, Burgund, der Champagne und Aquitanien war dies noch das geringere Übel. Froissart beschrieb das Elend der ,,armen Bauern, ... die die Landstreicher verfluchen ... und zwischen den Zähnen singen: Haut ab, ihr schmutziges Gesindel.'' Und während ein Mérigot Marchès vor Gericht seine Missetaten ungeschminkt gestand, stellten Untersuchungen im Gâtinais und im Quercy die Häufung solcher Verbrechen wie Erpressung, Mord und Brandstiftung fest sowie die Tatsache, daß viele verarmte Bewohner ihre Dörfer verlassen hatten. Der Gerechtigkeit halber sei aber angemerkt, daß diese Räuber und Plünderer auf ihre Art auch Arme waren, nachgeborene Söhne und Bastarde, manchmal von adeliger Geburt, aber ohne Erbe, entlassene Söldner ohne Beschäftigung und ohne Sold, kurzum Angehörige von Randgruppen aller Art.

So zerstörerisch sich Pest, Hunger und Krieg auch auswirkten, so bildeten sie doch nur Stationen auf dem Kreuzweg der Armut. Die Probleme der Wirtschaftskonjunktur und der Sozialstruktur dagegen waren dauerhafter Natur, und es sollten sogar noch härtere Zeiten kommen. In den ländlichen Regionen Frankreichs lagen abgesehen von der drückenden Besteuerung und der Bedrohung durch den Krieg keine akuten Schwierigkeiten vor. Ganz anders in England, wo die Gesetzgebung 1349 bis 1351 immer rigoroser wurde und offensichtlich das Ziel verfolgte, die Löhne wieder auf den Stand vor der Großen Pest herabzudrücken, was zahlreiche Gerichtsverfahren zur Folge hatte. Tschechische Historiker sehen die sozialen Ursachen der Hussitenbewegung in einer Verschärfung der ländlichen Armut in Böhmen im Laufe der zweiten Hälfte des 14. Jahrhunderts. Sogar Skandinavien wurde von Bauernunruhen erschüttert; die umfangreichste schlugen die Dänen 1361 in Wisby nieder. Schließlich begannen die Salinenarbeiter, eine der am tiefsten verachteten und ärmsten Berufsgruppen, von sich reden zu machen; z. B. verließen zwischen 1360 und 1370 zahlreiche Arbeiter die Republik Venedig und suchten Arbeit in anderen Salinen, um der hohen Besteuerung zu entgehen und bessere Lebensbedingungen zu suchen.

In den Städten dagegen stellten sich andere Probleme. Die für das 14. Jahrhundert typische Tendenz zur beruflichen und gesellschaftlichen Abschottung führte zusammen mit den Auswirkungen der Rezession dazu, daß der Zugang zur Meisterschaft von den Zünften beschränkt wurde und die Zulassungsbedingungen von armen Gesellen kaum noch zu erfüllen waren; in einigen Fällen war dies die Anfertigung eines recht kostspieligen Meisterstücks, zumindest aber die Ablegung einer Prüfung und fast immer die Entrichtung hoher Eintrittsgebühren. Die Meister scheuten sich nicht, die Zahl ihrer Lehrlinge zu erhöhen, um sie als billige Arbeitskräfte zu nutzen; der Vogt von Paris erlaubte dies manchmal sogar ausdrücklich, 1371 z. B. den Lederzurichtern. Besonders anfällig für soziale Probleme war das Tuchgewerbe; die Vielzahl der damit verbundenen technischen Vorgänge machte es erforderlich, Herstellung, Finanzierung und Verkauf zusammenzufassen, woraus folgerichtig ein abgestuftes System von Tätigkeiten und Löhnen entstand. Unvermeidlich wurde damit im 14. Jahrhundert und besonders in dessen zweiter Hälfte Opposition herausgefordert, zumal die Leitung der Zünfte wie das Stadtregiment im Monopolbesitz von Cliquen waren, wie Hans Van Werveke die Führungsschichten in Flandern nennt. Die Kleinen hatten nur zu gehorchen.

Im Laufe des 14. Jahrhunderts wurde es allgemein üblich, den Ablauf des Arbeitstages mit Hilfe einer Glocke zu regeln. Darin kam das Bemühen um gleichmäßige Erträge auf der Basis einer festgesetzten, von der Uhr geregelten Arbeitszeit zum Ausdruck; auch Standuhren fanden in dieser Zeit weite Verbreitung. Die städtischen Urkunden und die Zunftordnungen liefern Belege für diese Neuerung, deren geographische Verbreitung die Karte der industriellen Zentren nachzeichnet. Symbolischen Gehalt besitzt ein Vorgang in York: Zwischen 1352 und 1370 brachte man an der Baustelle der Kathedrale zwei Glocken an; die eine rief die Gläubigen zum Gottesdienst, die andere die Gesellen zur Arbeit. Die Zeit des Gebetes gehörte

Gott, die Zeit der Arbeit dem Kaufmann. Solche Glocken wurden 1355 in Aire-sur-la-Lys installiert, 1358 in Gent und schließlich 1367 in Thérouanne. In Commines bedrohte 1361 ein Gesetz die Arbeiter mit Strafe, wenn sie die Glocke als Signal für einen Aufstand benutzten. Das Symbol der entfremdeten Zeit sollte aber doch noch zum Symbol der Rebellion werden.

In den meisten Zentren des europäischen Tuchgewerbes stieg die Spannung zwischen Armen und Reichen. Eine spektakuläre Revolte brach 1368 im deutschen Augsburg aus; in Prag widersetzten sich die armen Textilarbeiter ihren Arbeitgebern. 1372 streikten in Leyden die Walker, demonstrativ zogen sie aus der Stadt aus. Überhaupt bieten die Niederlande und Italien bezeichnende Belege für die Lage der armen Handwerkerschaft.

Gewiß lassen sich diese Beobachtungen aus dem Tuchgewerbe und aus einigen Industriezentren weder auf alle Gewerbe noch auf alle Städte übertragen. Wir wissen ja bereits, was unter diesen Bedingungen und in eben diesen Städten alles zur Linderung der Not getan wurde, und wir werden darauf wiederholt zurückkommen. Allerdings hatten in Gent die Walker den Webern nicht vergessen, daß sie 1359 aus Rache das Gewerbe mit harten Erlassen geknebelt hatten: Sie hatten ihr Stimmrecht im Kapitel verloren, sie durften keine Arbeit ablehnen und ihre Arbeitsstelle nicht aufgeben, ihre Löhne waren minimal. Die Unruhen hielten an, aber auch bei einer Neuorganisation im Jahre 1372 blieben die Walker unberücksichtigt. Die Stadt Brüssel erlebte zwei Aufstände (1360 und 1364), und beinahe hätte eine Feuersbrunst die berühmte Grand-Place vernichtet. Aber diesmal mußte das Patriziat nachgeben.

In Florenz und Siena verschlimmerte sich die Lage von 1368/70 an; zehn Jahre lang dauerte die Arbeitslosigkeit fast ohne Unterbrechung, ebenso deren normale Folgeerscheinung, die Auswanderung. In Florenz sank der Lohn eines unverheirateten Bauarbeiters zwischen 1370 und 1377 um ein Drittel und fiel damit auf den Stand von vor 1360 zurück; für einen Familienvater konnte die Lohnminderung 40–45 % betragen. Die „wunderbaren Jahre" verblaßten zur nostalgischen Erinnerung. Die Probleme stellten sich auf allen Ebenen und manchmal in besonders drängender Weise. 1368 waren Getreidevorratslager geplündert worden, und zur Strafe wurden 16 Aufständische hingerichtet. Zwei Jahre später forderten die Färber in einem Streik höhere Löhne und rangen der Signorie die Erlaubnis zu Zusammenschlüssen ab. Die Abwanderung von Arbeitslosen und die allgemeine Verschuldung waren die Hauptprobleme. Die Stimmung unter den *minuti* nahm bedrohliche Formen an. Schließlich hatte ihrer Unterstützung das Geschlecht Ricci seinen Sieg von 1367 über die Neureichen und die Welfen zu verdanken. Danach hatten sich die Verfechter einer volksnahen Politik in einer Geheimgesellschaft zusammengeschlossen, zu der auch Salvestro de' Medici gehörte, der später eine bedeutende Rolle spielen sollte. Mit welchen Zielsetzungen aber? Wollten sie wirklich die Armen schützen, oder wollten sie deren Sache in den Dienst der Interessen einer Clique stellen?

Stand Florenz etwa unter dem Einfluß von Siena, wo es sehr viele Unruhen gab? 1355 und 1368 hatten die Sorgen der Armen dabei kaum eine Rolle gespielt. Ganz anders 1378, als sich die Situation drastisch verschlechtert hatte. Die Statuten der Wollenweberzunft hielten die *sottoposti* in enger Abhängigkeit. Bei ihrem Eintritt in die Zunft, für den sie eine Gebühr zu entrichten hatten, mußten sie schwören, weder der Zunft noch ihrem Meister Schaden zuzufügen; das Wort des Meisters galt mehr als das seines Untergebenen *(contra il lavorante infimo)*. Schlecht bezahlt, unselbständig und gegebenenfalls von harten Bußgeldern bedroht, waren die Ciompi in Siena, wie die Chronik des Donato di Neri berichtet, „Leute aus der verächtlichsten Plebs". 1370 waren die Preise nach einer Hungersnot gestiegen, die Arbeitslosigkeit hatte beunruhigende Ausmaße angenommen. 1371 bildeten 300 Ciompi die illegale *Compagnia del Bruco,* der das fast totemhafte Symbol ihres Viertels *(bruco* = Raupe) den Namen gab. Ihr Marsch auf die Signorie scheiterte. Und Donato fährt fort: „Zwar machten sie viel Lärm, aber diejenigen, die ihre Meister umbringen wollten, wurden Opfer einer unmenschlichen Repression." Weitere Unruhen brachen in Bologna und Cremona aus, in geringerem Umfang, aber mit ähnlichen Zielsetzungen. „Die Handwerker der Wollenweberzunft", so schließt Donato, „hatten das Wort ergriffen." Sieben Jahre später sollten sie in Florenz einen schärferen Ton anschlagen.

XI. Der Anstieg der Massenarmut

1. Der Zorn der Armen

Ein Eremit namens Calixtus, der wie viele andere Propheten die Endzeit anbrechen sah, soll für die Zeit von 1378 bis 1420 große Wirren vorausgesagt haben. Wenn diese Prophezeiung richtig überliefert ist, so hätte er es kaum besser treffen können. Neben dem Großen Schisma erschütterten zwischen 1378 und 1383 Unruhen in einem nie zuvor gekannten Ausmaß ganz Europa. Kaum waren diese zu Ende, setzten neue Erschütterungen ein, die ersten Remensa-Unruhen in Katalonien und um 1420 die Hussitenkriege. Und jedesmal waren die Armen beteiligt, jedesmal stand auch ihr Schicksal auf dem Spiel.

Eine andere, einem Minoritenbruder zugeschriebene Prophezeiung zirkulierte 1378 während der Ciompi-Unruhen in Florenz: Man munkelte, er habe zehn Jahre zuvor vorausgesagt, die *minuti* würden die Mächtigen, „dieses Ungeziefer der Erde", vernichten. Welche Armen mochten wohl zur Geißel Gottes berufen sein? Sicher nicht die Armen im herkömmlichen Sinne, die ständig unter Not, Demütigung, Ohnmacht und Krankheit zu leiden hatten. Bettler mochten sich zwar an einzelnen Unruhen beteiligen, aber sie besaßen nicht die Kraft, die Initiative zu ergreifen. Ganz anders dagegen die neuen Armen, Gesunde und Arbeiter, die kärgliche, kaum ausreichende Löhne erhielten, aber allem Mangel zum Trotz recht selbstbewußt waren. Ihre Armut trat nur dann offen zutage, wenn eine Prüfung oder ein Unglücksfall sie traf. Die wohltätigen Organisationen aber konnten nicht alle Probleme lösen. Außerdem hatten sich die Zeiten geändert. Die entspannte Lage nach der Großen Pest hatte die Begehrlichkeit geweckt, die fleißigen Armen begannen Forderungen zu stellen. Man fragt sich, warum und warum gerade zu diesem Zeitpunkt.

Daß die Unruhen überall gleichzeitig ausbrachen, legt die Vermutung nahe, daß ihnen trotz aller lokalen Unterschiede vergleichbare Ursachen zugrunde lagen. Dennoch war die Lösung der finanziellen, gesellschaftlichen und moralischen Probleme der Armut weder das Hauptmotiv noch das wichtigste und erst recht nicht das einzige Ziel dieser Unruhen; außerdem waren die Armen bei weitem nicht die alleinigen Akteure. Aber die Probleme der Armut traten dabei offen zutage; sie wurden manchmal in einzelnen Bereichen provisorisch gelöst, häufig auch übergangen, in allen Fällen aber waren sie in irgendeiner Weise involviert.

Die Gleichzeitigkeit der Vorgänge weist aber nicht unbedingt auf Zusammenhänge hin. Weder lassen sich direkte Verbindungen zwischen den Unruhen von 1378–1383 noch Zusammenhänge zwischen dieser Periode und den Erhebungen von 1420 herstellen. Die erste Welle erfaßte völlig unerwartet vorwiegend Städte; verschont blieb nur Flandern. 1420 dagegen handelte es sich um lang anhaltende und weit verbreitete ländliche Unruhen. 1378–1383 gab es zeitliche Überlagerungen, die Zusammenhänge vermuten lassen und Vergleiche erlauben. In manchen Fällen unterstützten die Bauern die Erhebungen der Städter; aber daraus zu schließen, sie seien dem städtischen Vorbild gefolgt, wäre dennoch allzu verwegen.

Ein gemeinsames Charakteristikum aber eint alle Armen, die an diesen Unruhen teilnahmen. Wer die Revolten um 1380 erlebte, mochte auch noch die Große Pest miterlebt haben. Die meisten jedoch waren später geboren; ihre Erinnerungen reichten höchstens bis in jene relativ günstigen Jahre zurück, die auf die Epidemie folgten und an die sie sich mit Wehmut erinnerten. Und daß eine Situation als unerträglich empfunden wird, beruht fast immer darauf, daß Vergleichsmöglichkeiten vorhanden sind. Andere wiederum mochten bittere Erinnerungen bewahrt haben, so etwa die Walker in Gent, die die Ereignisse von 1359 nicht vergessen konnten. Bedauern, Groll und Leiden erzeugten eine Gefühlslage, die mit einer latenten Infektion zu vergleichen ist; schon ein Zufall reicht aus, den akuten Ausbruch auszulösen. So konnte denn ein an sich nebensächlicher Vorfall, der mit der Problematik unter Umständen gar nichts zu tun hatte, zum Ausbruch der Krise führen, etwa eine Meinungsverschiedenheit zwischen Meister und Geselle oder zwischen Grundherr und Hüfner oder ein

Zwischenfall bei einer Steuererhebung. Jedenfalls aber wäre es sinnlos, nach einem Vorgang zu suchen, der die Rolle der Armen bei all diesen Ereignissen exemplarisch verdeutlicht.

Die erste Phase der Unruhen (1378-1383) begann mit Erhebungen in Südfrankreich. Jahre zuvor schon schwelte in den Gebirgsregionen der Auvergne eine Art Untergrundagitation. Schon 1363 bezeichnete man in der Gegend um Saint-Flour Außenseiter, ehemalige Handwerker und Bauern, die als Flüchtige versteckt lebten, als *Tuchins*. Dieser Name wurde dann auf die Aufständischen übertragen, die an der bis 1384 dauernden Erhebung im ganzen Languedoc teilnahmen. Ausgebrochen waren die Unruhen in einem Klima sozialer Spannungen, als die städtischen Bürger nach der Hungersnot von 1375 zuerst in Le Puy, Nîmes und Pont-Saint-Esprit, dann in Aubenas, Alès, Montpellier, Clermont-l'Hérault, Béziers, Carcassonne, Albi und schließlich in Toulouse, wo das Jahr 1382 zum Jahr der großen Wirren wurde, die Steuerzahlungen verweigerten.

Mit den Tumulten der Ciompi (Wollkämmer) haben die Unruhen im Languedoc außer der zeitlichen Koinzidenz nichts gemein. Die Gewalttätigkeiten dauerten in Florenz nur einen Sommer, während sie in Südfrankreich sechs Jahre anhielten. Innerhalb von sechs Wochen, zwischen dem 1. Mai und dem 18. Juni, hatte sich Salvestro de' Medici, der *Gonfaloniere della giustizia* und Präsident des Priorenkollegs (der Signoria) geworden war, im einfachen Volk eine Gefolgschaft erworben, mit deren Unterstützung er das Proskriptionswesen der Guelfen eindämmen konnte. In zwei Phasen des Aufstandes ergriffen die Ciompi die Macht und setzten einen eigenen Rat (*balia*) ein, dessen markantestes Mitglied Michele di Lando war, ein Kardierervorarbeiter. Noch im Laufe des August brach die radikale Fraktion der Ciompi mit Michele di Lando und Salvestro de' Medici und behauptete, sie erfülle damit den Willen des *popolo de Dio*, des Gottesvolkes. Die beiden gemäßigten Anführer aber wurden von der Reaktion ausgeschaltet, die am 31. August mit einem blutigen Racheakt einsetzte und bis zum Jahre 1382 die Vorherrschaft des *popolo grasso* und der oberen Zünfte wiederherstellte.

Zur gleichen Zeit siegte die Reaktion auch über die anderen Unruhen in Europa, zuerst in Flandern, wo die militärische Intervention des französischen Königs dem Grafen am 27. November 1382 in Rozebeke zum Sieg über die aufständischen Kommunen verhalf. Die zeitgenössischen Autoren überlieferten allerdings nur die politischen Aspekte des Aufstands. Zweifellos betraf der Anlaß der Rebellion, der Bau eines Kanals, der den Handel der Stadt Brügge auf Kosten von Gent förderte, die notleidenden Lohnarbeiter der Tuchindustrie nicht unmittelbar. Und weder die ehrgeizigen Pläne des Philips van Artevelde oder der Einfluß Gents auf andere Städte noch der Zusammenhang zwischen den flandrischen Interessen und dem englisch-französischen Krieg oder dem Schisma waren ihre ureigene Sache.

Aber die gegenseitigen Ressentiments zwischen Walkern und Webern in Gent waren nicht erloschen; allen war daran gelegen, daß die Unterbrechung der englischen Wollimporte nicht zur Schließung der Betriebe führte; und allen beruflichen Rivalitäten zum Trotz erfolgte der Zusammenschluß der Meister untereinander weder aus politischer Opposition gegen den Grafen Ludwig von Male noch zur Verteidigung der städtischen Bürgerfreiheiten, sondern einzig und allein mit dem Ziel, soziale Privilegien zu verteidigen. Der Ruf „Es lebe Gent" wurde zum Schlachtruf. Er erscholl auch in den Städten Malines und Lüttich, die sich 1380 erhoben, 1381 in Saint-Quentin und im darauffolgenden Jahre in Rouen, Amiens und Paris. Darin kam der Widerstand gegen ein rigoroses Besteuerungssystem zum Ausdruck, dessen Hauptlast die kleinen Leute zu tragen hatten.

1382 war die Arbeiterrevolte in England endgültig niedergeschlagen, waren die städtischen Unruhen in Frankreich beendet. In beiden Fällen hatte die Besteuerung allgemeine Unzufriedenheit genährt, die Armen aber hatten besonderen Grund zur Klage. Sie waren die Opfer einer Kopfsteuer (*poll tax*), die 1377 zur Aufbesserung der unter der langjährigen Herrschaft Eduards III. durch die Kriegführung völlig zerrütteten englischen Staatsfinanzen erhoben wurde. Sie wurde pauschal auf städtische und ländliche Gemeinden und auf die Haushalte umgelegt; dabei blieben die Allerärmsten zwar von der Steuer verschont, aber sie traf die bäuerliche Bevölkerung hart; denn manchmal erreichte sie den Wert von drei Tageslöhnen eines Landarbeiters. Außerdem aber wurden die Vorteile, die Handwerker und Bauern nach der Großen Pest errungen hatten, nun wieder in Frage gestellt.

Gegen diese Kopfsteuer leistete die englische Bevölkerung zunächst passiven Widerstand; die Gemeinden lieferten falsche Angaben über die Anzahl der Steuerpflichtigen und unterliefen die Kontrollen der königlichen Beamten. Eine Auseinandersetzung zwischen Bauern und einem Steuerkommissar am 30. Mai 1381 löste einen bewaffneten Aufstand aus, der innerhalb von knapp zwei Wochen alle Grafschaften im Umkreis von London und schließlich die Hauptstadt selbst erfaßte. Die Einzelheiten sind bekannt, ebenso die Hauptakteure, Wat Tyler, ein Veteran aus dem Krieg gegen Frankreich, und der Wanderprediger John Ball. Die aufständischen Bauern hatten Verbindungen in London bis hinauf zum Kollegium der *aldermen*. Den Beweis dafür liefert die Tatsache, daß einer dieser Zunftmeister den Aufständischen die Themsebrücke öffnete. Nach Froissarts Angaben sollen 30000 *menus*, eine kaum glaubhafte Zahl, nach London gezogen sein. Immerhin waren so viele Rebellen in die Stadt eingedrungen, daß die Häuser der Reichen geplündert wurden – insbesondere der Savoypalast, die Residenz des unpopulären Johann von Gent, eines Onkels Richards II.; und ihre Zahl reichte aus, den von Wat Tyler dem jungen König vorgetragenen Forderungen Nachdruck zu verleihen. Diese Forderungen enthielten ein Programm, dessen Tragweite die Wünsche der kleinen Leute bei weitem übertraf; wer es verfaßt hat, ist unbekannt. Den tatsächlich Armen allerdings konnte es gleichgültig sein, daß die „wahren" Kommunen den König kontrollieren sollten, wobei die Rechte des Parlaments übergangen wurden, oder daß man die Anzahl der Bistümer auf ein einziges reduzierte. Eher schon interessierten sie sich für die Aufteilung des kirchlichen Grundbesitzes unter die Gläubigen; vor allem aber lag ihnen an der Abschaffung der Leibeigenschaft und an der Aufhebung des Arbeiterstatuts. Daraus erklärt sich sowohl die Begeisterung der Menge über die Zugeständnisse, die Tyler am 14. Juni dem König bei einem Treffen in Mile End abrang, als auch ihre Enttäuschung, als ihr Idol am nächsten Tag bei einem weiteren Treffen in Smithfield ermordet wurde. Den Zorn der Menge, die Tyler rächen wollte, besänftigte Richard II. angeblich mit einem einzigen Satz: „Euer Anführer bin ich; folgt mir." Jedenfalls zogen sich die Aufständischen zurück im Vertrauen auf ein Versprechen, das die von niemandem in Frage gestellte Integrität des Königs garantierte. Noch vor dem Johannistag (24. Juni) waren die letzten Unruheherde zertreten; der Aufstand war so schnell niedergeschlagen, daß Richard II. vor dem Weihnachtsfest eine Amnestie verkünden konnte. Noch schneller als in Florenz hatte sich die Obrigkeit durchgesetzt. Weiterhin verfolgt wurden nur rund 200 Flüchtige, die der Häresie angeklagt wurden. Die religiösen Aspekte der Revolte verleiteten „verrückte Priester", wie Froissart sie nennt, zu einer lang anhaltenden „Hexenjagd" nach leidenschaftlichen Gemütern, die unvorsichtigerweise die Armut gepredigt hatten.

Kaum waren die „Teufeleien", wie Froissart sich ausdrückt, an einem Ort unterdrückt, brachen sie anderswo wieder aus. Während in London die Ruhe wieder hergestellt war, verschärften sich in Gent die Spannungen von neuem, blieb die Lage im Languedoc explosiv, und der Winter 1381/82 war noch nicht zu Ende, als in mehreren französischen Städten Unruhen ausbrachen. Wie in England erregten auch hier Steuerforderungen den allgemeinen Unmut. Daß die für den minderjährigen Karl VI. regierenden Herzöge die Kriegssteuern wieder einführten, war ebenso ungeschickt und unklug, wie es deren Abschaffung durch den auf dem Sterbebett von Skrupeln geplagten Karl V. gewesen war. Gegen die verhaßte Steuer erhoben sich Rouen am 24. Februar und Paris am 11. März; die Bewegung erfaßte mit Caen die Normandie, in der Pikardie besonders Amiens, sie erreichte Orléans und Sens und schließlich Lyon. Häufig gingen die Unruhen vom Milieu der kleinen Leute aus, die unter der Steuerlast am meisten zu leiden hatten und die vor allem auch spontaner reagierten. In Rouen sammelten sich als erste die „mechanischen Arbeiter" des Tuchgewerbes auf dem Alten Markt und ließen einen selbst ernannten Lumpenkönig ein Dokument unterzeichnen, worin die Kriegssteuern abgeschafft wurden. In Paris rottete sich die Menge zusammen, als ein Steuerbeamter in einer belebten Straße des Stadtviertels rechts der Seine einem armen Kräuterweib die Beschlagnahme androhte. Die Menge schrie: „Nieder mit den Steuern!", und dann begann eine regelrechte Kopfjagd auf Steuereinzieher. Beide Vorfälle waren nur Präliminarien der daraufhin ausbrechenden gewalttätigen Revolten. In Rouen wurden die Gefängnisse gestürmt, die Klöster und die Häuser der Reichen geplündert. In Paris brach die Menge ein Waffenlager auf und stahl 3000 Bleihämmer (*maillets de plomb*), was den Aufständischen den Beinamen *Maillotins* eintrug. Es gab etwa 30 Tote, aber obwohl die Zeit drängte, blieb die Haltung der Obrigkeit zunächst unklar. In Rouen und Paris begann man zu verhandeln. In Rouen hatten einige Bürger wie in anderen Städten auch – etwa in Amiens – mit den *menus* gemeinsame Sache gemacht. Entsprechend den Rechtsvorstellungen der Normandiebewohner mußten die Mönche von Saint-Ouen eine ordnungsgemäß gesiegelte Urkunde ausstellen; den Vertretern des Königs gegenüber berief man sich auf die alten Privilegien der *Charte aux Normands*, wobei den Beamten das traditionelle Haro-Geschrei entgegenschlug, das dieser Revolte den Namen *Harelle* verlieh. Die Haltung des Pariser Bürgertums war ebenfalls geteilt, vorherrschend war zunächst die Furcht vor Unruhen. Die zu dieser Zeit selbst ratlosen Onkel des jungen Königs, die die Regentschaft führten, schwankten zwischen den Extremen. Sie hatten ein Problem zu lösen, das steuerliche und politische Aspekte implizierte, auf jeden Fall aber die öffentliche Ordnung tangierte. Nachgeben konnten sie bei der Steuer, und das war das einzige, was die *menus* interessierte. Sie versprachen eine Rückkehr zum Steuersystem Ludwigs des Heiligen, das – in der Erinnerung verklärt – sehr beliebt war. Ein Nachgeben im politischen Bereich aber war unmöglich – und den kleinen Leuten auch völlig gleichgültig. Aber dennoch fielen sie wie alle anderen Teilnehmer und vielleicht in noch härterem Maße einer unnachsichtigen Repression zum Opfer, die mit den Aufständischen kurzen Prozeß machte.

Doch mußten die Repressionsmaßnahmen zweimal neu angesetzt werden. Am 29. März zog der König in Rouen wie in einer eroberten Stadt ein; als Geste der Unterwerfung wurden die Glocken, die zum Aufstand gerufen hatten, vom Wehrturm geholt. Zur Strafe wurde die Selbstverwaltung der Bürgerschaft aufgelöst und allen eine Sondersteuer auferlegt, was die *menus* besonders hart traf. Der Stadt Paris stand dies alles noch bevor; hier dauerten die Verschwörungen fort. Manche Verschwörer versammelten sich im Pré-aux-Clercs und gaben vor, dort Boule zu spielen, zu kegeln oder Drachen steigen zu lassen, während sie in Wirklichkeit Komplotte schmiedeten. Als der Herbst vergangen und der flandrische Aufstand in Rozebeke niedergeschlagen war, verfuhr der König in Paris ähnlich wie in Rouen: Wie nach allen ihren Aufständen verlor die Hauptstadt ihre städtische Autonomie, das Amt des Vorstehers der Kaufmannschaft wurde abgeschafft und gleichzeitig ein bislang verschonter ehemaliger Mitstreiter des Etienne Marcel verurteilt; harte Strafmaßnahmen und hohe Steuerforderungen folgten.

Die zeitgenössischen Autoren zeigten sich erstaunt darüber, daß die Unruhen in Italien, Frankreich, Flandern und England nahezu gleichzeitig ausbrachen. Eine gewisse Verbindung bestand wohl zwischen den Aufständischen in den französischen und niederländischen Städten. Die Chronisten berichten außerdem, daß sich sowohl in Florenz im Juni 1378 als auch in London im Juni 1381 Leute aus Flandern aufhielten. Wahrscheinlich waren es Tuchhandwerker, die wegen der Arbeitslosigkeit ausgewandert waren. Deshalb müssen sie bei den Unruhen nicht unbedingt eine Rolle gespielt haben. Im Gegenteil, die Fleischerbruderschaft in Florenz machte mit fünf flandrischen Zuwanderern kurzen Prozeß und hängte sie; die aufständischen Arbeiter in London ermordeten gar mehrere flandrische Arbeiter. Fremdenfeindlichkeit, Konkurrenzdenken und Neid mögen die Motive gewesen sein. Im Gegensatz dazu – auf einer ganz anderen Ebene – beschuldigte man die flandrischen Aufständischen und an erster Stelle ihren Anführer Philips van Artevelde, mit den häretischen Lollarden zu sympathisieren. Die aufständischen Pariser dagegen verglich ein unparteiischer Augenzeuge, der Florentiner Buonaccorso Pitti, der sich damals in Paris aufhielt, mit den Ciompi, ohne aber zwischen den beiden Bewegungen eine Verbindung herzustellen. Der Autor der *Chronique de Saint-Denis* dagegen ging davon aus, daß zwischen den Unruhestiftern eine komplizenhafte Verbindung bestehe: „Fast das ganze französische Volk hatte sich erhoben ... und es wurde, so ging das Gerücht, von Boten aus Flandern aufgestachelt, die die Pest ihrer Rebellion einschleppten und ihrerseits vom Beispiel der Engländer ermutigt waren." Florenz erwähnt er nicht. Aber was hätte er erst gesagt, wenn er eine Verbindung zwischen den Ereignissen in Frankreich und dem von sozialen Unruhen begleiteten Dynastiewechsel zum Hause Avis, zwischen den Vorboten großer sozialer Spannungen in Barcelona und den anhaltenden städtischen Unruhen in Deutschland gesehen hätte?

Hauptursachen der Spannungen in den deutschen Städten waren die drückende Besteuerung und die Beherrschung der Städte und Zünfte durch eine kleine Schicht von Patrizierfamilien. Die bereits seit 1374 schwelenden Unruhen hielten in Braunschweig bis 1380, in Lübeck, wo es zu einer regelrechten Kraftprobe zwischen Zünften und Patriziern kam, bis 1385 an. Die innerstädtischen Interessengegensätze waren fließend, und die mittleren und niederen Zünfte, zu denen auch Lohnarbeiter und Arme gehörten, schlossen wechselnde Bündnisse mit den verschiedenen Parteien des Patriziats, deren Machtkämpfe den Verlauf der Stadtgeschichte bestimmten. 1375 und 1376 erhoben sich Hamburg und Stade, 1378 Danzig. 1391 scheiterte Karsten Sarnow in Stralsund bei dem Versuch, die reiche Familie Wulflam zu entmachten, obwohl ihn die Zünfte dabei unterstützten. In Köln dagegen ließen sich die Zünfte von einem ersten Fehlschlag 1370 nicht entmutigen und erreichten schließlich die Absetzung der Richerzeche und damit der mächtigen Geschlechter. Gewiß, dies war ein Ausnahmefall, der außerdem in eine spätere Zeit gehört. Denn ansonsten folgte in Deutschland wie überall in Europa auf die ansteckend wirkende Rebellion auch überall die Repression, wobei die Obrigkeiten sich gegenseitig bei der Verfolgung der Unruhestifter unterstützten.

Im 15. Jahrhundert kam der Zorn der Armen am eindrucksvollsten in den katalanischen *Remensas* und in den Hussitenkriegen zum Ausbruch. Verglichen damit kann man die anderen Unruhen, die in den Städten und auf dem Lande zu unterschiedlichen Zeitpunkten und räumlich voneinander getrennt ausbrachen, nur als Episoden bezeichnen.

Remensa nannte man die Abgabe, mit der sich die Bauern von jenen Frondienstverpflichtungen freikauften, die sie als *malos usos*, als schlechten Brauch, bezeichneten und die ihnen neben den üblichen Abgaben und Lasten von den Grundherren auferlegt worden waren. Am Ende des 14. Jahrhunderts waren ein Viertel bis ein Drittel aller Bauern (*pagenses de remensa*) davon betroffen. Wie unter Eduard III. in England versuchten auch hier die Grundherren, die nach der Großen Pest eingeräumten Erleichterungen wieder rückgängig zu machen, um die Arbeitskräfte in der Grundherrschaft zu halten; dieses Bestreben wurde um so übler vermerkt, als es einigen Bauern gelungen war, ihren Status zu verbessern; und diese hofften nun, sich ganz aus der Unfreiheit lösen zu können, und erwarteten die Abschaffung der *malos usos*. Der Widerstand der „ersten revolutionären Remensa-Generation", wie Jaime Vicens Vivès formuliert, brach um 1390 zunächst spontan aus. Zu dem Problem der *malos usos* kamen neue Auseinandersetzungen um die Verteilung und Nutznießung der aufgegebenen Hofstellen. Um 1410 häuften sich die Vorfälle, wenn auch die Rebellion noch nicht offen ausbrach: Bauern verweigerten ihren Herren den Gehorsam, Häuser und Erntegut gingen in Flammen auf, als Drohung gegen den Grundherren hoben die Bauern Gräber aus und stellten Kreuze auf. Dann aber zeichneten sich erste Organisationstendenzen ab; die Bauern hielten Versammlungen ab, schlossen sich zusammen und beauftragten einen Syndikus mit der Wahrnehmung ihrer Interessen. Berühmte Juristen wie Thomas Mieres bestätigten die Rechtmäßigkeit ihrer Forderungen, und sogar die königliche Verwaltung unterstützte sie gegen die Grundherren. An die Stelle der aufständischen Aktion trat die juristische Argumentation. Politische Auseinandersetzungen in den Staaten der Krone Aragon komplizierten die Problematik noch zusätzlich. Mit der demokratischen Partei, der *Busca*, die 1453 in Barcelona regierte, scheint die Remensa-Bewegung keine Verbindung eingegangen zu sein. Der Bürgerkrieg zu Beginn der Regierungszeit Johanns II. verzögerte die Lösung des Problems, aber man könnte auch behaupten, er ließ die Lösung reifen. Erst 1486 verfügte Ferdinand der Katholische die Abschaffung der *malos usos*, der Hauptquelle so vieler Übel.

Genauso wenig wie die Remensa-Bewegung verfochten die Hussitenkriege ausschließlich die Sache der Armen. Zu den Hussiten gehörten auch Reiche, und Arme zählten zu ihren Gegnern. Ihre in der Tendenz sozialistischen oder gar kommunistischen Theorien mischten sich mit Gefühlen, deren politischer oder sozialer Ursprung in der Feindseligkeit gegen die deutschstämmigen Grundherren lag. Die Verquickung speziell der Armutsproblematik mit der Hussitenbewegung aber lenkte das Interesse vieler Historiker auf die soziologische Analyse der gesamten Bewegung und ihrer Einzelaktionen sowie der Entscheidungen, Reden und Schriften ihrer Anführer.

Der Hussitismus fand bei den Armen auf dem Lande und bei der notleidenden Handwerkerschaft in den Städten von Anfang an eine natürliche Gefolgschaft. Nach F. Graus zählten mindestens 40% der 35 000 Seelen zählenden Einwohnerschaft von Prag zu den Armen. Niedrige Löhne führten um 1380–1385 zu Unruhen in Prag; auf dem Lande fand Jan Hus Leibeigene und schlecht entlohnte Lohnarbeiter vor. Um 1419, zu Beginn der Erhebung, bestand die Zuhörerschaft, die sich von der Beredsamkeit des Prämonstratensers Jan Želivský (Johann von Seelau) mitreißen ließ, aus den Armen der Prager Neustadt. Die Prozessionen, die er organisierte, waren die ersten großen Versammlungen. Die Anhänger der Taboriten waren zwar nicht alle bettelarm, aber sie träumten von einer klassenlosen Gesellschaft, die nach der Lehre der Bibel und dem Beispiel der Apostel in gemeinsamer Armut lebt. Aus der Strenge dieser Idealvorstellung und aus der Organisation der Bewegung erwuchs ihr die besondere Disziplin und die mitreißende Kraft, ohne die sie weder fünf Ketzerkreuzzüge überstanden noch bis zum Tod (1434) ihres zweiten Anführers, Prokops des Großen, überdauert hätte. Im gesellschaftlichen Bereich stellt der Hussitismus den Versuch dar, auf der Basis einer idealisierten Armut ein gemeinschaftliches Leben zu führen; damit antizipierte er spätere Theorien und griff gleichzeitig auf ältere Vorbilder zurück.

Neben den über lange Jahre erbittert geführten Hussitenkriegen, in denen soziale, nationale und religiöse Motive zusammenwirkten, erscheinen die anderen Unruhen des 15. Jahrhunderts, bei denen die Armenfrage eine Rolle spielte, fast lächerlich. Vielleicht waren einzelne Aufstände im Velay und im Forez unter Karl VII. von den böhmischen Ereignissen beeinflußt; arme Bauern, von Predigten über die naturgegebene Gleichheit aller Menschen aufgewühlt, hatten einige Schlösser angegriffen. Waren sie vielleicht Nachkommen der Tuchins, waren sie beeinflußt von den Lollarden oder den Hussiten? In diesem Zusammenhang sei übrigens noch auf die sozialistischen Tendenzen der Lollarden in England am Anfang des 15. Jahrhunderts verwiesen.

Von den ländlichen Unruhen in Frankreich, die in erster Linie soziale Ziele verfolgten, wären noch zwei eigenständige, aber sehr unterschiedliche Beispiele zu erwähnen. Zunächst ein Streik der Winzer der Auvergne im Jahre 1393, die für bessere Arbeitsbedingungen kämpften; dann 1451 ein Aufstand der Salinenarbeiter im unteren Poitou. Vorwiegend jedoch kam der Zorn der Armen in den Städten zum Ausbruch, aber meist im

Zusammenhang mit Vorgängen, die sie nicht unmittelbar betrafen. Kleine Leute, *menus,* nahmen 1413 unter der Führung von Caboche und 1418 zur Zeit von Capeluche an den Pariser Unruhen teil. In allen Spannungen, über die das *Journal d'un bourgeois de Paris* 1411 bis 1449 berichtet, ist die Präsenz der Armen spürbar, ebenso wie bei allen Unruhen in Lyon (1423, 1424, 1430, 1435 und besonders 1436) und in den sporadisch aufflammenden städtischen Revolten zur Zeit Ludwigs XI., etwa in Dijon. Zwar beschränken sich unsere Beispiele auf Frankreich, aber genausogut könnte man auf die kurzlebige Revolte verweisen, die Jack Cade 1450 in England anführte. Ähnlich episodenhafte Bedeutung besitzen die Unruhen in den anderen Ländern. Aber die beiden großen Bewegungen, die der Zorn der Armen in Gang brachte, sind bezeichnend genug und liefern ausreichendes Material zur Analyse der Rolle, die sie dabei spielten.

2. Ausbeutung, Diskreditierung und Enttäuschung der Armen

Die meisten zeitgenössischen Quellen zeugen von Bestürzung, Ratlosigkeit, Empörung und Zorn. Ingesamt sind die Informationen einseitig. Eindeutig ablehnende Tendenz vertreten die amtlichen Quellen ebenso wie die Gerichtsakten; objektiver sind die Notariatsakten. Kaum eine Chronik, kaum ein privates Schriftstück enthält solche Sympathie für die Ciompi, wie sie in der anonymen Chronik des sog. *Squittinatore* und im Tagebuch des Tuchscherers Paolo di Guido zum Ausdruck kommt. Immerhin bemühte sich Froissart, dieser engagierte Gegner aller Verstöße gegen die etablierte Ordnung, um umfassende Information; er wollte die Ereignisse wenigstens verstehen, besonders den in seinen Augen verwerflichen Bauernaufstand in England. Prediger und Moralisten lehnten Unordnung zwar grundsätzlich ab, aber einige empfanden doch Sympathie oder wenigstens Mitleid für jene Unglücklichen, die sich von den Ereignissen mitreißen ließen.

Will man die flüchtige Silhouette der Armen erkennen, ihre Identität beschreiben und ihre anonymen Aktionen verfolgen, so muß man die Quellen aufmerksam lesen und der Versuchung zu manichäistischen Interpretationen widerstehen. Die Armen waren nicht einfach schwarz oder weiß, gut oder böse.

Wer die Unruhen um 1380 erlebte, gewann offensichtlich den Eindruck, urplötzlich von einer riesigen Welle der Gewalt überflutet zu werden. Die Zahlenangaben der zeitgenössischen Autoren sind mit Vorsicht zu genießen, aber was wirklich zählt, sind ihre Gefühle. Konnte es wirklich soviele Arme geben? Und haben sie diese tatsächlich als solche erkannt? Ob sich am 25. August 1378 tatsächlich genau 5000 Ciompi auf dem Markusplatz in Florenz versammelten oder nicht, ändert nichts an dem Problem; wichtig ist, daß sie riefen: „Wir haben nichts zu essen." Wenn der Mönch von Saint-Denis von einer „Menge Menschen, die man Tuchins nannte", spricht, so ist in erster Linie der Kontext bedeutsam: Sie sind „verwerflich wegen ihrer geheimen Praktiken", und sie „tauchten unvermutet auf wie Würmer, die sich am Erdboden winden". Zweifellos waren die wenigen Hundert Genter Aufständischen von 1379 drei Jahre später auf einige Tausend angewachsen, als der König eine Armee gegen sie aufbot. Aber kaum glaubhaft erscheint die Behauptung des Philips van Artevelde, 30 000 Menschen hätten seit zwei Wochen kein Brot mehr gegessen; der Brotpreis müsse amtlich festgesetzt werden, damit auch die Ärmsten es kaufen könnten, die Hungersnot müsse dadurch bekämpft werden, daß „den Armen genauso wie den Reichen" Zugang zum Rat verschafft werde. Wenig später begann das einzigartige Unternehmen von „12 000 Söldnern und Leuten, die nichts zu essen hatten und vor Hunger schon ganz grau und zerfallen waren"; nachdem sie von Gent ausgezogen waren, verschloß man vor ihnen die Tore der Stadt Brüssel, weil „man nicht wußte, woran sie dachten", so auch die Tore von Löwen, bevor sie schließlich in Lüttich „600 (!) Wagen voller Weizen und Mehl" erhielten. So wenigstens berichtet Froissart.

In Rouen begannen 200 Tucharbeiter den Aufstand, eine durchaus glaubhafte Anzahl; aber bald befand sich – ähnlich wie in Paris nach einer Woche – offensichtlich „das ganze Volk" in Aufruhr. Eine Schätzung über die Zahl der Aufständischen in England, in London wie auf dem Lande, ist nicht möglich; der Bürgermeister von London jedenfalls hatte den Eindruck, es wimmele nur so von Aufständischen, und er meinte, wenn man sie im Schlaf überrasche, „könne man sie erschlagen wie die Fliegen". In Katalonien dagegen machten bekanntlich die *pagenses de remensa* ein Drittel der Bevölkerung aus, während der Hussitenaufstand in Böhmen nationalen Charakter besaß. In London „flohen selbst die ältesten und schwächsten" Hospitaliterjohanniter, die das Haus der Templer übernommen hatten, „mit der Geschicklichkeit von Ratten oder böser Geister". Und der Schlachtruf der Tuchins „Tod! Tod allen Reichen!" wurde oft verstanden als Aufschrei der gesamten revoltierenden Armut. Sogar ein so besonnener und mitfühlender Mensch wie Philippe de Mézières ließ in seinem *Songe d'un vieux pèlerin* einen Landarbeiter sprechen: „Wenn die Reichen unserer Grausamkeit Widerstand entgegengesetzt hätten, dann hätten wir ihnen das Leben genommen, und wir hätten die Herrschaft im Königreich übernommen." Ein Bürger von Orléans soll damals gesagt haben: „Wir haben keinen König außer Gott"; er beklagte sich, daß ihm alles genommen werde, was er mit seiner Schneiderarbeit verdiene, und er erklärte, „er möchte lieber, daß alle Könige tot seien, als daß (sein) Sohn Schmerzen am kleinen Finger leide." Jegliche Verallgemeinerung führt zwar unter Umständen zu Fehlschlüssen; fest steht aber doch, daß die Armen, aus eigenem Antrieb oder von anderen dazu ermuntert, fast immer in der ersten Linie kämpften.

Die potentielle Kraft der im Namen der Armen ausgelösten Revolution war also beträchtlich, wenn auch nicht unbedingt durch ihr tatsächliches Ausmaß, so doch durch den Schrecken, den sie verbreiteten. Dessen waren sich die Armen aber nicht bewußt, oder sie konnten sich dieses Druckmittels nicht bedienen, und das aus vielfältigen Gründen. Bernard Guenée stellte fest, daß „wenn die Aufständischen bestimmte Vorstellungen verfolgten, diese lange Zeit verborgen blieben, während die Leidenschaften zum Ausbruch kamen." Dies trifft um so mehr zu, je mehr es sich bei den Aufständischen um echte Arme handelte; denn diese konnten nur lebensnotwendige und kurzfristige Ziele verfolgen; ihnen ging es darum, sich aus der augenblicklichen Notlage zu befreien, sich drückender Abhängigkeit oder außergewöhnlich großer finanzieller Lasten zu entledigen und wieder zu der materiellen Sicherheit zurückzufinden, die sie verloren hatten. Konkret bedeutete dies überall Hungersnot und Teuerung, in Frankreich Kriegssteuern und in England die Kopfsteuer, in Florenz und Flandern zu niedrige Löhne und die Verweigerung des Zugangs zur Meisterschaft, in Spanien, England und Böhmen die Fortdauer der Frondienstverpflichtungen und außerdem in ganz Europa die nach der Großen Pest eingeführten reglementierenden Zwangsmaßnahmen. Daß die Menschen an die vorangegangenen Jahrzehnte mit Wehmut zurückdachten, obwohl sie auch in dieser Zeit viel zu erdulden hatten, entging schon der Aufmerksamkeit Froissarts nicht: „Dieser Aufstand entstand wegen des großen Wohlstandes und Überflusses, in dem die Menschen damals gelebt hatten." Damit meint er den Aufstand in England, aber diese Aussage könnte genauso gut für andere Länder gelten.

Zu den kurzfristigen Zielsetzungen kommt hinzu, daß die Armen nicht in der Lage waren, neue Konzeptionen zu entwickeln. Die Allerärmsten sahen als einzige Lösungsmöglichkeit die Teilnahme am Wohlstand der Reichen, die Gewalttätigsten unter ihnen wollten sich gar an deren Stelle setzen. Die Ciompi ernannten in ihrem Triumph 60 Ritter des Volkes; die aufständischen englischen Landarbeiter sollen angeblich angenommen haben, Richard II. werde Tyler in Smithfield zum Ritter schlagen. Auf diese Weise hätte er aus den Händen des Königs rechtmäßigen Anteil an der Herrschaft, rechtmäßigen Zugang zu den Waffen erworben. Denn in den Augen der kleinen Leute blieb der König der erhabene Herrscher – trotz der oben zitierten Worte eines Bürgers von Orléans –, und ihr Zorn richtete sich vorwiegend gegen die königlichen Ratgeber und Amtsträger. So blieb auch in Frankreich die Aureole der Gerechtigkeitsliebe dem Nachfolger Ludwigs des Heiligen erhalten, obwohl er noch ein Kind war und später den Verstand verlor. Revolutionär waren nur die Hussiten, weil sie die gesamte Gesellschaftsstruktur ändern wollten.

Leidenschaften bestimmten also vorwiegend den Ablauf der Ereignisse, das Bemühen um kurzfristige Erfolge überwog bei weitem vor der Entwicklung langfristiger Perspektiven. Dies erklärt, weshalb „Gefühle" des Volkes so plötzlich ausbrachen, warum die Armen so empfänglich für unkontrollierbare Gerüchte waren und sich besonders durch Reden so leicht beeinflussen ließen. Solche plötzlichen Ausbrüche wie der Pariser Aufstand vom 1. März 1382 erlebte Europa bis ins 19. Jahrhundert hinein immer wieder und selbst noch in den späteren Ernährungskrisen. Die Verbreitung von Gerüchten belegt auch ein Gnadenerlaß für den Herrn von Clermont aus Lodève aus dem Jahre 1380, worin es heißt: „Die örtliche Bevölkerung folgte dem Beispiel der Bürger von Montpellier." Nachrichten verbreiteten sich rasch von Gent nach Amiens und Rouen, von Rouen nach Paris, von Flandern nach England und umgekehrt. Der Mönch von Saint-Denis, der sich auf die *fama publica* beruft, gehört zu den Autoren, die dies am schärfsten beobachtet haben.

Wenn elementar motivierte Armenrevolten nicht von außerhalb in andere Bahnen gelenkt wurden, verliefen sie in der Regel gewaltsam und ungeordnet. Häuser wurden zerstört und in Brand gesetzt, Menschen mißhandelt und manchmal auch getötet. Die Chronisten, die den Unruhestiftern grundsätzlich feindlich gesonnen waren, mögen in Einzelheiten übertreiben, die Gewalttätigkeiten aber brauchten sie nicht zu erfinden. Schwierig zu beantworten ist die Frage, ob und in welchem Maße die Armen zu Solidarität fähig waren. Zunächst einmal ließ man sich anstiften und mitreißen, wie jener neunzehnjährige Pariser, der, als der Aufstand der Maillets begann, „müßig ging und wie andere den Ereignissen zuschaute", bevor er selbst hineingezogen wurde – die ewig gleiche Geschichte der naiven Gemüter, die fast ohne es zu bemerken in Unruhen verwickelt werden. Von bewußterer Solidarität zeugt da schon das Verhalten eines Handwerkers aus Amiens, der wiederholte, „was ihm die Leute seiner Zunft gesagt und zu sagen aufgetragen hatten", und erst recht die schon fast gewerkschaftliche Geschlossenheit der Pariser Talghändler, die 1382 „einstimmig" die Besteuerung ablehnten. Vielfältige Formen von Zusammenhalt lassen sich nachweisen, die Solidarität der englischen Landarbeiter, Solidarität innerhalb einer Zunft, Solidarität zwischen verschiedenen Zünften innerhalb einer Stadt oder zwischen verwandten Zünften in verschiedenen Städten. Solidarität wird auch in einzelnen Aktionen der Ciompi-Unruhen faßbar sowie im Aufstand der Weber von Brügge, Gent und Ypern, als die Genter Weber am 3. Mai 1382 in Brügge mit dem Ruf „Tout un" empfangen wurden. „Wenn wir wirklich alle zusammenhalten", sagte John Ball, „werden alle Menschen, die unfrei sind, uns folgen."

Solidarität zwischen Bauern und Handwerkern war seltener; mit Froissart kann man auf das Bündnis zwischen den „Armen" aus London und vom Lande verweisen. Von den Landarbeitern hieß es in London: „Das sind unsere Leute, und was sie tun, nutzt auch uns." Deshalb ließen die Londoner ihnen ausrichten, „sie würden London offen und das Volk auf ihrer Seite finden." Solche Bündnisse zerbrachen aber ebenso schnell, wie sie zustandegekommen waren; denn sie besaßen nicht die Festigkeit der traditionellen, in langer Dauer geheiligten vertikalen Bindungen. Armut allein konnte nur flüchtige Bindungen schaffen, vergleichbar dem Zusammenhalt in gemeinsamer Notlage. Aber abgesehen davon, daß Armut in allen Gesellschaftsschichten ihre Opfer fand, gab es ganz unterschiedliche Verhaltensweisen, dieselbe Notlage zu meistern. Der unfreie Status des englischen Bauern entsprach z. B. ungefähr der Abhängigkeit des unselbständigen Handwerkers, aber indentisch waren diese Abhängigkeiten nicht. Armut allein reicht als Grundlage zur Bildung einer Klasse nicht aus. Zwar kann sie zu Gruppenbildungen führen; aber selbst bei den Ciompi läßt sich kaum eine Spur von Klassenbewußtsein finden, denn sie blieben in der Klientel des jeweiligen Geschlechts eingebunden. Eine potentielle Gefahr stellten die Armenrevolten wegen der hohen Zahl der Armen dar und weil immerhin die Möglichkeit bestand, daß sie zu gemeinsamen Aktionen zusammenfinden könnten. Ein bewußter innerer Zusammenhalt dagegen war nicht vorhanden. Koordinierende Impulse kamen in allen Fällen von außen. Die Schwäche aller gemeinschaftlichen Aktionen der Armen liegt darin, daß sie immer wieder zur Gefolgschaft und leichten Beute gewalttätiger, verantwortungsloser und demagogischer Anführer wurden.

Ohne zu systematisieren, können wir daher drei Aspekte oder gar drei Phasen in allen Unruhen unterscheiden, bei denen die Probleme der Armut mit im Spiel waren. Die Armen traten dabei als Handelnde oder Statisten auf, häufig als Manipulierte, manchmal als Nutznießer, immer aber als Opfer.

Anhand des Sprachgebrauchs der zeitgenössischen Autoren lassen sich die an den Unruhen beteiligten Personengruppen jeweils charakterisieren. In der ersten Phase steht die fleißige Armut im Vordergrund, wenn sie auch nicht immer die Anführer stellt. Die Chronisten der Ciompi-Unruhen erwähnen denn auch selten die Bettelarmen, die *poveri, deboli* oder *miserabili*. Diese lehnten sie grundsätzlich ab, waren aber aus politischen Erwägungen besorgt über deren Existenz. „Damit die Armen den Teil erhalten, der ihnen zusteht", wurden am 20. Juni die Paläste geplündert; und bevor die Reaktion wieder die Oberhand gewann, versuchte sie, diese Armen zu neutralisieren, indem sie am 30. August unentgeltlich Getreide verteilen ließ. Dazwischen liegt der Brand der Getreidespeicher der Gesellschaft Or San Michele am 22. Juli, der den Notleidenden kaum nutzen konnte. Meist erscheint das Bettelwesen als Folge der Unruhen, so etwa die ausgehungerten Banden, die Franz Ackermann zwischen Gent und Lüttich von Stadt zu Stadt führte.

Die führende Rolle der kleinen Leute, der *menus*, dagegen betonen auch die zeitgenössischen Autoren, die den Unruhestiftern grundsätzlich ablehnend gegenüberstehen. Stefani beschreibt die Sozialstruktur der Ciompi, indem er dem technischen und chronologischen Ablauf ihrer Tätigkeit innerhalb der Tuchherstellung folgt. Färber, Kämmer und Kardierer, die unter der Bevormundung durch die *lanaioli* litten, stellten die Speerspitze der Rebellion, aus ihren Reihen stammte auch Michele di Lando. Allerdings waren die *sottoposti* eine sehr heterogene Gruppe. Einige waren selbst Arbeitgeber und behandelten ihre Arbeiter in eben der Weise, die sie selbst den *grassi* zum Vorwurf machten; an den Unruhen beteiligten sie sich mehr aus Neid und Rache denn aus Not. Beschrieben wurden die Ciompi von ihren Feinden als Inkarnation alles dessen, was „schmierig, schmutzig und schlecht gekleidet ist", oder gar als „Kuppler, Übeltäter, Diebe... unnützes und gemeines Gesindel." Stefani selbst hielt sie jedoch bis in den Aufstand hinein für integer: „Damit man sie nicht als Diebe bezeichnen könne, steckten sie die Häuser der Reichen in Brand." Genaueres noch berichtet ein Sympathisant: „Wehe dem, der etwas für sich behielt; wurde er ertappt, hielt man ihn fest, nahm ihm die Beute ab und warf sie in die Flammen; einige wurden verprügelt und verwundet, weil sie stahlen." Der Chronist, der am stärksten mit den Ciompi sympathisiert, fand sogar eine moralische Rechtfertigung für die Plünderung der Paläste der guelfischen Aristokraten und der Klöster, wo die Reichen einem Gerücht zufolge ihre Schätze verborgen hielten, weil sie sie dort in Sicherheit glaubten: Die Zerstörung im Feuer wird als Geste der Reinigung dargestellt, bereits ein prophetischer Zug in der Rebellion der Armen.

In Flandern hatten die *Ongles bleus* 1379 zwar nicht die Initiative ergriffen, aber sie stießen sehr schnell zu den Unzufriedenen. In allen Städten litt das Tuchgewerbe unter den „drückenden und lastenden Umständen", wie sie 1377 die Zunftaufseher in Arras beklagten. Die starke Konkurrenz aus Brabant, England und der Normandie ließ die Produktion schrumpfen. Die Löhne stagnierten, schwere Sanktionen (Bußgelder, Neuanfertigung schlecht ausgeführter Arbeiten, Gefängnis, Berufsverbot, Verbannung) drohten, der Zugang zur Meisterschaft blieb vielen verwehrt. All dies versetzte die Kardierer, Färber und Walker eher in Zorn, als daß es sie entmutigte. So erstaunt es denn nicht, daß sie das größte Kontingent der Aufständischen stellten. Zu den 55 gerichtlich verfolgten Rebellen in Ypern gehörten 16 Walker, fünf Weber, zwei Schuhmacher, ein Schuster, ein Handschuhmacher, ein Schmied, zwei Bogenschützen und rund 20 Bauern und Arbeiter ohne Qualifikation.

Die Teilnehmer an den ersten Unruhen in den französischen Städten (1382) werden in neutralen, manchmal sogar sympathisierenden Wendungen beschrieben, die mehr auf das Kleinhandwerk hinweisen, auf „kleine Leute", „Dienstboten" *(iuvenes famuli et pauperes humili* oder *infimi)*, „Messing- und Tuchhändler und Leute niederer Herkunft." Genaue Berufsbezeichnungen erwähnen die Gnadenerlasse aus der Zeit der Repression; es handelte sich durchweg um Leute aus dem Kleinhandwerk und dem Kleinhandel. Sie im Einzelnen aufzuzählen würde zu weit führen, insgesamt waren es, wie eine Quelle aus Sens berichtet, „eine große Menge einfachen Volkes", kleine Leute wie die *minuti* in Florenz. Buonaccorso Pitti verglich, wie bereits erwähnt, die Maillets (ital. *maghietti*) mit den

Ciompi. Und das waren ebensowenig Verbrecher wie die Aufständischen in England, Katalonien und Böhmen oder wie später die Handwerker, die 1436 in Lyon zur *Rebeyne*, zum Aufstand, riefen.

Mit der Verbindung zwischen Armen und zwielichtigem Gesindel vollzieht sich ein soziologischer Wandel, beginnt gleichsam eine zweite Phase der Unruhen. In Florenz stießen zu der „verwirrten und unbewaffneten Menge" *(gens stolida et inermis)* die Häftlinge, die wie bei allen Revolten befreit worden waren, und im August sogar Schwerverbrecher. „Wir werden die Stadt auf den Kopf stellen", sagte einer von ihnen, „wir werden die Reichen, die uns verachtet haben, töten und berauben; wir werden die Herren der Stadt sein und sie nach unserem Gutdünken regieren, und wir werden reich sein." Ähnliches geschah in Paris und Rouen, und sofort schlagen die Chronisten einen anderen Ton an; die wohlwollende Neutralität im Sprachgebrauch schwindet, nun wird der Aufruhr rundweg verurteilt. Ja, man gewinnt sogar den Eindruck, als ob es auf den Straßen nur noch Flüchtlinge und Vagabunden gebe, die nun in der Hauptstadt geduldet würden: die von den Aufständischen befreiten Häftlinge aus dem Châtelet, „Übeltäter, Verbrecher, Strandgut und Gesindel" sowie „Leute fremder Zunge." Das gleiche gilt für Brügge, Montpellier und Béziers; einige Tuchins wurden sogar der Menschenfresserei bezichtigt. Die Gewalttätigkeiten in England waren nicht allein das Werk der aufständischen Landarbeiter; denn auf dem Lande wie in London sollen die zweifelhaften Elemente Legion gewesen sein. Das Taboritenheer in Böhmen zog außer landflüchtigen Bauern auch viele Vagabunden und Entwurzelte an. Solch unerwünschte Verstärkung erhielt schließlich 1436 auch die *Rebeyne* in Lyon. Der Vorgang verlief immer nach denselben Gesetzen: Nach den ersten Protesten der Armen traten die „Randalierer" auf den Plan und brachten so die Sache der Armen in Mißkredit. Am Ende des 14. Jahrhunderts war man nahe daran, von „gefährlichen Klassen" zu sprechen und nicht mehr von dem Armen, dem von Gott Auserwählten und Abbild des Erlösers.

Daß sich die Vorstellungen von Armut und Gefährdung der Gesellschaftsordnung überlagerten und gegenseitig ergänzten, bewirkten aber nicht nur solche Randalierer, sondern auch viele der selbsternannten Propheten, die sich nicht mit der offiziellen kirchlichen Lehre über die Armut begnügten, welche ein Historiker unserer Tage als „revolutionär im moralischen und konservativ im gesellschaftlichen Bereich" bezeichnet hat. Vielleicht übte Taddeo Dini in Florenz einen stärkeren Einfluß aus, als man allgemein annimmt. Seine Predigt zielte nämlich nicht nur darauf ab, das religiöse Ansehen der Armen anzuheben, sondern durchaus auch das gesellschaftliche; und vielleicht trug er dadurch dazu bei, daß die Armen ein Bewußtsein entwickelten, das im Gegensatz zur Haltung des *popolo grasso* stand. Daß gegen Ende des 14. Jahrhunderts der Vorname Dominikus bei den *minuti* immer stärkere Verbreitung fand, wurde schon früher beobachtet. Außerdem sei darauf verwiesen, daß das Programm der Ciompi in einer Julinacht des Jahres 1379 in San Lorenzo verfaßt wurde, daß am 27. August sich 5000 Menschen auf dem Markusplatz vor dem Dominikanerkonvent versammelten und daß die Kardierer ihr Aktionskomitee mit dem bezeichnenden Namen ,,Acht Heilige des Gottesvolkes" bei den Camaldulensern gründeten. Die letzte Stellung der intransigenten Ciompi, aus der sie verjagt wurden, war schließlich bei den Dominikanern Santa Maria Novella; zwei der Acht ,,Heiligen" wurden getötet. Der *popolo di Dio* konnte nur noch Märtyrer liefern.

Die verschiedensten Strömungen mischten sich, das Problem der Armut war längst kein religiöses mehr. Die Lehre des Taddeo Dini und seiner Schüler war auf einen in Gärung befindlichen Boden gefallen. Ähnlich verlief die Entwicklung überall, wo Not herrschte, wo endzeitliche Hoffnungen lebendig blieben und wo die gesellschaftliche und kirchliche Ordnung allmählich in Frage gestellt wurden.

Die Botschaft der Hoffnung wurde den Armen auf äußerst unterschiedliche Weise verkündet. Am verführerischsten war natürlich die Verheißung irdischen Glücks, das am bevorstehenden Ende der Zeiten dann zur vollen Entfaltung kommen sollte; die Kraft des Gottesvolkes, das man mit dem Würgeengel verglich, wurde verherrlicht. Was der einzelne daraus für sich folgern mochte, ist wieder einmal aus Florenz belegt, wo ein Ciompo sagte: ,,Die Zeit wird kommen, da ich nicht mehr bettelnd umherziehen werde; denn ich bin sicher, ich werde reich sein für den Rest meines Lebens. Und wenn ihr euch mir anschließen wollt, werdet auch ihr reich werden, und wir werden glänzend leben."

In der Propaganda nahm der von Gott auserwählte Arme vielfältige Züge an. Einen typischen Fall stellt der Romanschriftsteller Langland dar, dessen Ruf als Revolutionär eher auf den logischen Schlüssen beruht, die man aus seinem Roman *Piers the Plowman* ziehen kann, als auf seinen tatsächlichen Intentionen. Für ihn nimmt Christus im Armen Gestalt an; Leitgedanke seines Werkes ist eine Art Ikonographie Jesu des Arbeiters. Für den einen Künstler treten die Werkzeuge der Handwerker und Bauern an die Stelle der Passionswerkzeuge, ein anderer integriert sie in den Glorienschein des Erlösers. Glaube an die Gemeinschaft der Heiligen, Sublimierung des Leids und der Arbeit des Armen und Vermenschlichung Christi, treffender läßt sich die Tradition und Religiosität des 14. Jahrhunderts nicht zusammenfassen. Die psychologischen Auswirkungen aber waren schwerwiegend, Mißbrauch war die Folge. Pierre le Laboureur erhob sich zum Richter über die Reichen, er und die Armen in seinem Gefolge verstanden sich als auserwähltes Volk.

Weit überschätzt wurde der immer noch umstrittene Einfluß Wyclifs auf jene Prediger, die den Bauernaufstand als Anbruch eines neuen Zeitalters begrüßten. Er predigte zwar den gemeinschaftlichen Besitz aller irdischen Güter und betrachtete Armut als Zeichen der Auserwählung, aber er verurteilte weder den Reichtum an sich, noch ermutigte er zum Umsturz. Da gingen andere Prediger viel weiter, sehr viel weiter sogar, wie etwa der agitatorische Priester John Straw, der den Aufruhr in Suffolk anfachte. Aber auch John Ball, der sich als Prophet der Endzeit bezeichnete, fand eine große Zuhörerschaft. In einem lebendigen und lebensnahen Bericht beschreibt Froissart, wie Ball die Bauern aufwiegelte, wie er sonntags in den Dörfern die Gleichheit aller, den gemeinschaftlichen Besitz aller Güter und den Umsturz der Gesellschaftsordnung predigte: ,,Gute Leute, in England können und werden die Dinge erst dann gut gehen, wenn aller Besitz Gemeinbesitz sein wird und wenn es weder Gemeine noch Adlige geben wird."

Vergleichbare Züge lassen sich in den flandrischen Unruhen feststellen. Wie in Florenz verstand sich die Armee der Genter Handwerker als Gottesvolk; sie wurde mit Israel im Kampf gegen den Pharao und insbesondere mit der heldenhaften Truppe der Makkabäer verglichen: Das wenigstens wiederholten die Minderbrüder während jeder der sieben Sonntagsmessen eineinhalb Stunden lang. Am eindrucksvollsten aber verlief diese Entwicklung in Böhmen; den Anstoß lieferte weniger Jan Hus selbst als die Fanatiker unter seinen Schülern. An den böhmischen und englischen Ereignissen läßt sich wohl am besten ermessen, welche Bedeutung im ausgehenden Mittelalter öffentliche Reden besaßen. Die verbale Gewalttätigkeit eines Jan Želivský klingt in einem Lied nach, das dem Protest einen allgemein gültigen Wert beimißt. Zunächst wird das erbärmliche Los des Unfreien beschrieben, und es folgt dann der Schlußsatz: ,,Dies ist die Qual der Armen aller Länder und besonders der Tschechen." Es ist bekannt, was danach kam: Nicht nur ein bewaffneter Aufstand, sondern auch der außergewöhnliche Versuch, in gemeinsamer Armut ohne Standesunterschiede zu leben.

Ist es verwunderlich, daß soviel Blut und soviele Utopien die Sache der Armen bei ihren Zeitgenossen, die den Kern des Problems nicht erfaßten, in Mißkredit brachten? Ehrgeizlinge und Demagogen verstanden von den Unruhen zu profitieren. Und damit kommen wir zum letzten Aspekt, der oft das Ende der Unternehmungen kennzeichnete: Die Armen wurden bitter enttäuscht, nachdem sie zunächst ausgenutzt und irregeführt worden waren. Über die Unruhen des Jahres 1474 in Bourges sagte Ludwig XI.: ,,Dies alles haben die Armen nicht allein getan." Ein solcher Kommentar hätte auch schon früher ausgesprochen werden können.

Bei weitem nicht alle Armenunruhen besaßen messianische Anführer aus ihren eigenen Reihen, die dem biblischen Idealbild und der unterschwellig immer vorhandenen eschatologischen Erwartung entsprachen. In unserem Untersuchungszeitraum war dies nur in Böhmen der Fall; denn in England besaß keiner der Anführer das Format eines Želivský, Chelčicky oder Hus. Wen finden wir also zwischen 1378 und 1430 als wirkliche Anführer, die aus den Reihen der Armen aufstiegen und sich an die Spitze ihrer Unternehmungen stellten? Zunächst die Hussitenführer, deren Fanatismus für ihre Integrität und Strenge bürgte. Dann Wat Tyler und den Färber Geoffrey Litster und in Amiens Henri de Roye. Neben diesen Namen läßt sich Jean le Gras aus Rouen kaum noch als Anführer bezeichnen; er war eine Marionette, die die Aufständischen „auf einen Karren setzten wie einen König und der ihnen aus Todesangst willenlos gehorchen mußte"; außerdem war er kein Armer. Michele di Lando, ein echter Handwerker, ließ sich von den Ehrenbezeugungen blenden und akzeptierte sogar eine Ritterrüstung als Geschenk; er kehrte seinen Freunden den Rücken und ließ zu, daß sie verbannt oder auf den Straßen hingemetzelt wurden. Diese Kehrtwendung brachte ihm wenig Glück; weniger als vier Jahre nach dem Aufstand wurde er selbst verbannt. Immerhin aber erwarb er später als selbständiger *lanaiolo* noch beträchtlichen Wohlstand.

Die Bauern suchten sich ihre Anführer paradoxerweise manchmal beim Landadel, und zwar in der Jacquerie wie später in England und Böhmen. In den Städten tat sich das Kleinbürgertum oft mit den Armen zusammen, denn in deren Unruhen sah man eine Gelegenheit dem Großbürgertum Schwierigkeiten zu bereiten, wie z. B. in Florenz, wo sich wohlhabende *popolani* zu den Ciompi gesellten. Und auch in diesem Zusammenhang ändert sich bezeichnenderweise der Ton der französischen Chronisten. Agitatoren sind nun nicht nur Leute aus dem Volk, sondern „Bürger" und Adlige. In Rouen führten wohlhabende Bürger den Widerstand gegen die Besteuerung an; in Paris nahmen ein Goldschmied und mehrere Tuchhändler Anfang Oktober 1382 an einer geheimen Versammlung in Saint-Sulpice teil. Manche versuchten sich gar als Volksredner; einer gab später vor, er habe es getan „ aus Angst vor dem Volk und um ihm zu Willen zu sein"; ein anderer, von Beruf Weißgerber, wird als „sehr unflätig und ohne jede Selbstbeherrschung" geschildert.

Ähnliches vollzog sich 1436 in Lyon. Jean de Condeyssie, ein Bürger der Stadt, reich verheirateter Sohn eines Notars, ein flammender Redner und Mann der Tat, spielte den Deus ex machina der Rebellion, bevor er sein wahres Gesicht zeigte. Er war ein ausgesprochener Demagoge; er „trank gerne mit den kleinen Leuten" in den Tavernen des Viertels Saint-Nizier, verfaßte einen umfangreichen Forderungskatalog und lehnte dann jegliche Verantwortung ab. Er wurde eingekerkert, seine Anhänger verfielen dem Bann.

Ganz anders als diese Anführer, die aus den Unruhen Profit zu schlagen versuchten, gingen die wirklich großen Demagogen vor, doch täuschten sie die Armen nicht minder. Philips van Artevelde verschaffte „den Armen wie den Reichen" Zugang zum Rat, er beschlagnahmte Getreide, um es an das Volk zu verteilen, und er schlichtete Lohnstreitigkeiten; aber es bleibt offen, ob aus politischer Notwendigkeit oder aus demagogischen Gründen. Von Franz Ackermann behauptet die Chronik von Flandern, er habe

„das Volk mit falschen, doppelsinnigen und trügerischen Worten mißbraucht". Aber die demagogischen Fähigkeiten des Salvestro de' Medici, die dieser früher schon eingesetzt hatte, stellten alles andere in den Schatten. Er entfachte die Ciompi-Unruhen. Um die Proskriptionspraktiken der Guelfen anzuprangern, nutzte er die Gelegenheit, daß gerade ein Prozeß gegen einen Färber und einen Gerber angestrengt wurde. Von anderen Adligen, einem Dini, einem Strozzi und einem Alberti unterstützt, machte er sich zum Sprecher der *popolani*, „der Armen und Schwachen, die in Frieden ihrer Arbeit nachgehen wollen". Auf diese Weise sicherte er sich Gefolgschaft und Popularität; gelobt wird er denn auch ausschließlich von den wenigen Chronisten, die die Ciompi wohlwollend beurteilen; der *Squittinatore* nennt ihn „den guten Salvestro, einen guten und teuren Bürger, einen Feind der Großen und der reißenden Wölfe". Mit demagogischem Geschick spielte sich Salvestro weiter in den Vordergrund, als er mit theatralischer Geste sein Amt als *Gonfaloniere della Giustizia* niederlegte, während Benedetto Alberti vom Balkon des Palastes aus das Volk aufwiegelte. „Es lebe das Volk", schrie er. Im Verlauf der Wirren gelang es Salvestro, „dem Initiator allen Übels und aller Skandale", sein Amt niederzulegen und dabei doch an der Seite eines Wollkadierers die Macht zu behalten; schließlich ließ er sich zum Ritter des Volkes schlagen. Aus eigennütziger Klugheit schließlich verließ er die radikale Fraktion der Ciompi; belohnt wurde er dafür aber nicht besser als Michele di Lando, auch er wurde verbannt. Im Kampf der Geschlechter untereinander diente Demagogie als taktisches Mittel. Nachdem die Gruppierung Medici-Alberti-Strozzi die Ciompi aufgegeben hatte, fanden diese eine neue Stütze in Lucà da Panzano, einem Demagogen, der ebenfalls theatralische Gesten beherrschte und die Armen trotz seiner zur Schau getragenen Uneigennützigkeit genauso enttäuschte. Auch er legte die goldenen Sporen, das Zeichen seines Adels, ab und wollte zum Ritter des Volkes geschlagen werden. Aber es war schon zu spät. Unter allen diesen Demagogen standen die Ciompi auf verlorenem Posten, waren sie Opfer ihrer Anführer und ihres eigenen Verhaltens.

Verachtung und Repression traf die gesamte manipulierbare Masse der Aufständischen. Das Urteil der Zeitgenossen fiel – bis auf seltene Ausnahmen – hart aus. Noch zehn Jahre nach Beendigung der Unruhen dienten die Begriffe *maillets* und *vilain jacques* als Schimpfworte. Aber härter noch als es in diesem Sprachgebrauch zum Ausdruck kommt, urteilt der Autor des *Chemin de Povreté et de Richesse:*

| Mais de tels gens en vérité | Aber mit solchen Menschen |
| Doit-on avoir peu de pitié. | darf man kaum Mitleid haben. |

Einige Autoren wie Gerson, Eustache Deschamps oder Christine de Pisan unterschieden allerdings zwischen den kriminellen und den friedlichen Armen, etwa wenn Deschamps schreibt: „Das Gesindel ist der Feind der echten Armen." Aber in den meisten Stellungnahmen kommt Mißtrauen zum Ausdruck; jeder Arme gilt als potentieller Missetäter, wenn nicht gar als Krimineller. Aber wessen beschuldigte man sie? Eine erste Antwort gibt die flandrische Reimchronik:

Encore ont leur gueules faim Des biens des seigneurs estre plain.	Noch hungern ihre gierigen Rachen nach dem Besitz des Adels ...

Und sie fügt hinzu: Convoitise est fondement. – Begehrlichkeit ist der Grund.

Die gleiche Meinung vertritt Froissart: ,,Diese bösen Menschen ... beneideten die Reichen und Adligen." Mit dem Wort Neid spricht er eines der Grundübel des Mittelalters an – wie übrigens aller Zeiten, in denen Luxus und große Armut nebeneinander leben. Die Schwere des Vergehens lag darin, daß Neid einen Angriff auf die Stabilität der Ständegesellschaft darstellte und damit sozusagen eine revolutionäre Sünde war. Noch schlimmer aber war am Ende des 14. Jahrhunderts für die Zeitgenossen die Verquickung von Armenrevolte und Häresie, wie man sie in England vermutete und in Böhmen bestätigt sah. Dies beunruhigte selbst solche Autoren zutiefst, die den Armen sehr wohlwollend gegenüberstanden.

Ein Beispiel dafür ist Thomas Brinton, zur Zeit der englischen Bauernunruhen Bischof von Rochester (1373–1389). Er war Benediktinermönch und blieb auch nach Übernahme seines ehrenvollen Amtes seinem Armutsgelübde treu; mehr als die Hälfte seiner 103 überlieferten Predigten widmete er den Themen Armut und Nächstenliebe. Vor 1381 sprach er manchmal über die essentielle Gleichheit von Armen und Reichen, Adligen und Unfreien, und das in Wendungen, wie sie auch Langland benutzte. Dann brachen 1381 die Unruhen aus, Rochester lag mitten im aufständischen Gebiet. Am 6. Juni erfolgte der erste Ansturm; das bei der Stadt liegende Schloß wurde im Sturm genommen, der königliche Konstabler gefangengesetzt. Brinton erlebte nun das Echo auf die Predigten des John Ball. Am 14. Juni wurde Simon Sudberry, der Erzbischof von Canterbury, dessen Suffraganbischof Brinton war, in London ermordet. Umsturz und Häresie brachten die Sache der Armen in Mißkredit. Brinton wurde Mitglied der Untersuchungskommission, die die Aufständischen von Kent aburteilte, und im folgenden Jahr nahm er an der Synode von Blackfriars teil, die Wyclif verurteilte. Zu dieser Zeit verstummte der Prediger Brinton fast ganz; das Thema des sozialen Ausgleichs verschwand aus seinen Predigten. War er inkonsequent? Seine Lebensweise und seine Einstellungen scheint er unverändert beibehalten zu haben. War es also Ehrgeiz oder gar Opportunismus? Kaum vorstellbar, daß dieser Benediktinermönch, der treu nach der Regel seines Ordens lebte, der den Mächtigen nie geschmeichelt, die Lasterhaftigkeit Eduards III. offen getadelt und den Ehrgeiz des Johann von Lancaster mißbilligt hatte, im Alter von über 60 Jahren sich selbst untreu geworden sein sollte. Thomas Brinton gehört vielmehr zu einer Generation, die vom Anstieg des Pauperismus entsetzt war und der es bei aller bewußt praktizierten Caritas angesichts der Komplexität dieser Masse von Enterbten nicht mehr gelang, die wahren Armen von den Arbeitsscheuen, Rechtsbrechern und Vagabunden zu unterscheiden. Die Klage der Armen war für sie zum Gerücht geworden, die Menschen wußten nicht mehr, mit wem sie es bei diesen Armen zu tun hatten.

3. „Es sind zu viele." Versuch einer Typologie

Die Ratlosigkeit des Bischofs Thomas Brinton ist bezeichnend für seine ganze Generation. Von jenen Armen, die sich zu Wort meldeten, entsprach die Mehrzahl nicht den traditionellen Vorstellungen; und von den Armen im herkömmlichen Sinne blieben viele stumm. Sagte nicht Boucicaut, in Paris gebe es „viele, die insgeheim in großer Armut" lebten?!

Die Bettler

Das Heer der Landflüchtigen, die vor den Verwüstungen der Kriege flohen, und die Arbeitslosigkeit in Zeiten wirtschaftlicher Repression erhöhten natürlich die Zahl der Notleidenden, wofür sich zahllose Beweise in den Archiven von Kommunen und karitativen Institutionen finden. Chronisten, Schriftsteller und Maler haben uns ein ganz bestimmtes Bild dieser Armen überliefert. „Der Arme", schreibt Gerson, „ist derjenige, der vor zehrendem Hunger schreit: Ein Almosen um Gottes willen. Und er geht weiter über die Straßen und Plätze und schreit von Tür zu Tür." Bei den Leichenbegängnissen der Reichen warteten viele, manchmal Hunderte auf eine im Testament ausgesetzte Armengabe. Arme belagerten die Kirchenportale, drangen manchmal in die Kirche ein und störten den Gottesdienst. Wer arm war, aß weder Fleisch noch trank er Wein. Der Arme wird dargestellt als krank, blind, er hinkt, ist verkrüppelt und mit Geschwüren bedeckt. Der Arme ist schmutzig und übelriechend, häßlich und furchterregend. Man hält ihn für böse, sogar die Hunde hetzen ihn. „Die Hunde", schreibt Dante, „springen auf den Rücken des kleinen Armen, der plötzlich stehenbleibt, um zu betteln".[91] In Miniaturen wird dieses verächtliche und verachtete Wesen als gedemütigte Kreatur dargestellt, wie etwa um 1390 in einer Armenbibel.[92] Der gesenkte Kopf, die zerzausten Haare, der struppige Bart, die Stülp- oder Hakennase drücken Grobschlächtigkeit und Rohheit aus. In der Wiedergabe einer Almosenszene trägt alles dazu bei, den Armen als Gegensatz zum Spender darzustellen: Er bleibt in achtungsvoller Distanz und unterscheidet sich bereits in der Körpergröße von seinem Wohltäter, der farbige (rote und blaue) Gewänder trägt, der Bettler dagegen dunkles, tristes Braun und Grau. Schließlich tritt der Bettler seinem Wohltäter selten als Einzelperson entgegen, meist kauert eine ganze Gruppe eng zusammengedrängt in einer Ecke. Seine demütige Haltung bringt seine ganze Nutzlosigkeit, Würdelosigkeit, ja Schuldbeladenheit zum Ausdruck. Sogar der Kontakt mit ihm gilt als demütigend, aber ganz bezeichnend ist, daß er nur innerhalb einer Gruppe dargestellt wird. Die religiöse Malerei will dadurch Mitleid erregen und dem Betrachter vorbildliche Nächstenliebe vor Augen führen. Damit erweckt sie aber gleichzeitig Abscheu und Ekel und verbreitet Schrecken über die große Zahl der Armen.

Die Steuerarmen

In der Malerei sucht man vergeblich nach einer Darstellung der fleißigen Armut, obwohl sie doch so weit verbreitet war. Immerhin hatten die Scholastiker aus der Lehre des hl. Thomas von Aquin den Grundsatz übernommen, daß ,,jene, die ihre Arbeitskraft verdingen, arm sind, denn sie erwarten ihr tägliches Brot von ihrer Hände Arbeit".[93] Ganz im Gegensatz zur Malerei erfassen die Steuerlisten diejenigen, die arbeiten, während sie die Bettler meist ignorieren. Neben sehr vielen Annäherungswerten finden wir auf der Suche nach den Armen bald quantitative, bald qualitative Angaben. Die Anzahl derjenigen, die keine Steuern entrichten konnten, wird in den zahlreichen, aus dem 15. Jahrhundert überlieferten Steuerlisten kaum erwähnt.

Drei Grundzüge jedoch treten deutlich hervor: Die zunehmende Zahl der Armen zwischen 1350 und 1500, die Schwerpunktverlagerung der Armut vom Land zur Stadt und die starken Konjunkturschwankungen, die die strukturellen Ursachen der Armut überdecken.

Außergewöhnlich günstig erscheint im 15. Jahrhundert die Lage in der Ile-de-France; in den Getreideanbaugebieten zählte man nur 10–12% Tagelöhner, im Weinanbaugebiet des Hurepoix sogar nur 1%. Die Pariser Steuerlisten erfassen für die Jahre 1421, 1423 und 1438 nur die steuerzahlenden Bürger; Lohnarbeiter und Dienstboten werden gar nicht besteuert, die Kleinhandwerker nicht einmal erwähnt. Immerhin wird deutlich, daß die Viertel auf dem rechten Seineufer das geringste Steueraufkommen erbrachten.

Auch für die Regionen nördlich von Paris und die burgundischen Niederlande gibt es keine genauen Daten; keine einzige Steuerliste – nicht einmal die sehr umfangreiche von 1469 – erwähnt die Nichtsteuerpflichtigen. 20–30% der Bevölkerung im Hennegau zählt Georges Sivéry zu den Armen, die öffentlicher Unterstützung bedurften, vom gleichen Prozentsatz geht André Bocquet für das Artois und die Gegend um Boulogne aus. Ungefähr dieselben Prozentsätze ergeben sich aus den Steuerlisten des 15. Jahrhunderts für Brabant und einige holländische Gebiete. In Brabant wurden 1437 23,4% und 1480 27,3% der Haushalte als arm bezeichnet, in Holland 1494 25–26%. Doch darf man daraus nicht ohne weiteres schließen, daß diese Angaben für alle niederländischen Provinzen gelten. In Brabant betrug der Anteil der armen Familien auf dem Lande an der gesamten Landbevölkerung ein Viertel bis ein Drittel, während er in den Städten Löwen, Brüssel und Antwerpen im Laufe des 15. Jahrhunderts ständig anstieg.

In Burgund unterscheiden die Listen zwischen armen und bettelarmen *(mendiants)* Haushalten; Steuern zahlten weder die einen noch die andern. Im Verwaltungsbezirk Dijon (die Stadt selbst ausgenommen) bildeten sie 1375 29,5% bzw. 48% aller erfaßten Haushalte. In Dijon selbst zählten 1397 83% zu den armen Haushalten; 1431 und 1433 waren es noch 58 bzw. 54%, dazu kamen 27 bzw. 34% bettelarme Familien. Damit unterlagen in der Stadt fast durchgehend mehr als 80%, auf dem Lande zwischen 75 und 80% der Haushalte nicht der Herdsteuer. Arm waren die Familien, die zur fleißigen Armut zu zählen sind und ständig am Rande des Existenzminimums lebten; bettelarm dagegen diejenigen, die kein Arbeitseinkommen besaßen und ohne fremde Hilfe nicht überleben konnten. In diesem Falle scheinen steuertechnische Unterscheidungen tatsächlich einmal der Alltagswirklichkeit voll entsprochen zu haben. Die von Henri Dubois gesammelten Daten aus Chalon-sur-Saône führen zu ähnlichen Schlußfolgerungen:

	1381	1394	1400	1406
erfaßte Haushalte	492	485	348	395
arme Haushalte	113	180	207	230
bettelarme Haushalte	—	120	51	75

Die Zunahme armer Familien um mehr als 100% innerhalb von 25 Jahren ist in erster Linie auf Berufsgruppen zurückzuführen, die in Schwierigkeiten geraten waren: Lederzurichter, Gerber, Kramwarenhändler und Faßbinder. Auch hier handelt es sich also um die fleißige Armut. In Avallon entrichtete 1380 fast die Hälfte, nämlich 50 von 110 Familien, darunter 25 arme und 25 bettelarme, keine Herdsteuer. Zunehmende Verarmung belegen auch die Verzeichnisse der rückständigen Steuerschulden in Lyon.

Der Anteil der Armen mag von Region zu Region, von Stadt zu Stadt schwanken; die Anzahl der Armen stieg aber fast überall ständig an. 1424 konnten in Basel nur 25% der Bürger die Steuer von 12 Gulden nicht aufbringen, 1439 waren es 29%, 1453 32% und 1484 26%, im Schnitt also etwa ein Drittel der Bevölkerung, ein auch andernorts häufig belegter Anteil. In Köln betrug er 1476 zwar nur 10%, in Straßburg aber 1473 29%. In einem Augsburger Verzeichnis von 4700 Steuerpflichtigen (1475) fand E. Maschke 3378 *nihil habentes*, darunter 2700 Handwerker vorwiegend aus dem Tuchgewerbe. Folgt man den Aussagen der Testamente, so machten im 15. Jahrhundert die Armen in Augsburg 80%, in Lübeck 1350 64% der Bevölkerung aus. Im 14. und 15. Jahrhundert nahm in ganz Deutschland die Anzahl der Armen ständig zu.

Die außerordentlich zahlreichen Quellen aus Savoyen und der Dauphiné belegen ebenfalls eine beträchtliche Ausdehnung der Armut, wenn auch einige Täler aufgrund der geographischen Gegebenheiten begünstigt waren. Im Chablais galt im letzten Drittel des 14. Jahrhunderts ein Drittel, in manchen Dörfern sogar die Hälfte der Bevölkerung als arm, aber zu Beginn des 15. Jahrhunderts ging die Armut in einigen Gegenden, so 1432 in der Gebirgsregion Bauges, auf 10% zurück. Die Anzahl der Vagabunden nahm im Laufe des Jahrhunderts zu, in Genf setzte der Zustrom z. B. 1459 ein. Die Herdsteuerlisten der Dauphiné aus dem 15. Jahrhundert weisen auf eine allgemein schlechte Wirtschaftslage hin. 1474 waren 50% der Haushalte in der Grafschaft Valentinois arm, in der oberen Dauphiné waren drei Fünftel arm und ein Fünftel bettelarm, während letztere im Unterland nur ein Siebtel der Bevölkerung ausmachten. In einigen Gebirgsdörfern lebten die meisten an oder unterhalb der Armutsschwelle und waren auf Wohltätigkeit angewiesen, wollten sie überleben. Kriege und Epidemien steigerten die Auswirkungen der konjunkturellen Schwierigkeiten noch zusätzlich.

Die Situation in Italien wurde oben bereits im Zusammenhang mit Florenz, Siena und Orvieto beschrieben. Dem wäre noch hinzuzufügen, daß in Genua 1464 ein Drittel der Bevölkerung wegen allzu geringer Einkommen mit weniger als einem Dukaten besteuert werden mußte und daß bei der Erhebung der Herdsteuer in Palermo 1442 23% der Haushalte als arm eingestuft wurden.

Umfangreiches und genaues Zahlenmaterial liegt auch für die Provence vor: In Puget-Théniers gab es 1364 33% Arme, 1371 50% in Sisteron, 1390 8% und 1394 9% in Carpentras, 1330 in Pourrières und 1462 in Arles aber 33%. Nach den von Philippe Wolff untersuchten Steuerlisten von Toulouse machten die *nichils* am Ende des 14. und am Beginn des 15. Jahrhunderts mehr als die Hälfte der erfaßten Haushalte aus. Erst 1431 ging ihre Zahl leicht zurück. Im selben Jahr wurden in Périgueux jedoch 60% der Bevölkerung wegen Zahlungsunfähigkeit von der Steuer befreit, Bettler und Vagabunden nicht gerechnet, während am Ende des Jahrhunderts in Nantes nur 15–20% nicht besteuert wurden.

Auch jenseits der Pyrenäen sind die Zahlen sehr unterschiedlich. 1378 gab es in Barcelona 12–13% arme Haushalte. In Kastilien belegen die Steuerlisten für Utrera bei Sevilla 6% Arme 1433, 1476 30% und 1493 20,7%, in der nahegelegenen Gebirgsregion dagegen 12,3%, jeweils bezogen auf die Summe aller erfaßten Haushalte und nicht gerechnet die offensichtlich zahlreichen Kranken und Vagabunden. Im 15. Jahrhundert schwankte der Anteil der Armen in den ländlichen Gebieten um Valladolid zwischen 10 und 20%. Daraus Schlüsse zu ziehen, ist äußerst schwierig.

Die erhaltenen Steuerlisten der Normandie aus dem 14. und 15. Jahrhundert belegen, welche Auswirkungen das Zusammentreffen von Krieg, Epidemien, Hungersnöten und Besteuerung zeitigte. Besonders hart geprüft wurde die obere Nomandie. Das Elend in der Landschaft Caux am Ende des Hundertjährigen Krieges ist geradezu sprichwörtlich geworden. Die Gründe für den Rückgang der steuerzahlenden Bevölkerung waren überall die gleichen: Verarmung, Landflucht und Tod. Es kam häufig vor, daß in einem Dorf von 30 Familien zehn Haushalte von Witwen mit dürftigem Einkommen geführt wurden. In Rouen steigerte der Zustrom der Flüchtlinge während der Belagerung (1418–1419) die Zahl der Armen beträchtlich; und selbst nach der Kapitulation gab es in drei städtischen Pfarreien 93 mit Herdsteuer belegte Haushalte neben 207 Familien, die keine Steuer entrichten konnten; der Prozentsatz der Armen lag also über 66%. Die untere Normandie liefert besonders für das 15. Jahrhundert weniger katastrophale Daten. Zwar gab es Fälle wie den kleinen Hafen Agon, der 1328 mit 246 Haushalten prosperierte, 1365 aber nur noch sechs Familien, drei Jahre später zehn und 15 Jahre später mit knapper Not 20 Haushalte zählte. In den Küstenregionen gab es aber sonst offensichtlich weniger Armut als im Hinterland, zumindest weniger Steuerarme. Langrune etwa verzeichnete 1433 nicht eine einzige arme Familie, 1461 waren es fünf von 55 und 1473 zehn von 69; noch weniger gab es in Luc-sur-Mer (1433 keinen Armen, 1452 zwei und 1497 vier arme Familien). Vielleicht waren die Lebensbedingungen für die Küstenbewohner damals schon relativ günstig – was sich allerding erst für das 17. Jahrhundert nachweisen läßt –, vielleicht kamen bereits damals auch schon ärmere Bevölkerungsschichten in den Genuß der durch die Küstenfischerei ermöglichten kalorienreichen Ernährung. In Caen dagegen, nur 15 Kilometer von der Küste entfernt, stieg der Anteil der Armen in den zwölf Pfarreien der Stadt zwischen 1434 und 1515 ständig an, und zwar in den zentral gelegenen Pfarreien stärker als in den teilweise ländlich geprägten Stadtrandpfarreien. Insgesamt stagnierte in der zweiten Hälfte des 15. Jahrhunderts in der Normandie die vom Hundertjährigen Krieg ausgelöste Pauperisierungswelle, bevor sie zu Beginn des 16. Jahrhunderts erneut anschwoll.

Die Landflucht als Hauptgrund der Pauperisierung
Zwischen ländlicher und städtischer Armut besteht ein nachweisbarer Zusammenhang, und man könnte – wenn auch nicht ohne Einschränkungen – mit B. Geremek behaupten, daß die tiefsten Wurzeln des Pauperismus in den Landgebieten liegen, während er in den Städten seine dramatischsten und aufsehenerregendsten Auswirkungen zeitigte. Die bereits in der ersten Hälfte des 14. Jahrhunderts erkennbaren strukturellen Ursachen der ländlichen Armut blieben mindestens ein Jahrhundert erhalten, und zusammen mit der sich verschlechternden wirtschaftlichen Konjunktur wurde ihre Folgen immer verheerender. Aber die entscheidende Wende, der Beweis für die Verarmung eines Bauern, war die Aufgabe des Hofes, der Abbruch aller Bindungen an den Boden. Von diesem Gedanken gehen

wir aus, wenn wir in der Folge einige Typen ländlicher Armut herausarbeiten.

Ungeachtet der unvermeidlichen unterschiedlichen Ausprägungen und Formen ländlicher Armut in Westeuropa lassen sich doch auch gemeinsame Züge finden, und das besonders in den beiden größten Königreichen England und Frankreich. Daher erscheint es auch berechtigt, zwei Darstellungen des Bauern nebeneinander zu benutzen, obwohl sie fast ein ganzes Jahrhundert voneinander trennt, und zwar einmal die Darstellung Langlands um 1380 in seinem Roman *Piers the Plowman* und dann die Beschreibung des französischen Bauern durch den Engländer Fortescue. In beiden Fällen ist der Bauer arm und schlecht gekleidet, er arbeitet bis zur Erschöpfung; Fortescue faßt seine Beschreibung in den Worten zusammen: „Das allergrößte Elend."

Die unzureichende Fläche der durch Erbteilung zerstückelten Hufen zwang viele Bauernsöhne, auf den Höfen anderer Bauern Lohnarbeit anzunehmen, die jüngsten sogar häufig zur Abwanderung. So bedauerte ein Bauer aus der Gegend um Lyon noch in seinem Testament, daß er seinen Hof aufteilen müsse. Dabei war das System der *fréchères* und der *feux multiples* – die gemeinsame Bewirtschaftung durch Seitenverwandte bzw. durch mehrere Familien – mehr ein Versuch, das Schlimmste zu verhüten, als eine echte Lösung. Das Kloster Saint-Hubert im Hennegau z. B. besaß eine ganze Reihe kleiner und kleinster Hofstellen, von denen kaum eine Familie leben konnte. Und wie sollte die Bindung an die Scholle auch bei Tagelöhnern erhalten bleiben, die auf den Höfen anderer Bauern arbeiteten? Diese Kleinstbauern waren weder in der Lage, den jährlich fälligen Grundzins noch die einzelnen Abgaben zu entrichten; sie nahmen Schulden auf, wurden gerichtlich verfolgt und gaben schließlich den Hof auf. Dies geschah am Ende des 14. Jahrhunderts im Hennegau wie in der Provence. Andere Bauern wurden ganz einfach verdrängt, besonders in England, wo zu dieser Zeit die Einhegungen begannen. Die Ausdehnung der Viehzucht war in manchen Gegenden sowohl Ursache als auch Folge der Landflucht. Wie niedrig die Löhne der Landarbeiter waren, mag der Fall eines Schnitters auf der Grundherrschaft des Hospitals Saint-Julien zu Cambrai illustrieren: Wollte er einen Hektoliter Getreide verdienen, so mußte er um 1380 1,75 Hektar mähen, zu Beginn des 15. Jahrhunderts 2,85 ha, 1430–1440 4 ha; 20–30 Jahre später (1466–1476) war er wieder günstiger gestellt, denn in dieser Zeit genügten ihm 2,65 ha, schlechter aber ging es ihm mit 4 ha wiederum am Ende des Jahrhunderts. Die Steuerlisten des Artois aus dem Jahre 1469 erwähnen zahlreiche Tagelöhner ohne Qualifikation und Landarbeiter ohne festes Einkommen; ein Vater von acht Kindern aus Marchy-le-Breton zog von Dorf zu Dorf und flickte Schuhe. Von krasser Armut zeugen auch Inventare aus der Gegend um Toulouse, die anläßlich von Todesfällen erstellt wurden: 1369 vermachte ein Schuhmacher seinem einzigen Sohn nur geringen Besitz, dafür aber 45 Pfund Schulden, kein einziges Kleidungsstück und – was noch erstaunlicher ist – kein einziges Werkzeug. 1390 hinterließ ein Bauer lediglich ein kleines Stück Land und ein paar Fässer. Manche lebten in bitterster Armut wie jener Mann aus Gyé bei Bar-sur-Seine, der bei seinem Tod 1396 nur ,,Frau und Kinder in tiefster Armut'' hinterließ, ,,die ihr Brot am Backofen und an der Mühle erbetteln''; er hatte Schulden gemacht und dann Selbstmord begangen. ,,Die oben genannte Frau tötete sich am Grab ihres Mannes.'' In dieser Gegend, in der arme Bauern im 15. Jahrhundert 5–10% der Bevölkerung ausmachten, besaßen die Allerärmsten nur einen halben Morgen Rebfläche.

Der Weinanbau eignete sich besonders für die Beschäftigung von Lohnarbeitern, die tageweise oder im Akkord bezahlt wurden und leicht ausgebeutet werden konnten. Die Spannungen, die daraus entstehen konnten, belegt ein Vorfall um 1390–1393 im Gebiet um Auxerre: Die Weinbergbesitzer beklagten sich, die auf Grund überhöhter Löhne ,,in ihrem Reichtum und überschäumenden Wohlleben fett gewordenen'' Lohnarbeiter wollten zu allem Überfluß auch noch die tägliche Arbeitszeit verkürzen. Anstatt von Sonnenaufgang bis Sonnenuntergang zu arbeiten, wollten sie die Arbeit um 3 Uhr nachmittags beenden; sie praktizierten deshalb gegen Abend eine Art von Bummelstreik, hielten Versammlungen ab und versuchten sich mit Lohnarbeitern aus anderen Berufen zu verbünden. Wegen dieses solidarisch praktizierten Drucks wurde die Sache dem Parlament vorgelegt – und mit einer ungewöhnlich modernen Begründung zugunsten der Arbeiter entschieden: ,,Jeder soll den seiner Tätigkeit angemessenen Lohn erhalten.'' Und weiter heißt es: ,,Wenn sie auch arme Leute sind, so sind sie doch Menschen, und man darf nicht von ihnen verlangen, daß sie sich abmühen und plagen wie ein Ochse oder ein Pferd... Einen freien Mann kann man nicht gegen seinen Willen zur Arbeit zwingen, denn dies verstieße gegen Natur und Freiheit.'' Es erscheint recht bemerkenswert, daß Argumente, die sowohl auf der kirchlichen Lehre als auch auf humanistischem Gedankengut basieren, am Ende des 14. Jahrhunderts bereits in Gerichtsurteile Eingang fanden.

Ähnlich wie diese Weinbergarbeiter verhielten sich in manchen Regionen die Müller. In der Ile-de-France gehörten die Mühlen den Grundherren oder auch städtischen Bürgern, die sie verpachteten oder unterverpachteten; die Unterpächter befanden sich manchmal in einer wirtschaftlich schwierigen Lage. Andernorts wie z. B. in den Tolosaner Mühlen von Bazacle waren die Müller, die Eselstreiber und ihre Knechte vertraglich jeweils auf ein Jahr an den Pächter gebunden, der ihnen einen festen Lohn zahlte; 1426 streikten sie, weil sie diese Löhne für zu niedrig hielten, wurden aber vom Seneschall dienstverpflichtet, da ihre Tätigkeit von lebenswichtigem öffentlichem Interesse sei.

Grundsätzlich arm waren Menschen aus ganz bestimmten ländlichen Berufen, die als Randgruppen galten, obwohl ihre Tätigkeit für die Gesellschaft wichtig war. In erster Linie waren dies Wald- und Holzarbeiter, Korbmacher, Schüsselmacher, Flachsröster und kleine Zimmerleute, die von der Hand in den Mund lebten und so arm waren, daß der Forstmeister von Chaux in der Grafschaft Burgund sogar die Bußgelder für Waldfrevel herabsetzte. Dazu gehörten auch Köhler und Ziegelbrenner, deren Tätigkeit höchst nützlich war und die trotzdem am Rande des Existenzminimums lebten. Und damit kommen wir auch wieder zum Schäfer. Jean de Brie hatte als Kind selbst Schafe gehütet; als Erwachsener widmete er 1379 seine Abhandlung *Le Bon Bergier* König Karl V. Unter Bezugnahme auf den Guten Hirten des Evangeliums und auf die Hirten von Bethlehem wird hier das Schafehüten zur Kunst, ja sogar zur Berufung überhöht. In der bildlichen Darstellung der Verkündigung oder der Anbetung der Könige verlieh die Malerei den Hirten den Charakter von Heiligen. Wer aber tatsächlich die Herden hütete, galt deshalb noch lange nicht als heilig, im Gegenteil. Wie der Förster blieb der Hirte stets verdächtig. Er lebte isoliert, hatte nur Umgang mit seinen Tieren und war genauso roh wie diese. Man schrieb ihm böse Kräfte zu und verachtete ihn, weil er oft kauzig oder auch geistig zurückgeblieben war. Niemand hätte ihm die Tochter zur Frau gegeben. Auch galt er als Faulenzer, weil seine Tätigkeit wenig körperliche Anstrengung erforderte. Dementsprechend schlecht wurde er entlohnt. Arm war der Hirte also im geistigen, gesellschaftlichen und wirtschaftlichen Sinne. Schon sein schmutziges Äußeres weist darauf hin.

Arme am Rande der Gesellschaft waren auch die Arbeiter in Salinen und Salzbergwerken. Salz war ein geringwertiges Produkt, an dem nur die Spekulanten und der Fiskus verdienen konnten. Der Salzabbau im Berg war eine anstrengende Arbeit, die man schon in der Antike häufig von Sträflingen verrichten ließ. Bei der Salzgewinnung aus dem Meerwasser hing der Verdienst der Salinenarbeiter praktisch von der Dauer des Sonnenscheins ab. Dies war an der Adriaküste nicht anders als auf den griechischen Inseln, dem Umland von Cagliari auf Sardinien, in der Provence von Hyères bis Peccais, auf Ibiza und in La Malta bei Valencia, in Setubal und an der französischen Küste von Royan bis Guérande. Einige spekulierten mit dem Salz wie am Ende des 14. Jahrhunderts Francesco Datini in der Provence und ein Jahrhundert später in Spanien Santangel, der als stiller Teilhaber die Entdeckung der Neuen Welt mitfinanzierte. Aber hinter ihnen wie hinter den französischen Salzsteuerpächtern schuftete ein ganzes Heer von Armen in den Salinen, schob das Salz zusammen und hortete es in Haufen oder Pyramiden, die *fâchiers* in Südfrankreich, die *laboureurs salinans*, die Seesalinenarbeiter, im Westen, außerdem Maultiertreiber und Fuhrleute, die das Salz an Land brachten. Die Produktion fiel so unterschiedlich aus, daß jede hohe Besteuerung die Salinenarbeiter schwer belastete. Eine Verordnung aus dem Jahre 1383, die die Salzsteuer im Poitou einführte, führte zur massiven Auswanderung von Salinenarbeitern aus

Guérande in der Bretagne. Und um erneute Besteuerungspläne zu vereiteln, verfaßten die Stände des Poitou 1451 eine ausführliche Denkschrift, worin sie die harte Arbeit und die wirtschaftliche Situation der ,,sehr armen Leute" schilderten, die vom Salz lebten; an der Küste waren dies 8000–10000 Haushalte und 10000–20000 arme Fuhrleute.

Neben den Salinenarbeitern sind auch ihre Nachbarn, die Seeleute, zu nennen, die wie jene in den Küstenregionen und ebenfalls am untersten Ende der gesellschaftlichen Rangskala lebten. In seiner Untersuchung über Bordeaux schildert Jacques Bernard die schwierigen Lebensbedingungen des Matrosen: Er war ,,arm unter den Armen", sein Lohn reichte zur Sicherung des Lebensunterhalts nicht aus; am Ende des 15. Jahrhunderts verdiente er knapp 3 Sous täglich, während ein Tagelöhner es auf 6 Sous bringen konnte. Auf der Suche nach besserer Entlohnung wechselten die Matrosen von Schiff zu Schiff; selbst wenn man in Rechnung stellt, daß sie beim Landgang das schwer verdiente Geld schnell einmal verschwenden mochten, so kam es doch auch regelmäßig vor, daß Matrosen ihre Kleidung versetzten und bettelten. Die Quellen stellen die Matrosen den ,,armen Handwerkern" gleich. Aus einem Untersuchungsbericht können wir zufällig ein typisches Schicksal verfolgen: Robert Dufay erlernte ,,in seiner Kindheit" das Seehandwerk zwei Jahre lang bei einem gewissen Vitou aus Jumièges, dann bei seinem Vater in Vatteville; 1435 flüchtete er wie viele andere wegen des Krieges nach Rouen, ab 1452 fuhr er wieder zur See. Matrosen verdienten wenig und blieben bis ins Alter von 60 und mehr Jahren in ihrem Beruf tätig. Auch die Fischerei ernährte ihren Mann schlecht, und zwar sowohl wegen der zufälligen Fangergebnisse als auch wegen der Risiken in Kriegszeiten. In Dieppe z. B., wo die Mannschaften unter einem Arbeitgeber-Unternehmer *(hôte-marchand)* auf der Basis von Gewinnbeteiligung arbeiteten, sind im 15. Jahrhundert 60% der Familienväter in der dicht besiedelten Pfarrei Saint-Rémy in den Steuerlisten nicht verzeichnet; der Vorort Le Pollet war immer schon ein Armenviertel. Kaum anders war die Lage an den Küsten Englands und des Mittelmeers. Sieht man von den großen niederländischen Häfen einmal ab, so lernt man in der Vita der seligen Lydwina (1383–1433), einer einfachen Frau aus Schiedam, die ärmlichen Verhältnisse in einem kleinen Fischereihafen kennen: Die Krankheit des Vaters stieß eine große Familie in Not, die alles verkaufen mußte, sogar die alltäglich benutzten Haushaltsgegenstände. Hier fassen wir eine wenig spektakuläre, aber doch vollständige Armut.

Bevor wir die Armen vom Lande und aus den Küstenregionen verlassen, müssen wir noch auf eine weitere Kategorie von Armen verweisen, den verarmten Adel. Auch der Adel verarmte infolge der schwierigen Agrarkonjunktur und zahlreicher Kriege. Kosten für militärische Ausrüstung und Lösegelder belasteten die Finanzkraft des Rittertums schwer. Auch die Ritter mußten Kredite aufnehmen und verschuldeten sich um so mehr, als für sie die Aufrechterhaltung eines gewissen Lebensstandards eine Ehrenfrage war. Aber die grundherrschaftlichen Einkünfte gingen zurück, während die Arbeitslöhne stiegen. Finanzielle Probleme plagten nicht nur den französischen Adel während des Hundertjährigen Krieges, sondern im 15. Jahrhundert im gleichen Maße den Adel in England und Deutschland. Im Namurois und in vielen anderen Regionen war der Besitz einer Rüstung die notwendige Voraussetzung für die Zugehörigkeit einer Familie zum Ritteradel; wer die Kosten dafür nicht aufbringen konnte, fiel auf den Rang eines „armen Edelmannes" zurück und galt nicht mehr als adelig. Der italienische Rechtsgelehrte Baldo degli Ubaldi meinte, ein Adeliger, der seine Töchter nicht mit einer Mitgift ausstatten könne, habe wie ein Armer Anspruch auf die Hilfe des Bischofs, des „Vaters der Armen". In Venedig galt die Verarmung des Adels als Schwächung des Staates, da der Adel zu dessen Sicherung berufen sei. Insgesamt hatte der soziale Abstieg von Adligen beträchtlichen Anteil an der zunehmenden allgemeinen Pauperisierung.

Vergessen sei auch nicht die Armut des niederen Klerus. Zweifellos werden die Begriffe *pauper* und *paupertas* in manchen Quellen eher aus Gefälligkeit und als Gunsterweis benutzt, wenn etwa einem Studenten die Gebühren an einer Universität, einem Geistlichen die Kanzleigebühren bei der Übernahme einer Pfründe erlassen werden. Doch beweist gerade das Beispiel des Robert von Sorbon, daß die Einrichtung von Stipendien für bedürftige Studenten als notwendig erachtet wurde; am Collegium Ave Maria zu Paris waren dies im 14. Jahrhundert sechs Studenten. Gerson war das älteste von zwölf Kindern, Nikolaus von Cues, der in Heidelberg, Padua und Köln studierte, war Sohn eine Moselschiffers. An den nordeuropäischen Universitäten gab es viele arme Studenten, mehr als 15% in Köln und 19% in Leipzig (Ende 14./Anfang 15. Jh.). Das gleiche gilt für Löwen und das von Albornoz gegründete Kolleg in Bologna. Aber darauf allein beschränkte sich die Armut des Klerus nicht. In einigen Fällen lebte der Pfarrklerus hart am Rande der Armut, z. B. manche Vikare, die die Diözese Straßburg unterhielt, andere in Genf und in der Dauphiné. Einige Kleriker mußten sich mit einer halben Präbende begnügen (die Quellen nennen diese *paupertates*) oder mit einer der unzähligen im 14. Jahrhundert gestifteten Pfründen. Viele schließlich verfügten über keinerlei Einkommen; sie bildeten, besonders in England zur Zeit der Lollarden, eine regelrechte klerikale, hungerleidende Unterschicht, was die angestauten Ressentiments genauso erklärt wie die Tatsache, daß sie ständig über Land zogen.

Eine natürliche Folge der Verarmung war schon immer die Flucht. Den ruinierten Adligen, den Nachgeborenen ohne Titel und Lehen, boten die bewaffneten *Compagnies* bzw. Banden einen Ausweg aus der Not. Im Zusammenhang mit verarmten Bauern benutzen die Quellen die Verben ‚flüchten, entweichen, aufgeben'; diese Bauern verlassen das Land, d. h. „die große Armut, in der man sich befindet". Über die Lage in der Gegend um Tournai im Jahre 1443 heißt es: „Wie man in der Natur beobachtet, daß das Wild und die Vögel in fruchtbares Gebiet und zum Ackerland ziehen und daß sie wüstes Gebiet verlassen, so tun es auch Handwerker und Bauern, die von ihrer Hände Arbeit leben; denn sie zieht es zu den Orten und Plätzen, wo Gewinn zu erwirtschaften ist, ... und sie fliehen die Orte, wo das Volk von Fron und Abgaben hart bedrängt wird".[94]

Flucht ist manchmal der einzige Weg, gerichtlicher Verfolgung, Verhaftung, ,,namenlosem" Elend zu entkommen. ,,Arme Familienväter, die wegen der großen Armut, unter der sie litten, verzweifelten", verübten in ausweglosen Situationen Selbstmord, sie erhängten sich oder gingen ins Wasser. Die Untersuchungen über einzelne verlassene Dörfer ergänzen andere Arbeiten: Im 15. Jahrhundert sind im Artois und um Boulogne die letzten Bewohner mehrerer Dörfer des Hesdin ,,dabei, ihren Wohnsitz aufzugeben und als Vagabunden und Bettler durchs Land zu ziehen". In der Dauphiné bestätigt eine Erfassung der Haushalte die ländliche Armut. In Brignais verzeichnet 1398/99 ein Steuereinzieher, daß 38 Hüfner ihre grundherrschaftlichen Abgaben nicht entrichten; sechs seien flüchtig und sieben so arm, daß sie die Abgaben nicht aufbringen könnten. Die Bauern ziehen vom Land in die Stadt in der Hoffnung, dort Arbeit zu finden. Aber erlaubte die Wirtschaftslage die Aufnahme dieser zusätzlichen Arbeitskräfte? Hierin liegt der Kern des Problems.

Die Stadt als Sammelbecken der Armut
Wer neu in der Stadt ankam, konnte Arbeit finden, wenn er sich am frühen Morgen bei der sog. *Louée* einfand, einem allgemeinen Arbeitsmarkt. Dieser Markt wurde meist auf dem größten Platz der Stadt, dem Marktplatz, bei einer Brücke oder vor einer Kirche abgehalten. So wenigstens in Flandern, im Artois und in einigen italienischen (Trient, Lodi) und französischen (Bourges, Chartres, Troyes) Städten. Die Größe der Hauptstadt Paris brachte es mit sich, daß auf dem rechten Seineufer mehrere nach Berufsgruppen geordnete Arbeitsmärkte eingerichtet wurden; am berühmtesten wurde die Place de Grève, der Markt für Bauhandwerker und unqualifizierte Tagelöhner. In die angeseheneren Berufssparten einzudringen, war sehr schwierig, erst recht wenn sie in Zünften organisiert waren. Nur wenige hatten das Glück, als Knechte auf ein Jahr gedungen zu werden. Viele arbeiteten an wechselnden Arbeitsplätzen auf Stück- oder Taglohn.

Die schwierigen Wohnverhältnisse der fleißigen Armut führten schnell dazu, daß Arme und soziale Randgruppen sich mischten. Zwar gab es keine strikte Aufteilung von Wohnvierteln zwischen Arm und Reich, aber doch Wohnviertel mit vorwiegend armer Bevölkerung. Bekannt sind die schmutzigen *contrades* in Venedig; in Genua siedelten die Armen auf den Höhen rings um die Stadt; in allen Häfen gab es in Ufernähe ,,übel beleumundete" Viertel oder zumindest Gassen, wo eine sehr heterogene, oft genug zwielichtige Bevölkerung wohnte, etwa in Marseille, Barcelona, Nantes, Rouen, London, Antwerpen und Lübeck. In den Städten des

Landesinneren war z. B. in Lyon das ehemalige Dorf Saint-Nizier auf der Halbinsel Ile de l'Empire zwischen beiden Flüssen das Zentrum des Rebeyne-Aufstandes, während in Tours, Poitiers, Rouen und Toulouse schon sozial differenzierte Wohnbereiche existierten, wodurch die Armen an den Stadtrand gedrängt wurden, wo auch die übelriechenden Werkstätten der Gerber und Färber lagen. Sieht man von den kleinen Pfarreien der Pariser Cité ab, wohnten dort die Armen vorwiegend rechts der Seine, zur Place de Grève hin und vor allem innerhalb und außerhalb der Befestigungsmauern, in den Pfarreien Saint-Laurent und Saint-Nicolas-des-Champs und rund um die Porte Saint-Martin.

Der Lebensstandard der fleißigen Armut ist schwer faßbar. Er war von Stadt zu Stadt unterschiedlich. Die Löhne unterlagen auch saisonalen Schwankungen, und wo Angaben über Löhne überliefert sind, sind sie meist unvollständig und sehr zerstreut. Außerdem enthalten sie nur in seltenen Fällen, etwa in Lehrverträgen, Hinweise auf den Anteil der Naturalentlohnung (Wohnung oder Nahrung). Besonders schwer fällt es, aus den vorliegenden Daten den Umfang des Arbeitskräfteangebots, die Preise und die Mietkosten zu ermitteln. Deutlich wird allerdings unterschieden zwischen qualifizierten Berufen und unqualifizierten Tätigkeiten sowie zwischen handwerklicher Arbeit und Dienstleistungen. So wissen wir z. B., daß in der zweiten Hälfte des 15. Jahrhunderts die Tagelöhner in Tours sich satt essen konnten und keine physische Not litten, obwohl sie schlechter entlohnt wurden als Lehrlinge und Gesellen. In Poitiers dagegen verdiente ein Bauhilfsarbeiter jährlich schätzungsweise 30 Pfund Tournosen, wobei allein die Ernährung einer Person mindestens 15 Pfund gekostet haben dürfte. Wie sollte man damit eine Familie ernähren? Und dabei stammen diese Daten noch aus einer wirtschaftlich relativ günstigen Zeit. Für wenigstens die Hälfte der Stadtbevölkerung war die Spanne zwischen Armut und Hilfsbedürftigkeit also äußerst gering. Etwas anders war die Lage in Toulouse; wie in Poitiers blieben die Löhne von der Mitte des 14. bis zur Mitte des 15. Jahrhunderts relativ stabil und stiegen sogar leicht an, während die Lebenshaltungskosten ständig schwankten. Betroffen davon waren hauptsächlich die Tagelöhner, die auf das unterschiedlich umfangreiche Arbeitsangebot angewiesen waren. Im Gegensatz zu Tours und Poitiers, wo sehr viele unqualifizierte Kräfte Arbeit suchten, war die Situation in Toulouse für die Tagelöhner sehr viel günstiger, da dort die Arbeitskräfte fehlten.

In seiner Untersuchung über Göttingen hat W. Abel festgestellt, daß zwischen 1330 und 1360 74% der vom Lande stammenden Zuwanderer keinerlei Berufsausbildung besaßen. In Paris erklärt das Überangebot an ungelernten Arbeitskräften im 14. und 15. Jahrhundert die recht unterschiedliche Entlohnung. Nach der bereits bei der Untersuchung über Florenz angewandten Methode analysierte G. Pierret die wirtschaftliche Lage der Arbeiterschaft in Lille anhand der Rechnungsbücher der Stadt und der

Hospitäler: Im 14. Jahrhundert lebten 80% der Tagelöhner in ärmlichen Verhältnissen; besonders betroffen waren Familien mit vier und mehr Personen. Die Löhne sanken manchmal unter die lebensnotwendige „Kalorienschwelle" (1000 statt 2500 Kalorien). Aber auch die Hälfte der spezialisierten Arbeiter lebte in Armut. Im 15. Jahrhundert führte der Anstieg der Nominallöhne zu einer wesentlichen Verbesserung: Unverheiratete Arbeiter lebten nicht mehr in Armut, von den Tagelöhnern waren es nur noch 25% der Familienväter, insgesamt weniger als 5% aller Arbeiter. Zur fleißigen Armut gehörten damit in Lille Verheiratete, die eine Familie zu versorgen hatten, die also im Schnitt zwischen 25 und 35 Jahren alt waren, und zwar vorwiegend Leute ohne Berufsausbildung. Es war dies eine diskrete, ja gar geheimgehaltene Armut, die aus chronischer Mangelernährung, schlechten Wohnverhältnissen und mangelhafter Kleidung bestand, für die es keine Hoffnung und keinen Trost gab, der meist nicht einmal jene Unterstützung zuteil wurde, wie man sie den spektakulären Formen der Armut, den Bettlern, Vagabunden und anderen Randgruppen, gewährte.

Aber sogar für solche Armen, die eine Arbeitsstelle fanden, welche ihnen das lebensnotwendige Minimum sicherte, war die Versuchung groß, diese wieder aufzugeben. So zitiert Gerson:[95] „Wir amüsieren uns lieber, als zu arbeiten, ohne etwas zu besitzen." Insgesamt wuchs in den Städten eine fluktuierende Bevölkerungsschicht heran, die gekennzeichnet war von Armut, sozialem Abstieg, Kriminalität, den extremsten Formen unwiderruflichen gesellschaftlichen Niedergangs. Innerhalb dieser Randgruppen existierten aber auch immer Abstufungen.

Wie die Räte von Lausanne 1450 und die Räte von Tours um 1460 feststellten, gab es unter den Arbeitslosen einen Teil, der „täglich bettelt, weil er keine Arbeit findet", und einen anderen Teil, der „in Gefahr ist, sich einer üblen Lebensweise zu befleißigen und Böses zu tun." Die Berufsbettler, seien sie nun freiwillig arbeitslos oder nicht, bettelten immer an denselben Orten, hielten sich an immer denselben Durchgängen, Höfen und Brücken auf, suchten Unterschlupf in immer denselben Heuschobern. Einige von ihnen betrogen ihre Wohltäter, indem sie Blindheit oder Taubheit vortäuschten, falsche, aufgeschminkte Wunden vorzeigten, die Passanten mit tiefen Seufzern zu erweichen suchten oder indem sie einen halbnackten Säugling vorwiesen, den sie sich von einem andern Armen ausgeliehen hatten. Daß Wohltätigkeit erpreßt oder erschlichen wurde, war so geläufig, daß betrügerische Bettelei zum literarischen Thema des Theaters und der Lyrik etwa bei Eustache Deschamps wurde. Der betrügerische Bettler war ein Parasit, aber noch kein Außenseiter der Gesellschaft.

Das gleiche gilt für Prostituierte, deren offen anerkannte Funktion sie in die Gesellschaft – und sogar deren Oberschicht – integrierte, in der sie lebten und zu deren Wohlbefinden sie beitrugen. Arm waren sie im moralischen wie im materiellen Sinne. Der Grund für die Ausdehnung der Prostitution lag in der schlechten Entlohnung für Frauen (Wäscherinnen, Spinnerinnen); so wenigstens erklärte es 1419 der *Bourgeois de Paris,* wenn er von „guten Jungfrauen und guten, ehrbaren Frauen" spricht, „die aus Not schlecht geworden sind". Manche Prostituierten wohnten in festen Häusern oder Badestuben, deren Mieterträge manchmal betuchten Bürgern, Adligen, sogar Klerikern und dem Hôtel-Dieu in Paris Einkünfte verschafften, deren Höhe sich am Umfang der Kundschaft bemaß. Solche Häuser gab es in allen Pariser Vierteln, auf dem linken Seineufer in der Rue de Mâcon, in der Cité in der Rue de Glatigny, rechts der Seine in der Rue Saint-Martin. In Lyon stand eines mitten im Zentrum, nahe bei Saint-Nizier; sieben solcher Etablissements gab es in Dijon, sechs in Avignon und zehn in Köln. Die Reihe ließe sich beliebig auf andere Städte ausdehnen, auf Venedig, Genua, Florenz, Bologna, Rom, Antwerpen oder London. Prostitution galt als Beruf; der Theologe Thomas von Cobham schrieb sogar: „Prostituierte sind zu den Tagelöhnern zu zählen, denn sie erbringen ... eine Arbeitsleistung." Dennoch gehörten sie zu den sozialen Randgruppen und durch die Kuppler und Kupplerinnen, die *houliers,* die diese armen Frauen anstellten, entführten und ausbeuteten, auch zum kriminellen Millieu.

Soziale Randgruppen rekrutierten sich meist aus den Reihen der Armen, was diese in Verbindung mit Gesetzesbrechern und Kriminellen brachte, sie aus der organisierten Gesellschaft hinaus und in den Konflikt mit ihr drängte. Neu war an dieser Entwicklung im ausgehenden Mittelalter nur der ungewohnte Umfang, wenn auch genaue Zahlenangaben nicht möglich sind. Die Behauptung eines Chronisten aus dem 15. Jahrhundert, in Paris gebe es 80000 Bettler, ist äußerst unglaubhaft; wenn aber die städtischen Behörden zu Beginn des 16. Jahrhunderts die Zahl der Bettler auf 30000 ansetzten, so werden sie sich kaum wesentlich verschätzt haben. Im allgemeinen ging man davon aus, daß die öffentliche Ordnung einer Stadt gefährdet sei, wenn der Anteil der Randgruppen an der Gesamtbevölkerung mehr als 10% betrage. Die zeitgenössischen Autoren zählen mit unverhohlenem Vergnügen die manchmal skurrilen Bezeichnungen für diese Gruppen auf. Und es ist kein Zufall, daß nach der Großen Pest nahezu gleichzeitig in Frankreich die erste Verordnung gegen die Pariser „Müßiggänger" (1351) erlassen wurde und in Deutschland das Notatenbuch des Dietmar von Merkenbach erschien (1346–1348); diese Schrift ist die älteste aus einer ganzen Reihe von Verzeichnissen, Beschreibungen und Glossaren über das Randgruppenmilieu. Am berühmtesten wurden der *Speculum Cerretanorum* (Spiegel der Scharlatane, um 1485) und der *Liber Vagatorum* (Das Buch der Vagabunden, um 1509/10).

In Tavernen und Cabarets – diese Bezeichnung taucht zu dieser Zeit erstmals auf – wurden die Kontakte zwischen Armen und Außenseitern geknüpft, vollzog sich der Übergang in die Randgruppenexistenz. Der Bettler wurde zum betrügerischen Bettler, zum Betrüger, zum Taugenichts, Schurken und Lumpen. Vom betrügerischen Bettel ging er zum geringfügigen, dann zum schweren Diebstahl über. In den Tavernen verabredeten die Schurken ihre Unternehmungen; die sonntäglichen Trinkgelage, die Nicolas de Clamanges beklagte, endeten in Schlägereien und Prügeleien in den dunklen, engen Gassen. Und schon standen die Delinquenten vor Gericht, wo sie bestenfalls in den Genuß eines königlichen Gnadenerlasses kamen. Typischer als die Einzelkriminalität ist für die Zeit aber wohl die Gruppenkriminalität, eine soziologische Differenzierung, die anhand der Gerichtsurteile möglich ist. Was Villon berichtet, bestätigen auch andere Quellen. In Paris läßt sich eine Verlagerung der Kriminalität feststellen: Handelte es sich in der Mitte des 14. Jahrhunderts vorwiegend um Gewaltkriminalität (zwischen 1332 und 1357 ging es in 70% der vor dem Hochgericht von Saint-Martin-des-Champs verhandelten Fälle um Schlägereien und Körperverletzung), so überwog am Ende des Jahrhunderts Diebstahl in allen Formen (1389-1392 68% aller Fälle im Châtelet) und im 15. Jahrhundert wiederum die Gewaltkriminalität. Dabei handelte es sich nun, wie Jacqueline Misraki herausgearbeitet hat, bei 44% der Angeklagten um Wiederholungstäter, meist junge Leute, die nur gelegentlich arbeiteten; manche töteten, andere stahlen aus Not Kleider oder Schuhe, welche sie für wenig Geld an einen der zahlreichen Trödler verkauften, die mehr oder weniger offen als Hehler fungierten. ,,In allen Hinrichtungsprotokollen'', so berichtet die Autorin, ,,stand derselbe Satz: Und er besaß überhaupt nichts.'' Andererseits war gerade die absolute Armut des Angeklagten oft der Grund für einen Gnadenerlaß; so wurde etwa ein Delinquent begnadigt, weil er ,,eine Frau und kleine Kinder hat'', die ,,in Armut verfallen'' würden und betteln'' müßten, wenn die Strafe nicht erlassen werde.

Keineswegs alle Angeklagten aber waren Bettler. Auch die schlecht entlohnte fleißige Armut trug ihren Anteil zur Kriminalität bei. B. Geremek untersuchte die berufliche Zusammensetzung der Angeklagten im Châtelet zwischen 1389 und 1392. Von 127 Angeklagten waren 50 Handwerker, 27 Dienstboten und 22 Bauern. In einem Diebstahlprozeß im Jahre 1400 stammten acht der zwölf Angeklagten aus handwerklichen Berufen: drei Schneider, zwei Schachtmeister, zwei Landarbeiter und je ein Schmied, Tischler, Strumpfwirker, Kürschner und Lastträger. Aber nicht nur Bedürftige und Arbeitslose in Stadt und Land sanken in die soziale Randexistenz und in die Kriminalität ab. Beschäftigungslose Soldaten schlossen sich im 14. Jahrhundert in den sog. *Compagnies*, im 15. Jahrhundert zu Banden zusammen, über deren Missetaten der *Bourgeois de Paris* ausführlich berichtet. Die Belege dafür liefern allgemein bekannte Prozesse, die Caiman-Affäre 1448 in Paris, 1453 der Prozeß der Coquillards in Burgund und neun Jahre später der Prozeß der Crocheteurs im Languedoc. Aber wenn auch der berühmte Villon das Milieu der Bösewichter im 15. Jahrhundert verewigt hat, so hat er damit gleichzeitig, sowohl für seine Zeit als auch für die Geschichte, die weit größere Masse der anonymen und ungenannten Notleidenden in Verruf gebracht, die Eustache Deschamps die „loyalen Armen" nennt.

Die Vagabunden
Der Bettler wurde toleriert, der Vagabund aber gehaßt. In seiner Abhandlung über die Rechtsprechung des Parlaments definiert Guillaume du-Breuil Vagabundentum als Fehlen eines festen Wohnsitzes; andere bezeichnen die Vagabunden als *demeurants partout* (überall wohnhaft) oder *sans feu ni lieu* (ohne Heim und Herd). Zutreffender ist der Ausdruck *sans aveu* (ohne Lehnsbrief). Er erfaßt die Problematik des sozialen Außenseitertums ganz genau; denn in einer Gesellschaft, in der die Bindungen zwischen Menschen noch eine tragende Funktion besaßen, war derjenige vollständig isoliert und damit praktisch ausgeschlossen, der von niemandem anerkannt wurde, der keine Bindung an einen andern nachweisen konnte. Wie eine Schlußfolgerung nimmt sich nun die vierte, dem Vagabunden zugesprochene Qualität aus: Er ist „von schlechtem Ruf". Instinktiv und systematisch mißtraute man dem „Fremden", Unbekannten, Arbeitslosen, Kriminellen oder wenigstens potentiellen Gesetzesbrecher, der möglicherweise irgendeine Krankheit einschleppte. Traten die Vagabunden in Gruppen auf, so verstärkte sich die Ablehnung, und man machte zwischen „friedlichen" und „gefährlichen" Vagabunden genauso wenig einen Unterschied wie zwischen den verschiedenen Arten von Bettlern. Einzelne Schicksale werden wiederum in den Gerichtsakten faßbar: Um 1425 flüchtete ein Junge aus Mians in der Dauphiné aus seinem Elternhaus nach Lyon, weil er Schläge befürchtete; er hatte die Tiere auf die Weide eines Nachbarn gelassen. In Lyon irrte er durch die Straßen und verdingte sich dann als Knecht bei einem Einwohner von Vourles. Nachdem er dort Kleider, einen Dolch und zwei Enten gestohlen hatte, die er zusammen mit zwei anderen jungen Männern verzehren wollte, floh er erneut nach Lyon. Er wurde festgenommen, ausgepeitscht und halb nackt davongejagt. Dieser Fall ist nahezu klassisch, ebenso die Bestrafung. Geradezu unvermeidlich führte die Flucht aus dem Elternhaus ins Vagabundentum, in die Delinquenz und in die Kriminalität. 1382 erwähnt ein Gnadenerlaß ein Bettlerpaar, das in Konkubinat lebte; sie „zogen durchs Land und suchten sich von Almosen zu ernähren" und von dem, was der Mann „durch schöne Reden gewinnen" konnte. Sie kamen vom Mont Saint-Michel zurück, zusammen mit einem weiteren Bettler aus der Bretagne, einem „starken und sehr korpulenten Mann, der auf der nackten Haut ein Eisenband um seinen Körper trug und behauptete, er tue dies zur Buße". Gemeinsam zogen sie durch Bazoches-en-Dunois. Der Bretone verdingte sich und verdiente etwas Geld. Aber natürlich ging wegen der Frau alles schief. Es kam zu einer Schlägerei, wobei der Bretone getötet wurde. Das Paar wurde festgenommen, der Mann hingerichtet, die Frau begnadigt: Sie „erwartete ein Kind ... und hatte nichts zu leben außer der Mildtätigkeit der Menschen."

So vielfältig wie die Formen der Armut waren auch die Arten von Vagabunden. Zum Vagabunden wurde man durch Flucht aus dem Elternhaus, auf Grund von Vergehen, Müßiggang, durch gerichtliche Vertreibung vom Hof durch einen neuen Besitzer, weil man den Mietzins nicht aufbringen konnte oder durch Arbeitslosigkeit. Gerichtliche Verurteilung und Verbannung trieben viele unglückliche Menschen auf die Landstraße: In den italienischen Städten pflegten die siegreichen Parteien bekanntlich ihre Gegner zu verbannen; in Deutschland wurden um 1350-1360 in Stralsund jährlich durchschnittlich zehn, in Speyer 14 Menschen verbannt; während des Frankfurter Reichstags 1397 hielten sich 450 Vagabunden in der Stadt auf. Landflucht als Folge von Hungersnöten und wirtschaftlichen Schwierigkeiten zwang ganze Familien zur Abwanderung, so in der Dauphiné, wo man um 1440-1450 im Gegenzug versuchte, ankommende Flüchtlinge aus anderen Regionen auf dem Lande anzusiedeln; diese stammten aus der Ile-de-France, aus Burgund, Lothringen und dem Rheinland und waren genauso arm wie die Familien, die weggezogen waren: Die Armen wurden nur gegeneinander ausgetauscht.

Seit den Forschungen Fernand Braudels sind die Wanderbewegungen und das Vagabundentum im Mittelmeerraum zum klassischen Thema geworden. Vagabundentum in großem Ausmaß war auch die Folge der Verwüstungen in der Landschaft Caux während des Hundertjährigen Krieges. Vagabunden waren desertierte und arbeitslose Soldaten und viele andere, die sich als Pilger ausgaben. Und Vagabunden waren im Grunde auch die Lollarden, auch wenn sie sich als Wanderprediger bezeichneten.

Das ohnehin schon komplexe soziale Spektrum des Vagabundentums wurde schließlich noch erweitert, als die Zigeuner 1416 in Mitteleuropa, 1419 in Frankreich ankamen. Diese „Böhmen" oder „Ägypter", wie man sie nannte, erregten Aufsehen durch ihr „schreckliches Aussehen", ihr Leben in Zelten „nach der Art der Kriegsleute", durch ihre „schwarzen Haare, die so lang wie Pferdeschwänze sind." Nur wenige Zeitgenossen stellten die Mischung aus Angst, Ablehnung und Mitleid so eindrucksvoll dar wie der *Bourgeois de Paris*, der die Ankunft der Zigeuner vor Paris im Jahre 1427 beschrieb: „Kurz, das waren die ärmsten Menschen, die man seit Menschengedenken in Frankreich ankommen sah. Und trotz ihrer Armut führten sie Hexen mit sich, die den Menschen aus der Hand lasen." Sie zogen durch ganz Nord- und Mittelfrankreich; aber wenn sie Geld verlangten, wurden sie schließlich vertrieben wie 1442 aus Tournai. Zu diesem Zeitpunkt waren sie bereits durch Südfrankreich, Italien und Katalonien gezogen, umherirrend wie der ewige Jude, so dachte man und übertrug damit auf sie unreflektiert den vorhandenen Antisemitismus.

Unter den vagabundierenden Armen waren auch solche, die Arbeit suchten. Die Arbeitslosigkeit im Tuchgewerbe führte zu verstärkter Emigration flandrischer und brabantischer Arbeiter nach Italien, England und Frankreich, die schon im 13. Jahrhundert eingesetzt hatte. In Paris war am Ende des 14. Jahrhunderts die Handwerkerschaft außerordentlich mobil. Ein aus Tournai gebürtiger Hosenmacher hatte in Lyon, Soissons, Noyon, Reims und Chartres gearbeitet, bevor er sich in Paris niederließ. Innerhalb von drei Jahren hatte ein Schneidergeselle in Rouen, Nantes, Bourges, Le Blanc, Paris, Melun, Brie-Comte-Robert, Compiègne, Senlis, Crépy-en-Valois und Montdidier gearbeitet. Solche Wandergesellen gab es in ganz Europa, in Frankfurt, Konstanz und Danzig. Einen Ausnahmefall in der Geschichte der Armut stellt der 1396 als Sohn eines Handwerkers geborene Burkard Zink dar, der an verschiedenen Orten in die Lehre ging und studierte, zunächst vom Betteln lebte, in Augsburg und dann in Nürnberg Handelsgehilfe wurde, nach Augsburg zurückkehrte und dort zum reichen, angesehenen Bürger wurde. Solches Glück war Simonnet Salignet aus Dun-le-Roy im Berry nicht beschieden. Er kam nach Paris und hütete die Schafe eines Metzgers; er wurde arbeitslos und arbeitete als Tagelöhner, wurde Dienstbote in Savigny-sur-Orge, lief aus dieser Stellung davon und kam zurück nach Paris, wo er acht Tage als Lastträger arbeitete; dann wurde er Stallknecht in Meaux, kam wieder nach Paris, wo er aber keine Anstellung fand, sondern festgenommen wurde. Die Schwankungen und Zufälligkeiten des Arbeitsmarktes waren stärker als die seit 1354 ständig wiederholten Verordnungen über die Residenzpflicht. Auswirkungen zeitigte auch die Beschränkung der Beschäftigung von Wandergesellen, die den vagabundierenden Armen ebenso schadete wie der aufkommende Brauch der „Tour de France"; ein Goldschmiedelehrling aus Tours z. B. zog aus „in andere gute Städte, um (sein Handwerk) besser zu erlernen." Nicht alle konnten ihr Vagabundentum so schlüssig und im Einklang mit den Gesetzen begründen; die diesbezüglichen Gerichtsakten unterscheiden kaum noch zwischen Armen, Handwerkern und Vagabunden. Wieviele Menschen waren doch damals unterwegs und wieviele zweifelhafte Existenzen neben Notleidenden und Armen! Die etablierte Gesellschaft hatte ihnen gegenüber die Wahl, sie hart zu behandeln oder zu differenzieren und ihnen Mitleid und Gerechtigkeit zu erweisen.

XII. Von den wohltätigen Institutionen zur Armenpolizei

1. Die Caritas wird in Frage gestellt

Die Ausdehnung des Pauperismus seit der zweiten Hälfte des 14. Jahrhunderts verwirrte die einen, empörte die andern, und beides nicht ohne Grund. Schärfer als je zuvor trat der Gegensatz zwischen der idealisierten Armut im religiösen Bereich und der materiellen Not zutage, deren abstoßende Aspekte natürlich am meisten auffielen und die heftigsten Diskussionen auslösten.

Zwischen Furcht und Verachtung

Weshalb Thomas Brinton nach den Ereignissen von 1381 verstummte, wurde oben bereits dargelegt. Gelöst waren die Probleme damit weder für ihn noch für alle jene, die wie er aufrichtiges Mitleid mit den Armen empfanden. Andere, weniger sensible Naturen nahmen an allem nur Anstoß. Wie sollte man in dem häßlichen oder haßverzerrten Gesicht des Betrügers oder Verbrechers das Antlitz Christi erkennen? Wie sollte man Aufstände und Gewalttätigkeiten billigen, die sich gegen die etablierte Ordnung richteten und gegen den Willen Gottes verstießen? Sollte man denn die Gefährdung der überlieferten Stabilität durch das Vagabundenunwesen einfach hinnehmen oder schließlich durch unüberlegte Almosen dazu beitragen, daß der Notleidende, der die menschliche Würde beleidigte, immer weiter verkam? Schriftliche Zeugnisse, die Besonderheiten des Sprachgebrauchs und spezielle Verhaltensweisen belegen, daß Menschen aus den unterschiedlichsten Gesellschaftsschichten und aus mindestens drei Generationen hart oder auch ratlos auf diese Fragen reagierten.

Der Weg vom Mißtrauen zur Angst, von der Verdächtigung zur Anklage war kurz. Angst erzeugte weniger die Armut des Bettlers als die Tatsache, daß er nicht arbeitete, ständig unterwegs war und daß man ihn nicht kannte. Die Menschen wußten nicht mehr, mit wem sie es zu tun hatten.

Doch nicht nur deshalb mißtraute man den Bettlern, sondern auch, weil man sich vor dem fürchtete, was sie möglicherweise tun könnten: Sie könnten stehlen, Scheunen in Brand stecken, Frauen vergewaltigen, Tiere und Menschen töten, Brunnen vergiften, Mensch und Tier verhexen. Solche Verbrechen wurden zwar fast täglich von einzelnen oder Gruppen begangen, aber dennoch erregten sie die Emotionen. Die Verbreitung von Gerüchten und der Glaube an Vorzeichen belegen, daß solche Ängste in der Volksmentalität tatsächlich existierten. Im Zusammenhang mit den Pariser Unruhen von 1382 notierte der Mönch von Saint-Denis manche Gerüchte mit einer Mischung aus Zweifel und Leichtgläubigkeit: Vor Ausbruch der Unruhen wurde in der Nähe des Klosters ein Kalb mit zwei Köpfen, zwei Zungen und drei Augen geboren. Am Pariser Collège du cardinal Lemoine hatten die Studenten unter der Erde ein Tier entdeckt – und natürlich getötet –, das größer als eine Katze war und ungleich große Glieder hatte. Seine Augen funkelten, und es stieß ein schauerliches Gebrüll aus. In der Woche vor Ausbruch der Revolte schließlich schwebte bei heiterem Wetter, wolkenlosem Himmel und vollständiger Windstille ein Feuerball von Tür zu Tür – ein Vorläufer der fliegenden Untertassen. Menschliche Bosheit galt als unabwendbar wie Naturkatastrophen. Erwähnt wurde bereits, daß Froissart die Unruhen als Teufelswerk bezeichnete. Und war Armut nicht auch Folge der Sünde, war der Arme nicht zur Sünde prädisponiert? In der Literatur geht die Klage über das Elend der Armen sehr häufig in eine Verfluchung der Armut über, in Frankreich etwa bei Eustache Deschamps oder in Spanien bei Ruy Paez de Ribera.

Der Arme war also nicht nur der lästige Bittsteller, dessen Flehen und Seufzen getadelt wurde. Als löbliches Beispiel erwähnt Philippe de Mézières nicht ohne Übertreibung die Stadt Kairo, wo er keinen einzigen Bettler gesehen habe. Neben der Anonymität fürchtete man nämlich vor allem die Zahl der Bettler. Aber obwohl der Begriff Armer und seine Synonyma in den Quellen, soweit er im Plural verwendet wird, den bedrückenden Eindruck der Masse vermittelt, erhält sein Gebrauch im Singular allmählich eine abstrakte Bedeutung, die noch stärker auf eine massenhafte Präsenz hinweist. So werden im Manifest der Ciompi *il ricco e il povero* einander gegenübergestellt, und eineinhalb Jahrhunderte später war während der *Grande Rebeyne* in Lyon (1529) ein in der Stadt plakatiertes Manifest, das sich „an alle Gemeindemitglieder der Stadt Lyon" richtete, unterzeichnet mit: *Le Povre*. Er unterzeichnete alleine, aber er sprach im Namen aller; in jeder Zeile benutzt er das Personalpronomen ‚wir'. Ist dies ein Beleg für die Existenz eines Gruppenbewußtseins? Seit der Mitte des 14. Jahrhunderts führte die Angst vor der Masse zu gesellschaftlichen Verteidigungsmaßnahmen, auf die wir später noch zurückkommen werden; und so erstaunt es denn auch nicht, daß Macchiavelli dazu rät, das Volk in Armut zu halten, damit es ruhig bleibe. Villon sagte: „Für einen Armen bewegen sich die Berge nicht von der Stelle, weder vorwärts noch rückwärts." Hatte die Angst vor dem Armen, die gefährlich geringe Distanz zwischen Armut und Kriminalität, die Wohltätigkeit erlahmen lassen? Selbst Gerson spricht unbewegt vom „Beruf des Bettlers und Betrügers". Andere gingen noch sehr viel weiter. „Bettelei verstößt gegen das Allgemeinwohl", liest man in *Le Songe du Vergier*. Die meisten Autoren verstanden nicht, wie jemand arm sein konnte, obwohl er einen Arbeitsplatz hatte. Die Krisenerfahrung war noch zu neu; und wie lange es dauerte, bis die Existenz der fleißigen Armut überhaupt wahrgenommen wurde, haben wir oben bereits dargelegt. Nicht zufällig bezeichneten die Steuerbehörden wenig begüterte und arme Familien als „unnütze Haushalte", eine bedeutungsvolle semantische Veränderung der Begriffe arm und Armut. Erschwerend kam hinzu, daß die Bettelorden, von denen man ein vorbildliches Armutsverständnis erwartete, zerstritten waren und daß ihre Art, die Armut vorzuleben, reichlich Anlaß zu Kritik bot. So wurde das Leben in Armut teilweise gerade durch diejenigen in Verruf gebracht, die sich zu dessen Verfechtern erhoben hatten.

Was man den Bettelorden vorzuwerfen hat, geht weit über die satirische Darstellung des Reliquienverkaufs und des Ablaßhandels hinaus und auch über die Karikatur des Bettelmönchs, der die Kapuze tief in die Augen zieht und so vortäuscht, auf die Höhe der Geldspende nicht zu achten. Daß die Kritik bis in die Zeit Karls V. zurückreicht, beweisen die Vorwürfe, die ein Ritter im *Songe du Vergier* an einen Kleriker richtet. Bettelei „ist eine sehr schändliche Sache", sagt er; sie stehe im Gegensatz zu der in der Hl. Schrift formulierten Pflicht zur Arbeit, zum Beispiel der Apostel, wie es der hl. Paulus vorlebte, und im Widerspruch zu den Ansichten der Kirchenväter. Daß Mönche betteln, behindere ihre religiöse Vervollkommnung, denn, so stellt der Ritter fest, ,,der Mensch denkt immer an seinen Lebensunterhalt, wovon er leben und was er essen soll; das ist eine natürliche Sache", und er sorge sich um so mehr darum, wenn seine Einkünfte zufallsbedingt seien. Ja, es schade sogar dem Gemeinwohl, wenn arbeitsfähige Menschen betteln, ein Argument, das bereits humanistisches Gedankengut enthält. Betteln sei des Menschen unwürdig: ,,Wenn man manche Menschen öffentlich um Almosen bitten sieht, so gewinnt man den Eindruck, daß sie durch eigene Schuld in solche Not geraten sind." Armut und Schuld – in diesen beiden Begriffen läßt sich das Urteil mancher Zeitgenossen über die Bettelorden zusammenfassen. Dem hielt der Kleriker die Armut Jesu entgegen sowie das Vorbild bettelnder Heiliger, und er verwies darauf, er habe wie Maria, die sich von der Geschäftigkeit ihrer Schwester Martha nicht anstecken ließ, ,,den besseren Teil erwählt." Vergebens schickte der Ritter gleichsam als Partherpfeil die perfide Andeutung nach, unter den Söhnen des hl. Franziskus, die sich seinem Testament verpflichtet fühlten, gebe es auch solche, ,,die das eine predigen und das andere tun." So dachte nicht nur der Autor des *Songe*. Für Nicolas Oresme schadet Armut sowohl dem Staat als auch den Untertanen; sie freiwillig zu praktizieren, bedeutet Gott versuchen und gegen die Gesetze zu verstoßen, also zu sündigen. Und er schließt daraus, man müsse die Bettelorden zur Arbeit zwingen. Diesen Gedanken spricht Philippe de Mézières zwar nicht aus, aber er läßt ihn doch anklingen, wenn er die Meinung vertritt, erst Arbeit mache es möglich, daß Almosen gespendet würden und dies als Tugend geübt werde. Den Bettelorden wurde denn auch häufig vorgeworfen, sie erhöben unrechtmäßig Anspruch auf das, was den ,,Armen und Notleidenden" gebühre, ,,die ein Recht und eine echte Berechtigung zum Betteln besitzen" *(ius et verus titulus mendicandi);* diese Meinung vertrat der Kardinal Pierry d'Ailly, zu Beginn des 15. Jahrhunderts eine unangefochtene Autorität.

Die Kritik an der freiwilligen Armut hielt das ganze 15. Jahrhundert hindurch an und verstummte trotz der Reform der Observanten und der Erfolge so strenger Orden wie der Klarissen und der Kartäuser nicht ganz. Die nicht reformierten Bettelorden dagegen wurden häufig angegriffen. Die Kritik richtete sich vor allem gegen die Minderbrüder, denen die Armen folgten, wie wir in Florenz zur Zeit der Ciompi beobachten konnten. Am Ende des 15. Jahrhunderts waren die Konventualen genauso wenig angesehen wie viele Beginenkonvente, sieht man einmal von den Ordensniederlassungen ab, die sich intensiv der Wohltätigkeit widmeten. Das gleiche gilt für das Rheinland, wo die Hüter der etablierten Ordnung aus eben diesen Gründen jeglicher Art von Bettelei mit Mißtrauen begegneten. Die Straßburger Obrigkeit z. B. brauchte die Begründung für ihre traditionell feindselige Haltung gegenüber den Bettelorden und den Beginen nicht lange zu suchen; Gründe genug lieferten die Abhandlungen des Dominikaners Johann Mülberg, des Kanonikers Felix Hemmerlin und später des Franziskaners Thomas Murner und Sebastian Bruants. Der gefürchtete Satiriker Murner geißelte in beißend scharfen Wendungen die „schmutzigen Heuchler, die dem armen Volk das Geld aus der Tasche ziehen." Gemäßigter drückte sich Johann Geiler von Kaysersberg aus; er gewann auch größeren Einfluß, zumal er 32 Jahre lang (1478–1510) in Straßburg predigte. Er wiederholte die gängige Meinung über die Bettelorden, würzte sie aber zusätzlich mit karikierender Kritik. Auch ohne das Zeugnis der berühmtesten Autoren der vorreformatorischen Zeit zu bemühen, kann man aus dem bisher Zitierten schon ableiten, daß trotz aller Bemühungen der Observanten der Mißbrauch der freiwilligen Armut dazu beigetragen hat, in der Volksmeinung alle Formen von Bettelei in Verruf zu bringen.

Aber ohne das humanistische Denken wäre es nicht möglich gewesen, daß die zunächst gefürchtete und dann abgewertete Armut schließlich in Mißkredit geriet und tief verachtet wurde. Aus welchen Gründen eigentlich? Die Verachtung des Armen war gewiß nicht neu. Mit Verachtung reagierte sowohl die materielle Macht im Hochmittelalter als auch die finanzielle Macht zur Zeit der wirtschaftlichen Expansion im Spätmittelalter. Die meisten europäischen Chronisten des 14. Jahrhunderts zeigten sich der Armut gegenüber gleichgültig. Froissart beschrieb zwar das Ausmaß der Armut, doch zeigte er sich keineswegs bewegt darüber, und zum eigentlichen Thema seiner Überlegungen erhebt er sie schon gar nicht. In Frankreich und Italien interessierten sich, wie wir sahen, lediglich Jean de Venette und der anonyme Chronist der Ciompi-Unruhen für das gemeine Volk, aus dem sie stammten. Wenn aber Jean le Bel das Elend der Armen erwähnt, fügt er kaltschnäuzig hinzu: „Das kümmert uns wenig."

Mit dem Humanismus nimmt die Verachtung der Armut subtile und perfide Züge an, sie wird bewußt herablassend und gründet sich – Gipfel der Ironie! – auf der Würde des Menschen. Der gesellschaftliche Abstieg steht in krassem Gegensatz zur Entfaltung der Persönlichkeit, persönliches Scheitern birgt keinen Sinn für jene, die den Erfolg, die *fortuna*, preisen. Wurde zuvor die Armut sublimiert, wird nun der Reichtum gepriesen. Alle waren sich darin einig, daß Armut ein angeborenes Übel sei. Der Rosenroman hat nicht nur die Armut und den Armen so abstoßend dargestellt, daß die Leser sowohl Widerwillen als auch Mitleid empfanden; die Armut erscheint darin auch unlöslich verbunden mit Sünde. Jean de Meung ersetzt den Bericht über den Sündenfall durch eine Allegorie und stellt die Armut als einen der Faktoren dar, die die paradiesische Unschuld des Menschen zerstörten: Bosheit kam in die Welt, als Frau Armut und ihr Sohn Diebstahl auf die Erde losgelassen wurden. Überraschend auch die Überlegungen einer so frommen Frau wie Christine de Pisan, wenn sie Herrn Ungeschlacht, den Gatten der Frau Armut, beschreibt:

XII. Von den wohltätigen Institutionen zur Armenpolizei

Grant et sec et gros a le corps	Sein Körper ist groß, hart und grob,
Noir et velu, bien m'en recors,	schwarz und behaart; ich erinnere mich gut.
Hydeux visage et rechigné ...	Sein Gesicht ist häßlich und abstoßend ...
Une grande barbe a, qui lui pent Jusques bien près de la ceinture.	Er hat einen langen Bart, der ihm fast bis zum Gürtel reicht.
Oncques si laide créature Je crois, de vray, ne fu formé.[96]	Ich glaube wirklich, daß nie zuvor eine so häßliche Kreatur entstanden war.

Der typische Knecht braucht einen Eselsrücken, um alles zu tragen, Ohren wie eine Kuh, um alles zu hören, und eine Schweineschnauze, um alles zu verschlingen. Der Vollständigkeit halber sei an ein Generationen hindurch wiederholtes Zitat aus dem *Chemin de Povreté et Richesse* erinnert:

De tels gens en verité	Mit solchen Leuten soll man tatsächlich
Doit-on avoir peu de pitié ...	wenig Mitleid haben ...
Que mesaise aient, c'est droiture.	Wenn es ihnen schlecht geht, so ist das nur rechtens.

Soviel Hartherzigkeit mag schockieren; daß gleichzeitig echte Nächstenliebe geübt wurde, mag erstaunen, aber es kam häufig vor. Der gemeine, häßliche Arme oder Kranke wurde zum literarischen Thema. Auf der Bühne wird die milde Gabe für den Armen in den Mysterienspielen zwar als vorbildlich gepriesen, die Schwänke aber stellen die Armut nicht gerade vorteilhaft dar. Das besagt zwar an sich noch nicht viel; um so mehr erstaunt es den Leser aber, wenn Juan Luis Vivès im ersten Drittel des 16. Jahrhunderts in seiner programmatischen Schrift über die Wohltätigkeit mit dem schönen Titel *De sublevatione pauperum* nach einer theologischen Reflexion über die Armut eine häßliche Beschreibung der materiellen Armut liefert, worin das Elend der Armen als Kloake bezeichnet wird, deren Abfluß in die Unfreiheit führe.

Widersprüchlichkeiten, Paradoxe, Gedankenspiele? Solche Fragen drängen sich auch bei der Lektüre der Schriften des Leo Battista Alberti (1404–1472) auf. Leo Battista hatte eine schwere Jugendzeit erlebt, weshalb es zwar nicht verwundert, wenn er in seiner Abhandlung *De familia* rät, die Armut zu meiden, schon eher aber, daß er verkündet, der Arme solle nicht studieren, da er seine wirtschaftlich schlechte Situation sowieso nicht überwinden könne. Liegt es an der Bitternis aufgrund vergangener Erfahrungen oder an der Selbstzufriedenheit des Arrivierten, daß er in seinem Dialog *Paupertas* den Bettler verurteilt? Der sozialen Verachtung und Benachteilung der Armen war Alberti sich wohl bewußt, wenn er feststellt, Armut sei das schlimmste aller Übel. ,,Nicht einmal die Götter lieben die Armen", schreibt er und folgert daraus: ,,Es ist besser zu sterben, als in Armut zu leben." Doch ist dies wohl keine endgültige Entscheidung des Autors, denn in späteren Werken, in *Theogenio* und vor allem in seinem verkannten Werk *Momus* läßt Leo Battista die Götter des Olymp in einer Diskussion die Armut, die Bettelei und sogar das Vagabundentum preisen. Oder war dies nur eine literarische und spielerische Übung, ein Paradoxon, dessen Wahrheitsgehalt im Gegenteil des Wortlauts liegt? Er schildert das Vagabundentum als die angenehmste Art zu leben; man benötige keine Lehrzeit, brauche keinem Meister zu gehorchen, es berge keine Risiken, verschaffe dem Menschen die Freiheit, alle anderen zu verachten, und befreie ihn von jeglicher Verantwortung. Der Zynismus Albertis ließe sich kaum noch übertreffen, wollte er dadurch nicht zum Ausdruck bringen, daß er sich der Tatsache bewußt ist, daß eine im Umbruch begriffene Gesellschaft moralisch in der Klemme sitzt.

Leo Battista Alberti mag als Exempel für viele andere europäische Humanisten genügen. Erwähnen könnte man auch Coluccio Salutati mit seinen Reflexionen über die Pflicht zur Arbeit, Lorenzo Valla mit seiner Verurteilung des Bettelwesens und Robert Gaguin mit seiner Abhandlung *De validorum per Franciam mendicantium astucia*. Humanisten von West- bis Osteuropa und besonders in Polen äußerten sich über die Würdelosigkeit der Armut, die, wie Agrippa d'Aubigné später formulierte, ,,die Menschen lächerlich macht", – wohl die boshaftesten Bemerkungen zum Thema Armut, denn damit wird ihr die letzte Würde genommen.

Zwischen Caritas und Gerechtigkeit
Die Kritik an der Armut stieß natürlich auch auf Grenzen, die in erster Linie der gesunde Menschenverstand setzte. Bei allen Unruhen und Revolten wußte man sehr wohl diejenigen Armen, deren Not auf unglücklichen Umständen beruhte, von solchen zu unterscheiden, die im Trüben fischten. Selbst der Mönch von Saint-Denis unterschied in seinem Bericht über die Unruhen von 1382 zwischen Armen und Gesetzesbrechern. Später räumte etwa auch Jouvenel des Ursins, der zwar Bischof, aber auch Sohn eines Vorstehers der Kaufmannschaft war, ein, daß die Armen auf friedliche Weise Steuererleichterungen forderten. Und Christine de Pisan, die so streng jene verurteilt, die aus eigener Schuld in Armut verfielen, berichtet voller Mitleid über die ,,armen Knechte, die Holz schleppten" und die Karl V. vom Fenster seines Palastes aus herbeirief, um sich nach ihnen und ihren Familien zu erkundigen und sie zu beschenken. Nicht minder scharf beobachteten die Chronisten und Memoirenschreiber das komplexe Elend ihrer Zeit, etwa Oresme, Jean de Faucomberge, Nicolas de Baye, Alain Charier oder Jouvenel des Ursins, Gerson und besonders der *Bourgeois de Paris*, der auch solche Nuancen erfaßte, die Villon entgangen waren.

Chaucer widmet zwar keine seiner *Canterbury Tales* ausschließlich der Armut, aber Arme erwähnt er häufig, und er beschreibt ihre erbarmungswürdige Lage sehr plastisch. Den Advokaten z. B. läßt er sprechen:

> Ein abstoßendes Übel ist die Armut,
> in ihr mischen sich Durst, Kälte und Hunger …
> Aus Not mußt du auch gegen deinen Willen
> stehlen, betteln oder borgen.
> Du tadelst Christus und sagst ihm voller Bitterkeit,
> daß er die weltlichen Güter schlecht verteilt;
> du klagst deinen Nachbarn an und sündigst dabei …
> Höre den Spruch der Weisen:
> Besser ist der Tod als die Not …
> Alle Tage des Armen sind böse.

Das Schauspiel hätte die Gunst des Publikums kaum in dem Maße genossen, wenn es nicht wahrhaftig gewesen wäre. Wenn mitten in einer Zeit der Spekulation und krasser Gegensätze zwischen Luxus und Elend ein Schauspieler im *Mystère de la Passion* ausrief: „Es gibt nichts, was Geld nicht vermöchte", so konnte er sich des Beifalls gewiß sein. In dem später (1541) in Rouen aufgeführten Mysterienspiel *Eglise, Noblesse et Pauvreté qui font la lessive* stellt sich die Armut wie folgt vor:

C'est moy qui suis Povreté, simple et fresle,	Ich bin's, die Armut, einfach und gebrechlich.
C'est moy en qui famine, deuil se mesle,	In mir mischen sich Hunger und Trauer,
Soulcy, travail et desolacion.	Sorge, Mühe und Trostlosigkeit.

Man täusche sich nicht; hier spricht keineswegs die Inkarnation menschlicher Verderbtheit.

Aufschlußreich ist die Untersuchung der von den Autoren benutzten Terminologie. In der Literatur, in Predigten, Chroniken und sogar in Erlassen und Urteilen bezeichnet der Begriff ‚der Arme' in der Regel ausschließlich den echten Armen, den Kranken, die Benachteiligten aller Art. Man spricht von „armen Handwerkern und Arbeitern", „armen, verhungerten und verkommenen Leuten", „armen und erbärmlichen Leuten". Noch wird der Begriff häufig als Adjektiv verwendet; aber die Substantive, die es beschreibt, verleihen ihm eine bezeichnende Nebenbedeutung von Bedrückung (Mühsal, Schulden, Not, Hunger, Bettelei, Entkräftung) oder von Gefühlen (Mitleid, Barmherzigkeit). Für Randgruppen und Kriminelle werden ganz andere Bezeichnungen verwendet.

Die theologische Reflexion bestätigte die Reaktionen des gesunden Menschenverstandes. Nur gebildete Kreise konnten mit Boethius die Armut als „goldenes Mittelmaß" bezeichnen, was eher von intellektueller Spekulation als von geistiger Auseinandersetzung mit der Wirklichkeit zeugt.

Ähnlich verhielten sich die Observanten, die zwar wieder zur asketischen Lebensweise zurückfanden, aber weniger Wert auf materielle Besitzlosigkeit als auf geistige Armut im religiösen Sinne legten. Damit übernahmen sie Grundprinzipien der Devotio moderna und praktizierten die von Gerson gepriesene ,,geistige Bettelarmut". Die Armut galt weniger als Ziel, sondern wurde wieder als Weg zur geistigen Vervollkommnung geschätzt. Dies verengte den Begriff der Armut zwar nicht, verschärfte aber die Unterscheidung zwischen freiwilliger und unfreiwilliger Armut, den beiden Grundformen materieller Besitzlosigkeit. Wohl eine der schärfsten Widersprüchlichkeiten bestand darin, daß die erniedrigende materielle Armut jegliche religiöse Wertung einbüßte, während zur gleichen Zeit die Leiden des Armen durch den Vergleich mit den Schmerzen des Erlösers sublimiert wurden.

Die formelhafte Wendung *Pauperes Christi* wurde nicht nur in Klöstern benutzt. Testamente, Stiftungs- und Schenkungsurkunden für Hospitäler lieferten dafür bessere Belege als Predigten und Lehrschriften. Und obwohl es sich um vielleicht abgegriffene Formeln handelt, dürfte ihre Anwendung ein Ausdruck aufrichtiger Religiosität sein. Häufig finden sich in den Testamenten ausführliche Beschreibungen der ,,armen Glieder Gottes". Gegen Ende des 14. Jahrhunderts z. B. belehrte der Herr von La Tour Landry seine Töchter: Die ,,armen Leute ... sind Diener und Schafe Gottes und repräsentieren seine Person." Brinton bezeichnet sie alter Tradition gemäß als Erben Gottes und als jene, ,,die er am meisten liebt", oder er schreibt: ,,Täglich sehen wir den gekreuzigten Christus in seinen Gliedern." Gerson seinerseits verfaßte eine systematische Theologie der Armut: Armut an sich ist keine Tugend und erst recht kein Aspekt der Vollkommenheit. Der Arme gerät in Versuchung durch Neid, durch die Gier nach unerreichbaren Dingen wie z. B. Fleisch, durch Zorn und Aufbegehren gegen Gott. Es gibt Vorbilder und Schutzpatrone der Armen, Engel, die ,,den Blinden auf den großen Straßen von Tür zu Tür führen", besondere Heilige, die wegen ihres Berufs, ihrer Geduld, ihrer Nächstenliebe und wegen ihrer Spendenbereitschaft den Armen zugeordnet wurden. Im ausgehenden Mittelalter entstand die Verehrung des hl. Josef als Schutzpatron der Arbeiter, des hl. Yves als Verteidiger der Armen und des hl. Johannes des Almosengebers, der im 7. Jahrhundert Patriarch von Alexandria war und dessen Verehrung besondere Verbreitung in Polen, aber auch in Venedig und Frankreich fand.

Zugunsten des Armen sprach außer der Klugheit natürlich auch das Gebot der Nächstenliebe, und das um so mehr, als die Menschen im ausgehenden Mittelalter um ihr Seelenheil eifrig besorgt waren. Immer wieder wurde ihnen gepredigt, das Almosen tilge die Sünde. Mit geradezu manischer Kalkuliersucht versuchten sie, eine ausgeglichene Bilanz zu erstellen und die zu erwartenden Sündenstrafen durch Wohltätigkeit abzugelten. Eifrig bemühten sie sich darum, auf diese Weise einen Wechsel auf die ewige Seligkeit zu ziehen und nach dem Rat des Evangeliums einen Schatz anzusammeln, den weder Würmer noch Motten zerfressen können. Wie im vorangegangenen Jahrhundert wiesen die Prediger immer wieder darauf hin. Mindestens so beeindruckend wie die große Zahl der überlieferten Predigtsammlungen und Predigthandbücher ist die Monotonie ihres Inhalts. Beide Eigenschaften sind aber bedeutsam und verdienten, daß jemand den Mut fände, diese Schriften systematisch zu untersuchen. Geschehen ist dies bereits mit der *Tabula Exemplorum*, den für eine bäuerliche Zuhörerschaft verfaßten Moralerzählungen des Engländers John Bozon und dem *Quadragesimale* des Deutschen Johann Gritsch. Eines dieser Handbücher – sein Verfasser ist Johann von Werden – trägt den Titel *Dormi secure*, was in ungewollter Ironie sowohl den talentlosen Prediger beruhigen als auch zur ,,Beruhigung" des Zuhörers beitragen mochte. Lebendiger sind da schon die Predigten des Thomas Brinton und besonders die Pariser Predigten Gersons, die den ständigen Kontakt des Seelsorgers mit seiner Gemeinde verraten.

Aufgerüttelt wurden die Massen im 15. Jahrhundert aber eher durch die Volksprediger, deren Praktiken man fast mit der Reklame in den modernen Massenmedien vergleichen könnte. Berühmt wurden Bernhardin von Siena, Vinzenz Ferrer, Bernhardin von Feltre, Franz von Paula und natürlich Savonarola. Andere, weniger berühmte, die zu den Lollarden oder den Hussiten gehörten, erlangten nur regionale Bedeutung und übten ihre Predigttätigkeit mit Begeisterung und Talent nur in begrenzten Bereichen aus, so Jean de Varennes in der Champagne, Bruder Richard in Paris und Orléans, Thomas Conecte in Flandern, Olivier Maillard in der Bretagne und Alonso de Mella in Portugal. Daß sie hier in einer Reihe aufgezählt werden, bedeutet allerdings nicht, daß sie sich nicht voneinander unterschieden hätten. Sie alle aber verfolgten das gleiche Ziel: Sie wollten ihre Zuhörerschaft sofort zur inneren Umkehr bewegen; der Bekehrte sollte auf Geld und Luxus verzichten und seinen Besitz an die Armen verschenken. Berhardin von Siena forderte z. B. seine Zuhörer ganz offen auf: ,,Du hörst das Geschrei der Armen nicht. Weißt du, warum? Weil es dir nicht zu kalt ist. Du füllst deinen Bauch mit guten Getränken und guten Speisen, und du trägst viele Kleider auf deinem Rücken und sitzt oft am Feuer. Weiter denkst du nicht, du wohlgefüllter Bauch, du selbstzufriedene Seele!" Der Massenenthusiasmus ging in einigen Fällen weit über die Bekehrung einzelner hinaus und erzeugte gesellschaftliche Zwänge, die an Subversion heranreichten: Wie ein ansteckendes Fieber trieb die Sühnebereitschaft die Pariser Bevölkerung dazu, ihre Spiele, Edelsteine und sonstigen Tand ins Feuer oder in die Seine zu werfen. Die von Thomas Conecte angeführten Kinder verfolgten die eleganten Damen durch die Straßen und beschimpften sie wegen ihres Kopfputzes; und bekannt sind auch die Bücherverbrennungen der ,,Kulturrevolution", die Savonarola zu entfachen versuchte. Es war nur allzu leicht, die Armen davon zu überzeugen, daß sie im göttlichen

Heilsplan als Auserwählte eine privilegierte Rolle spielten, und die Reichen dazu anzuregen, zum eigenen Nutzen Nächstenliebe zu üben. Sicher kann man daraus keine allgemein gültigen Schlüsse ableiten; aber man gewinnt doch den Eindruck, daß auch die wiederholte und neu formulierte mahnende Erinnerung an die Bergpredigt nur teilweise Gehör fand.

Die Pflicht zum Almosen galt andererseits auch als Gebot der Gerechtigkeit. Die wirtschaftliche Entwicklung und das humanistische Denken führten im ausgehenden Mittelalter dazu, daß Armut unter diesem Aspekt reflektiert wurde, und so überrascht es nicht, daß die Zentren dieses Denkens gleichzeitig die großen Wirtschaftszentren dieser Epoche sind, Florenz, Lyon, Flandern und Deutschland. Der hl. Antonius verband als Erzbischof von Florenz (1389–1459) die aus der christlichen Tradition stammende Hochschätzung des Armen mit der Bewunderung des Humanisten für den Menschen. Gewiß war er nicht der einzige, der die Problematik des Spannungsfelds zwischen Geld und Armut unter theologischen, kirchenrechtlichen und moralischen Aspekten neu durchdachte. Der Franziskaner Bernhardin von Siena folgte darin Duns Scotus, der Dominikaner Antoninus war Schüler des Raimund von Peñafort und des Thomas von Aquin. Bernhardin war Sohn eines Notars aus Florenz und gehörte zum wohlhabenden Bürgertum; wie Fra Santi Rucellai oder Fra Piero degli Strozzi gehörte er zu den Bettelmönchen. Aber Antoninus war doch wohl der bedeutendere Denker; er verfaßte ein Lehrwerk und eine Kasuistik, eine Summa theologica und ein Beichthandbuch. Nachdem er zunächst selbst ein Beispiel gesetzt und allen Besitz an die Armen verteilt hatte, konnte er die Gesellschaftsschicht, aus der er stammte, um so leichter belehren: Almosen zu spenden ist Pflicht. Überfluß ist alles, was je nach Stand über die Befriedigung der lebensnotwendigen Bedürfnisse der Familie hinausgeht. Die naturbedingte menschliche Solidarität und die christliche Caritas verpflichten alle dazu, Notleidenden zu helfen. Almosen müssen in rechter Gesinnung, aus rechtmäßig erworbenem Gut und an echte Arme gespendet werden. Als Schüler des hl. Thomas erstellte er eine Reihenfolge der Caritas: In einer vergleichbaren Notlage haben die Gerechten vor den Sündern, die Verwandten vor den Fremden Anspruch auf Unterstützung. Es ist unumgängliche Pflicht, jedem in Not geratenen Armen ohne Ansehen der Person zu helfen, solange dieser die Gabe wohl verwendet, sie weder verschwendet noch sie dazu benutzt, in Faulheit zu leben. Zwar steht fest, daß Armut ein Übel und Bettelarmut beklagenswert ist, aber dies entbindet niemanden von der Verpflichtung zur Wohltätigkeit. Kasuistische Unterscheidungen benötigt man nur, um die Kriterien der Notlage und den Grad der Armut zu erkennen und danach den jeweiligen Umfang des Almosens zu bemessen. Mit der klaren Gliederung seines Denkens und seinem Wunsch nach Wirksamkeit ist Antoninus ein typischer Denker seiner Zeit. Fälschlicherweise wurde ihm ein Programm zur Unterstützung der Armen zugeschrieben. Dagegen betonte er immer wieder die Bedeutung der bruderschaftlichen und beruflichen Solidarität im Rahmen der Armenfürsorge, womit er alte Traditionen seiner Geburtsstadt wieder aufnahm, den Zusammenhalt der Geschlechter, der Pfarrgemeinden und die Solidarität innerhalb der Zünfte. Selbstverständlich mußte er sich auch mit der ständig vorhandenen Problematik des Wuchers beschäftigen: Schon 1363, zur Zeit des mystisch veranlagten Kaufmanns Giovanni Colombini, des Gründers des Jesuatenordens, hatte man sich in Florenz mit der Frage beschäftigt, ob die Bruderschaft von der Barmherzigkeit das Vermächtnis eines als Wucherer bekannten Bankiers annehmen dürfe. Da seine Bücher verloren gegangen waren, fehlten die Beweise, weshalb die konsultierten Theologen empfahlen, das Legat als Wiedergutmachung zugunsten der Armen anzunehmen. Die hierin zutage tretende Kasuistik ist typisch für die gesamte Denkrichtung. Antoninus und Bernhardin, um nur die beiden Berühmtesten zu nennen, insistierten auf der Verpflichtung zur Wohltätigkeit und verurteilten scharf den Wucher als Betrug an den Armen, der auch durch Wohltätigkeit nicht gutzumachen sei. Aus solchen Denkweisen erklärt sich eine bald einsetzende neue Strömung, die Vergabe reeller Kredite an Arme anstelle von Almosen sowie die Ausarbeitung von Plänen für die Armenfürsorge, die aus der Symbiose von christlicher Caritas und humanistischer Philanthropie erwuchsen.

2. Die Überforderung der privaten und öffentlichen Wohltätigkeit

Die Unzulänglichkeit der Almosen

Niemand kennt die Höhe der privat gespendeten Almosen, niemand weiß, wieviel die Bettler erhielten, die von Tür zu Tür oder an den Straßen Almosen erbaten, oder auch die verschämten oder „stolzen" Armen, die aus Bescheidenheit in ihren Wohnungen auf den Besuch eines Wohltäters warteten. Offensichtlich wurde viel gespendet, Geld, Brot und Kleidung. Nach den Berichten der Quellen war dies in allen Ständen üblich. Um „für Gott", d.h. für die Armen, zu arbeiten, durfte man sogar die Sonntagsruhe brechen. Am Ende des 14. Jahrhunderts schickte der Marschall von Boucicaut, auch wenn er nicht in Paris war, „häufig an eigens beauftragte Leute große Geldsummen zu diesem Zweck" (i. e. für wohltätige Zwecke). Sein Zeitgenosse aus Prato, der Großkaufmann Francesco di Marco Datini, spendete weit mehr als Kleingeld, wie man ihm spöttisch nachsagte, als er 1399 an der Pilgerfahrt der Bianchi nach Rom teilnahm. Aus seinen Briefen und Abrechnungen, die Federico Melis untersuchte, geht hervor, daß er Mitgiften stiftete, Hospitäler bedachte, Armenmahlzeiten finanzierte und gelegentlich auch „aus Liebe zu Gott" das Haus eines verschuldeten armen Blinden auslöste. In der folgenden Generation pries ganz Rom die Wohltätigkeit der hl. Franziska Romana, der „armen Frau von Trastevere". Zahlreiche andere spektakuläre Beispiele dieser Art ließen sich anführen. Aber die darstellende Kunst und besonders die Miniaturen stellen das persönlich dargebotene Almosen als allgemein üblichen Akt dar, und die Hagiographie benutzt es nach wie vor als Topos. Ein im 15. Jahrhundert entstandenes und am Südportal der Kathedrale von Bourges eingemeißeltes Gedicht, das zur Wohltätigkeit auffordert und ihren Nutzen erklärt, faßt in sechs Strophen die Moral der tätigen Nächstenliebe zusammen; an diesem Südportal warteten die Bettler, für die der Dichter spricht:

> Auf ewig selig werden jene sein,
> die weinen, denn sie werden lachen,
> und die Armen im Geiste.
> Die Armen, die Geduld haben,
> werden schließlich das Paradies besitzen.
> Und der Reiche geht häufig zugrunde.
>
> Selig werden jene sein, die betteln,
> und jene, die über niemanden übel reden,
> die im Namen Gottes bitten
> und um milde Gaben betteln,
> wenn sie für jene, die ihnen geben, beten
> und für den, der dieses Haus gebaut hat.
>
> Die Armen, die Geduld haben,
> und die nach ihrem Gewissen leben
> und die Liebe und Eintracht wahren,
> die ihre Not aushalten
> und sie als Buße auffassen,
> sie werden Barmherzigkeit erlangen.
>
> Deshalb, ihr Armen, haltet durch,
> und alle die Übel, die ihr erleidet,
> nehmt sie geduldigen Sinnes hin,
> denn dadurch werdet ihr
> die Seligkeit erlangen und
> ganz sicher das Paradies erwerben.
>
> Ihr alle, gebt großzügig um Gottes willen
> den Armen; denn beim Jüngsten Gericht
> wird Unser Herr es euch vergelten.
> Durch häufige Almosen
> wird kein Mensch verarmen,
> niemand, der guten Herzens gibt.
>
> Gebt alle, die ihr hier vorübergeht,
> Almosen für die Verstorbenen,
> um sie aus dem Fegefeuer zu erlösen.
> Durch die Wohltaten und Almosen,
> die jeder von euch spendet,
> gelangen sie ins Himmelreich.

Über die Almosen, die post mortem vergeben wurden, sind wir dagegen besser informiert, was wir nicht allein dem Zufall der Überlieferung verdanken; vielmehr hinterließen oft sogar die ärmsten Familien testamentarische Verfügungen. Doch besagt die im Vergleich zu früher erhöhte Zahl der Testamente noch lange nicht, daß auch das Maß der Freigebigkeit im gleichen Verhältnis anstieg bzw. die erheblich gestiegene Zahl der Armen berücksichtigt wurde.

Die Angst vor Sündenstrafen und vor dem Tod, die Ungewißheit über das Seelenheil, die beiden charakteristischsten Züge der spätmittelalterlichen Religiosität, spiegeln sich in der Art, wie die Testierenden sich um das fürbittende Gebet der Armen bemühten. Nach wie vor würdigte also der Reiche die Existenz des Armen vorwiegend aus eigennützigen Motiven. Dies gilt sogar auch für die weniger Armen; denn auch Bauern und Handwerker bedachten die Armen in ihren Testamenten, im Lyonnais z. B. in 750 von 950 Testamenten und in der Mehrzahl der 7000 Testamente aus Forez, die E. Perroy untersucht hat. Im Bewußtsein der Tatsache, daß „man nicht alles vollständig zurückgeben kann", wie Pierre de Giac 1399 formulierte, betrachtete man die testamentarischen Legate als Wiedergutmachung. Wie aus Valladolider Testamenten hervorgeht, reichte nach Ansicht vieler Erblasser die Anrufung des Erlösers, der Gottesmutter und der Heiligen allein nicht aus, vor Gottes Augen Gnade zu finden; darüber hinaus glaubte man, deren Schützlinge, die „Armen Christi", die „Glieder Gottes", mobilisieren zu müssen. Diese werden in den Testamenten fast nie als Bettler bezeichnet, sondern meist als „Arme, die Almosen zu erbitten pflegen". Ein einziger „Ruf", der in der Stadt und bis zu 15 oder 20 Kilometer im Umkreis erscholl, genügte, und Dutzende oder Hunderte von Armen – je nach Rang und Vermögen des Verstorbenen – strömten herbei und nahmen an der Totenmesse und der anschließenden Beisetzung teil. Dabei war es ihr Privileg, den Trauergästen das Weihwasser zu reichen. Andere Testierende, die man deshalb keineswegs posthumer publikumswirksamer Selbstdarstellung bezichtigen darf, bemühten sich um Annäherung an die Armen und äußerten den Wunsch, wie sie behandelt zu werden. Auf Kosten des Erblassers bekleidete Arme sollten bei den Beisetzungsfeierlichkeiten Kerzen tragen oder sogar in Anlehnung an den in Bruderschaften üblichen Brauch den Sarg zu Grabe tragen. Andere wiederum wollten mitten unter den Armen begraben werden; in einigen zwischen 1392 und 1421 beim Pariser Parlament registrierten Testamenten bekunden die Testierenden den Wunsch, „auf dem Friedhof Saint-Innocent (des Innocents) ins Armengrab geworfen zu werden", so z. B. ein Fellhändler aus Saint-Denis und Elie de Tourrettes, ein ehemaliger Parlamentspräsident, der hinzufügt, er wolle vor dem „Bild der Passion" beigesetzt werden. Andere vermachten ihr Bett einem Hospital, wobei der Wunsch, sich den Armen gleichzustellen, von der Absicht ergänzt wird, durch die Hilfe für einen Armen Rechtfertigung zu erlangen.

Selten wird näher spezifiziert, wem das Legat zugute kommen soll; gelegentlich allerdings werden eine Witwe oder eine Jungfrau namentlich genannt, die eine Mitgift erhalten soll. Die Tendenz geht aber dahin, daß „arme Menschen" ganz allgemein bzw. einzelne Gruppen bedacht werden, etwa Waisen oder die Kranken dieses oder jenes Hospitals. Eine der geläufigsten Wendungen lautet: *Pauperes Christi heredes nostros instituimus*. Die freiwillig Armen, je nach den lokalen Gegebenheiten Mönche oder Bettelmönche, Beginen oder Begarden, werden selten übergangen; von 20 Valladolider Testamenten des 15. Jahrhunderts bedenken 10 traditionelle Mönchsorden und nur zwei Bettelorden. In einigen Fällen werden die für die Armen ausgesetzten Legate den Kirchenvorständen anvertraut. Aber in zunehmendem Maße werden solche testamentarischen Verfügungen zugunsten von Hospitälern und anderen Fürsorgeeinrichtungen getroffen. Zu Beginn des 15. Jahrhunderts nennen 60% aller Testamente in Paris, Zentralfrankreich, Douai, Toulouse und Florenz und 25% der Testamente im Lyonnais solche Einrichtungen an zweiter Stelle nach den jeweiligen Pfarreien bzw. den ansässigen Bettelorden.

Noch nicht einmal annäherungsweise läßt sich ermessen, inwiefern solche Vermächtnisse den Armen ganz konkrete Unterstützung boten; wir müssen uns mit rein qualitativen Angaben begnügen. Ungeachtet der sozialen Stellung des Erblassers aber haben alle Testamente eines gemeinsam: Die für wohltätige Zwecke ausgesetzten Legate werden in extremer Weise gestückelt, womit der Testierende entweder seinen vielfältigen Dankespflichten Genüge tun oder sich eine möglichst große Zahl von Fürsprechern sichern wollte. Letzteres entspräche ganz der rechenhaften Denkweise ganzer Generationen, die im weltlichen wie im religiösen Bereich „nicht alle Eier in denselben Korb legten". So bedachte ein Testament z. B. 24 Pariser und vier auswärtige Hospitäler. Die einzelnen Anteile waren in manchen Fällen minimal, ein paar Pfund oder auch ein paar Sous, ein Bett, Kleidungsstücke, Lebensmittel, Brennholz oder, wie etwa in Douai, ein Heizkessel, „um armen Frauen, die gebären, das Bad zu bereiten". Andere stifteten Stipendien für mittellose Studenten, die in Paris am Kolleg Ave Maria oder am Kolleg Dormans studierten.

Gleiches wie für die Legate gilt für die testamentarisch verfügten Gabenverteilungen an Arme. E. Perroy bezeichnete sie zu Recht als Nebeneinkünfte der Armen. Die Geschwindigkeit, mit der sich die Nachricht von einer bevorstehenden Verteilung verbreitete, und der große Zulauf beweisen, daß kaum ein Armer solche Gelegenheiten, die sich glücklicherweise häufig ergaben, ungenutzt verstreichen ließ. Manchmal drängte sich die Menge so dicht, daß es Tote gab. Deshalb und um Zusammenstöße und größere Ansammlungen von Bettlern zu vermeiden, verfügten einige Testierende, die Gaben sollten am Beisetzungstag diskret von Hand zu Hand an einzelne Arme oder auch an verschiedenen Orten verteilt werden. Soweit die zur Verfügung gestellte Gesamtsumme und der für den einzelnen festgesetzte Betrag bekannt sind, läßt sich die Anzahl der Empfänger errechnen; es waren einige Hundert oder auch einige Tausend (in Testamenten aus Paris zwischen 960 und 3800 bei einer Gesamtzahl von 8000-20000 Bettlern, die in der Stadt lebten). B. Geremek analysierte das 1411 verfaßte Testament des Generalprokurators am Parlament, Denis de Mauroy; dieser hatte verfügt, daß an Allerseelen und in der Karwoche an 90 verschiedenen Punkten der Hauptstadt Gaben verteilt werden sollten, an Kirchen, Kapellen und Hospitälern, an 19 Stellen allein in der Cité, an 47 rechts der Seine, vorwiegend in der Rue Saint-Denis und an der Rue Saint-Martin, und an 22 Stellen links der Seine.

Überhaupt nicht abzuschätzen ist das Ausmaß der Almosen, die von Hand zu Hand gingen. Solche Almosen galten als soziale Verpflichtung, und allein dies ist eigentlich wichtig. Auch der Umfang der Armenunterstützung durch Kollekten in den Pfarreien ist nicht einmal schätzungsweise zu ermitteln, wogegen in den Rechnungsbüchern der Hospize manchmal die Beträge verzeichnet sind, die sich in den Opferstöcken befanden. B. Geremek glaubt sogar, anhand des Inhalts der beiden Opferstöcke des Pariser Hôtel-Dieu (1416) eine grobe soziale Einordnung der Spender vornehmen zu können; der Opferstock im Innern des Gebäudes, der vor allem den armen Besuchern der armen Kranken diente, enthielt rund 940 Geldstücke, darunter 500 Silberstücke zu 1 bzw. ½ Denar. Wenn, wie Maurice de Sully im 12. Jahrhundert berichtet, Notre-Dame von den Spenden alter Frauen erbaut wurde, so folgten diese Armen im 15. Jahrhundert ebenfalls dem Vorbild der armen Witwe, von der das Evangelium berichtet, und gaben von dem Wenigen, das sie besaßen, an andere Arme weiter.

Angesichts der neuartigen Armutsproblematik erscheinen die anderen traditionellen Formen der Wohltätigkeit, die systematischer und weniger zufällig waren als Almosen und Vermächtnisse, in ihrer Wirkung immer noch reichlich beschränkt und keinesfalls ausreichend. Die Statuten der Bruderschaften verstanden Wohltätigkeit meist nur als gegenseitige Hilfeleistung der Mitglieder und sahen nur Almosen für eine kleine Zahl auserwählter Armer vor. Wohltätigkeit im geschlossenen Kreis war auch charakteristisch für die Familienverbände, besonders in Italien. Die Genueser *alberghi* kauften Staatsobligationen auf, um z.B. die Unterbringung ihrer eigenen Armen in einem bestimmten Hospiz, die Unterstützung einheimischer Studenten, die auswärts studierten, oder auch die Mitgift armer Jungfrauen zu finanzieren. Gewiß handelte es sich dabei nicht ausschließlich um Bettelarme; aber trotzdem ging die Hilfsbereitschaft nicht über den Rahmen des Familienverbandes hinaus.

Die Almosenämter älteren Typs waren ebenfalls nicht in der Lage, die neuen Formen der Armut zu bewältigen, was um so schwerer wiegt, als die Anzahl der Armen, die ihrer Unterstützung bedurften, zunahm. In den Klöstern blieb die Tätigkeit der Armenpforte im wesentlichen unverändert, allerdings hatte seit dem 14. Jahrhundert die Tendenz zur Verrechtlichung dazu geführt, daß dieses Amt immer häufiger zur Pfründe wurde. Die Fürsorgetätigkeit der Bischöfe entsprach zwar alter Tradition, bewahrte aber auch ihren persönlichen und sporadischen Charakter, während die päpstliche Pignotta, wie aus den Rechnungsbüchern hervorgeht, zum regelrechten Verwaltungsamt wurde; unter Benedikt XII. verwendete sie in Avignon fast ein Fünftel der jährlichen Ausgaben für die wöchentliche Unterstützung Hunderter von Armen, und sie versorgte 20 Hospize und Hospitäler.

An den Fürstenhöfen wurde die Armenfürsorge in gewohnter und relativ effizienter Weise fortgesetzt. Der Almosenier des Königs von Frankreich verteilte einen in der Höhe fast gleichbleibenden Betrag an die königlichen Hospitäler vorwiegend in der Region Paris; aber Könige wie Königinnen behielten sich auch vor, nach eigenem Gutdünken gelegentlich Spenden zu verteilen. Das gleiche gilt für die mit einer Apanage ausgestatteten Prinzen und andere Fürsten; großherzig spendeten Eduard III., Isabella von Bayern, König René von Anjou, Ludwig XI. und Karl der Kühne. Wie oben erwähnt, wurde im 14. Jahrhundert in Aragon und später in Kastilien das Amt des Almoseniers eingeführt. Peter IV. (el Ceremonioso) von Aragon beauftragte, aus Sorge um die Arbeitslosen, Offiziere mit der Überwachung des täglichen Arbeitsmarktes in den Städten. Im allgemeinen jedoch – und die Rechnungsbücher Isabella der Katholischen belegen dies ebenfalls – gehören die Spenden der Könige eher in den Bereich privater Wohltätigkeit als in den Bereich regulär verwalteter Armenfürsorge.

Ohne den Nutzen der Hospize und Hospitäler in Abrede zu stellen oder ihre Tätigkeit allzu negativ zu beurteilen, muß man doch feststellen, daß in vielen Fällen die Armen dort nicht jene Unterstützung fanden, die sie hätten erhalten sollen. Der Grund liegt nicht darin, daß es zu wenige solcher Häuser gegeben hätte; im Gegenteil, die Anzahl kleiner Häuser, die nur über ein paar Betten verfügten, war viel zu groß, was zur Folge hatte, daß nicht alle eine wirkungsvolle Tätigkeit entfalten konnten. Außerdem scheint die Spendenfreudigkeit mit der Ausdehnung der Armut nicht Schritt gehalten zu haben. Als die Wirtschaftskrise einsetzte, konnten viele Hospize kaum noch existieren. Schwere Mängel in der Leitung, Nachlässigkeit des Personals und Zweckentfremdung der Häuser machten Reformen dringend notwendig; kurz, das Ganze spielt sich vor dem tragischen Hintergrund der „désolation", des Niedergangs, ab, für den Denifle in seinem – nicht alle Quellen erfassenden – Werk so zahlreiche Belege gesammelt hat.

Eine 1350 in der Diözese Paris durchgeführte Untersuchung kam zu dem Schluß, daß zwar ein dichtes Netz von Hospizen bestand, daß aber sehr viele nicht in der wünschenswerten Weise funktionierten. Dies gilt bei weitem nicht nur für die Leprosenhäuser, die nur zum Teil von der Armutsproblematik betroffen waren; wegen des Rückgangs der Lepra standen viele davon außerdem fast leer. 28 Häuser, also fast die Hälfte der

Hospize, wurden visitiert; die anderen gehörten nicht dem Bistum, sondern einzelnen Klöstern oder Orden, die sich der Fürsorgetätigkeit verschrieben hatten. Der Rechtsstatus dieser 28 Häuser war unterschiedlich, wie Jean Imbert herausgearbeitet hat. Sie bildeten vier verschiedene Kategorien, je nach dem, ob der Gründer Geistlicher oder Laie, der König oder eine Pfarrgemeinde bzw. eine Bruderschaft war. Sehr unterschiedlich fielen auch die Einkünfte dieser Institute aus. Zahlreiche kleinere Häuser in Paris und in ganz Frankreich waren zu allen Zeiten weit schlechter versorgt als das Hôtel-Dieu oder das Hospital Saint-Jacques-aux-Pèlerins, doch in wirtschaftlichen Krisensituationen konnten alle gleichermaßen gefährdet werden. Auf eine Bittschrift hin gründete der Papst 1360 ein Waisenhaus unter dem Patrozinium des Hl. Geistes; drei Jahre später beschrieb der Bischof von Paris anläßlich der Gründung einer Bruderschaft die desolate Lage des Hospizwesens in der Hauptstadt. Zu Beginn des 15. Jahrhunderts dürften die großen Pariser Hospitäler, die Hunderte von Kranken versorgten, zusammen mit den zehn – und zeitweise weniger – privaten Asylen insgesamt über 1000 bis 1200 Betten für Kranke (Leprosen ausgenommen) und über etwa ebenso viele für Pilger, Reisende und „arme Durchreisende" verfügt haben, im Vergleich zur Stadtbevölkerung eine höchst unzureichende Anzahl. Und dabei sind die Stadtstreicher noch nicht mitgerechnet und die Wohnverhältnisse der fleißigen Armut nicht berücksichtigt. Dennoch übertraf die Aufnahmekapazität der Pariser Hospitäler die vieler anderer Städte; Lyon z. B. besaß nur 200 Betten in 20 Häusern.

Unglücklicherweise gingen die Einkünfte dieser Institutionen zu einer Zeit zurück, als die Armut sich immer weiter ausdehnte. Fast alle lebten von Grundrenten, die von der Mitte des 14. bis zum ersten Drittel des 15. Jahrhunderts ständig an Wert verloren. Die Naturalabgaben, die den Hospitälern und Armenpforten zugeflossen und in Geldabgaben umgewandelt worden waren, verloren nun ebenfalls an Wert. Die Stifter, die ihrerseits unter der Krise litten, gaben weniger Almosen und reduzierten den Umfang der testamentarischen Legate; da die Sorge um das eigene Seelenheil sie doch weit mehr bewegte, als das Mitleid mit dem Los der Armen, stifteten viele nun Meßstipendien anstelle von Almosen; sie befürchteten nämlich, nach ihrem Tod werde die Gabenverteilung nicht der testamentarischen Verfügung gemäß vorgenommen, weshalb die Armen auch nicht für ihre Seele beten würden.

Vorwiegend in Frankreich hatten die Fürsorgeeinrichtungen auch unter den Kriegsfolgen, unter der allgemeinen Wirtschaftskrise aber hatten alte und neue Einrichtungen in allen Ländern Europas zu leiden. Auch so reich begüterte Orden wie die Hospitaliter und der Deutsche Ritterorden konnten ihre ursprüngliche Aufgabe nur mangelhaft erfüllen. Als der Papst 1373 die wirtschaftliche Lage der Johanniter untersuchen ließ, kam die Kommission zu dem Schluß, daß die Fürsorgetätigkeit des Ordens stagnierte. Zwar verwendeten die Komtureien in Südfrankreich (Toulouse, Uzès, Elne) 5 bis 15% ihrer Einkünfte für Gabenverteilungen an die Armen, die alle drei Wochen stattfanden, aber das galt nicht für alle Ordensniederlassungen. Mehrfach (1344, 1358, 1383) mußten die Generalkapitel in scharfer Form an die Verpflichtung zur Armenfürsorge mahnen. Zur Entschuldigung verwies man auf Geldknappheit, die hohen Arbeitslöhne, den Rückgang der Abgaben, die Umwandlung von Ackerland in Weideland und vor allem auf den Widerstand gegen die Bewirtschaftung durch Halbpacht. Wie dem auch sei, fest steht, daß es dem Orden nicht gelang, unter gewandelten Verhältnissen seine selbst gesetzte Aufgabe der Armenfürsorge zu erfüllen, und zwar in allen Prioraten. 1373 standen von 32 Hospitälern des Ordens in der Diözese Besançon 13 leer, nur sechs wurden ihrer Aufgabe wirklich gerecht. In Douai konnten die Hospitaliter allabendlich acht Arme verköstigen und beherbergen. Das Kinderhospiz in Genua – ein Einzelfall in der Tätigkeit des Ordens – litt ebenfalls unter großen Schwierigkeiten, obwohl es nur acht Kinder aufnahm.

Der Fall des Hospitals von Montbrison ist durch die Forschungen E. Perroys allgemein bekannt. In Aubrac gingen die Einkünfte des Hospitals in der Mitte des 14. Jahrhunderts deutlich zurück; von 1466 an konnten Durchreisende und Arme nicht mehr kostenlos beherbergt werden, sonst wäre die Aufnahme von Kranken nicht mehr zu finanzieren gewesen. In Aix gingen die Einnahmen der Hospitäler so stark zurück, daß ihre Existenz bedroht war; nach 1444 erfolgte keine Neugründung mehr, und von acht im 13. Jahrhundert tätigen Häusern überlebten nur sechs. In Meaux erlitten die drei Hospize durch die dramatischen Ereignisse von 1358 nachhaltigen Schaden. Typisch ist der Fall des Hospizes von Tonnerre: Bis zur Mitte des 14. Jahrhunderts flossen die Einnahmen überreich; es folgte eine Periode von Defiziten, die bis zum Ende des 15. Jahrhunderts andauerte. Ganz zu schweigen von den kleinen ländlichen Hospizen im Poitou und Anjou, die während des Hundertjährigen Krieges ums Überleben kämpfen mußten. Und dennoch wurden immer neue Einrichtungen dieser Art gestiftet.

Auch in Deutschland gerieten einige Hospize trotz der ständigen Beaufsichtigung durch die städtischen Behörden in finanzielle Schwierigkeiten; so bekam das Hospital von Lüneburg, das im wesentlichen von den Einkünften aus den Salzbergwerken lebte, die Auswirkungen des internationalen Salzhandels, d.h. die Konkurrenz des in der Bucht von Bourgneuf (Normandie) gewonnenen Salzes, zu spüren. Am Ende des 15. Jahrhunderts erlebte auch England eine schwere Krise seiner Fürsorgeeinrichtungen. Von 46 *almshouses*, die im Mittelalter in der Grafschaft York bestanden, waren 1480 20 aufgelöst, und dabei war die Lage in Yorkshire noch günstiger als in anderen Grafschaften; die Grafschaften Norfolk und Birmingham besaßen zusammen nur noch zehn Hospize. Von den 36 Hospizen in diesen drei Grafschaften waren 16 im Verfall begriffen und sechs nahezu funktionsunfähig. Noch schlimmer war die Situation in London, wo von 22 *almshouses* nur noch acht existierten. Zu Beginn seiner Regierungszeit stellte Heinrich II. fest, daß „eine unermeßliche Zahl von Bedürftigen täglich im Elend starb, da niemand ihnen half".

Die Ursachen der Krise der wohltätigen Institutionen lag nicht allein im wirtschaftlichen Niedergang. Die Konzilsbeschlüsse von Vienne (1311) hatten nicht überall Mißbrauch und Mißwirtschaft abstellen können, anderswo griffen solche Mißstände gar zunehmend um sich, Nachlässigkeit, Ungeschick oder einfach Unerfahrenheit der Leitung, die in kleinen und mittleren Häusern oft von Laien übernommen wurde, etwa von Ehepaaren, die von ihrer Tätigkeit wie von einer Präbende lebten. In manchen größeren Institutionen wie im Pariser Hôtel-Dieu verlangten ständige Spannungen zwischen der Leitung und den Schwestern schon seit der Zeit Karls V. nach Reformen.

Ein häufig anzutreffender Mißstand war die Beschränkung der Aufnahme auf die Einwohner eines Ortes oder einer Region. Zweifellos konnte man so betrügerische Bettler und Vagabunden ausschließen, aber es führte schließlich dazu, daß die Hospitäler nicht mehr allen in Not Geratenen Zuflucht boten und einen „Numerus clausus" zugunsten der stadteigenen Armen einführten. Im spanischen Valencia wandelte sich die traditionell wohlwollende Aufnahme von Fremden sogar in offene Feindseligkeit; man warf den Durchreisenden vor, sie nähmen den Armen der Stadt das Brot vom Munde weg. Weit schwerer wog, daß Hospitäler und Hospize zu Lasten der Armen zweckentfremdet wurden. In England und in geringerem Maße auch in Frankreich setzten die Könige Günstlinge als Verwalter ein oder wiesen sie den Hospitälern als Pensionäre zu. Auch in Portugal mußte sich König Johann I. vom Klerus und von seinem Bruder Don Pedro 1427 vorwerfen lassen, er veruntreue Almosen und setze seine Günstlinge an die Stelle der Armen. Andernorts zahlten reiche Bürger lebenslange Renten an Hospize und sicherten sich so unter dem Deckmantel der Wohltätigkeit einen Platz für ihre alten Tage. Bereits 1298 ist dieser Brauch in Narbonne belegt; größere Verbreitung fand er vor allem in den Niederlanden und in Deutschland. In Aire-sur-la-Lys faßte das Hospiz etwa 40 Personen; die Zahlung monatlicher oder jährlicher Pensionen setzte sich immer stärker durch und war im 15. Jahrhundert durchweg üblich.[97] In Deutschland und besonders in den norddeutschen Städten kauften sich oft reiche Leute ein Hospitalbett, um ihre Tage in einem Hospital zu beenden, was als *Pfruonta* bzw. *Pfründe* bezeichnet wurde. Dies führte schließlich dazu, daß die Hospitäler endgültig zu Altersheimen wurden. Dabei begnügte man sich keineswegs wie 1360 am Magdalenenhospiz in Münster und später in Ulm und Erfurt damit, die Fremden auszuschließen. Der Rat der Stadt Bremen behielt das St. Georgshospiz den Bürgern der Stadt vor, wodurch auch die städtischen Armen ausgeschlossen wurden. In Danzig erhob sich 1432 Protest dagegen, daß nur noch Zugang zum Heiliggeisthospital erhielt, wer 100 bis 200 Mark Vermögen besaß. In Lübeck und Goslar wurden überhaupt keine Kranken mehr aufgenommen, da alle Plätze im Besitz von Pfründeninhabern waren, die übrigens je nach Vermögenslage unterschiedlich behandelt wurden. In Wismar wurden die Armen in Gruppen zu 25 oder 30 Personen in kleinen Häusern am Rande des Hospizgeländes, Greise und Sieche im Untergeschoß untergebracht. Die Verhältnisse in den norddeutschen Städten sind zwar besonders gut belegt, aber keineswegs einzigartig in Europa. Eine 1459 von König Alfons V. von Portugal ausgestellte Urkunde erwähnt die Klagen der Armen, die keine Aufnahme mehr fänden.

Allerdings darf man nicht zu stark verallgemeinern. Es gibt auch Hinweise darauf, daß einzelne Hospitäler Zufluchtsstätten der Armen blieben. Im Hospital Saint-Julien zu Cambrai z. B. hinterließen zwischen 1377 und 1413 19 von 20 Armen bei ihrem Tod absolut nichts, weder Geld noch Effekten. Zwischen 1428 und 1444 lag der Durchschnittswert der Kleidung, welche die Toten im Pariser Hôtel-Dieu (jährlich zwischen 300 und 650) hinterließen, bei knapp drei Sous.

Aber sehr viele Hospitäler blieben längst nicht mehr ausschließlich den Armen vorbehalten, wie es dem Herkommen und gutem altem Recht entsprach, worauf sich die älteste Abhandlung zu diesem Thema noch berief, der *Tractatus hospitalis*[98] des Lapo de Castiglionco (gest. 1381). Dies erklärt, daß 1501/02 in Tours „Arme bei Tag und Nacht in der Stadt sind, weil ihnen in den Hospizen Unterkunft verweigert wird".

Die traditionellen Fürsorgeeinrichtungen verfehlten also oft ihr Ziel, oder sie erreichten es nur teilweise. Unter finanziellen Schwierigkeiten litten alle. Viele waren nicht in der Lage, sich den neuen Formen der Armut anzupassen; und da sie sich vorwiegend um Bettler und kranke Arme kümmerten, übersahen sie die fleißige Armut und waren überlastet vom Ansturm vagabundierender Bettler und sozialer Randexistenzen. Einige Einrichtungen wurden zweckentfremdet. Eine grundlegende Erneuerung, Reformen oder gar eine vollständige Neuordnung waren dringend geboten.

3. Die Bestrebungen um größere Effizienz

Da die kirchlichen Fürsorgeeinrichtungen in vielen Regionen völlig überlastet waren, überließ die Kirche einen Teil ihrer Aufgaben der weltlichen Obrigkeit, die in einigen Fällen die Armenfürsorge sogar ganz übernahm. Trotzdem blieben die wohltätigen Organisationen und Institutionen unter bischöflicher Kontrolle, d. h. man darf die Laisierung der Wohltätigkeit nicht als Säkularisierung im modernen Sinne des Wortes verstehen. Aber die neue Denkweise führte dazu, daß man sich um größere Effizienz und um bessere Anpassung an die Formen der Armut bemühte. Einen erheblichen Beitrag zu diesen Bemühungen leisteten die städtischen Magistrate und die im Entstehen begriffenen territorialen Obrigkeiten, indem sie die bestehenden privaten und kirchlichen Organisationen und Institutionen protegierten und unterstützten. Diese Entwicklung vollzog sich in den meisten Fällen reibungslos, und zwar aus folgenden Gründen:

In den Städten waren es dieselben Männer, die sich zu Bruderschaften zusammenschlossen, die Kirchenfabriken bildeten, die Armentafeln verwalteten, mit Schenkungen und Legaten die wohltätigen Organisationen förderten und andererseits im Stadtrat und im Schöffenamt öffentliche Gewalt ausübten; ihre verschiedenen Aktivitäten griffen ohne scharfe Trennung ineinander über. So schrieb 1373 ein Vallombrosanereremit an einen Freund, der ein städtisches Amt ausübte: „Richte deinen Blick und deinen Sinn auf die Ehre Gottes, auf das Wohl der Gemeinde und auf die Bedürfnisse der Armen."

Andererseits führte auch die traditionelle Aufgabe des Fürsten als Wahrer des Rechts und Hüter des Allgemeinwohls folgerichtig dazu, daß er seine Fürsorgepflicht immer weiter ausdehnte. Damit stellte die Fürsorge einen Bereich der Ausformung von Territorialherrschaft, von staatlicher Gewalt dar. Die Ratgeber Karls V. etwa oder Richards II. waren sich dessen auch durchaus bewußt. Philippe de Mézières forderte eine strengere Kontrolle der königlichen Amtsträger, um Willkür zu verhindern und die Unterstützung der Armen zu fördern. Die nächste Generation fand in seinen humanistisch geprägten Vorstellungen und bei älteren Autoren hilfreiche Argumente: Don Pedro von Portugal z. B. zeigte in seinem Traktat *Virtuosa Benfeitoria* die Pflichten des Staates gegenüber den Armen auf, und er forderte unter anderem, der König solle die Verwaltung der von Laien gestifteten Hospitäler nach deren Tod übernehmen, da diese dann kein Privateigentum mehr seien. 1498 erließ König Manuel von Portugal ein Dekret zur Reform der Fürsorgeeinrichtungen. Seit dieser Zeit galt Armenfürsorge nach und nach fast überall als selbstverständliche Pflicht des Staates. Geiler von Kaysersberg sprach das schon sehr deutlich aus, ebenso wie um 1500 sein Landsmann, der anonyme Autor des im Archiv von Colmar aufbewahrten *Livre des cent chapitres;* er preist die neue Gesellschaft, die in der achten Phase der Weltgeschichte entstehen werde: „Wenn die Fürsten sich nicht darum bemühen, daß eine harmonische Gesellschaftsordnung entsteht, wird der Herr die Zügel der Armen lockern, und diese werden die Werkzeuge seines Zorns und die Schöpfer ihrer eigenen Befreiung sein."[99] Die Fürsorge für die Armen steht als gleichberechtigtes Desiderat neben der Wahrung des öffentlichen Friedens; auch hier muß die staatliche Gewalt eingreifen, um zusammen mit der kirchlichen Obrigkeit die wohltätigen Einrichtungen zu erhalten, zu unterstützen und zu fördern.

Im Bereich der Pfarreien dehnten die von Laien gegründeten Bruderschaften und Armentafeln ihre Fürsorgetätigkeit nach Kräften aus. Damit lösten sie praktisch die Armenfürsorge der Klöster ab, allerdings mit einer gesellschaftspolitischen Zielsetzung, die jenen fremd gewesen war. Im 14. Jahrhundert erhielten die Bruderschaften kanonische Statuten und wurden zur juristischen Person, was ihnen zu beträchtlichem Aufschwung verhalf. Bekanntlich entfalteten sie ihre hilfreiche Tätigkeit auf dem Lande wie in den Städten, z. B. im Lyonnais, wo die Güterverzeichnisse der Bruderschaft der Pfarrei Saint-Cyr-au-Mont-d'Or aus den Jahren 1416–1513 erhalten sind, in den Pfarreien des Bistums Genf, wo zwei oder dreimal wöchentlich Gabenverteilung stattfanden, in der Stadt Genf, wo die Bruderschaft der Hl. Dreifaltigkeit zwischen 1439 und 1443 jährlich 2000 bis 2950 Arme unterstützte. Die Pariser Bruderschaft Saint-Jacques-aux-Pèlerins beherbergte bekanntlich nicht nur arme Durchreisende, sondern sie verwendete auch einen erheblichen Teil ihrer Einkünfte für Gabenverteilungen. In der kleinen Stadt Coulommiers strömten im 15. Jahrhundert rund 500 Arme zu den jährlich stattfindenden Gabenverteilungen der Bruderschaft Sainte-Foy. In der Normandie versuchten die Bruderschaften nach dem Hundertjährigen Krieg, ihre Aktivitäten wieder aufzunehmen, etwa in Honfleur und Le Bourg-Achard, einem Ort mit 50 Haushalten, wo man 25 Arme zählte, ,,von denen ein Teil aus der Landschaft Caux gekommen war, um täglich am Priorat auf Almosen zu warten" (1443). Häufig mußte die Obrigkeit noch zusätzliche Hilfe anbieten. In Narbonne veranlaßte sie die beiden ehemaligen Bruderschaften der Innen- und Außenstadt im 14. Jahrhundert zur Fusion. Bereits 1319 hatte in Marseille eine Kommission von vier Stadträten die *Maison de l'Aumône* neu organisiert. Überall aber überstieg in schwierigen Zeiten der Zustrom der Armen zu den Verteilungen die Mittel der Bruderschaften, die sich dann in allen europäischen Ländern an die Stadtobrigkeit oder den Landesherrn wandten. Ohne die Unterstützung durch den Papst und die Kardinäle hätten auch die Bruderschaften in Rom im 15. Jahrhundert nicht effektiv wirken können, so etwa das Almosenamt des Campo Santo dei Tedeschi, das jeweils montags und freitags von 2000 Armen bestürmt wurde, oder die Bruderschaft von der Verkündigung, die im Minervahospiz armen Mädchen Aufnahme bot. In Florenz begannen 1441 die *Buonomini di San Martino* nach dem Vorbild des hl. Antoninus die Fürsorgetätigkeit für verschämte Arme, die sie auch im folgenden Jahrhundert fortsetzten. Der Wandel wird am Beispiel des Bischofs von Turin deutlich, der 1375 nach einem harten Winter die Stadtobrigkeit aufforderte, Brot und Wein öffentlich zu verteilen.

Obwohl sich die einzelnen Aktivitäten der Bruderschaften und Armentafeln kaum voneinander unterscheiden lassen, gewinnt man doch den Eindruck, daß die städtischen Magistrate die Armentafeln stärker unterstützten. Da diese sich eher wohltätige als religiöse Aufgaben gestellt hatten, wurden sie zu einem wesentlichen Element der öffentlichen Ordnung. Wie bereits erwähnt, übten kirchliche und weltliche Obrigkeiten schon sehr früh eine mehr oder weniger strenge Kontrolle aus. Nicht nur der zufallsbedingte Quellenreichtum, sondern auch ihr beträchtlich angewachsener

Tätigkeitsbereich zwingt uns, ihr wohltätiges Wirken während der letzten 150 Jahre des Mittelalters näher zu untersuchen. Bezeichnende Belege liefern so weit voneinander entfernte Regionen wie Katalonien und die Niederlande.

In mehreren Pfarreien Barcelonas sind die Archive der *Plats dels Pobres* erhalten. Diese von Laien gegründeten Armentafeln wurden von jährlich neu gewählten *probi homines* verwaltet und aus Stiftungen und Spenden der Gläubigen finanziert. König oder Papst griffen nur ein, um Privilegien zu gewähren oder zu bestätigen; allein die städtische Obrigkeit übte vom 15. Jahrhundert an eine gewisse Kontrolle aus. Ihre Fürsorgetätigkeit hielt sich im gewohnten Rahmen: Man verteilte Lebensmittel, Kleidung, Schuhe und Geld, veranstaltete Armenspeisungen und suchte Arme und Kranke in ihren Wohnungen auf; in Santa Maria del Mar vergab man außerdem Kredite zu geringen Zinssätzen. Von den *Plats* profitierten also nicht nur die Armen im traditionellen Sinne; im 15. Jahrhundert benötigten auch die fleißigen Armen gelegentliche Hilfe. Unterstützt wurden nur die Armen aus der eigenen Pfarrei. Wer auf den Straßen bettelte, blieb ebenso ausgeschlossen wie die ,,Lasterhaften". Wer allerdings zu diesem Personenkreis zu zählen war, bestimmten die Verwalter *(baciners)* der Armentafel. Im 14. Jahrhundert, der Blütezeit der Stadt Barcelona, waren die *Plats* großzügig ausgestattet; unter dem wirtschaftlichen Niedergang am Ende des 14. Jahrhunderts und das ganze 15. Jahrhundert hindurch litten auch diese Einrichtungen und mit ihnen die zunehmende Zahl von Armen. Die Armentafeln mußten neu geordnet werden, der städtische Magistrat sah sich zum Eingreifen genötigt. Dennoch blieb die Tätigkeit der *Plats* ein wichtiger Faktor der Armenfürsorge. 1317 hatte die *Pia Almona de la Seo* 178 Arme unterstützt, im 15. Jahrhundert waren es fast konstant 288 Menschen. Genaue Daten über die Wohltätigkeit des *Plat* von Santa Maria del Pi besitzen wir für die Jahre 1423 und 1428; er unterstützte 1423 791 Männer und 758 Frauen, 1428 935 Männer und 375 Frauen. Selten waren es monatlich weniger als 100 Menschen, in beiden Jahren lag die Zahl der Unterstützungsbedürftigen im Februar am höchsten. Die Männer hatten fast alle eine Familie zu ernähren; ihre Berufe sind so vielfältig, daß eine Analyse wenig sinnvoll erscheint. Der *Plat dels Pobres Vergonyantes* von Santa Maria del Mar verfügte – hauptsächlich dank testamentarischer Schenkungen – über umfangreiche Einkünfte aus Grundbesitz in diesem reichen Stadtteil. 1379 lobte Peter IV. die gesellschaftliche Bedeutung dieser Institution, die dank einer Reform erhalten blieb. Die Abrechnungen aus dem 15. Jahrhundert notieren oft die persönlichen Verhältnisse und sogar den Wohnsitz der Unterstützten, eine Genauigkeit, in der das Bemühen um sorgfältige Verwaltung und Effizienz zum Ausdruck kommt.

Von Laien organisiert und abhängig von der lokalen Obrigkeit waren auch die Armentafeln im Norden. Auf dem Lande wurden sie von *mambours*, ausgewählten Dorfbewohnern, verwaltet, die dem Ortspfarrer und den Schöffen verantwortlich waren. So z. B. in Boussoit (Hennegau) und Walcourt (bei Namur); in Pittem (Flandern) übernahm der Grundherr die Kontrolle, in Jodoigne (Brabant) wurden die *mambours* von Beamten des Herzogs von Burgund ernannt. In Marbaix (Hennegau) benötigten 1453 nur sechs von dreißig Haushalten Unterstützung (1540 waren es sechzehn); die Armentafel bezog ihre Einkünfte aus dem „Grundbesitz der Armut", der schon im 14. Jahrhundert existierte, zuzüglich leistete die Gemeindekasse regelmäßige Zahlungen. Anspruch auf Unterstützung hatten auch hier nur die Armen aus der Gemeinde. 1447/48 erhielt jeder Berechtigte, in der Regel Saisonarbeiter, knapp 2 Pfund Tournosen, womit wir wiederum auf die fleißige Armut stoßen. In diesem Rechnungsjahr erwirtschaftete die Tafel übrigens einen Überschuß von 6 Pfund.

Nach dem gleichen Prinzip arbeiteten die städtischen Armentafeln, für die wir reiches Quellenmaterial besitzen. Im 14. und 15. Jahrhundert wurde die Kontrolle durch die Stadtverwaltung immer strenger und beschränkte sich nicht mehr auf die Ernennung der Verwalter. 1377 untersuchte in Huy eine Kommission Unregelmäßigkeiten; in Lüttich erließ der Rat 1444 Vorschriften über die Buchführung. Die *mambours* wurden vom Rat vereidigt. Manchmal verfügte auch das Schöffenamt über die Einkünfte der Armentafel; in Fosses z. B. verwendeten die Schöffen 1429 diese Einnahmen für die Instandsetzung städtischer Gebäude. In vielen Fällen regelten sie die Armenfürsorge bis in die Einzelheiten: sie definierten die Bedingungen, welche die Empfänger erfüllen mußten (1434 in Antwerpen), oder sie setzten deren Zahl und das Gewicht der Brote fest, die an Arme ausgeteilt wurden (1459 in Löwen). Andererseits stellten die Tafelherren gelegentlich auch hohe Forderungen: In Mons drohten sie 1425/26 mit ihrem Rücktritt, falls die Schöffen nicht die notwendigen Ausgaben für „die Bedürfnisse der Tafel" aus der Stadtkasse bewilligten. Meist jedoch richteten die Tafeln ihre Ausgaben nach ihren Einkünften, denn sie waren nicht befugt, Kredite aufzunehmen. Die Schöffenämter verlangten peinlich genaue Abrechnungen; 1463 z. B. erhielt der Einnehmer der Armentafel von Löwen eine Rüge.

Wie effizient waren diese Armentafeln angesichts der strengen Ausrichtung am Prinzip der Rentabilität? Die vorwiegend aus dem 15. Jahrhundert überlieferten Rechnungsbücher aus Mons, Löwen, Brüssel, Antwerpen und Lierre vermitteln den Eindruck von Ordnung und Klarheit, von kaufmännischem Geschick bei Einkäufen, Verteilungen und in der Verwaltung des Vermögens. Dieses verstanden die Verwalter zu mehren durch den Erwerb von Grundstücken und Renten und durch systematische günstige Kreditvergabe an Arme. Die Rolle der Armentafeln als Kreditinstitute verdiente übrigens eine eingehende Untersuchung. Da sie meist ausgezeichnet verwaltet wurden, scheinen sie insgesamt ihre Aufgabe erfüllt zu haben. Aber sie beschränkten sich zu eng auf die Bedürftigen eines Ortes, auf die Nutznießer einer – geschenkten oder gekauften – Präbende und auf die Träger des zur Kontrolle ausgegebenen Berechtigungsabzeichens *(méreau)*. Letztere erhielten regelmäßig beachtliche Zuwendungen, wenn diese auch nur ein Zusatzeinkommen darstellten. Der Großteil der an bestimmten Wochentagen oder an den hohen Feiertagen verteilten Gaben bestand aus Brot, Kleidung und Schuhwerk, Fleisch, getrockneten Heringen, Erbsen, Öl, Wein oder Bier und Brennholz. Die Vorräte wurden gelagert, in Brüssel z. B. in den Kellern und Speichern des *Gheesthuis;* dort befanden sich auch eine Küche, ein Speisesaal und ein Raum für Gabenverteilungen. Die Zuwendungen waren überall nahezu gleicher Art, aber nicht von gleichem Umfang, an St. Gudula, der größten der sechs Brüsseler Armentafeln, offensichtlich reichhaltiger als an der Großen Tafel von Löwen, die ihrerseits die Tafeln der vier anderen Löwener Pfarreien übertraf. Die Einzelrationen waren relativ groß, in Brüssel z. B. 1448 Kalorien gegenüber 567 Kalorien in Löwen. Um 1480 erhielten die Armen in Löwen jährlich pro Person folgende Zuwendungen: 384 Roggenbrote zu 205 g (also mehr als 78 kg im Jahr bzw. 215 g pro Tag), 20 bis 30 Heringe, 26 Liter Bier, 2,3 Liter Rüböl, 100 Bündel Brennholz, rund 138 Liter Holzkohle, ein Paar Schuhe und 2 Meter Leinwand; über die Zuwendungen an Fleisch, meist Schweinefleisch, liegen keine genauen Angaben vor. In Brüssel betrug im 15. Jahrhundert der Anteil des Fleisches an den Zuwendungen – sieht man vom Brot ab – nie weniger als 30%, am Anfang des Jahrhunderts sogar 46%. Aber trotz der beträchtlichen Zuwendungen der Armentafeln „vom Hl. Geist" mußten viele Arme zusätzlich betteln, wozu das Abzeichen sie berechtigte.

In Krisenzeiten, besonders 1480–1490, wurden die einzelnen Rationen wegen der schwer zu schätzenden, aber ansteigenden Zahl der Hilfsbedürftigen herabgesetzt. In Lierre, wo eine Liste der unterstützten Familien erhalten ist, hatten einzelne je nach Bedürftigkeit Anspruch auf die volle, andere auf die halbe Zuteilung; das Abzeichen diente als Ausweis. In Löwen stieg die Anzahl der Berechtigten zwischen 1463 und 1480 im Winter manchmal auf 800 an. Sichere Annäherungswerte liefert die von Hermann van der Wee vorgenommene Analyse der Ausgaben der Armentafeln in Antwerpen und Lierre. In Leyden war 1425 ein Viertel der Bevölkerung unterstützungsbedürftig, was die Kapazität der Armentafel weit überforderte. 1437/38 herrschte in den Niederlanden fast überall Hungersnot. 1445 waren die Straßen von Malines von Bettlern überfüllt. Von 1472 an zwangen in Brüssel Arbeitslosigkeit und Kaufkraftschwund die Armentafel von St. Gudula, auch Arbeitslose und Hilfsarbeiter zu unterstützen. Die 80er Jahre waren überall schwierig, nirgends reichte die Armenfürsorge aus. 1481 erfaßte der Rat der Stadt Leyden alle Familien, die in der Lage waren, wöchentlich eine Abgabe zu leisten. In Amsterdam und 15 Jahre später in Brüssel hielt man Haussammlungen ab. In außergewöhnlichen Notlagen kauften die städtischen Magistrate Getreide und verteilten es an die Armen.

Ein beeindruckendes Beispiel für die Tatkraft der Tafelherren liefert der Einnehmer der Großen Tafel zu Löwen, Wilhelm von Nimwegen, der dieses Amt 1427–1450 innehatte und, wie man ihm nachsagte, „die Armut zu erspüren verstand". Er beschloß, Weizen- anstelle von Roggenbrot zu verteilen und Kranken und Blinden in Ausnahmefällen Geschenke in die Wohnung bringen zu lassen. Sein Verdienst war es, daß er sich nicht auf die üblichen starren Formen der Wohltätigkeit beschränkte: Er half dem einen, die Miete zu zahlen oder sein Haus instandzusetzen, dem andern, Kleider zu kaufen oder sie bei einem Wucherer auszulösen, einem dritten, Medizin zu kaufen, hier einem Priester beim Erwerb eines Breviers und dort einem Armen beim Kauf eines Sargs. Das Beispiel machte Schule; während Wilhelm von Nimwegen diese Wohltaten verteilte, nahmen die testamentarischen Legate beträchtlich zu. Aber da er darauf verzichtete, die Zustimmung der Tafelherren einzuholen, schritten die Schöffen ein: Der Einnehmer, so behauptete man, unterscheide nicht zwischen den verschiedenen Armen und bedenke auch solche, „die keine Präbende besitzen", und vermutlich auch Nichtsnutze, die zu faul zum Arbeiten seien.

Wenn wir uns ausführlich mit den Armentafeln in den Regionen, wo sie sich bewährten, beschäftigt haben, dann nicht nur, weil belgische und spanische Historiker darüber gearbeitet haben, sondern weil diese Institutionen belegen, welchen Eifer die städtischen Magistrate an den Tag legten, den Problemen des Pauperismus zu begegnen.

Einen Beitrag dazu leistete auch die Errichtung von Leihhäusern. Unter dem Einfluß des Humanismus maß man der Pfandleihe einen höheren moralischen Wert als dem Almosen bei, da sie der Würde des Menschen eher entspreche und seine moralische Aufrichtung fördere. Die Leihe wurde auch für wirksamer gehalten, denn die Erfahrung belege, daß es leichter sei, dem Niedergang vorzubeugen, als einen Entwurzelten wieder aufzurichten und in die Gesellschaft einzugliedern. Einzelinitiativen gingen den Leihhäusern voraus. Schon im 14. Jahrhundert riet Durand de Saint-Pourçain den städtischen Magistraten, einen vernünftigen Zinssatz gesetzlich festzulegen, um allen Zugang zu Krediten zu verschaffen. Um 1350 vergab in Salins eine städtische Organisation Kredite zu mäßigen Zinsen, um der Habgier der Juden und Lombarden Einhalt zu gebieten. Aber eine der frühesten Initiativen ergriff Michael von Northbury, der Bischof von London; er stiftete 1361 1000 Mark in Silber zur Gründung einer Kasse, die zinslose Kredite auf ein Jahr ausgeben sollte. Die Höhe der Kredite sollte dem Stand des Kreditnehmers entsprechen, 10 Pfund für einen Gemeinen, 20 Pfund für einen Bürger und 50 Pfund für einen Bischof, eine Staffelung, die darauf hinweist, daß alle sozialen Schichten in finanzielle Schwierigkeiten geraten konnten. Die von Philippe de Mézières wenig später geforderte Staatsbank sollte an Arme zinslose Kredite gegen Pfand ausgeben, andere Kredite gegen eine freiwillige Spende von etwa 10%, die zum Unterhalt der Institution verwendet werden sollte; den finanziellen Grundstock dieser Bank sollte der König, d. h. der Staat, zur Verfügung stellen.

Welche Leihhäuser zuerst gegründet wurden, ist relativ unerheblich. Viel wichtiger erscheinen die damit verfolgten Zielsetzungen und der Kreis der Kreditnehmer. Zu Recht verweist Richard C. Trexler darauf, daß viele Historiker diese Frage in einer Weise behandelten, als habe sich der Kreis der Armen seit dem 12. Jahrhundert nicht grundlegend verändert, während doch nachweislich im 15. Jahrhundert die Leihhäuser von verarmten Adligen und Bürgerlichen in Anspruch genommen wurden. Ihren Kundenstamm fanden diese Institutionen, besonders die *monti frumentari* in Süditalien, aber doch vorwiegend im einfachen Volk.

Bevor solche Institute in Italien errichtet wurden, gab es um 1432 in Šibenik (Illyrien) unter venezianischer Herrschaft ein ganz andersartiges Kreditsystem, das sich mit den Leihhäusern kaum vergleichen läßt. Zur gleichen Zeit hatte in Kastilien der Graf von Haro die *arcas de limosnas* geschaffen, die Papst Eugen IV. auf ein Bittschreiben König Johanns II. 1431 billigte. Ziel dieser Einrichtung war es, die Armen vor Wucherern zu schützen; auf ein Jahr erhielten sie gegen ein Pfand zinslosen Kredit; die Rückzahlung begann im Trimester nach der Kreditvergabe mit je einem Viertel der Kreditsumme. Die drei Verwalter wurden jeweils von den Einwohnern gewählt, die allgemeine Kontrolle übten die Minderbrüder aus. Einrichtungen dieser Art gab es in mehreren Orten der Provinzen Burgos, Palencia, Logroño und Calahorra. Knapp 50 Jahre später und kurz vor der Errichtung der *monti frumentari* in Italien wurden in Spanien Getreidespeicher *(positos de trigo)* angelegt, die nicht Geld, sondern Getreide ausliehen. Der früheste bekannte Beleg stammt aus Molina d'Aragon (1478); auf Anregung des Kardinals Cisneros entstanden solche Speicher in der Folgezeit auch in Toledo, Torre Laguna, Cisneros und Alcala de Hénarès.

Italien, das Mutterland des Humanismus und der Banken, wurde zum Hauptgebiet der Leihhäuser. Berhardin von Feltre verlieh der von den Observanten mit ihrer hohen gesellschaftlichen Sensibilität in Gang gesetzten Bewegung den entscheidenden Impuls. Ein erster Versuch, den Ludovico de Camerino 1428 in Arcevia in den Marken unternahm, scheiterte am Widerstand der Gemeindeverwaltung. Der Konsens der städtischen Magistrate war überall die unerläßliche Voraussetzung für den Erfolg solcher Unternehmen, die häufig nach folgendem Schema in Gang kamen: Eine Fastenpredigt geißelte die Sünde des Wuchers und prägte die Grundstimmung; die städtischen Magistrate verfügten oder genehmigten eine allgemeine Kollekte zur Beschaffung der finanziellen Grundlage, woraufhin der Rat das Leihhaus einrichtete. Die Kredite wurden gegen ein Pfand vom doppelten Wert der Kreditsumme vergeben. Ein geringer Zinssatz von meist 5% sollte die Verwaltungskosten decken. War die Rückzahlungsfrist verstrichen, wurde das Pfand öffentlich versteigert.

1462/63 entstanden die ersten Leihhäuser in Perugia, Orvieto und Gubbio; das Beispiel machte sofort Schule in ganz Umbrien, in der Toskana, in den Marken, in Latium und in den Abruzzen. Um 1484 trat Berhardin von Feltre auf den Plan; „wie ein Orkan" wirkten seine 3000 Predigten, die er auf seinen zahlreichen Reisen in Nord- und Mittelitalien hielt. Bernhardin überwand den Widerstand aller Wucherer und Spekulanten, besonders in Mantua, Piacenza, Padua, Vicenza und Venedig. Außergewöhnliche Erfolge erzielte er in Verona, wo der Jahresumsatz schon zu Beginn 200000 Dukaten betrug, und zwar mit Hilfe eines gestaffelten Systems von Krediten, die zinslos oder gegen einen Zinssatz bis zu 6% vergeben wurden *(monti piccolo, mezzano* und *maggiore)*. Schwieriger war es in Florenz, wo 1473 ein erster Versuch gescheitert war. Als Berhardin 1488 eintraf, erregte seine Predigt über die Liebe zu den Armen großes Aufsehen, an einem einzigen Tag soll er 400 Besucher empfangen haben. Die Signorie aber hielt das Ereignis für *inconveniente e scandaloso*, der öffentlichen Ordnung für abträglich, und bat ihn, die Stadt zu verlassen. Fünf Jahre später kehrte er zurück und erzielte dem Magistrat zum Trotz so großen Zulauf, daß keine Kirche die Zuhörer fassen konnte und sechs mit Stöcken bewaffnete Männer ihn vor der Begeisterung der Menge schützen mußten. Im Jahr darauf arbeitete das Leihhaus bereits, aber da Savonarola es als Werkzeug der Säuberung benutzte, wurde diese Institution in den Augen der Florentiner diskreditiert.

Die Problematik des Zinsnehmens löste heftige Diskussionen aus. Manche Dominikaner und Augustiner verurteilten jegliche Zinsnahme aufs schärfste, obwohl Mönche aus diesen Orden, etwa in Modena und Reggio di Emilia, an der Errichtung von Leihhäusern beteiligt waren. Der Augustiner Nicolas Bariano wandte sich gegen Bernhardin von Siena und gab einem Traktat den bezeichnenden Titel *De monte impietatis*. Bernhardin dagegen verwies auf die Erfahrung und bewies den Nutzen eines geringen Zinssatzes, der zur Erhaltung der Institute notwendig und im Vergleich zu den Zinsen von 30, 40 und 50%, wie sie die Wucherer forderten, recht niedrig sei. De facto vergaben von 40 Leihhäusern in den Marken nur sechs zinslose Kredite; schließlich blieb Bernhardins Strategie erfolgreich, und die städtischen Magistrate übernahmen im wesentlichen die von den Observanten vertretenen Vorstellungen.

Zur gleichen Zeit wie Bernhardin von Siena predigte der Observant Andrea da Faenza in den ländlichen Gebieten und schlug den Bauern die Errichtung der *monti frumentari* vor, Lagerhäuser, die Saatgetreide ausleihen und in Hungersnöten Getreide verteilen sollten. Allgemein bekannt sind seine Gründungen in Foligno, Spoleto, Rieti und Bologna; aber besonders hilfreich für die Armen wirkte seine Gründung in Sulmona bei Neapel zusammen mit dem damit verbundenen Waisenhaus zur Annunziata.

Um 1500 hatten sich in Italien und Spanien die Leihhäuser weitgehend durchgesetzt, die anderen europäischen Länder folgten diesem Vorbild relativ spät. Für die Niederlande ist das wenig erstaunlich, da dort die Armentafeln erfolgreich wirkten; das erste Leihhaus wurde erst 1534 in Ypern eingerichtet. Die Stadt Nürnberg, die 1473 den Kaiser gebeten hatte, Wucherjuden auszuweisen und eine Bank zu gründen, die keinen Wucher betreibe, erhielt 1498 das erste Leihhaus. Lyon dagegen unternahm erst im 16. Jahrhundert einen ersten, erfolglosen Versuch. Später arbeiteten in allen Ländern Armentafeln bzw. Banken unter dem Patrozinium des Hl. Geistes zusammen, wozu zwei Päpste ihren Segen gaben: Julius II. beschrieb 1503 die Aufgaben der Leihhäuser, und Leo X. erkannte sie 1515 offiziell an.

Ebenfalls aus dem Bestreben um größere Effizienz betrieb die weltliche Obrigkeit, meist im Einvernehmen mit den Kirchenoberen, die Reform von Hospizen und Hospitälern. Die Aufnahme von Armen mußte wieder zur wichtigsten Aufgabe erhoben werden, wo nötig, die Einrichtung ergänzt und schließlich die Organisation dem Geist der Zeit entsprechend nach den Grundsätzen der Rentabilität und Kompetenz neu geordnet werden. Diese Reformbemühungen der städtischen und staatlichen Obrigkeit standen keineswegs im Widerspruch zu dem auf dem Konzil von Vienne erlassenen Dekret *Quia contigit*. Dies belegt z. B. der hl. Antoninus, wenn er als Erzbischof von Florenz äußerte, die Hospitäler seien nicht ipso facto der bischöflichen Kontrolle unterworfen. Da Laien berechtigt seien, nach eigenem Gutdünken Hospize zu gründen, stehe ihnen folglich auch die Kontrolle darüber zu. Dieselbe Meinung vertrat Lapo de Castiglionco.

Das Eingreifen des Staates in das Hospizwesen läßt sich am Beispiel Frankreichs recht gut darstellen: 1519 sollte der Almosenier des Königs, der ursprünglich nur die vom König gestifteten Hospize kontrollierte, den Titel Großalmosenier von Frankreich erhalten. Häuser wie das Hospital von Langres (1501) wurden nach und nach der königlichen Oberaufsicht und immer häufiger auch den jeweiligen Parlamenten unterstellt. Ähnlich verlief die Entwicklung in den Herzogtümern und Grafschaften; in Burgund ist die Gründung so bedeutender Häuser wie des Hospitals von Beaune kennzeichnend für das ganze 15. Jahrhundert.

In den stark urbanisierten Regionen Italiens und der Niederlande griffen die städtischen Magistrate verständlicherweise früher ein. Bereits 1318 verwalteten in Mons drei städtische Beauftragte sowohl die Armentafel *(Commune Aumône)* als auch die Hospize und Hospitäler. Das seit dem Ende des 13. Jahrhunderts in städtischem Besitz befindliche Hospital von Dinant bezeugt ein Jahrhundert später seine Autonomie durch die Verwendung eines eigenen Siegels. Mit Hilfe des Rates der Stadt überwand das Hospiz von Mézières seine ständigen finanziellen Schwierigkeiten. Unter städtischer Kontrolle oder Leitung standen im 14. Jahrhundert die Hospitäler in Mirecourt, Senlis, Saint-Omer, Tournai und Ypern, im 15. Jahrhundert in Lille, Caen und Rennes, wo das Hospital von 1461 an städtische Subventionen erhielt, bevor es 1522 gänzlich in den Besitz der Stadt überging. In der Stadt Nantes, die bis zur Mitte des 15. Jahrhunderts nur dürftig mit zwei Armenhäusern (Saint-Jacques und Saint-Clément) und einem kleinen Hospiz (Saint-Julien) ausgestattet war, errichtete der Magistrat am Ende des 15. Jahrhunderts ein Hospital mit rund 140 Betten. In Aix kämpften die Hospize seit der Mitte des 14. Jahrhunderts ums Überleben. 1437 errichtete die Stadt ein neues Haus, dessen Unterhalt sie selbst finanzierte. 1481 wurden die Fürsorgeeinrichtungen in Dijon reorganisiert; im folgenden Jahr zählte man 1500 Bedürftige.

In einigen Fällen griff die städtische Obrigkeit eher aus disziplinarischen als aus finanziellen Gründen ein. So erwarb der Rat der Stadt Lyon 1478 das Hospital, um „das Fehlen der kirchlichen Obrigkeit, von der das Hospital abhing", auszugleichen. Ganz andere Gründe lagen in Paris vor, wo das Kapitel des Hôtel-Dieu sich als unfähig erwies, die notwendigen Dienstleistungen sicherzustellen und das gegen die Absetzung des Hospizmeisters protestierende Personal zur Ordnung zu rufen, und die städtische Obrigkeit um Unterstützung bat. Von 1505 an übernahmen acht vom Propst ernannte Bürger die Verwaltung; die religiöse Leitung verblieb der kirchlichen Obrigkeit. Anläßlich dieses Vorfalls entstand übrigens unter dem Titel *Livre de la vie active* eines der schönsten Bücher zur Geschichte des Hospizwesens, dessen mit Miniaturen kommentierter Text den Ordensfrauen ihre Pflichten gegenüber Armen und Kranken vor Augen hält.

Neben diesen Beispielen aus Frankreich ließen sich auch solche aus anderen Ländern anführen. 1391 ernannte der Rat der Stadt Porto eine Kommission, deren Aufgabe es war, die städtischen Hospitäler zu visitieren und die Versorgung von Armen und Kranken zu überprüfen. Schließlich arbeitete er eine Hospizordnung aus und setzte einen regulären Visitator ein. Die Einrichtung zahlreicher *gafarias* im ganzen Land kennzeichnete hier den Beginn der Verstaatlichung der Armenfürsorge. In Kastilien, wo die Hospitäler der Bruderschaften eine große Rolle spielten, übten die städtischen *consejos* zusammen mit den königlichen Beamten die Kontrolle aus. In England belegen die Rechnungsbücher des *steward* von Southampton, welche Bedeutung die Armenfürsorge in der städtischen Politik besaß. Das gleiche gilt für die Städte in der Schweiz.

In Italien vollzog sich der Zugriff der weltlichen Obrigkeit auf die kleinen Hospitäler der Landgemeinden nicht ohne Auseinandersetzungen mit den Bischöfen. Die Gemeinden beanspruchten das Recht, nach dem Tod des Stifters die Aufsicht zu übernehmen und vor allem den Hospitalmeister zu ernennen, Befugnisse, die bislang dem Bischof zugefallen waren. Zusätzlich kompliziert wurde das Problem durch die notwendige, aber umstrittene Unterscheidung zwischen den von Bruderschaften gegründeten Hospitälern mit kirchenrechtlichem Status (im 14. Jahrhundert z. B. in Bitonto und Bologna), die dem Bischof unterstanden, und solchen, deren Gründer Laien waren und die von der weltlichen Obrigkeit kontrolliert wurden. Im 15. Jahrhundert fand man meist einen Modus vivendi, weil die Bischöfe die Auseinandersetzung scheuten; in Mailand gelang es dem Herzog Francesco Sforza sogar, dem Bischof jeglichen Einfluß zu nehmen, ohne daß es zum Bruch kam.

Ganz geläufig war in Deutschland die Übernahme der Hospitäler durch die Städte. Eine Untersuchung von 424 Häusern ergab, daß ein Drittel aus dem 14. Jahrhundert stammte, ein Viertel (109) städtische Gründungen, die anderen (94) private Stiftungen bzw. Einrichtungen von Bruderschaften (28) waren; damit verdankte rund die Hälfte ihre Existenz der Bürgerschicht, welche die Städte beherrschte. Welt- und Ordensklerus, Bettelmönche und Hospitaliter, hatten 65 bzw. 50 Hospitäler gegründet. Die städtischen Magistrate dehnten ihre Kontrolle bzw. ihren Einfluß auf 80 Häuser aus, die sie nicht selbst gegründet hatten. Dies geschah besonders in Norddeutschland, wo zahlreiche Stiftungen von Laienzusammenschlüssen getätigt worden waren. 1382 zwang die Stadt Danzig den Deutschherrenorden, ihr das Heiliggeisthospiz abzutreten. In den meisten Fällen akzeptierten die Bruderschaften die städtische Kontrolle widerstandslos, etwa in Hamburg, wo das Hospital von Geistlichen und Laien gemeinsam verwaltet wurde. Daß die Verwaltung des Hospizwesens eine städtische Angelegenheit sei, galt schon im 14. Jahrhundert als so selbstverständlich, daß Eingriffe der Bischöfe in die Verwaltung und Leitung als Usurpation verstanden wurden. 1341 schloß der Rat der Stadt Halle Geistliche von der Hospizverwaltung aus, und geradezu verblüffend ist die im Zusammenhang mit dem Hospital Saint-Nicolas in Metz formulierte Äußerung: ,,Das Hospital ist kein Haus Gottes." Aber vielleicht wird hier kein anachronistischer Grundsatz vertreten, sondern vielmehr festgestellt, daß wohlhabende Präbendeninhaber den Platz der Armen und Kranken, der ,,Glieder Jesu Christi", usurpiert hatten. Aus diesem Grund richteten nämlich im 15. Jahrhundert viele Städte zur Versorgung der Armen ein *Gasthaus* bzw. einen sog. *Gotteskeller* ein, etwa Köln, Freiburg/Br., Goslar, Lüneburg, Bremen, Lübeck und Frankfurt a. d. Oder. In der Schweiz galt von 1491 an der Grundsatz, daß jeder Kanton seine Armen selbst versorgen müsse.

Bezeichnend für die Bemühungen um Effizienz und Rentabilität war auch die Konzentration bzw. die Zusammenlegung von Fürsorgeeinrichtungen. Kleine, unwirtschaftliche Häuser entzogen sich jeder Kontrolle und trugen auch zur Verzettelung der Kräfte bei. Die Notwendigkeit einer Neuordnung wurde überall offenkundig. Dies bedurfte im Regelfall der Genehmigung des Bischofs oder gar des Papstes, wenn nämlich die Hospize mit Privilegien ausgestattet waren. Aus diesem Grund war auch eine Bürgschaft der weltlichen Obrigkeit notwendig. In der Praxis verordneten die Städte und Landesherren die Fusion mehrerer Häuser am größten Hospiz der Gegend oder die Gründung eines neuen, worin die älteren Einrichtungen zusammengefaßt wurden.

Zur Fusion zwangen wirtschaftliche Schwierigkeiten, die zunehmende

Zahl der Armen und die Erfordernisse der öffentlichen Ordnung, in Frankreich z. B. schon im 14. Jahrhundert in Aix-en-Provence. Zwischen 1370 und 1380 übernahm das Hospital Saint-Jacques das Hospiz Saint-Marie-Madeleine, um 1400 fusionierte es seinerseits mit dem Hospital Saint-Sauveur; aber erst 1581 wurden alle Hospitäler der Stadt zusammengelegt.

In Portugal begann die Neuordnung des Hospizwesens um 1430. Als 1437 ein neues Hospiz in Tomar eröffnet wurde, erhielt Don Duarte von Papst Eugen IV. die Erlaubnis, alle bestehenden Anstalten in der Neugründung zusammenzuschließen. Gegen Ende des 15. Jahrhunderts ermöglichten weitere päpstliche Bullen (1479, 1486, 1499) die Fusion in allen größeren Städten, so in Lissabon, Coimbra, Santarem und Evora. Das Bemühen um Konzentration kommt auch in der Gründung der *misericordias* und *mercearias* zum Ausdruck, wo verarmte Personen aus höheren Gesellschaftsschichten Aufnahme fanden. Genauso verfuhr man in Kastilien und in den Ländern der Krone Aragon. Sechs Hospitäler fusionierten Mitte des 15. Jahrhunderts in Barcelona. Häufig richteten auch Bischöfe die Bitte um Genehmigung der Fusionierung an den päpstlichen Stuhl, 1450 etwa der Bischof von Lerida für sechs Hospitäler seiner Bischofsstadt. In vielen Fällen vollzog sich dieser Vorgang auch erst im 16. Jahrhundert.

In Italien begann die Zusammenlegung im 14. Jahrhundert, 1354 z. B. in Ferrara die Fusion des Hospizes der Bruderschaft Santa Maria Novella mit dem älteren Hospital der Montini im *Ospedale dei Battuti Bianchi*. Im 15. Jahrhundert erfaßte die Tendenz alle größeren Städte, z. B. 1423 Genua, 1430 Turin, 1436 Florenz und in der zweiten Jahrhunderthälfte Como und Crema (1468), Piacenza (1471), Rom (1475) und Ferrara (1478). Relativ spät begnügte sich Venedig damit, 1471 im Campo Sant'Antonio eine Art Aufnahmezentrum für Arme zu schaffen.

Neben den finanziellen Engpässen und den Erfordernissen der Verwaltung trugen auch andere Beweggründe und Vorstellungen zur Neuordnung des Hospizwesens bei. Die allgemeine Entwicklung hatte vorwiegend die Hospitäler in den großen städtischen Zentren begünstigt und einen gewissen Fortschritt der ärztlichen Kunst bewirkt. Zu berücksichtigen ist auch die Tendenz zur Ausdehnung der staatlichen Befugnisse und das Bemühen der Großstädte, ihr Ansehen und ihr menschenfreundliches Renommee zu mehren. Schließlich gehört die Fusionierung von Hospitälern auch zum städtebaulichen Programm der Architekten der Renaissancezeit. Charakteristisch für alle diese Elemente verlief die Entwicklung in Mailand: Den Anstoß gab Kardinal Enrico Rampini, der Erzbischof der Stadt; die öffentliche Meinung unterstützte ihn, Francesco Sforza setzte die Pläne schließlich in die Tat um, und der Papst billigte die Neuordnung. So entstand ein ganzer Hospitalkomplex, das *Ospedale Maggiore*. Kreuzförmig umschlossen die Gebäude einen Hof und bildeten so eine funktionelle Einheit. Der Architekt war kein geringerer als Antonio Averlino, genannt

Filarete. „In deiner strahlenden Stadt Mailand baute ich das berühmte Haus für die Armen Christi, dessen Grundstein du selbst gelegt hast." Mit diesen Worten beginnt Filarete die Widmung seines *Trattato d'architettura* an Francesco Sforza. Der Arme fand seinen Platz in der Idealstadt des Mittelalters, dem vorbildhaft wirkenden Entwurf Filaretes. Zwar war das Pariser Hôtel-Dieu ähnlich angelegt, was aber eher dem Zufall zu verdanken war; außerdem litt die Funktionalität der Anlage unter einer Reihe von späteren Anbauten. Kreuzförmig um eine zentral gelegene Kapelle angeordnet wurde dagegen das Hospital von Bourg-en-Bresse, und 50 Jahre später baute Enrique de Eguas, ebenfalls ein berühmter Architekt, nach diesem Prinzip das Hospital von Toledo. Die Zeit der groß angelegten Hospitäler war angebrochen. In Rimini vereinigte Galeotto Malatesta die elf Hospitäler 1486 im Ospedale di Santa Maria della Misericordia. Erwähnen könnte man in diesem Zusammenhang auch den 1434 vom Herzog von Bayern begonnenen Bau des Hospitals von Ingolstadt. In Lissabon begann 1492 der Bau des Allerheiligenhospitals, etwa gleichzeitig entstanden in Spanien je ein königliches Hospital in Burgos und Sevilla, Santa Maria de la Piedad in Medina del Campo und das Hospital de la Vitoria in Santiago de Compostela. Heinrich VII. aus dem Hause Tudor ließ in Florenz Erkundigungen einholen, weil er den berühmten Savoypalast in London in ein *almhouse* für rund 100 Arme umbauen lassen wollte.

Der Geist der Rationalität, der die gesamte Neuordnung der Armenfürsorge prägt, kam schließlich auch darin zum Ausdruck, daß man vielerorts eine gewisse Spezialisierung anstrebte und sich um Anstellung kompetenten Personals bemühte. Die Obrigkeit bestand immer eindringlicher auf sachkundiger und untadeliger Verwaltung und auf strenger Kontrolle. Eine gewisse Spezialisierung zeichnete sich in anderen Bereichen ab. Ein erster Schritt dazu bestand in der immer schärfer betonten Trennung von materieller Verwaltung und geistlicher Betreuung durch den Kaplan. Es folgte die Hinwendung der Hospitäler zu therapeutischen Aufgaben. Arme und Kranke suchten die Hospitäler nicht nur zu dem Zweck auf, um dort zu überleben, ihr Alter zu verbringen und zu sterben, sondern auch immer häufiger, um geheilt zu werden. Schon der hl. Antoninus hielt eine Art von Spezialisierung für unerläßlich. Wenn Brüder oder Schwestern, so schreibt er, mit Genehmigung des Bischofs nach einer Regel wie der des hl. Augustinus zusammenleben, so besteht ihre Spezialisierung darin, daß sie besonders die Tugenden der Geduld und der Güte üben.

Auch Antoninus von Florenz vertrat die Meinung, ein Hospiz könne nicht alle Aufgaben erfüllen. Bereits im 13. Jahrhundert wurden einzelne Häuser oder Teile von Hospizen für eine besondere Art von Kranken reserviert, eine Praxis, die im 14. und 15. Jahrhundert immer weitere Verbreitung fand. Mit dem Niedergang der Leprosenhäuser, die nur in Schottland noch erhalten blieben, müssen wir uns hier nicht weiter beschäftigen. Vorwiegend Blinde betreute nach wie vor auf Kosten des Königs das Hospital Quinze-Vingts in Paris, andere Hospize widmeten sich ebenfalls der Sorge für Blinde, so 1356 das nach seinem Gründer benannte Hospital Rose in Meaux. Gegenüber den Geisteskranken setzte sich allmählich eine weniger ablehnende Einstellung durch. Bislang hatten sie, wie Michel Foucault formulierte, ,,am äußersten Rande des Denkhorizonts des mittelalterlichen Menschen'' vegetiert. Hatte ihre Zahl im 14. und 15. Jahrhundert nun zugenommen, oder waren die Menschen sensibler für das Leiden geworden? Im Londoner Hospital St. Mary of Bedlam, dem ersten Haus für Geisteskranke, das 1370 erstmals bezeugt ist, legte man die Kranken nach wie vor in Ketten. 1375 wurde in Hamburg das zweite Haus dieser Art, die sog. *Tollkiste*, gegründet. Mitte des 15. Jahrhunderts wurden in Nürnberg Geisteskranke noch festgenommen und aus der Stadt verwiesen. In Frankfurt erhielten 1399 Schiffer den Auftrag, die Gesellschaft von solchen Kranken zu befreien, wie, bleibt offen. Häufiger aber errichtete man feste Häuser, 1410 in Valencia, 1425 in Saragossa, 1436 in Sevilla und Valladolid. Im Kölner Hospiz St. Revilien wurden einige Säle für Geisteskranke reserviert, in Bamberg, Lübeck und Donau-Eschingen schuf man eigene Asyle für sie. Am Ende des 15. Jahrhunderts wurde in Brüssel die Armentafel vom Hl. Geist mit der Versorgung der Geisteskranken beauftragt, bis der Bau des *Simplehuys* fertiggestellt sei. Besondere Hospize, die man Hospitäler der Unheilbaren nannte, wurden schließlich am Ende des 15. Jahrhunderts zur Behandlung der Syphilis errichtet, so in Straßburg (1496), Nürnberg, Erfurt, Lüneburg und in einigen italienischen Städten.

Die übrigen Formen der Spezialisierung erfolgten nach Berufsgruppen und sozialer Herkunft der Kranken. Hartnäckiges Mißtrauen gegenüber den Seeleuten führte zu Neugründungen, die speziell diese Berufsgruppe betreuten. 1385 errichtete Venedig im Komplex der *Misericordia* ein eigenes Seeleutehospiz, ab 1500 stand ihnen im Hospital San Nicolo di Castello ein eigenes Altersheim zur Verfügung. Neuartige Gründungen entstanden in der Zeit der großen Entdeckungen auf der iberischen Halbinsel: 1396 stiftete ein Kaufmann aus Valencia namens En Bou ein Hospital für Fischer; das Heiliggeisthospiz in Porto (1413) wurde von den *pilotos, mestres e mareantes* selbst verwaltet; in Puerto Santa Maria betreute eine Bruderschaft ein Hospital für Galeerensträflinge (belegt 1512). In Übersee gab es zahlreiche Einrichtungen dieser Art, in Madeira (belegt 1479 und 1484) für Seeleute und in Ceuta 1450 für verwundete Soldaten und Gefangene, die aus sarazenischer Gefangenschaft entkommen waren. 1454 entstand in London das *Salter's Almhouse* für Salinenarbeiter.

Eine andere Art der Spezialisierung erforderte die soziale Herkunft der Kranken bzw. Armen. In Köln gab es ein eigenes Hospital für getaufte Juden bzw. Katechumenen, ein erstaunliches Phänomen angesichts des sonst üblichen Antisemitismus. Der Vollständigkeit halber seien noch die Hospitäler für andere Berufsgruppen erwähnt, die von den Zünften oder Bruderschaften unterhalten wurden; in Florenz gab es Hospitäler für Lastträger, Färber und Hufschmiede, in Straßburg ein Hospiz für Schuhmacher.

Nicht gerade neu, aber doch in Ausdehnung begriffen waren Gründungen für Büßerinnen (1374 in Avignon, 1381 in Marseille, 1357 in Venedig, im 15. Jahrhundert in Straßburg, Worms, Regensburg und Erfurt und 1483 das Hospital Sainte-Madeleine in Paris). Diese Aufgabe übernahmen auch manche Beginenkonvente, die meisten allerdings dienten als Altersheime für Frauen. Alte Männer fanden in den allgemeinen Hospitälern Aufnahme, aber es gab auch einzelne Häuser speziell für Greise (1353 in Augsburg, 1366 in Bremen). Gebärenden Frauen wurden nach und nach fast überall eigene Säle zugewiesen.

Zunehmende Beachtung fand auch das Los der Waisen und Findelkinder. Die Städte Lille, Saint-Omer und Douai z. B. beauftragten Beamte, die sog. *gard'orphènes*, mit der Aufsicht über die Waisen; hauptsächlich verwalteten sie deren Erbteil, gegebenenfalls zusammen mit den Zünften und Bruderschaften, denen der Vater dieser Kinder angehört hatte. Von der zweiten Hälfte des 14. Jahrhunderts an entstanden überall in Europa Waisenhäuser, in den nordeuropäischen Ländern in geringerer Zahl als in West- und Südeuropa, aber die Quellen bezeugen auch Waisenhäuser in Wien, Ulm, Krakau und London, wo dem *Chamberlain* und dem *Orphan Court* der Schutz der Waisen anvertraut war. Ein typisch französisches Beispiel liefert das Hôpital du Saint-Esprit-en-Grève, das 1363 von einer Bruderschaft in Paris zur Aufnahme von ehelich geborenen ausgesetzten Kindern oder Waisen unter neun Jahren gegründet wurde. 1409 waren es 50, ein Jahrhundert später 200 Kinder beiderlei Geschlecht. Die Kinder, deren Eltern im Hôtel-Dieu aufgenommen wurden oder dort starben, hätten ebenfalls in diesem Waisenhaus untergebracht werden sollen; aber da die Leitung dies verweigerte, betreute man sie im Hôtel-Dieu unter äußerst schlechten Bedingungen, bis Franz I. 1536 das Hospital der *Enfants-Dieu* gründete, das später wegen der Uniformen der Kinder *Enfants Rouges* genannt wurde. Waisenhäuser ,,zum Hl. Geist'' entstanden auch in anderen Städten, 1371 z. B. in Marseille. In Aix sorgte eine Charité, zweifellos eine Bruderschaft, für die Waisen. Italien verfügte im 15. Jahrhundert offensichtlich über mehr Waisenhäuser als Frankreich: Sehr bekannt ist das Haus in Genua, berühmt aber das Waisenhaus der Innocenti in Florenz (1444).

Schließlich fanden auch die Findelkinder Beachtung, deren Eltern niemand kannte. Die Kindersterblichkeit war unvorstellbar hoch; wie der *Bourgeois de Paris* berichtet, erreichte sie sogar im Pariser Hôtel-Dieu in manchen Jahren 80%. Findelkinder wurden von der Gesellschaft nicht akzeptiert und seit alters her der kirchlichen Obhut übergeben. In manchen Kirchen stand ein eigener Altar oder gar ein Bett zur Aufnahme dieser beklagenswerten Geschöpfe bereit, in Paris das *Lit Notre-Dame* in der Kathedrale, in Poitiers das *Lit Notre-Dame de la Paille* in der Kirche Saint-

Cyprien. Zu Beginn des 16. Jahrhunderts hatte in Paris ein vom Kapitel ernannter *gardien des enfants* rund 60 Kinder zu betreuen; in Rouen, Poitiers und Lausanne entlohnte die Stadt die Amme. In Deutschland gab es eigene Heime für Findelkinder in Köln, Augsburg, München, Nürnberg und Ulm, wo um 1500 etwa 200 Kinder lebten. In Italien sind die Heime in Pavia und Florenz sowie die berühmte Annunziata in Neapel am bekanntesten.

Das Spektrum des Hospizwesens, dessen häufigste Nutznießer die Armen waren, wurde offensichtlich durch die Spezialisierung den Bedürfnissen besser angepaßt. Im eigentlich medizinischen Sektor aber waren nur spärliche Fortschritte zu verzeichnen. Immerhin verstärkte sich die Tendenz, die Hospitäler mit medizinisch-therapeutischen Aufgaben zu betrauen. Die Ernährung der Kranken verrät allerdings noch recht mangelhafte diätetische Kenntnisse. Noch lange Zeit mußten sich zwei oder drei Personen ein Bett teilen. Erst im 14. Jahrhundert begann man, bei Überfüllung die mit einer ansteckenden Krankheit Behafteten zu isolieren. Auch begann sich die Vorstellung abzuzeichnen, im Hospital eine Zeit der Genesung zu verbringen, in Reims z. B. eine Woche. Aber nur sehr zögernd wurden an den Hospitälern Ärzte und ärztliches Hilfspersonal angestellt. 1328 erhielt das Pariser Hôtel-Dieu einen Chirurgen, 1367 arbeitete Guy de Chauliac im Hospital Saint-Just zu Lyon; das Kinderhospiz von Genua verfügte 1373 über einen Arzt, einen Chirurgen und einen Barbier; 1369 stellte die Stadt Basel einen Arzt zur Untersuchung der Leprosen ein; zur gleichen Zeit arbeitete John of Mierfield am Londoner St. Bartholomew-Hospital; 1434 beschäftigten die Hospitäler in Lyon und Marseille je einen Barbier; in der Mitte des 15. Jahrhunderts entlohnte der Rat der Stadt Dijon einen Arzt, der kranke Arme in ihren Wohnungen behandelte; am Ende des Jahrhunderts stellte der Stadtrat von Nantes zwei Apotheker, einen Chirurgen und einen Arzt am Hospital ein. Schließlich sei es erlaubt, zeitlich ein wenig vorzugreifen und darauf zu verweisen, daß 1532 Rabelais am Grand Hôtel-Dieu zu Lyon seine ärztliche Kunst ausübte. Die Ausrichtung der Hospitäler auf therapeutische Aufgaben erfolgte also zur gleichen Zeit, da sich in allen Bereichen die Grundsätze der Spezialisierung, der Kompetenz und der Effizienz durchsetzten. Zweifellos muß man mit André Vauchez auch noch auf einen weiteren Zusammenhang verweisen: „Eine gewisse medizinische Spezialisierung dieser Einrichtungen ... erfolgte von dem Zeitpunkt an, da Vagabunden, Bettler und Pilger, die zum großen Teil die Unterstützung der Hospitäler beansprucht hatten, dort nicht mehr aufgenommen wurden." Die sog. schlechten Armen auszuschließen, um die guten Armen besser zu versorgen – diese Vorstellung wollen wir als letzte untersuchen und damit die Analyse der gesellschaftlichen Verhaltensweisen im ausgehenden Mittelalter, die den folgenden Jahrhunderten als Erbe und Vorbild überliefert wurden, abschließen.

Die Vorstellung, daß Wohltätigkeit verdient sein müsse, prägte von der Mitte des 14. Jahrhunderts an die meisten sozialen Verhaltensweisen gegenüber den Armen. Unterstützung durfte nur beanspruchen, wer ohne eigenes Verschulden nicht in der Lage war, von seiner Hände Arbeit zu leben. Alle anderen verdienten kein Mitleid. Die seit der Mitte des 14. Jahrhunderts anwachsende Zahl der „starken Armen" löste primitive, instinktive Abwehrreaktionen aus und bewirkte, daß Bettler mit Vagabunden gleichgesetzt wurden. Noch war die Große Pest nicht überwunden, als innerhalb von vier Jahren (1347–1351) alle europäischen Länder von Polen bis Portugal erstaunlicherweise fast gleichzeitig nicht nur Löhne und Preise festsetzten, sondern auch eine Reihe repressiver Maßnahmen gegen Bettler und Vagabunden ergriffen. Da diese offensichtlich wenig Wirkung zeitigten, nicht angewandt wurden oder die anstehenden Probleme nur verschärften, sahen sich städtische Magistrate und Landesherren gezwungen, die Erlasse mehrfach zu wiederholen. Die Gesamtproblematik war sehr komplex und betraf die öffentliche, gesellschaftliche und moralische Ordnung. Es genügte eben nicht, sich auf die Unterscheidung zwischen solchen Armen, die Hilfe verdienten, und jenen, die ihrer nicht würdig waren, zu beschränken. Schließlich konnte man nicht zahllose Menschen ins soziale Randgruppendasein abgleiten lassen und sie dann strafrechtlich verfolgen. Deshalb ergriff man gegen Bettler und Vagabunden auch Zwangsmaßnahmen, von denen man sich Besserung erhoffte, zwang die „Müßiggänger" zur Arbeit und sperrte die Obdachlosen in Asyle. Damit zeichneten sich am Ende des Mittelalters bereits die Grundzüge der späteren Armenpolizei ab.

In der Vorstellung der Zeitgenossen nutzten solche Ordnungsmaßnahmen allen Armen gleichermaßen. Durch die Unterscheidung verschiedener Kategorien verteidigten sie das Ansehen der wahren Armen und wahrten deren Rechte. Den anderen boten sie Gelegenheit zur moralischen Besserung und zur Wiedereingliederung in die Gesellschaft. Manche Bürger mögen damit lediglich ihr Gewissen besänftigt haben; aber warum sollte man eigentlich die Aufrichtigkeit der anderen bezweifeln?

In fast allen Ländern und Städten waren diese Maßnahmen nahezu gleich; in erster Linie wollte die Obrigkeit damit Faulenzer und Taugenichtse vertreiben. Da man die Bettelei nicht verhindern konnte, wurde die Erlaubnis dazu an bestimmte Bedingungen geknüpft. In England durften nur Arbeitsunfähige und Menschen über 60 Jahren betteln; in vielen Städten mußten Bettler ein Abzeichen tragen, welches man wohl zu Unrecht und viel zu negativ als Schandmal interpretiert hat; denn die Gesellschaft Or San Michele in Florenz und die Armentafeln Nordeuropas gaben solche Zeichen als Berechtigungsausweise aus, und im 15. Jahrhundert erhielten die Berechtigten am Comtesse-Hospital in Lille mit diesem Abzeichen das Recht, auf den Straßen der Stadt zu betteln. Aber die Erlaubnis galt nicht unbeschränkt; in Paris wie in Malines und Mons wies man den

Bettlern bestimmte Bezirke zu. Auch war es verboten, innerhalb der Kirchen zu betteln. In England schließlich wurden 1388, 1405 und 1509 besonders strenge Vorschriften erlassen; dort durften die Armen ihren Geburts- bzw. Wohnort nicht ohne einen vom Friedensrichter der Grafschaft ausgestellten Wegebrief verlassen (seit 1388).

Rigoroser noch als nicht autorisierte Bettler wurden Vagabunden bestraft. Schon 1350 verfolgte man in England Flüchtige systematisch, gegen Ende des 15. Jahrhunderts wurde die Aufsicht der französischen Wegepolizei verschärft. 1473 verfügte das Parlament von Paris einen Katalog von Repressionsmaßnahmen; dies war der krönende Abschluß einer seit 1351 ständig verschärften Strafenskala, die Gefängnisstrafen, Brandmarkung und Verbannung umfaßte. Wer in England keinen Wegebrief besaß, riskierte die Brandmarkung. Nicht minder streng fielen die städtischen Vorschriften aus: In manchen Städten durften Vagabunden bei Strafe des Erhängens nur einmal übernachten; überall wurden die Gasthäuser scharf kontrolliert, in Deutschland wie in England, in Spanien wie in Frankreich, etwa in Tours und Poitiers. In Venedig mußten sich die Bettler im 14. Jahrhundert in einem Hospital zu den Gabenverteilungen melden oder die Stadt verlassen. Ein Jahrhundert später gab Genua ihnen noch nicht einmal diese Chance und vertrieb sie aus der Stadt, wie es 1359 bereits in London üblich war. Bestraft wurden übrigens nicht nur illegale Bettler und Vagabunden, sondern auch alle, die ihnen ein Almosen gaben; in England konnte man dafür sogar in den Kerker wandern. 1403 wurde der Armentafel in Mons, wie später der Armentafel in Löwen, wo man sich auf einen Erlaß Philipps des Guten von 1458 stützte, untersagt, nicht zugelassene Arme zu betreuen.

Überall zwang man um die Mitte des 14. Jahrhunderts gesunde Arme und Vagabunden zur Arbeit. Die Obrigkeit bemühte sich aber auch, Arbeitsmöglichkeiten zu beschaffen. 1367 forderte Hugues Aubriot, der Propst von Paris, die „Müßiggänger" auf, gegen Entlohnung die Stadtgräben zu säubern und die Befestigungsanlagen instandzusetzen. Das gleiche versuchte 28 Jahre später der Seneschall von Toulouse. Solche Bemühungen waren noch weit entfernt von den späteren Arbeitshäusern *(ateliers de charité)*. Allerdings fügte Aubriot in seinem Erlaß hinzu, Vagabunden könnten auch überall dorthin zur Arbeit geschickt werden, „wo man bereit ist, sie zu beschäftigen". In Kastilien erhielten die Grundherren damals die Erlaubnis, Vagabunden festzunehmen und sie ohne Lohn einen Monat lang zur Arbeit zu zwingen. Bevor der Begriff der Zwangsarbeit existierte, wurde sie also bereits praktiziert. 1486 ging man noch nicht so weit, Zwangsarbeiter außer Landes einzusetzen; sie mußten die Flüsse der Pariser Region instandsetzen, z. B. den Morin, der schiffbar gemacht werden sollte, oder die Straßen der Hauptstadt reinigen. Aber inzwischen hatte man auch schon eine bessere – grausamere – Verwendung für sie gefunden. Jacques Cœur soll als erster Vagabunden auf die Galeeren geschickt und so ihre Arbeitskraft vermarktet haben. Bezeugt ist diese Praxis schon in einem Erlaß aus dem Jahre 1400, worin die Verschiffung ,,minderwertigen Gesindels" erwähnt wird. Nach Jacques Coeur beabsichtigten 1456 die Stände des Languedoc, das Land von Vagabunden zu säubern und sie auf die Galeeren zu schicken. Der Herzog von Savoyen schließlich bemannte 1462 Galeeren für eine Expedition nach Cypern recht billig mit Vagabunden, die er in Genf aufgreifen ließ.

Zwangsarbeit und Verschickung auf die Galeeren erinnern uns an eine letzte Gruppe von Armen, die es in Europa immer schon gegeben hatte und welche das Zeitalter der Entdeckungen vom ausgehenden Mittelalter als Erbe übernehmen sollte, die Sklaven. Besonders viele lebten unter sehr unterschiedlichen Bedingungen in den Städten des Mittelmeerraumes. Juristisch waren sie alle Eigentum ihres Herrn; aber während die einen als Hausbedienstete oder als sonstige Arbeitskräfte relativ gut behandelt wurden, bildeten andere, etwa in Genua am Ende des 14. Jahrhunderts, ein dahinvegetierendes Proletariat von Hilfsarbeitern und Galeerensklaven. Bis zur Mitte des 15. Jahrhunderts stammten die meisten Sklaven aus den Anrainerstaaten des Schwarzen Meeres, danach importierten die iberischen Länder vorwiegend Sklaven aus Afrika unter entsetzlichen Umständen. Der Chronist Zurara hinterließ uns eine Beschreibung des Sklavenmarktes von Lagos, deren ganz offensichtlich aufrichtiges Mitleid für das Los dieser armen Menschen der weit verbreiteten Ansicht, daß alle Nichtchristen zu Recht versklavt werden dürften, wenigstens einen Teil ihrer Härte nimmt. So blieben ganze Denkbereiche jahrhundertelang vom Humanismus weitgehend unberührt. Die Zielsetzung der moralischen und gesellschaftlichen Integration kommt wie in der Verpflichtung der gesunden Bettler und Vagabunden zur Zwangsarbeit auch in der Behandlung solcher Sklaven zum Ausdruck, denen man den Übertritt zum Christentum nahelegte.

Vom Ende des 14. Jahrhunderts an ging man immer häufiger dazu über, gesunde Bettler und Vagabunden in Asyle einzuweisen. Wenn Gerson ,,eingeschlossene" und ,,nicht eingeschlossene" Arme erwähnt, so unterscheidet er damit zwischen solchen, die in Hospitälern untergebracht sind, und jenen, die vom Bettel leben; auf Werturteile aber verzichtet er. Zur gleichen Zeit aber sahen andere in durchaus wohlmeinender Sorge keine andere Möglichkeit, den Armen Lebensunterhalt, Kleidung und Arbeitsstelle zu sichern, als sie in großen Hospizen zusammenzufassen. In Siena und Modena, um nur zwei Beispiele anzuführen, wurden die Armen damals schon gezwungen, in Asylen zu leben. Giangaleazzo Visconti erklärte 1396, die Armen gehörten in die Hospitäler, und er beauftragte eine Kommission, sie festzunehmen und zu internieren. Hätte sich diese Idee durchgesetzt, wären Hospize und Hospitäler binnen kurzer Zeit völlig überfüllt gewesen; in vielen Städten aber setzte sich die Tendenz durch, Bettlern und Vagabunden den Zugang zu den Hospizen zu verwehren und sie nur zu den Gabenverteilungen zuzulassen. Anderseits leistete die Absicht, möglichst alle Armen zu internieren, einen erheblichen Beitrag zur Schaffung großer Hospize. Alle diese Versuche belegen das weite Ausmaß dieser Problematik ebenso wie die tiefe Ratlosigkeit einer Gesellschaft, die den Pauperismus nicht überwinden konnte und sich deshalb damit begnügen mußte, die Not zu lindern und deren schlimmste Auswüchse zu verbergen.

Schluß

> „Vielleicht hat die Natur diese
> Menschen als Gesindel geschaffen."

Ist dieses Buch nun zu knapp oder zu breit angelegt? Vielleicht trifft beides zu. Über ein Jahrtausend hinweg haben wir die Spuren von Menschen verfolgt, die keine Schriftstücke hinterließen und deren Gesichter wir oft nicht einmal kennen. Zu Beginn unseres Weges sahen wir in den Armen eine verkannte und heterogene Gruppe, und als solche fanden wir sie an dessen Ende wieder. Und doch sind es nicht mehr dieselben. Um 1500 sind sie noch heterogener und zahlreicher; zwar bilden sie immer noch die unterste Gesellschaftsschicht, aber ihre Präsenz ist auffallender.

Die im Laufe der Jahrhunderte entstandenen vielfältigen Arten der Armen, hervorgegangen aus den verschiedensten Formen von Not und Bedrängnis, waren nun voll ausgeprägt. Bezeichnend für alle Armen aber ist die Unfähigkeit, die Armut ohne fremde Hilfe zu überwinden, sowie die daraus resultierende moralische und materielle Abhängigkeit. Das größte Ansehen genoß noch der Arme im traditionellen Sinne, der wie der Mönch als Armer Christi und als leidendes Glied der Gemeinschaft der Heiligen bezeichnet wurde, der wegen Krankheit, aus Altersgründen oder aufgrund eines Schicksalsschlages physisch oder psychisch nicht in der Lage war, seinen Lebensunterhalt zu verdienen. Ebenfalls als Arme im religiösen Sinne wurden das ganze Früh-, Hoch- und Spätmittelalter hindurch die Opfer von Gewalttätigkeiten aller Art geachtet. Solche Menschen wurden zu allen Zeiten als wahre Arme anerkannt. Bei diesem Personenkreis handelte es sich zunächst um die Schwachen im Schatten der Zwangsgewalt und der Macht, um die Kleinen, die von ihren Glaubensbrüdern Hilfe zur Überwindung der Not erwarteten, und schließlich um jene Armen, die sich nicht aus eigener Kraft erhalten konnten.

Die Berufstätigkeit bzw. je nach Stand auch das Amt lieferte das entscheidende Kriterium für die soziale Einordnung des Armen; denn nur Unfähigkeit, mangelnde Verdienstmöglichkeit oder manchmal sogar Verweigerung verschafften ihm ein Anrecht auf Unterstützung. Wie wir sahen, währte es lange, bis unzureichende landwirtschaftliche Erträge und karge Entlohnung als Kriterien der neuen, sich immer stärker ausbreitenden Form des Mangels anerkannt wurden, die wir als fleißige Armut bezeichneten. Genährt wurden die Widerstände von der Angst vor einer ständig anwachsenden, als bedrohlich empfundenen Gruppe, vor Parasiten und sozialen Randexistenzen, Vagabunden, Arbeitsunwilligen und falschen Bettlern, die von dieser Zeit an unterschiedslos als Geusen, als Gesindel bezeichnet wurden. Immerhin unterschied der Sprachgebrauch noch zwischen wahren Armen und unwürdigen Bettlern bzw. zwischen friedlichen und ,,bedrohlichen'' Armen.

Die Armen waren um 1500 zahlreicher und belasteten die Gesellschaft stärker als in den vorangegangenen Jahrhunderten. Die qualitative Wertung eines Faktums der mittelalterlichen Geschichte bedarf nicht unbedingt in allen Fällen der Absicherung durch die beeindruckende Genauigkeit der Zahl. Vergleicht man die Zahlenangaben der Chronisten, die vorwiegend deren Eindrücke wiedergeben, mit anderen, hier und da gesammelten Daten, so gelangt man zu Größenordnungen, die in einem tieferen Sinne wahrhaftiger sind als nackte Zahlen, die ohne zusätzliche qualitative Erläuterungen nur geringe Aussagekraft besitzen. Denn zahllos waren die Veränderungen und Abstufungen der Armut. Solange aufgrund der unzureichenden Wirtschaftsentwicklung vor dem 11. Jahrhundert alle im Mangel lebten, kennzeichnete der Grad der Abhängigkeit von einem Mächtigen den Grad der Armut, weshalb auch die Bauern trotz ihrer großen Zahl keinen nennenswerten Einfluß auf die gesellschaftlichen Entscheidungen ausübten. Nur Katastrophen konnten dazu führen, daß eine übergroße Zahl hungerleidender Menschen, die dann aber aus allen Schichten der Gesellschaft stammten, als bedrohliche Gefahr empfunden wurde. Eine sorgfältige Interpretation der quantitativen Angaben in den Urbaren und anderen Aufzeichnungen des Spätmittelalters dagegen bestätigt durchaus die qualitativen Aussagen über das Ausmaß der verschiedenen Kategorien von Armen. Vielleicht lag deren absolute Zahl sogar niedriger als im Hochmittelalter, aber die Art der Armut hatte sich grundlegend geändert, und Armut war zum drängenden Problem geworden. 30–40% Arme in einer Stadt am Ende des 14. oder am Anfang des 15. Jahrhunderts waren problematischer als 80% Arme auf dem Lande im 10. Jahrhundert. Warum?

Der Zusammenhang zwischen wirtschaftlicher Konjunktur und Entwicklung der Armut bedarf keiner ausführlichen Erläuterung. Er war im 14. Jahrhundert ganz eklatant und am Anfang des 16. Jahrhunderts ebenfalls offensichtlich. Das besonders in den Städten, aber auch auf dem Lande faßbare Mißverhältnis zwischen Löhnen und Preisen wurde nach 1520 aufgrund schwerwiegender Ernährungskrisen noch krasser; in manchen Ländern lieferte dafür auch die neueste Zeit beeindruckende Beispiele. Alle Komponenten der jahrhundertealten Armut scheinen dabei zusammengewirkt zu haben. Aber das Schicksal der Armen hing nicht nur von den wirtschaftlichen, gesellschaftlichen, technischen oder politischen Aspekten ihrer Not ab. Was man pedantischerweise als Strukturen, als Infra- oder Suprastrukturen bezeichnet, greift ineinander über und ist kaum zu entwirren. Und wie jede Lebenslage von der Art abhängt, wie sie von denen, die sich darin befinden, und von ihrer Umgebung empfunden und beurteilt wird, so hängt auch die Lage der Armen von ihrer eigenen Denkweise und vom Urteil und den Verhaltensweisen der sie umgebenden Gesellschaft ab.

Wie die Armen selbst ihre Leiden beurteilten, war oft schwer zu ergründen, da sie praktisch stumm blieben und es meist mehr oder weniger verläßlichen Zeugen überließen, von ihrer Resignation und Müdigkeit zu berichten oder ihre Klagen, Zornesausbrüche und Rachegelüste zu überliefern. Gelegentlich ließen sich erste Anzeichen für die Existenz eines Kollektivbewußtseins erkennen, das Menschen einigte, die unter denselben Schwierigkeiten litten, etwa in den Friedensbewegungen des 11. Jahrhunderts, unter den Aufständischen des Jahres 1380 und schließlich bei den Hussiten. Deutlichere Indizien liefern später die Bauernkriege um 1520; und schließlich sei an die abstrakte, kollektive Bedeutung der Unterschrift unter dem Lyoneser Manifest von 1529 erinnert: „Wisset", so teilte der *Povre* den Stadtbewohnern mit, „daß wir vier- bis fünfhundert Männer sind und daß wir Verbündete sind".[100] Zweifellos konnte der Mittellose sich selbst ausschließen, rebellieren, die Gesellschaft ablehnen und bedrohen; er konnte sich aber auch damit bescheiden, auf ihre Kosten leben zu müssen. Da er de facto immer der Schwächere blieb, hing sein Schicksal aber vorwiegend von seinen Mitmenschen und deren Denk- und Verhaltensweisen ab. Verantwortlich für das Elend sind also nicht allein die Wirtschaftskonjunktur und die Gesellschaftsstrukturen; Verantwortlichkeit ist immer auch eine Sache der Gewissen.

Zahlreiche Fragen bleiben so unbeantwortet. Und wenn wir schon – oft aus Mangel an Quellenmaterial – die materiellen Aspekte der Armut nicht vollständig erfassen konnten, so werfen erst recht ihre gesellschaftlichen und moralischen Implikationen eine Menge ungelöster Fragen auf. Eine der schwierigsten besteht darin, daß Armut nach wie vor, und zu Beginn des 16. Jahrhunderts immer entschiedener, als ein Aspekt des Bösen betrachtet wurde. Aber war sie früher nur ein individueller Schicksalsschlag, so war sie nun zur Geißel der Gesellschaft geworden. Zwar galt sie immer noch als Folge von Sünde und als Strafe für eine persönliche Verfehlung, aber nun sah man in den Armen auch Parasiten und, sobald sie bettelten, Gesetzesbrecher. Es sei daran erinnert, daß die große Anzahl der Armen Angst erzeugte und daß der Armutsstreit bei vielen Menschen Zweifel am religiösen Wert der Armut geweckt hatte. Poggio geißelte bekanntlich in seiner Abhandlung *De avaritia* die Bettelmönche als „menschliche Larven, die sich dank unserer Arbeit in Muße ergehen", und das, obwohl er zur Zeit der Observantenreform lebte. Mit ihrem Lobpreis des Erfolgs und des Wohllebens schadeten die Humanisten den Armen noch zusätzlich, die nun zu Recht oder zu Unrecht beschuldigt wurden, dem natürlichen Trieb nachzugeben und die Reichen um ihren Wohlstand zu beneiden.

Wozu also hatten die seit Jahrhunderten immer wieder erneuerten Fürsorgeeinrichtungen gedient, wenn sich die Lage der Armen immer nur verschlechtert und ihre Zahl zugenommen hatte? Hatte man im 16. Jahrhundert die Liebe des hl. Franziskus zu den Armen schon vergessen, obwohl ihn doch soviele Menschen zum Namenspatron erwählten, etwa

Francesco Sforza, Franz von Paula, Franz I. und François Rabelais. Und war schließlich der Humanismus, der sich als Reflexion des Menschen über den Menschen verstand, nur die intellektuelle Spielerei einer geistigen Elite, wo er doch offensichtlich den Menschen in seinem Unglück vergaß und ihn, anstatt ihn aufzurichten und zu trösten, verurteilte und internierte? Die Geusen, die später zu Figuren der Groteske wurden, nahmen unter der Feder der Schriftsteller bereits abstoßende Züge an. Selbst Erasmus äußerte die Vermutung, vielleicht habe ,,die Natur diese Menschen als Gesindel geschaffen". Thomas Morus, der die Realität des Pauperismus selbst miterlebte, war zwar in der Lage, das Problem in seiner Schrift *Utopia* zu durchdenken, aber er fühlte nicht mit.[101] Hatte das Bemühen um Rationalität und Effizienz in der Organisation der Fürsorge und ihre Einbeziehung in die städtische bzw. staatliche Verwaltung die Barmherzigkeit entsakralisiert? Zu Recht stellte Francis Rapp fest, es bestehe ein ,,grundlegender Unterschied zwischen der christlichen Caritas, die gibt, ohne nach der Verwendung ihrer großzügigen Gaben zu fragen, und der Fürsorge, die kalkuliert und nur ganz gezielt helfen will"; einen Widerspruch sieht er darin, daß arm sein in erster Linie eine Geisteshaltung bezeichnete, während die materielle Unterstützung der Armen zur Institution wurde.

Wieder einmal zeigt der veränderte Sprachgebrauch die semantische Veränderung der Begriffe an und verrät den Wandel der Geisteshaltung. Mit den Begriffen Caritas und Barmherzigkeit beginnt im Französischen – und entsprechend in den anderen europäischen Sprachen – das neue Wort *bénéficence* zu konkurrieren, worin neben der Bedeutung von Wohltätigkeit auch die Nebenbedeutung von Vorteilsnahme mitschwingt und das im 18. Jahrhundert, als auch das Wort Philanthropie in den Sprachschatz eindrang, von dem Begriff *bienfaisance* abgelöst wurde. Hatte die profane Ratio die Religiosität verdrängt, während zu allem Überfluß auch noch das humanistische Verständnis von Menschenwürde die Würde des Armen aus dem Denken verdrängt hatte? Die Staatsraison erfand ihrerseits den Begriff Armenpolizei, dessen freilich eher politische als ordnungspolizeiliche Bedeutung stärker von der Ratio als von der Caritas geprägt ist.

War die mittelalterliche christliche Caritas also gescheitert? Hatte die Kirche in der Erfüllung ihrer so häufig zitierten Aufgabe versagt, die Armen zu beschützen und aufzurichten? Waren die Proteste nicht energisch genug, die aus Kirchenkreisen im Namen der Armen erhoben wurden, um die Kirche selbst an ihre Verpflichtung zu vorbildhaftem Verhalten zu erinnern und die Gläubigen zur Wohltätigkeit aufzufordern, oder hatten alle Initiativen ihr Ziel verfehlt? War bei den Benediktinern der tiefere Sinn ihrer traditionellen Gastfreundschaft, bei den Franziskanern die Bedeutung der Mildtätigkeit mit der Zeit in Vergessenheit geraten? Und hatten nicht die Gläubigen den Armen vergessen, wenn sie das Almosen in gewissem Sinne verdinglichten und darin nur noch ein Mittel zur Sicherung des eigenen Seelenheils sahen? Und hatte man nicht tatenlos zugesehen, wie die

Hoffnungen der Armen sich zu millenaristischen Illusionen verflüchtigten, deren immer wieder verschobene Erfüllung die Besitzenden wenig ängstigte? Und hatte man nicht die Proteste, ja sogar Auseinandersetzungen zugunsten der Armen häufig genug Irrgläubigen überlassen und sie dann zusammen mit der Häresie verworfen?

Die Bilanz erscheint insgesamt negativ. Unter dem Druck der konjunkturellen Entwicklung nahm die Armut ein solches Ausmaß an, daß die Gesellschaft die Armen weder übersehen noch ausstoßen konnte. Sie waren nun einmal als Unterschicht vorhanden, und sogar die aufsässigen Geusen wurden durch die Internierung gezwungen, als Randexistenzen innerhalb dieser Gesellschaft zu verbleiben. Und dennoch, muß man nicht eher von einem Rückfall als von Scheitern sprechen? Die Kirche besaß nicht mehr die materiellen Mittel, die Probleme allein zu lösen, die sie völlig überforderten. Aber das Erbe des mittelalterlichen Denkens verfügte doch noch über moralische Grundhaltungen, ohne die jegliche Wohltätigkeit zum Verwaltungsakt verkommt. Im 13. Jahrhundert schon hatte Guillaume Peyrault ein Zeichen gesetzt und von der Umkehr des Schicksals gesprochen, das den „bösen Reichen" und dem Armen beschert sei. Diese Vorstellung wurde mitten in der Renaissance wieder aufgenommen: Im Schoße Abrahams werde Lazarus, die personifizierte Armut, ruhen, während Gott den für die Hölle bestimmten Geizigen abweisen werde. Zwar konnten die Wechselfälle der wirtschaftlichen Entwicklung und die Auflösung der alten Strukturen Leid und Not der Armen prägen; sie funktionierten gleichsam als Reaktoren im technischen Sinne des Wortes, welche die inneren Einstellungen der Menschen bloßlegten. In allen kritischen Phasen des Mittelalters brach aber die alte geistige Grundstruktur des Christentums durch. Im 11. und 12. Jahrhundert beflügelte die Rückbesinnung auf das Evangelium eine Generation von Eremiten und inspirierte die Bettelorden zur tatkräftigen Rehabilitierung der Armut; christliche Humanisten stießen bei ihrer Erforschung der Hl. Schrift und der Kirchenväter auf entsprechende Texte, die teilweise in Vergessenheit geraten waren. Natalie Zemon Davis z. B. wies nach, daß die Schriften und sozialen Initiativen der Humanisten vom Denken eines Augustinus, Hieronymus oder Gregor von Nazianz beeinflußt sind. In einem Genfer Archiv wird ein im 16. Jahrhundert gebundenes Buch aufbewahrt, das 1539 in Lyon von Sébastien Grypheus gedruckt wurde und welches zwei völlig unterschiedliche Werke zum gleichen Thema enthält: Zunächst unter dem Titel *La cure et le nourrissement des pauvres* eine Übersetzung des von Gregor von Nazianz verfaßten Traktats über die Liebe zu den Armen und dann eine Kopie der Abhandlung *La Police de l'Aumône*. Zwei völlig verschiedene Denkweisen werden darin unter einer gemeinsamen Zielsetzung dargeboten. Der Verdacht drängt sich auf, die Furcht vor den Armen habe zu weisem Nachdenken geführt. Mit größerer Sicherheit aber darf man davon ausgehen, daß die Vorstellung vom Armen als Abbild des leidenden Christus lebendig geblieben war. Zweifellos erkannte der Protestantismus den Werken der Barmherzigkeit und dem an der Erlösung mitwirkenden Leid des Armen jegliches Verdienst und jegliche übertragbare Heilswirkung ab, während diese Vorstellungen in der katholischen Tradition erhalten blieben. Aber beide christlichen Glaubensrichtungen erwuchsen schließlich auf derselben Grundlage, und so sehen denn auch beide in der Caritas die wichtigste Voraussetzung für die gesellschaftliche Eingliederung der Armen. Nicht zufällig gab Juan Luis Vivès 1526 seiner programmatischen Schrift den Titel *De sublevatione pauperum*, hielt Jean de Vauzelles 1532 in Lyon seine berühmte Predigt unter diesem Gesichtspunkt. Daß die Ablehnung des individuellen Almosens und die Propagierung der institutionalisierten Fürsorge dazu führte, daß beide Autoren der Häresie verdächtigt wurden, widerlegt unsere These keineswegs. In fast prophetischem Eifer ergriffen Katholiken und die ersten Reformierten in Lyon vorbildliche Initiativen: Neue Formen der Wohltätigkeit kennzeichnen etwa die Namen von Institutionen, die von 1520 an in der Straße zu Lyon, in der Waldes gewohnt hatte, errichtet wurden: *Bureau des pauvres, Aumône générale, Hôpital général* und *Suprême Charité*. Dies ist das unverfälschte Erbe des Mittelalters. Bedarf es noch weiterer Argumente, um die Abstammung der *bénéficence* des 16. Jahrhunderts von der christlichen Caritas des Mittelalters nachzuweisen? Die Armen sind zahlreicher, die Formen der Armut vielfältiger, ihre Präsenz spürbarer. Namen und Formen der Wohltätigkeit mögen sich gewandelt haben, ihr Wesen aber prägt die christliche Caritas, die ebenso unverwüstlich ist wie die Armut selbst.

Anmerkungen

1 Im Literaturverzeichnis sind zu jedem Kapitel die Arbeiten in der Reihenfolge angeführt, in der sie im laufenden Text benutzt wurden. Einzelne Zitate sind in den jeweiligen Anmerkungen belegt.
2 PL 187 col. 365 G und PL 207, 575-579.
3 Scriptores Ord. Grandim. (De confirmatione), hg. v. J. BECQUET, Corpus Christianorum VIII, 1968, S. 366.
4 Der hebräische Begriff *anawim* (Singular: *ani*) bezeichnete die Armen allgemein und schließlich die Demütigen vor Gott; M. GELIN, Les pauvres de Jahvé, Paris 1953, S. 65.
5 Vgl. M. ROUCHE, La faim.
6 Homilie 41.
7 Homilien 152 und 182.
8 Formulae Turonenses 43, MGH Formulae I, 258, Hannover 1882.
9 836, can. 3.
10 Möglicherweise führte die durch eine relative Überbevölkerung verursachte Armut bäuerlicher Familien dazu, daß in einzelnen Fällen Kinder, besonders Mädchen, getötet wurden; R. COLEMAN, L'infanticide dans le haut Moyen Age, in: Annales E. S. C. 29, 1974, S. 315-335.
11 Collectio Ansegisi 827.
12 Capit. 850.
13 MGH Passiones III, 323-324.
14 Sechste Synode von Paris 829, c. 53, MANSI XV, 570 E.
15 Die *habous* oder *waqfs* sind Eigentum der toten Hand, welches aus frommen oder wohltätigen Stiftungen stammt.
16 Agde 506, Orléans 546.
17 Homilie 277.
18 Synode von Mâcon 585.
19 Noch im 14. Jh. bezeichnete *matricula* sowohl die Liste der Unterstützungsbedürftigen als auch das Haus, in dem die Armen aufgenommen wurden, *matricularius* die mit der Armenfürsorge betraute Person oder den unterstützten Armen selbst (Lausanne 1377). Vgl. A. BRIOD, L'assistance des pauvres, Literaturverz. S. 282.
20 Die Formulierung stammt von J. DEVISSE, Hincmar, Literaturverz. S. 283.
21 PL 119, 703-726, XV cap. 33.
22 Ibid.
23 PL 87 col. 533.
24 Wie neuere Untersuchungen ergaben, beruhen die meisten benediktinischen Regeln auf der von Benedikt von Aniane 817-820 betriebenen karolingischen Klosterreform, auch wenn die überlieferten Fassungen erst im Zusammenhang mit der cluniazensischen Reform nach 909 redigiert wurden. Man unterscheidet mehrere Gruppen: Die anglo-normannischen Regeln, die von Lothringen beeinflußt und von Lanfranc verbreitet wurden; die cluniazensische Gruppe, zu

der auch die Regeln von Farfa/Italien und der spanischen Klöster gehören; die Regel von Fleury-sur-Loire und Dijon, die durch Wilhelm von Volpiano auch in Italien Verbreitung fand; schließlich die Regel der deutschen Klöster Trier und Regensburg, die auch in Saint-Vanne (Ostfrankreich) übernommen wurde. Vgl. W. WITTERS, Pauvres et pauvreté dans les coutumes monastiques du Moyen Age, in: Etudes sur l'histoire de la pauvreté, S. 177–216.
25 Vgl. W. WITTERS, Etudes sur l'histoire de la pauvreté, S. 210, Libelli c. 14.
26 Hg. v. U. CHEVALIER, Paris 1884, S. 25–27.
27 Hg. v. F.-J. TANQUEREY, Paris 1922, S. 52.
28 Einen Sonderfall stellt Island dar, wo die Kirche im 12. Jh. die Ehescheidung erlaubte, wenn einer der Gatten sehr arme Verwandte *(omagi)* zu versorgen hatte und sein eigener Besitz dazu nicht ausreichte. *Omagi* waren z. B. Minderjährige, Greise, Arbeitsunfähige, Arme oder auch Vagabunden. Vgl. R. BOYER, La vie religieuse en Islande (1116–1264), vervielfält. Diss., 2 Bde., Lille 1972, Bd. I S. 26–27 und 382–383.
29 PETRUS CANTOR, Verbum Abbreviatum, PL 205 c. 279.
30 Arch. d. Départements Eure, H 506.
31 Vgl. R. GENESTAL, Le rôle des monastères comme établissements de crédit, étudié en Normandie du XIe à la fin du XIIIe siècle, Paris 1901. R. FOSSIER, La terre et les hommes en Picardie jusqu'à la fin du XIIIe siècle, 2 Bde., Paris-Löwen 1968, untersuchte die Praxis der Nutzungsverpfändung im Priorat Hesdin (S. 614–615). A. CHÉDEVILLE, Chartres et ses campagnes, XIe–XIIIe siècles, Paris 1973, S. 463–468, zeigt auf, welcher Widerstand gegen ein Verbot geleistet wurde, und P. TOUBERT, Les structures (Literaturverz. S. 284) S. 615–619, stellt die Bedeutung des bäuerlichen Kredits in Latium fest.
32 MGH SS VI, 453.
33 Zitiert bei A. LUCHAIRE, La société française au temps de Philippe Auguste, Paris 1909, S. 412.
34 J. DE GARLANDE, Dictionnarius, hg. v. TH. WRIGHT, A volume of vocabularies, Bd. I, 1873, S. 128–135.
35 CHRÉTIEN DE TROYES, Yvain ou le Chevalier au Lion, hg. v. FOERSTER, Halle 1891, Verse 5300–5301 und 5318–5319.
36 Vgl. M.-C. WINTREBERT, L'aumône du chevalier, S. 72 und 87.
37 ROBERT DE CLARI, Conquête de Constantinople, hg. v. P. LAUER, Paris 1924 und Devastatio Constantinipolitina, MGH SS XVI. Vgl. die Arbeiten von ALPHANDÉRY-DUPONT, LE GOFF und MICCOLI, Literaturverz. S. 286.
38 PL 207, 1069.
39 Dieser Stab, der Robert von Arbrissel mit ins Grab gegeben wurde, wird heute im Kloster Sainte-Marie de Fontevraud in Chemillé (Maine-et-Loire) aufbewahrt. Er wurde bei zwei Ausstellungen gezeigt, 1960 in Angers und 1965 in Paris (Trésors des églises de France).
40 BEC V, 1854, 225–235.
41 Die Tafuren bildeten eine Bande, deren Missetaten im Islam wie im Christentum in böser Erinnerung geblieben sind.
42 Chronik des William of Newburgh, RBS 82, 1885, II, 466–473.
43 Vgl. E. MAGNOU-NOIRTIER, Literaturverz. S. 284.
44 Magna vita S. Hugonis, episc. Lincolnensis, hg. v. J.-F. DIMOCK, RBS XXXVII, London 1844.

45 Carta 2112.
46 Cap. 29.
47 Predigt 30, vor den Nonnen des Paraclet-Klosters.
48 PL 205 c. 90, 145.
49 PL 207, 285–288.
50 PL 168, 212.
51 PL 205, 147–153.
52 Predigt *De Cruce*, hg. v. M.-TH. D'ALVERNY, Paris 1965, S. 283.
53 Vgl. R. MANSELLI, Studi, Literaturverz. S. 284.
54 Vgl. M. H. VICAIRE, Dominique et ses prêcheurs.
55 Codex Justiniani, Beschlüsse des Konzils von Tours 567 und ein Kapitular aus dem Jahre 806.
56 Vgl. PH. GRAND, Gérard d'Abbeville.
57 De emptione et vendicione. Contra impugnantes.
58 Vgl. A. VAUCHEZ, Charité et pauvreté.
59 Vgl. A. CANDILLE, Les statuts.
60 Zu Florenz vgl. CH. DE LA RONCIÈRE, Literaturverz. S. 290.
61 Vgl. B. GUENÉE, Tribunaux et gens de justice dans le Bailliage de Senlis à la fin du Moyen Age (vers 1300–vers 1500), (= Publ. de la Fac. des Lettres) Straßburg 1963.
62 Vgl. R. FAVREAU, La pauvreté.
63 Vgl. J. AVRIL, Clercs et laïcs, Literaturverz. S. 289.
64 Diese Meinung vertritt. K. LITTLE in: Etudes sur l'histoire de la pauvreté, S. 447–448.
65 Vgl. R. C. TEXLER, Charity.
66 Die Wirtschaftshistoriker bezweifeln allerdings die uneingeschränkte Gültigkeit des sog. King'schen Gesetzes, nach welchem der Getreidepreis von schlechten Ernten wesentlich beeinflußt wird und gleichzeitig die Auswirkungen der Mißernten noch verstärkt. Sie wenden inzwischen feinere Analysemethoden an. Von den neueren Arbeiten, die unsere Kenntnis des Lebensstandards der Armen am meisten bereichern, sei neben den im Literaturverzeichnis angeführten Arbeiten von H. NEVEUX, G. SIVÉRY und H. VAN DER WEE noch verwiesen auf M. J. TITS-DIEUAIDE, La formation des prix céréaliers en Brabant et en Flandre au XV siècle, Brüssel 1975. Vgl. a. R. CHAUNU-R. GASCON, Histoire économique et sociale de la France, Bd. I (1450–1660), Paris 1977.
67 Veröffentlicht in: Pobreza ... Ibérica, S. 610–611.
68 Vgl. G. A. BRUCKER, Florentine Politics.
69 Vgl. G. SIVÉRY, Structures agraires, Literaturverz. S. 290.
70 Vgl. R. FOSSIER, La terre et les hommes.
71 Vgl. G. FOURQUIN, Les campagnes, Literaturverz. S. 291.
72 Vers 1111–1113 in der Ausgabe von E. MARTIN, Halle 1869, zit. bei BATANY in: Etudes sur l'histoire de la pauvreté, S. 478.
73 Hg. v. J.-L. MARTIN in: Pobreza ... Ibérica, S. 611.
74 Vgl. P. DESPORTES, Les pauvres.
75 Vgl. R. LAVOIE, Pauvreté et criminalité.
76 Vgl. L. GÉNICOT, Sur le nombre.
77 Vgl. J. HEERS, Fêtes et jeux dans les sociétés d'Occident à la fin du Moyen Age, Montreal-Paris 1971.

78 Vgl. C. Gaignebert, Le combat de Carnaval et de Carême de P. Bruegel (1559), in: Ann. E. S. C. 1972, S. 313–346.
79 Bull. Soc. Néophilologique d'Helsinki, hg. v. A. Langfors, 1947.
80 Renart, branche I, 532–533.
81 Vgl. P. Bonenfant, Hôpitaux, Literaturverz. S. 282.
82 Vgl. L. Génicot, Sur le nombre.
83 Miracles de Gautier de Coincy, hg. v. A. Langfors, Helsinki 1937.
84 Vgl. P. M. Dufeil in: Cah. Sorb. 6.
85 Vgl. T. Manteuffel, Naissance.
86 Vgl. Hérésies et sociétés dans l'Europe préindustrielle, XIe–XVIIIe siècles. Colloque Royaumont, hg. v. J. Le Goff, Paris 1968, bes. S. 171–198.
87 N. Guglielmi, Hérésie et marginalité, in: Cah. Sorb. 9, S. 71–79.
88 Quodlibet XIV.
89 Der Erinnerung an dieses Ereignis wurde ein Kongreß in Dubrovnik gewidmet, dessen Arbeitsergebnisse demnächst erscheinen.
90 Ordonnances des Rois de France II, S. 350–380.
91 Hölle XVI.
92 Bibliothèque Nationale Paris, ms. fr. 167.
93 Summa Ia, II^{ae} 105, a^2.
94 Zitiert bei J.-L. Roch, Esquisse (Literaturverz. S. 282), S. 73.
95 Predigt *Vivat Rex*, 1405.
96 In: Mutacion de Fortune V, 172.
97 Einen seltenen Beleg für Naturliebe liefert in diesem Zusammenhang der Wunsch einer Frau, bis zu ihrem Tod im Hospiz von Moudon (Vaud) „ein Zimmer mit Blick auf den See" zu erhalten; A. Briod, L'assistance (Literaturverz. S. 282), S. 63.
98 Cap. 59.
99 Vgl. F. Rapp, Réforme, S. 461–462.
100 Stadtarchiv Lyon, BB 47, hg. v. J.-P. Gutton, La société.
101 Vgl. R. Aulotte, Les gueux.

Verzeichnis der Abkürzungen

AHR	American Historical Review
Ann. ESC	Annales. Economies, Sociétés, Civilisations
ASBHH	Annales de la Société belge d'Histoire des Hôpitaux
Atti Sett. La Mendola	Atti delle Settimane internazionali di Studio de La Mendola
Atti Sett. Prato	Atti delle Settimane del Istituto di Storia Economica Francesco Datini (Prato)
Atti Sett. Spoleto	Atti delle Settimane del Istituto del Centro Italiano di Studi sull'Alto Medioevo di Spoleto
BCRH	Bulletin de la Commission Royale d'Histoire de Belgique
BEC	Bibliothèque de l'Ecole des Chartes
BPhilHist	Bulletin de Philologie et d'Histoire
BSFHH	Bulletin de la Société française d'Histoire des Hôpitaux
Cah. Fanjeaux	Cahiers de Fanjeaux
Cah. Sorb.	Cahiers de Recherches sur l'Histoire de la Pauvreté
CCSL	Corpus Christianorum, Series Latina
CESO	1° Congresso Europeo di Storia Ospitaliera
CISO	1° Congresso Italiano di Storia Ospitaliera
Conv. Pov. Todi	Povertà e ricchezza nella spiritualità dei secoli XI e XII. Atti del'VIII Convegno storico internazionale dell'Accademia Tudertina, Todi 15–18 ottobre 1967, Todi 1969.
CR Acad. IBL	Comptes Rendus de l'Académie des Inscriptions et Belles-Lettres
EcHR	The Economic History Review
Et. Pauvr.	Etudes sur l'histoire de la pauvreté
MA	Le Moyen Age
MAHEFR	Mélanges d'Archéologie et d'Histoire de l'Ecole française de Rome
Mém. SAN	Mémoires de la Société des Antiquaires de Normandie
PL	Patrologia Latina (Migne)
Pobreza... Ibérica	A Pobreza e Assistência aos Pobres na Peninsula Ibérica durante Idade Média
Pov. MA	Poverty in the Middle Ages, hg. v. D. Flood, Paderborn 1975
RAM	Revue d'Ascétique et de Mystique
RBS	Rerum Britannicarum Scriptores
RH	Revue Historique
RHDEF	Revue d'Histoire du Droit Français et Etranger
RHEF	Revue d'Histoire de l'Eglise de France
RHMC	Revue d'Histoire moderne et contemporaine
RHS	Revue d'Histoire de la Spiritualité (Nachfolger der RAM)

RIS . . . . Rerum Italicarum Scriptores
RN . . . . Revue du Nord
Spec. . . . . Speculum

Quellen- und Literaturverzeichnis

1. Quellen

Spezielle Quellenbestände zur Geschichte der Armut gibt es trotz der großen Anzahl der Armen nirgends; denn Arme hinterließen keine Archivalien. Dem Historiker bleibt deshalb nichts anderes übrig, als mühsam überall zu suchen und zu sammeln. Wegen dieser diffusen Quellenlage beschränken wir uns auf einen Überblick über die Quellengruppen, die für unser Thema in der Regel den reichsten Ertrag versprechen.

1. Armenfürsorge: Archivalien der Hospize und Hospitäler, die in den noch bestehenden Häusern in deren Archiven erhalten sind; Akten der Klosterpforten (in Frankreich Serie H der Départments-Archive) und der Kapitel (Serie G); Statuten und Rechnungsbücher der Bruderschaften und Armentafeln; Testamente und Schenkungen in den Cartularien und Notariatsakten (Serie E).

2. Verwaltung und Justiz: Papstbullen, königliche Erlasse, Protokolle und Rechnungsbücher der städtischen Gremien, Steuerlisten, Vermögenseinschätzungen und Kataster; Kanzleiakten, besonders Gnadenerlasse; Parlamentsbeschlüsse (besonders des Pariser Parlaments) sowie die Akten aller gerichtlichen Instanzen und der Strafjustiz (Bailliages, Sénéchaussées, Châtelet).

3. Quellen kirchlicher Provenienz: Außer den unter 1 angeführten Archivalien kommen in Frage: Predigten, Beichthandbücher, Erziehungstraktate, religiöse und theologische Schriften, kirchenrechtliche Quellen, Biographien und Heiligenviten, Exempelbücher und Florilegien.

4. Chroniken, literarische Schriften und bildliche Darstellungen aller Art.

5. Die Vielfalt der in Frage kommenden Quellen deutscher Provenienz illustriert exemplarisch das Verzeichnis der gedruckten und ungedruckten Quellen bei Th. Fischer, Städtische Armut (Literaturverz. S. 298) S. 319 ff.

2. Literatur

In zahlreichen Ländern beschäftigen sich sozialgeschichtliche Forschungszentren mit der Geschichte der Armut. Einige Zentren und wissenschaftliche Gesellschaften haben sich sogar auf die Erforschung der Geschichte der Armut und der Armenfürsorge spezialisiert, besonders in Frankreich und Belgien, wo zwei Schwestergesellschaften auch die Hospitalgeschichte erforschen, sowie in Italien. In den letzten Jahren behandelten zahlreiche wissenschaftliche Kongresse und Kolloquien das Thema Armut, und zwar in Frankreich, Italien, Spanien, Portugal, Kanada und den Vereinigten Staaten. Ihre Arbeitsergebnisse wurden in teilweise umfangreichen Publikationen vorgelegt.

Aus diesem Grunde und weil das Thema unserer Untersuchung so außerordentlich vielfältige Aspekte beinhaltet, müssen wir uns darauf beschränken, zu den einzelnen Kapiteln jeweils einen Überblick über die wichtigste Literatur zu liefern. Franz Irsigler, Trier, ergänzte die deutsche Übersetzung um einige Titel, die den Zugang zu den deutschen Verhältnissen eröffnen.

Allgemeine Literatur
Actes du 97ᵉ Congrès National des Sociétés Savantes (Nantes 1972).
Atti del primo congresso europeo di Storia Ospitaleria (CESO), Reggio Emilia 1960, hg. 1962.
Atti del primo congresso italiano di Storia Ospitaleria (CISO), Reggio Emilia 1965, hg. 1967.
BONENFANT, P.: Von den zahlreichen Arbeiten des Autors sei nur erwähnt: Hôpitaux et bienfaisance publique dans les Anciens Pays-Bas, in: ASBHH 3, 1965, S. 1–194. Vollständiges Verzeichnis seiner Publikationen in: Hommage au Prof. P. Bonenfant, Brüssel 1965. Diese Festschrift enthält auch Arbeiten seiner Freunde und Schüler über die Armenfürsorge.
BRIOD, A.: L'assistance des pauvres au Moyen Age dans le pays de Vaud, Lausanne 1926; Nachdruck 1976.
Cahiers de recherches sur l'histoire de la pauvreté, 10 vervielfält. Hefte, Paris-Sorbonne 1962–1977.
CANDILLE, M.: Pour un précis de l'histoire des institutions charitables, in: BSFHH 30, 1974.
CAPITANI, O. (Hg.): La concezione della povertà nel Medioevo, Bologna 1974.
COHN, N.: Les fanatiques de l'Apocalypse. Pseudo-messies, prophètes et illuminés du Moyen Age, aus dem Englischen von S. Clément, Paris 1962.
CURSCHMANN, F.: Hungersnöte im Mittelalter. Ein Beitrag zur deutschen Wirtschaftsgeschichte des 8. bis 13. Jahrhunderts (= Leipziger Studien aus dem Gebiet der Geschichte 6, 1), Leipzig 1900.
Etudes sur l'histoire de la pauvreté (hg. v. M. MOLLAT), 2 Bde., Paris 1974.
GOGLIN, J.-L.: Les misérables dans l'Occident médiéval, Paris 1976.
IMBERT, J.: Les hôpitaux en droit canonique, Paris 1947.
LALLEMANT, L.: Histoire de la charité, Bd. 3, Paris 1906.
La Pauvreté. Des sociétés de pénurie à la société d'abondance (= Collection du Centre Catholique des Intellectuels français, Heft 49), Paris 1964.
LEISTIKOV, D.: Hospitalbauten in Europa aus zehn Jahrhunderten, Ingelheim a. Rh. 1967.
RAU, V. – SAEZ, F. (Hg.): A Pobreza e a Assistência aos Pobres na Peninsula Ibérica durante a Idade Média. Actas das 1ᵃˢ Jornadas Luso-espanholas de Historia Medieval, Lissabon 1972. 2 Bde., Lissabon 1973.
Revue d'histoire de l'Eglise de France 52, 1966 (Sondernummer zum Thema Armut).
VAUCHEZ, A.: La spiritualité du Moyen Age occidental, Paris 1975.
WOLFF, Ph. – MAURO, F.: L'âge de l'artisanat (Ve–XVIIIe siècles) (= Histoire général du travail, hg. v. L. H. Parias, Bd. 2), Paris 1960.

Einleitung
Zur Terminologie der Armut vgl. Et. Pauvr. S. 14f., 35–45, 275–295, 841f.;
J. LECLERCQ, Pour l'histoire du vocabulaire latin de la pauvreté, in: Mélanges ... Dieb, Melto, Kaslik/Libanon 1967, S. 293–308; J.-L. ROCH, Esquisse d'un vocabulaire français de la pauvreté à la fin du Moyen Age 1330–1480 (Mém. Maîtr., masch.), Paris 1970, Zusammenfassung in Cah. Sorb. 8, S. 91–98.

Erster Teil. I. Kapitel
AUBINEAU, M.: Zoticos de Constantinople, nourricier des pauvres et serviteur des lépreux, in: Analecta Bollandiana 93, 1975, S. 67–108.
PATLAGEAN, E.: Recherches sur les pauvres et la pauvreté dans l'Empire Romain d'Orient (IVe–VIIe siècles), 2 Bde. (offset) Lille 1974; gedruckt unter dem Titel: Pauvreté économique et pauvreté sociale à Byzance, IVe–VIIe siècles, Paris–Den Haag 1977.
– DERS.: La pauvreté à Byzance au temps de Justinien. Les origines d'un modèle politique, in: Et. Pauvr. S. 59–82.
DAGRON, G.: Naissance d'une capitale. Constantinople de 330 à 451, Paris 1974.
SANSELME, E. – OECONOMOS, L.: Les oeuvres d'assistance et les hôpitaux au siècle des Commènes. Actes du premier Congrès de l'Art de guérir, Antwerpen 1921.
RONDEAU, M. J.: La pauvreté chez les Pères de l'Eglise au IVe siècle, in: Cah. Sorb. 3.
GUY, J.-Cl.: Jean Cassien. Vie et doctrine spirituelle, Paris 1961.
DEVISSE, J.: L'influence de Julien Pomère sur les clercs carolingiens. De la pauvreté aux Ve et IXe siècles, in: RHEF 1970, S. 285–295.
VISMARIA CHIAPPA, P.: Il tema della povertà nella predicazione di Sant'Agostino, Mailand 1975.

II. Kapitel
DUBY, G.: Guerriers et paysans (VIIe–XIIe siècle). Premier essor de l'économie européenne, Paris 1973.
LEJAN-HENNEBICQUE, R.: ‚Pauperes' et ‚Paupertas' dans l'Occident carolingien aux IXe et Xe siècles, in: RN 50, 1968, S. 169–187.
BIRABEN, J. N.: Les hommes et la peste en France et dans les pays européens et méditerranéens, 2 Bde., Paris 1975–1976.
SALIN, E.: La civilisation mérovingienne, Bd. 2, Paris 1952.
ROUCHE, M.: La faim à l'époque carolingienne, in: RH 508, 1973, S. 295–320.
RICHÉ, P.: La vie quotidienne dans l'Empire carolingien, Paris 1973, S. 293–303.
GRAUS, F.: Pauvres des villes et pauvres des campagnes, in: Ann. ESC 16, 1961, S. 1053–1065.
– DERS.: Les pauvres dans l'hagiographie mérovingienne, in: Cah. Sorb. 3, 1964–1965.
DEFERMONT, J.-C.: Pauvres et pauvreté d'après les sources insulaires du VIIe au IXe siècle (= Mém. DES, masch.), Lille 1967 und in: Cah. Sorb. 5, 1966–1967.
ABEL, A. M.: La pauvreté dans la pensée et la pastorale de saint Césaire d'Arles, in: Et. Pauvr. S. 111–124.
CÉSAIRE D'ARLES: Sermons, hg. v. G. Morin, CCSL 103, Maredsous 1953.
FRANÇOIS, O.: La conception de la pauvreté chez saint Siran (Mém. DES, masch.), Paris 1967.
LE GOFF, J.: Les paysans et le monde rural dans la littérature du haut Moyen Age (Ve–VIe siècle), in: Atti 13a Sett. Spoleto 1965, 1966, S. 723–770.
BOSL, K.: Potens und Pauper. Begriffsgeschichtliche Studien zur gesellschaftlichen Differenzierung im frühen Mittelalter und zum ‚Pauperismus' des Hochmittelalters, in: ders., Frühformen der Gesellschaft im mittelalterlichen Europa. Ausgewählte Beiträge zu einer Strukturanalyse der mittelalterlichen Welt, Wien 1964, S. 106–134.
DEVISSE, J.: Hincmar, archevêque de Reims (845–882), 3 Bde., Lille-Genf 1976.

- DERS.: ‚Pauperes' et ‚Paupertas' dans le monde carolingien: ce qu'en dit Hincmar de Reims, in: RN 48, 1966, S. 273-289.
MAGNOU-NORTIER, E.: La société laïque et l'Eglise dans la province ecclésiastique de Narbonne (zone cispyréenne) de la fin du VIIIe siècle à la fin du XIe, Toulouse 1974.
BONNASSIE, P.: Croissance et mutation d'une société. La Catalogne du milieu du Xe à la fin du XIe siècle, Toulouse 1975.
TOUBERT, P.: Les structures du Latium médiéval, 2 Bde., Rom-Paris 1973, Bd. 1, S. 336 und 654f.
EPPERLEIN, S.: Zur weltlichen und kirchlichen Armenfürsorge im karolingischen Imperium, in: Jahrbuch f. Wirtschaftsgeschichte 1963, S. 41-60.

III. Kapitel

NAJAT EL KHATIB: L'organisation des hôpitaux dans l'Islam médiéval en Irak, en Syrie et en Egypte, masch. Diss., Paris-Sorbonne 1976.
BECK, H. G. S.: The pastoral Care of Souls in South-East France during the sixth Century, Rom 1950.
ROUCHE, M.: La matricule des pauvres. Evolution d'une institution de charité du Bas-Empire jusqu'à la fin du haut Moyen Age, in: Et. Pauvr. S. 83-110.
DHUODA: Manuel pour mon fils, hg. v. P. Riché (= Sources chrétiennes 225), Paris 1975.
POULIN, J.-C.: L'idéal de sainteté dans l'Aquitaine carolingienne d'après les sources hagiographiques (750-950), Quebec 1975.
DEVAILLY, G.: La pastorale en Gaule au IXe siècle, in: RHEF 59, 1973, S. 23-54.
DELARUELLE, E.: Jonas d'Orléans et le moralisme carolingien, in: Bull. Litt. Eccl. Inst. Cath. Toulouse, 1954, S. 129-143 und 221-228.
GRAUS, F.: Littérature et mentalité médiévales: le roi et le peuple (= Historica 16), Prag 1969.
VOGÜÉ, A. DE: Honorer tous les hommes. Le sens de l'hospitalité bénédictine, in: RAM 40, 1964, S. 129-138.
PACAUT, M.: La notion de pauvreté dans la règle de saint Benoît, in: Economies et Sociétés au Moyen Age. Mélanges offerts à E. Perroy, Paris 1973, S. 626-633.
GRÉGOIRE, R.: La place de la pauvreté dans la conception et la pratique de la vie monastique médiévale latine, in: Atti 4a Sett. La Mendola 1968, 1971, S. 173-192.
MOLLAT, M.: Les moines et les pauvres, in: ibid. S. 193-215.
LESNE, E.: Histoire de la propriété ecclésiastique en France, VI, Lille 1943.
FOSSIER, R.: Aspects sociaux des institutions de paix, in: Cah. Sorb. 9, S. 91-99.
- DERS.: Les mouvements populaires en Occident au XIe siècle, in: CR Acad. IBL 1971, S. 257-269.
VIOLANTE, C.: I laici nel movimento patarino, in: Atti 3a Sett. La Mendola 1965, 1968, S. 597-704.
- DERS.: Pauperes e Povertà nella società carolingia, in: Cultus et Cognitio, Warschau 1976, S. 621-630.
PATLAGEAN, E.: Un prédicateur errant du Xe siècle, à Byzance: Nikon, „Repentezvous", in: Cah. Sorb. 9, S. 25-28.
MANSELLI, R.: Studi sulle eresie del secolo XII, 2. Aufl. Rom 1975.

Zweiter Teil. Allgemeine Literatur
Atti delle Settimane internazionali di studio de La Mendola
  1959: La vita commune del clero nei sec. XI e XII, Mailand 1962.
  1962: L'eremitismo nei sec. XI e XII, Mailand 1965.
  1965: I Laici nella ‚societas christiana' dei sec. XI e XII, Mailand 1968.
  1968: Il Monachesimo e la Riforma ecclesiastica (1049–1142), Mailand 1971.
VAUCHEZ, A.: La spiritualité du Moyen Age occidental, Paris 1975.
MANSELLI, R.: La religion populaire au Moyen Age (= Conf. Albert le Grand, Montreal–Paris 1973).
DELARUELLE, E.: La piété populaire au Moyen Age, Turin 1975.
FÖRSTL, J. N.: Das Almosen. Eine Untersuchung über Grundsätze der Armenfürsorge in Mittelalter und Gegenwart, Paderborn 1909.

IV. Kapitel
DUBY, G.: Les pauvres des campagnes, in: RHEF 149, 1966, S. 25–32.
CURSCHMANN, F.: Hungersnöte im Mittelalter (s. S. 282).
WERVEKE, H. VAN: De Middeleeuwse Hongersnood, in: Medelingen van de Konink. Vlaamse Acad. van België 29, 1967, S. 3–22.
BIENVENU, J.-M.: Pauvreté, misères et charité en Anjou aux XIe et XIIe siècles, in: MA 72, 1966, S. 389–424 und 73, 1967, S. 5–34 und 189–216.
– DERS.: Fondations charitables laïques au XIIe siècle: l'exemple de l'Anjou, in: Et. Pauvr. S. 563–569.
RAU, V.: Conclusions, in: Pobreza ... Ibérica, S. 925–943.
COUVREUR, G.: Les pauvres ont-ils des droits? Recherches sur le vol en cas d'extrême nécessité depuis la ‚Concordia' de Gratien (1140) jusqu'à Guillaume d'Auxerre († 1231), Rom–Paris 1961.
MOLLAT, M.: Pauvres et pauvreté à la fin du XIIe siècle, in: RAM 41, 1965, S. 304–323.
PATZELT, E.: Pauvres et maladies, in: Conv. Pov. Todi, S. 163–187.
TOULON, F.: Les maladies dans les récits de miracles ... du centre de la France (XIe–XIIe siècle) (= Mém. Maîtr., masch.), Paris 1971.
SIGAL, A.: Pauvreté et charité d'après quelques textes hagiographiques, in: Et. Pauvr. S. 141–162.
GOUBERT, D.: Recherche sur le culte de saint Martin ... (= Mém. DES, masch.), Paris 1966; Zusammenfassung in Cah. Sorb. 4.
THÉREL, M.-Th.: ‚Caritas' et ‚Paupertas' dans l'iconographie médiévale ..., in: Et. Pauvr. S. 295–318.
LABANDE-MAILFERT, Y.: Pauvreté et paix dans l'iconographie romane, in: ibid. S. 319–346.
CRUZ COELHO, M. H. DE: A Acção dos Particulares para com a Pobreza ..., in: Pobreza ... Ibérica, S. 231–257.
DELISLE, L.: Etudes sur la condition agricole ..., Evreux 1851, S. 197.
BLIGNY, B.: Monachisme et pauvreté au XIIe siècle, in: La povertà del sec. XII e Francesco d'Assisi. Atti 2° Conv. Intern. Assisi 1974, 1975, S. 99–147, bes. S. 131–133.
BOYER, B.: La Chartreuse de Montrieux XIIe–XIIIe siècles (masch. Diss.), 3 Bde., Aix-en-Provence 1973, S. 288 ff. und 371.

Violante, C.: Riflessioni sulla Povertà nel secolo XI, in: Studi ... R. Morghen, Bd. 2, Rom 1974, S. 1061–1081.
Abel, W.: Massenarmut und Hungerkrisen im vorindustriellen Europa. Versuch einer Synopsis, Hamburg–Berlin 1974.

V. Kapitel

Sigal, P. A.: Pauvreté et charité au XIe et XIIe siècles, in: Et. Pauvr. S. 141–162.
– ders.: Les marcheurs de Dieu, Paris 1974.
Batany, J.: Les pauvres et la pauvreté dans les revues des ‚Etats du Monde‘, in: Et. Pauvr. S. 469–486.
Wintrebert, M.-C.: L'aumône du chevalier dans la littérature du XIIe siècle (= Mém. DES, masch.), Paris 1965; Zusammenfassung in Cah. Sorb. 3.
Zerbi, P.: Pasquale II e l'ideale della povertà della Chiesa, in: Annuario Univ. Cattolica, Mailand 1964–1965, S. 205–229.
Bligny, B.: Les premiers Chartreux et la pauvreté, in: MA 57, 1951, S. 27–60.
Delaruelle, E.: Erémitisme et pauvreté dans la région de Toulouse au XIIe siècle, in: Cah. Sorb. 6, S. 40–44.
Pellistrandi, Chr.: La pauvreté dans la règle de Grandmont, in: Et. Pauvr. S. 229–247.
Barrière, B.: L'Abbaye cistercienne d'Obazine en Bas-Limousin. Les origines. Le patrimoine, im Druck.
Paubert, A.: Recherches sur la mendicité religieuse avant saint François d'Assise (= Mém. DES, masch.), Paris 1965; Zusammenfassung in Cah. Sorb. 3.
Gautier-Dalché, J.: Recherches sur l'histoire urbaine en Léon et en Castille au Moyen Age (masch. Diss), 3 Bde., Paris IV 1971, S. 380.
Mollat, M.: Pauvres ... (s. S. 285).
– ders.: Le problème de la pauvreté au XIIe siècle, in: Cah. Fanjeaux 2, S. 23–47.
Alphandéry-Dupront, A.: La Chrétienté et l'idée de Croisade, Paris 1959.
Le Goff, J.: Riches et pauvres à la quatrième croisade, in: Cah. Sorb. 4.
Miccoli, G.: Dal Pellegrinaggio alla conquista: Povertà e Ricchezza nella prima crociate, in: Conv. Pov. Todi, S. 43–80.

VI. Kapitel

Caron, P. G.: L'evoluzione della ‚quarta pauperum‘ alla pia fundatio ..., in: CISO 1960, S. 287–299.
Werner, E.: Ricchezza e provertà nelle idee degli eretici della Chiesa orientale e occidentale XI–XII sec., in: Conv. Pov. Todi, S. 81–126.
– ders.: Pauperes Christi. Studien zu sozialreligiösen Bewegungen im Zeitalter des Reformpapsttums, Leipzig 1956.
Plessier, M.: La pauvreté à Cluny d'après le Recueil des Chartes (= Mém. DES, masch.), Paris 1966; Zusammenfassung in Cah. Sorb. 4.
Roberts, S.: Charity and Hospitality in the Rouergue, 1100–1350 (= masch. Diss.), Harvard 1975.
Coste Messelière, R. de la: L'importance réelle des routes dites de Saint-Jacques dans les pays du sud de la France et de l'Espagne du Nord, in: BPhilHist 1969 (1972) I, S. 451–470.
Fonseca, C. D.: Canoniche e Ospedali, in CISO 1960, S. 482–500.

REVEL, M.: Recherche sur l'hôpital du S. Spirito à Rome (= Mém. DES, masch.), Paris 1967; Zusammenfassung in Cah. Sorb. 8.
MACCHI, C.: La pauvreté en Lorraine (XIe–XIIe siècle) d'après les cartulaires monastiques (= Mém. Maîtr., masch.), Paris 1970; Zusammenfassung in Cah. Sorb. 8, S. 8–15.
CAILLE, J.: Hôpitaux et charité publique à Narbonne au Moyen Age (fin XIe – fin XVe siècle), Toulouse (im Druck).
BOYER, M. N.: The Bridgebuilding Brotherhood, in: Spec. 39, 1964, S. 635–650.
MATTOSO, J.: O Ideal de Pobreza e as Ordines monasticas em Portugal durante os seculos XI–XIII, in: Pobreza... Ibérica, S. 638–670.
GIEYSZTOR, A.: La légende de saint Alexis en Occident, in: Et. Pauvr. S. 125–140.
BATANY, J.: Les pauvres (s. S. 286).
LITTLE, L. K.: Pride goes before Avarice: Social Change and the Vices in Latin Christendom, in: AHR 76, 1971, S. 16–49.
– DERS.: Evangelical Poverty, the New Money Economy and Violence, in: Pov. MA, S. 11–26.
CHENU, D.: Civilisation urbaine et théologie. L'Ecole de Saint-Victor au XIIe siècle, in: Ann. ESC 1974, S. 1253–1263.
METZ, B.: La pauvreté dans le ‚Liber de diversis ordinibus‘, in: Et. Pauvr. S. 247–255.
CONGAR, Y.: Les laïcs et l'ecclésiologie des ‚ordines‘ chez les théologiens des XIe bis XIIe siècles, in: Atti 3a Sett. La Mendola 1965 (1968), S. 83–117.
BIENVENU, J.-M.: Préhistoire du Franciscanisme. Aspects préfranciscains de l'érémitisme et de la prédication itinérante dans la France de l'ouest, in: Pov. MA, S. 27–36.
LAZZARINO DEL GROSSO, A.: Armut und Reichtum im Denken Gerhohs von Reichersberg (= Zeitschr. f. bayer. Landesgeschichte, Beiheft 4, Reihe B), München 1973; auch in: Società et Potere nella Germania del XII secolo. Gerhoch von Reichersberg, Florenz 1974.
GRANATA, A.: La Dottrina dell'Elemosina nel sermone ‚Pro Sanctimonialibus‘ de Paraclito di Abelardo, in: Aevum 47, 1973, S. 32–59.
– DERS.: Pietro di Blois come difensore dei ‚Pauperes‘, in: Contrib. Istit. Stor. Mediœv. 2, 1972 (= Raccolta... S. Mochi Onory), S. 429–437.
CARDWELL-HIGONNET, E.: Spiritual Ideas in the Letters of Peter of Blois, in: Spec. 50, 1975, S. 218–244.
LOTTIN, O.: La nature du devoir d'aumône chez les prédécesseurs de saint Thomas d'Aquin, in: Ephemeridae theologicae Lovanienses 15, 1938, S. 613–624.
SEVERINO, G.: Appunti su ‚Povertà‘ et Ricchezza nella spiritualità dei sec. XI et XII, in: Boll. Ist. Stor. per il Medio Evo 79, 1968, S. 149–165.
LONGÈRE, J.: Oeuvres oratoires des Maîtres parisiens au XIIe siècle, 2 Bde., Paris 1975.

Dritter Teil. Allgemeine Literatur
MOLLAT, M. – WOLFF, PH.: Ongles bleus, Jacques et Ciompi, Paris 1970 (auch in englischer und spanischer Übersetzung, London 1973 bzw. Madrid 1976).
Cahiers de Fanjeaux 1–12, Toulouse 1966–1977; 13: Assistance et Charité, Toulouse 1978.

Flood, D. (Hg.): Poverty in the Middle Ages (Kolloquium Mönchengladbach 1973), Franziskanische Forschungen, Paderborn 1975.
Fourquin, G.: Les soulèvements populaires au Moyen Age, Paris 1972. La povertà del secolo XII e Francesco d'Assisi (= Atti del 2° Convegno Internazionale 1974), Assisi 1975.

VII. Kapitel
2000 ans de Christianisme, hg. v. d. Soc. hist. chrét., Bd. 3: XIIe–XIIIe siècle, Paris 1975.
Dijck, W. van: Rapports de saint François d'Assise avec le mouvement spirituel du XIIe siècle, in: Etudes franciscaines 12, 1962, S. 129–142.
Vauchez, A.: Sainteté laïque au XIIIe siècle: la vie du Bienheureux Facio de Crémone (vers 1196–1272), in: MAHEFR 84, 1972, S. 11–53.
– Ders.: Une campagne de pacification en Lombardie autour de 1233. L'action politique des Ordres Mendiants d'après la réforme des statuts communaux et les accords de paix, in: MAHEFR 78, 1966, S. 503–549.
Vicaire, M.-H.: Les origines dominicaines de la mendicité religieuse et la condition d'humilité mendiante selon saint Dominique, in: La vie dominicaine 34, 1975, S. 195–206 und 259–279.
– Ders.: Recherches sur le premier siècle des Ordres mendiants, in: Revue des Sciences philos. et théol. 57, 1973, S. 675–691.
– Ders.: Dominique et ses Prêcheurs, Freiburg 1977.
Little, L. K.: Social Meaning in the Monastic and Mendicant Spiritualities, in: Past and Present 63, 1974, S. 4–32.
Le Goff, J.: Apostolat mendiant et fait urbain, in: Ann. ESC 23, 1968, S. 335–352.
– Ders.: Ordres Mendiants et urbanisation, in: ibid. 25, 1976, S. 939–940.
Fontette, M. de: Villes médiévales et Ordres Mendiants, in: RHDFE 1970, S. 390–407.
Mollat, M.: Hospitalité et assistance au début du XIIIe siècle, in: Pov. MA, S. 37–51.
Little, L. K.: Saint Louis' Involvement with the Friars, in: Church History 33, 1964, S. 1–24.
Delisle, L.: Enquêtes administratives du règne de saint Louis, 1248–1270, in: Rec. Hist. France 24, Paris 1904.
Le Goff, J.: Pauvreté et pauvres dans les manuels de confesseurs du XIIIe siècle, in: Cah. Sorb. 1.
Gutowski, C.: Le traité ‚De avaritia' extrait de la ‚Summa de viciis' de Guillaume Péraut. Edition critique et commentaire (masch.), 4 Bde.; Zusammenfassung in: Pos. th. Ec. Chartes 1975, S. 103–112.
Michaud-Quentin, P.: Les sermons ‚Ad pauperes' au XIIIe siècle, in: Cah. Sorb. 5.
Hisard, B.: La pauvreté dans la prédication populaire franciscaine aux XIVe–XVe siècles (= Mém. DES, masch.), Paris 1963; Zusammenfassung in Cah. Sorb. 1.
Volney, J.: La pauvreté et les pauvres dans les sermons de Peregrinus d'Opole, in: Cah. Sorb. 2.
Zink, M.: La prédication en langue romane avant 1300, Paris 1976.
Grand, Ph.: Gérard d'Abbeville et la pauvreté volontaire, in: Et. Pauvr. S. 389–410.

Duval-Arnould, L.: Une apologie de la pauvreté volontaire par un universitaire séculier (1256), in: Et. Pauvr. S. 411–446.
Flood, D.: Armut und Erneuerung im Franziskanerorden. Zur Geschichte der Gentile von Spoleto, in: Pov. MA, S. 79–83.
– ders.: Petrus Johannis Olivi, in: Wissenschaft und Weisheit 34, 1971, S. 130–141.
Chatillon, J.: Nudum Christum nudus sequere. S. Bonaventura (1274–1974), Bd. 4, Grottaferrata, S. 719–772.
Bouvier, L.: Le précepte de l'aumône chez saint Thomas d'Aquin, Montreal 1935.
Ibanès, J.: La doctrine de l'Eglise et les réalités économiques du XIIIe siècle, Paris 1967.
Roover, R. de: La pensée économique des scolastiques, Montreal–Paris 1971.
Stra, Cl.: Les ‚exempla' source pour l'histoire de la pauvreté (= Mém. Maîtr., masch.), Paris 1973; Zusammenfassung in Cah. Sorb. 9.
Avril, J.: Clercs et laïcs devant la richesse d'après les statuts synodaux d'Angers de la fin du Moxen Age, in: Et. Pauvr. S. 563.
Freed, J. B.: The Mendiant Orders in Germany (1219–1273). (Masch. Diss.) Princeton 1969.

VIII. Kapitel
Plessier, M.: La pauvreté à Cluny (s. S. 286).
Dubard, L.: Recherches sur les offices monastiques de ... Corbie, Paris 1951.
Fourquin, G.: L'Aumônerie de Saint-Denis, in: Cah. Sorb. 4.
Haenens, A. d': L'abbaye Saint-Martin de Tournai, Löwen 1951.
Caro, D.: L'Aumônerie de Saint-Ouen de Rouen, (= Mém. DES), Paris 1966.
Rivet, J.-C.: L'Aumônerie du Mont-Saint-Michel, (= Mém. DES), Paris 1965.
Legras, A.-M.: L'enquête pontificale de 1373 sur l'Ordre des Hospitaliers de Saint-Jean de Jérusalem (mit kritischer Edition der Quellen zum Großpriorat Frankreich), masch. Diss., 4 Bde., Paris-Sorbonne 1976.
Baucells i Reig, J.: La Pia Almoina de la Seo de Barcelona, in: Pobreza ... Ibérica, S. 73–136.
Texler, R. C.: Charity and the Defense of Urban Elites in the Italian Communes, in: The Rich, the Well Born and the Powerful, hg. v. F. Jaher, Urbana 1974, S. 63–107.
Arnaud, M.: Les comptes de l'aumônerie pontificale de la Pignotte d'Avignon au XIVe siècle (= Mém. DES, masch.), Paris 1963.
Carolus-Barré, L.: Benoît XII et la mission charitable de Bertrand Carit dans les pays dévastés du Nord de la France, 1340, in: MAHEFR 1950, S. 165–232.
Candille, M.: Les statuts de la maison-Dieu de Vernon, in: BSFHH 24, 1970, S. 11–33.
Moreau, L.: Recherches sur l'origine et la formation du diocèse royal en France (= Diss. iur. can., offset), Straßburg 1975.
Congar, Y.: L'Eglise et l'Etat sous le règne de saint Louis, in: Septième Centenaire de la mort de saint Louis. Actes du colloque 1970, Paris 1976, S. 257–271.
Miqueau, R.-M.: Aumônes et fondations charitables d'Alphonse de Poitiers (= Mém. Maîtr., masch.), Paris 1971.
Vauchez, A.: Charité et pauvreté chez sainte Elisabeth de Thuringe, d'après les actes des procès de canonisation, in: Et. Pauvr. S. 163–173.

Gual, M.: La assistência a los pobres en la corte de Pedro IV el Ceremonioso, in: Pobreza... Ibérica, S. 445–481.
Courtenay, W. J.: Token Coinage and the Administration of Poor Relief during the Late Middle Ages, in: Journal of Interdisciplinary History 3, 1972–1973, S. 275–295.
Sivéry, G.: Structures agraires et vie rurale dans le Hainaut à la fin du Moyen Age, 2 Bde. (offset), Lille 1973; Druck: Bd. 1, Lille 1977.
Bonenfant, P.: Hôpitaux et bienfaisance (s. S. 282).
Heupgen, P.: La Commune-Aumône de Mons (XIIIe–XVIIe siècle), in: BCRH 90, S. 319–372.
Lacroix, M.-Th.: L'Hôpital Saint-Nicolas du Bruille à Tournai (1230–1611) (= masch. hist. Diss.), Löwen 1975.
Burns, R. I.: Los hospitales del reino de Valencia en el siglo XIII, in: Anuario de Estudios Medievales 2, 1965, S. 144–154.
Guiral, J.: L'assistance aux pauvres à Valence (Esp.) du XIIIe au XVIe siècle (= Mém. DES, masch.), Paris 1967; Zusammenfassung in Cah. Sorb. 5.
Riu, M.: La ayuda a los pobres en la Barcelona medieval: el ‚Plat dels pobres vergonyants' de la parroquia de Santa-Maria del Mar, in: Pobreza ... Ibérica, S. 783–811.
La Roncière, Ch.-M. de: Pauvres et pauvreté à Florence au XIVe siècle, in: Et. Pauvr. S. 661–667.
Ariès, Ph.: Richesse et pauvreté devant la mort, in: Et. Pauvr. S. 519–534; Nachdr. in: Essais sur l'histoire de la mort en Occident du Moyen Age à nos jours, Paris 1975.
– ders.: L'Homme devant la mort, Paris 1977.
Le Brozec, F.: Saint Yves, avocat des pauvres (= Mém. DES, masch.), Paris 1967.
Elsener, F.: Le pauvre dans le droit de procédure des comtes et ducs de Savoie, in: RHDFE 1971, S. 703–704.
Dumont, L.: Les pauvres dans la prière de l'Eglise, in: Cah. Sorb. 7.
– ders.: Les pauvres dans la piété populaire à la fin du Moyen Age (XIVe–XVe) principalement en France (= Mém. Maîtr., masch.), Paris 1976.
Le Grand, L.: Les statuts d'Hôtels-Dieu et de léproseries (XIe–XIVe siècles), Paris 1901.
Kloczowski, J.: Les Hôpitaux et les Frères Mendiants en Pologne au Moyen Age, in: Et. Pauvr. S. 589–620.
Mundy, M.: Hospitals and Leproseries in XIIth and early XIIIth Century Toulouse, in: Essays ... in honor A. P. Evans, New York 1965.
Cruz, A.: A Assistência na cindade do Porto e seu termo durante a Idade Media, in: Pobreza ... Ibérica, S. 329–344.
Nasalli-Rocca, E.: Pievie Ospedale, in: CISO S. 493–507.
– ders.: Il diritto ospedaliero nei suoi lineamenti storici, Mailand 1956.
Pierret, G.: Pauvres et pauvreté à Lille à la fin du Moyen Age (= Mém. Maîtr., masch.), Paris 1972; Zusammenfassung in Cah. Sorb. 9.
Houtte, J. van: Pauvreté et assistance aux Pays-Bas au XIVe siècle, in: Cah. Sorb. 8.
Zanaldi, L.: Storia documentaria dell'Ospedale civile in Venezia, in: CESO S. 1365–1390.
Pezzi, G.: L'assistenza ospitaliera ai Naviganti, in: CISO S. 548–555.

Carpentier, E.: Orvieto et son contado. Etude du cadastre de 1292 (masch. Diss.), 3 Bde., Paris 1975.
Favreau, R.: La pauvreté en Poitou et en Anjou à la fin du Moyen Age, in: Et. Pauvr. S. 589–620.

IX. Kapitel

Luis Martin, J.: La pobreza los pobres en los textos literarios del siglo XIV, in: Pobreza ... Ibérica, S. 587–636.
Lucas, H. S.: The great European famine of 1315, 1316 and 1317, in: Spec. 5, 1930, S. 343–377.
Werveke, H. van: La famine de l'an 1316 en Flandre et dans les régions voisines, in: RN 41, 1959, S. 5–14.
Rodolico, N.: I Ciompi. Una pagina di storia del proletario operaio, Florenz 1945.
Baratier, E.: La démographie provençale du XIIIe au XVIe siècle, Paris 1961.
Boulet, M.: La criminalité dans la baillie de Moustiers-Sainte-Marie, d'après les comptes de la première moitié du XIVe siècle (Thèse Maître., masch.), Univ. Laval, Quebec 1972.
La Roncière, Ch.-M. de: Un changeur florentin du Trecento: Lippo di Fede del Sega (env. 1285 – env. 1363), Paris 1973.
Lavoie, R.: Pauvreté et criminalité en Provence à la fin du Moyen Age, in: Provence historique 1977.
Heers, J.: Le clan familial au Moyen Age, 1974, S. 243 ff.
Brucker, G. A.: Florentine Politics and Society, Princeton 1962, S. 54–109.
Sivéry, G.: Structures agraires (s. S. 290).
Fossier, R.: La terre et les hommes en Picardie jusqu'à la fin du XIIIe siècle, 2 Bde., Paris–Löwen 1968.
Fourquin, G.: Les campagnes de la région parisienne à la fin du Moyen Age, Paris 1964.
Génicot, L.: Sur le nombre des pauvres dans les campagnes médiévales, in: RH 522, 1977, S. 273–288.
May, A. N.: An Index of XIIIth Century Peasant Impoverishment? Manor Court Fines, in: EcHR 26, 1973.
Piget, J.-L.: Aspects du crédit dans l'Albigeois à la fin du XIIe siècle, in: Castres et les pays tarnais. Actes du 26e Congrès d'Etudes régionales, Castres 1970, in: Revue du Tarn 1972, S. 1–50.
Mertens, J.-A.: Les confiscations dans la châtellenie du Franc après la bataille de Cassel, in: BCRH 134, 1968, S. 239–284.
Le Roy Ladurie, E.: Montaillou. Village occitan, Paris 1975.
Carpentier, E.: Orvieto (s. oben Kap. VIII).
Wolff, Ph.: Estimes toulousaines, Paris 1952.
Darmery, C.: La société rémoise au début du XIVe siècle, in: Mém. Soc. Agric. Marne 88, 1973, S. 37–70.
Desportes, P.: Les pauvres à Reims au début du XIVe siècle, in: Cah. Sorb. 7.
Graus, F.: Social Utopies in the Middle Ages, in: Past and Present 38, 1967, S. 3–19.
Goncalvès, I.: Formes medievais de assistencia num meio rural estremenho, in: Pobreza ... Ibérica, S. 439–454.

Hippeau, C.: Quelques observations à propos d'une enquête en 1297 par le bailli de Caen sur les chaussées de Corben, Troarn et Varaville, in: Mém. SAN 20, 1953, S. 367.
Manselli, R.: Divergences parmi les Mineurs d'Italie et de France méridionale, in: Cah. Fanjeaux 8, S. 355–374.
Manteuffel, T.: Naissance d'une hérésie. Les adeptes de la pauvreté volontaire au Moyen Age, Paris–Den Haag 1960.
Violante, C.: Hérésies urbaines et hérésies rurales en Italie du XIe au XIIIe siècle, in: Hérésies et Sociétés, Paris–Den Haag 1968, S. 171–198.
Bresc, H.: Images et réalités de la pauvreté dans la Sicile méridionale, in: Cah. Sorb. 9.

Vierter Teil. Allgemeine Literatur
Aragoneses, M. J.: Los movimientos y luchas sociales en la baja Edad Media, Madrid 1949.
Fourquin, G.: Les soulèvements (s. S. 288).
Gonthier, N.: Lyon et ses pauvres au Moyen Age (1350–1500), Lyon 1978.
Jones-Davies, M. (Hg.): Misère et gueuserie au temps de la Renaissance. Colloque sur les gueux et gueuserie. Centre de Recherches sur la Renaissance, Paris–Sorbonne 1976.
Huizinga, J.: Le déclin du Moyen Age, Paris 1948, S. 183 und 1968, S. 158.
Mollat, M.: Genèse médiévale de la France moderne, Paris 1970 und 1977.
Mollat, M. – Wolff, Ph.: Ongles bleus (s. S. 287).

X. Kapitel
Biraben, J. N.: Les hommes et la peste (s. S. 283).
Coville, A.: Ecrits contemporains sur la peste de 1348–1350, in: Hist. Littér. France 37, 1937, S. 325–390.
Cazelles, R.: La peste de 1348–1349 en Langue d'oïl, épidémie prolétarienne et enfantine, in: BPhilHist 1962 (1965), S. 293–305.
Le Ménagier de Paris (1393), hg. v. J. Pichon, 2 Bde., Paris 1846 (Nachdr. 1968), Bd. 1, S. 247.
Abel, W.: Agrarkrisen und Agrarkonjunktur, Hamburg–Berlin 1935 und 1956.
Villages désertés et histoire économique, XIe–XVIIIe siècle, ouvr. collectif, Paris 1965.
Roux, S.: La maison dans l'Histoire, Paris 1976.
Contamine, Ph.: La vie quotidienne en France et en Angleterre pendant la guerre de Cent Ans, Paris 1975.
Matteo Villani: Cronica, hg. v. L. A. Muratori, in: RIS 14, c. 15–16.
Renouard, Y.: La peste noire de 1348–1349, in: Etudes d'Hist. médiévale, Bd. 1, Paris 1968, S. 143–164.
Laga, T. W.: The English Vilainage in England, in: Amer. Hist. Assoc. 1900, S. 44–46 und 59–65.
Geremek, B.: Le salariat dans l'artisanat parisien, Paris 1968.
– ders.: I salari e il salariato nelle città del Basso Medio Evo, in: Rivista Storica Italiana 78, 1966, S. 368–386.
La Roncière, Ch.-M. de: Pauvres et pauvreté (s. S. 290).

– DERS.: Florence, centre économique régional au XIVe siècle, 4 Bde., (offset), Paris 1977, S. 30, 97, 390 und passim.
CARPENTIER, E.: Une ville devant la peste: Orvieto et la Peste noire de 1348, Paris 1962, S. 186–187.
WOLFF, PH.: Commerces et marchands de Toulouse ..., Paris 1954, S. 438–445.
SCHNEIDER, J.: La ville de Metz aux XIIIe et XIVe siècles, Nancy 1950, S. 419–420.
RAU, V.: Sesmarias portuguesas, Lissabon 1946.
VICENS VIVÈS, J.: Historia de los remensas en el siglo XV, Barcelona 1945.
VILAR, P.: Le déclin catalan au bas Moyen Age: hypothèse sur la chronologie, in: Estudios hist. mod. (Barcelona) 4, 1956.
FOURQUIN, G.: Les soulèvements (s. S. 288).
LUCE, S.: Histoire de la Jacquerie, 2. Aufl. Paris 1894.
PERROY, E.: Les crises du XIVe siècle, in: Ann. ESC 1949, S. 167–182.
GRAUS, F.: Dejiny Venkovského Lidu v Cechách v dobe prehusitské (Geschichte der Bauern in Böhmen in prähussitischer Zeit, mit einer französischen Zusammenfassung S. 598–616), Bd. 2 (13. Jh.–1419), Prag 1957.
HOCQUET, J.-C.: Venise et le commerce maritime du sel du milieu du XIIIe siècle au commencement du XVIIe siècle (Masch.), 2 Bde., 1974; Bd. 1, S. 283.
LE GOFF, J.: Le temps du travail dans la crise du XIVe siècle, in: MA 1963, S. 597–613.
BRUCKER, G.-A.: Florentine Politics (s. S. 291).
FRACASTRO, GIROLAMO: Drei Bücher von den Kontagien, den kontagiösen Krankheiten und deren Behandlung (1546), übers. und eingeleitet von V. Fossel (= Klassiker der Medizin 5), Leipzig 1910.
DIRLMEIER, U.: Untersuchungen zu Einkommensverhältnissen und Lebenshaltungskosten in oberdeutschen Städten des Spätmittelalters (Mitte 14. bis Anfang 16. Jh.), (= Abhandlungen d. Heidelberger Akad. d. Wiss. Phil.-hist. Kl. 1978, 1), Heidelberg 1978.

XI. Kapitel

WOLFF, PH. U. A.: Histoire du Languedoc, Toulouse 1967.
MOLLAT, M. – WOLFF, PH.: Ongles bleus (s. S. 287).
VICENS VIVÈS, J. – VILAR, P. – RAU, V.: s. die S. 293 o. zit. Arbeiten der Autoren.
FAVREAU, R.: La pauvreté en Poitou et en Anjou à la fin du Moyen Age, in: Et. Pauvr. S. 589–620.
GUENÉE, B.: L'Occident aux XIVe et XVe siècles: Les Etats, Paris 1971, S. 271 ff.
MIROT, L.: Les insurrections urbaines au début du règne de Charles VI (1380–1383), Paris 1905.
BEC, C.: Les marchands écrivains à Florence 1375–1434, Paris–Den Haag 1967, S. 144 und S. 230 mit Anm. 264.
GEREMEK, B.: Le salariat (s. S. 292).
LA RONCIÈRE, CH.-M. DE: (s. S. 290, 291 und 293).
FRAGONARD, M.: Le thème de l'identité du Christ et du pauvre dans les textes et l'iconographie relatifs à ‚Piers the Plowman', (= Mém. DES, masch.), Paris 1966; Zusammenfassung in Cah. Sorb. 4.
SCARAMELLA, G.: I tumulto dei Ciompi, cronace e memorie, in: RIS 18, 1917, pt. II.
CHERUBINI, G.: Signori, Contadini, Borghesi. Ricerche sulla società italiana del Basso Medievo, Florenz 1977.

VINCENT-CASSY, M.: L'Envie en France du XIIIe au XVe siècle (masch. Diss.), Paris 1974.
BRINTON, TH.: The Sermons of Th. Brinton Bishop of Rochester (1373–1389), hg. v. M. A. DEVLIN, Camden 3. Serie, Bd. 85 und 86, London 1954.
RENEAUX, J.: Le thème de la Pauvreté dans les miniatures au XIVe siècle (= Mém. DES, masch.), Paris 1963.
DUBY, G. U. A.: Histoire rurale de la France, Bd. 2, Paris 1975, S. 151 ff.
FAVIER, J.: Les contribuables parisiens à la fin de la guerre de Cent Ans, Paris 1970.
GEREMEK, B.: La popolazione marginale tra il Medioevo e l'era moderna, in: Studi Storici 9, 3–4, 1968, S. 623–640.
DUBOIS, H.: Les foires de Chalon-sur-Saône et le commerce dans la vallée de la Saône à la fin du Moyen Age (vers 1250 – vers 1430), 4 Bde. (masch.), Paris 1972, S. 306–312; Druck Paris 1976.
MASCHKE, E.: Pauvres urbains et pauvres ruraux dans l'Allemagne médiévale, in: Cah. Sorb. 1.
BINZ, L.: Vie religieuse et réforme ecclésiastique dans le diocèse de Genève (1378–1450), Genf 1973.
PARAVY, P.: L'Eglise et les communautés dauphinoises à l'âge de la dépression, in: Cah. d'Histoire 19, 1974, S. 227–231.
SIMON, N.: La pauvreté à Caen et dans la vicomté de Caen au XVe siècle, in: Cah. Sorb. 1.
NORTIER, M.: Inventaire des rôles de fouage paroissiaux 1368–1482, in: Cahiers Léopold Delisle 9, 20, 22 und 24, 1970–1975.
LORCIN, M. T.: Les campagnes de la région lyonnaise aux XIVe–XVe siècles, Lyon 1974.
SIVÉRY, G.: La pauvreté dans les villages du Sud du Hainaut à la fin du Moyen Age, in: Cah. Sorb. 6, S. 89–93.
BOCQUET, A.: Recherches sur la population rurale en Artois–Boulonnais pendant la période bourguignonne, in: Mém. Com. Dép. Ant. Pas-de-Calais, Arras, 13, 1969.
WOLFF, PH. Fortunes et genres de vie dans les villages du Toulousain aux XIVe–Ve siècles, in: Miscellanea G. F. Niermeyer, Groningen 1967, S. 325–332.
DELAFOSSE, M.: Les vignerons d'Auxerrois XIVe–XVIe siècle, in: Ann. Bourgogne 20, 1948, S. 8–14.
SICARD, G.: Les moulins de Toulouse au Moyen Age, Paris 1953, S. 193–199.
CHAPELOT-LECLERC, O.: Les matériaux de construction en Bourgogne. Aspects techniques et économiques 1340–1475, (masch. Diss.), Paris 1975.
KAYSER-GUYOT, M.-T.: Le berger en France au Moyen Age, Paris 1974.
MOLLAT, M. U. A.: Le rôle du sel dans l'histoire, Paris 1968.
FAVREAU, R.: Le commerce du sel en Poitou à la fin du Moyen Age, in: BPhilHist 1966 (1968), S. 185–223.
BERNARD, J.: Navires et gens de mer à Bordeaux 1400–1550, 3 Bde., Paris 1968, bes. Bd. 2.
MOLLAT, M.: Le commerce maritime normand à la fin du Moyen Age, Paris 1952.
DIJK, W. VAN: Une pauvresse aux Pays-Bas aux XIVe–XVe siècles, sainte Lydwine de Schiedam, in: Cah. Sorb. 9, S. 30–36.
TEXLER, R. C.: Charity (s. S. 289).
VERGER, J.: Les Universités au Moyen Age, Paris 1973.

Mornet, E.: Pauperes scolares ... scandinaves, XIVe–XVe siècles, in: Cah. Sorb. 9, S. 109–115 und MA 1978, S. 53–102.
Gabriel, A. L.: Students in the Ave Maria College, Notre-Dame/Indiana 1955, S. 105–109.
Renucci, P.: Un précédent italien du ‚Liber Vagatorum', in: Colloque Gueux, S. 85–95.
Geremek, B.: Les marginaux parisiens aux XIVe et XVe siècles, Paris 1976.
Favreau, A.: La ville de Poitiers à la fin du Moyen Age. Une capitale régionale (Masch.), 5 Bde., Paris 1974.
Misraki, J.: Criminalité et pauvreté en France à l'époque de la guerre de Cent Ans, in: Et. Pauvr. S. 535–546.
Geremek, B.: Criminalité, vagabondage, paupérisme, la marginalité à l'aube des temps modernes, in: RHMC 21, 1974, S. 337–375.
Ordres et Classes. Colloque d'histoire sociale, Saint-Cloud 1967, Paris–Den Haag 1973.
Douet d'Arcq, L.: Choix de pièces inédites relatives au règne de Charles VI, 2 Bde., Paris 1863–1864; Bd. 2, Nr. 124, S. 233.
Vaux de Foletier, F. de: Les Tsiganes dans l'ancienne France, Paris 1961.
Geremek, B.: Les migrations de compagnons au bas Moyen Age, in: Studia historiae oeconomicae (Posen) 5, 1970, S. 61–79.
Chevalier, B.: Alimentation et niveau de vie à Tours à la fin du XVe siècle, in: BPhilHist 1968 (1971), S. 143–158.
– Ders.: Tours, ville royale, Löwen–Paris 1973.

XII. Kapitel
Valdeón Baruque, J.: Problematica para un estudio de los pobres y de la pobreza en Castilla a fines de la Edad Media, in: Pobreza ... Ibérica, S. 889–920.
Gutton, J.-P.: La société et les pauvres. L'exemple de la généralité de Lyon 1534–1789, Paris 1971.
Shahar, S.: Les pauvres et la pauvreté dans ‚Le Songe du Vergier' et dans les oeuvres de Nicolas Oresme et Philippe de Mézières, in: Cah. Sorb. 3.
Schmitt, J.-C.: La mort d'un hérétique. L'Eglise et les clercs face aux béguines et aux béghards dans la région du Rhin supérieur (XIVe–XVe siècle), Masch. Diss., Paris 1973.
Rapp, F.: L'Eglise et les pauvres à la fin du Moyen Age. L'exemple de Geiler de Kaysersberg, in: RHEF 1966, S. 39–46.
Martin, H.: Les Ordres Mendiants en Bretagne vers 1320 – vers 1530, Rennes 1975.
Rapp, F.: Les Mendiants et la société strasbourgeoise à la fin du Moyen Age, in: Pov. MA, S. 84–102.
Tenenti, A.: La mendicité dans le ‚Momus' de Leon Battista Alberti, in: Cah. Sorb. 4.
Kloczowski, J.: Les Hôpitaux (s. S. 290).
Faure, C.: Les pauvres et la pauvreté dans la pensée de Chaucer (= Mém. Maîtr., masch.), Paris 1969.
Hisard, B.: La pauvreté (s. S. 288).
Garra, R. M.: Aspetti della povertà a Firenze nel sec. XV–XVI, attraverso lo

studio del libro nell'entrata e uscita dell'Opera della Carità 1496–1508, Masch. Diss., Inst. Econ. Univ. Florenz.

GEREMEK, B.: Il pauperismo nell'età preindustriale (sec. XIV–XVIII), in: Storia d'Italia 5 (I documenti), Turin 1973, S. 667–698.

ROOVER, R. DE: La pensée (s. S. 289).

BEC, C.: Les marchands (s. S. 293).

MELIS, F.: Aspetti della vita economica medievale, Bd. 1, Siena 1962, S. 88–92 und 100–103.

NUCÉ DE LAMOTHE, M. S.: Piété et charité publique à Toulouse de la fin du XIIIe siècle au milieu du XVe d'après les testaments, in: Ann. Midi 76, 1974, S. 5–40.

AUTRAND, F.: Seminarvortrag über: Les testaments enregistrés au Parlement de Paris XIVe–XVe siècle. (25. April 1973).

LECLÈRE, F.: La charité des bourgeois de Douai envers les pauvres au XIVe siècle, in: RN 48, S. 139–154.

ROBERTS, S.: Testamentary Bequests and the Laicization of Charity in the Rouergue, 1280–1350. Masch. Mém. Coll. of Wooster (USA), 1973.

LORCIN, M. T.: Les clauses religieuses dans les testaments du plat-pays lyonnais aux XIVe–XVe siècles, in: MA 1972, S. 287–323.

THOMSON, J. A. F.: Piety and Charity in the Late Medieval London, in: The Journal of Ecclesiastical History 16, 1965, S. 178–195.

HEERS, J.: Le clan familial (s. S. 291).

CASTIEAU, E.: Les aumônes du Roi René (= Mém. Maîtr., masch.), Paris 1973.

COYECQUE, E.: L'Hôtel-Dieu de Paris au Moyen Age, Paris 1889–1891.

VAUCHEZ, A.: Assistance et charité en Occident (XIIIe–XVe siècle), masch. Mskr. eines Vortrags bei der 6a Settimana ... del Istituto Francesco Datini (Prato), 1974.

PERROY, E.: L'Hôtel-Dieu de Montbrison aux XIIIe–XIVe siècles, in: Bull. de la Diana 26, 1937, S. 103–137.

POURRIÈRE, J.: Les hôpitaux d'Aix-en-Provence au Moyen Age, Aix 1969.

MATHIEU, CL.: Les hôpitaux de Meaux (= Mém. Maîtr.), Paris 1972.

LEROY, P.: L'Hôtel-Dieu de Tonnerre, Zusammenfassung in Cah. Sorb. 2.

SONTAG, A.: Les Hôpitaux dans l'Empire au XIVe siècle (Mém. Maîtr.), Paris 1969; Zusammenfassung in Cah. Sorb. 7.

NEVEUX, H.: La mortalité des pauvres à Cambrai (1377–1413), in: Annales de Démographie historique 1968, S. 73–97.

BAVOUX, P.: Les orphelins et les enfants trouvés à Paris à la fin du Moyen Age, (= Mém. DES), Paris 1967; Zusammenfassung in Cah. Sorb. 5.

JORDAN, W. K.: The Charities of London 1480–1660, London 1960.

– DERS.: The Charities of rural England 1480–1660, London 1961.

DAINTON, C.: The Story of England's Hospitals, Springfield 1962.

GENET, PH.: Economie et société rurale en Angleterre au XVe siècle, d'après les comptes de l'hôpital d'Elme, in: Ann. ESC 1972, S. 1449–1474.

PENTO, A.: Institution hospitalière en Angleterre au XIVe siècle (= Mém. Maîtr.), Paris 1972; Zusammenfassung in Cah. Sorb. 9.

LAPO DE CASTIGLIONCO: Tractatus hospitalitatis, in Tractatus Universi Juris XIV, (Venedig 1589), fol. 162–167.

SPICIANI, A.: L'archivio Fiorentino dei Buonomini di S. Martino, in: Studi Storici in memoria di N. Caturegli, Pisa 1976, S. 427–436.

Lagos Trindade, M. J.: Notas sobre a intervenção regia na administração des instituições de assistencia nos fins da Idade Media, in: Pobreza ... Ibérica, S. 873–882.

Rapp, F.: Réforme et Réformation à Strasbourg. L'Eglise et la société dans le diocèse de Strasbourg (1450–1525), Paris 1974.

Battle, C.: La Ayuda a los pobres de la parroquia de S. Justo de Barcelona, in: Pobreza ... Ibérica, S. 59–72.

Cabestang, J. F. – Claramunt, S.: El ‚Plat dels Pobres' de la Parroquia de Santa Maria del Pi de Barcelona, in: ibid. S. 157–218.

Riu, M.: La ayuda (s. S. 290).

Tits-Dieuaide, M. J.: Les Tables des pauvres dans les anciennes principautés belges au Moyen Age, in: Tijdschrift voor Geschiedenis 1975, S. 562–583.

– dies.: L'Assistance aux pauvres à Louvain au XVe siècle, in: Hommage au Prof. P. Bonenfant, Brüssel 1965, S. 421–439.

Geest, G. de: Les distributions aux pauvres assurées par la paroisse Sainte-Gudule à Bruxelles au XVe siècle, in: ASBHH 6, 1969, S. 41–84.

Wee, H. van der: The growth of Antwerp Market and the European Economy (XIV–XVI), 3 Bde., Den Haag 1963.

– ders.: Les archives hospitalières et l'étude de la pauvreté aux Pays-Bas du XVe au XVIIe siècle, in: RN 48, 1966, S. 5–16.

Brandt, V.: Philippe de Mézières et son projet de banque d'Etat, in: Revue Cath. Louvain 1880.

Roover, R. de: S. Bernardino of Siena and S. Antonio of Florence, the two great economic thinkers of the Middle Ages, Boston 1967.

Holzapfel, H.: Le origini dei Monti di Pietà (1462–1515), Rocca S. Casciano 1905.

Archivi Storici delle Azienda di Credito, hg. v. A. Sapori, 2 Bde., Rom 1956.

Le Goff, J.: Les Archives des monts-de-piété et des banques publiques d'Italie, in: Revue Banques, Brüssel 1957, S. 21–46.

Giardini, M.: I bianchieri ebrei, Florenz 1970.

Picenum Seraphicum 9, 1972 (= Sondernummer über Leihhäuser).

Lopez Yepes, J. – Sagredo Fernandes, F.: Les arcas de Limosnas del Conde de Haro y las instituciones de préstamo benéfico (s. XV–XVI), in: Pobreza ... Ibérica, S. 547–574.

Imbert, J.: L'Eglise et l'Etat face au problème hospitalier au XVIe siècle, in: Et. hist. Droit canonique dédiées à G. Le Bras, Paris 1965.

Aureggi, A.: Ospedali e Vescovi, in: CESO 1960, S. 38–56.

Nasalli-Rocca, E.: Il diritto (s. S. 290).

Sousa Costa, A. D. de: Hospitais e albergarias na documentação pontifica da segunda medade do sec. XV, in: Pobreza ... Ibérica, S. 259–328.

Menini, C.: L'Ospedale dei Battisti Bianchi a Ferrara (1354–1784), in: CESO 1960, S. 828–835.

Carpaneta de Langasco, C.: L'intervento papale nelle concentrazioni ospitaliere del Rinascimento, in: CISO 1956, S. 130–137.

Plouin, R.: Les hôpitaux dans la France de la Renaissance, in: Colloque Gueux 1976, S. 117–126.

Blanc, Y.: Les hôpitaux lyonnais au Moyen Age (= Mém. Maîtr.), Lyon 1968.

Le Mené, M.: Les pauvres et l'hospitalisation à Nantes à la fin du Moyen Age et au début du XVIe siècle, in: Cah. Sorb. 9, S. 214–220.

GEREMEK, B.: Criminalité (s. S. 295).
- DERS.: La lutte contre le vagabondage à Paris aux XIVe et XVe siècles, in: Ricerche storiche ed economiche, Memoria di C. Barbagallo II, 1970, S. 211–236.
- DERS.: Marginaux parisiens (s. S. 295).
BALARD, M.: Les Orientaux à Gênes. Un exemple de classe inférieure, in: Cah. Sorb. 9.
VERLINDEN, CH.: L'esclavage dans l'Europe méridionale, Bd. 1: Péninsule ibérique, France, Brügge 1955.
GEREMEK, B.: Renfermement des pauvres en Italie (XIVe–XVIIe siècle). Remarques préliminaires, in: Mélanges F. Braudel, Bd. 1, Toulouse 1972, S. 205–217.
GASCON, R.: Economie et pauvreté aux XVIe et XVIIe siècles: Lyon, ville exemplaire et prophétique, in: Et. Pauvreté S. 747–760.
DAVIS, N. Z.: Assistance, humanisme et hérésie: le cas de Lyon, in: Et. Pauvreté S. 761–822 und in: Studies in Medieval and Renaissance History 5, 1968, S. 217–275.
POULET, F.: Les pauvres et la pauvreté dans l'œuvre de Gerson (= Mém. DES, masch.), Paris 1963, Zusammenfassung in Cah. Sorb. 2.
POUND, J.: Poverty and Vagrancy in Tudor England, London 1971.
BOG, I.: Über Arme und Armenfürsorge in Oberdeutschland und in der Eidgenossenschaft im 15. und 16. Jahrhundert, in: Jb. f. fränk. Landesforsch. 34/35, 1975 (= Festschrift G. Pfeiffer), S. 983–1001.
FISCHER, TH.: Städtische Armut und Armenfürsorge im 15. und 16. Jahrhundert. Sozialgeschichtliche Untersuchungen am Beispiel der Städte Basel, Freiburg i. Br. und Straßburg (= Göttinger Beiträge zur Wirtschafts- und Sozialgeschichte 4), Göttingen 1979.

Schluß
RAPP, F.: Réforme (s. S. 297) S. 114 und L'Eglise et les pauvres (s. S. 295).
PEYRAULT, G.: De Avaritia, Kap. 7, zit. bei C. GUTKOWSKI II, S. 39.
AULOTTE, R.: Les gueux dans la littérature française du XVIe siècle, in: Colloque Gueux, S. 109–142.
PULLIAN, B.: Poverty, Charity and the Reason of State, in: Boll. Istituto di Storia della Società e dello Stato Veneziano II, 1960, S. 17–61.
LE ROY-LADURIE, E.: Les paysans du Languedoc, Bd. 1, Paris 1966, S. 317ff.
NEVEUX, H.: Les grains du Cambrésis (fin XIVe – début XVIIe). Vie et déclin d'une structure économique, Lille 1974.
BOIS, G.: Crise du féodalisme. Economie rurale et démographie en Normandie orientale du début du XIVe siècle au milieu du XVIe, Paris 1976.
GRAUS, F.: Social Utopies in the Middle Ages, in: Past and Present 38, 1967, S. 3–19.
DAVIS, N. Z.: Gregory Nazianzen in the service of Humanist Social Reform, in: Renaissance Quarterly 20, 1967, S. 455–464.
- DERS.: Assistance (s. S. 298 oben).
FÉDOU, R.: De Valdo à Luther: les „Pauvres de Lyon" vus par un humaniste lyonnais, in: Mélanges A. Latreille, Lyon 1972, S. 417–421.
GASCON, R.: Economie (s. oben).
BLANC, Y.: Les hôpitaux (s. S. 297).
GUTTON, J.-P.: La société (s. S. 295).

BONENFANT, P.: Hôpitaux (s. S. 282).
Nach Fertigstellung des Manuskripts sind folgende Arbeiten erschienen, auf deren Erwähnung wir nicht verzichten wollen:
DELUMEAU, J.: La Peur en Occident, XIVe–XVIIIe siècles, Paris 1978.
AUTRAND, F.: Naissance d'un grand corps de l'Etat: Les Gens de Paris (1345–1454), (phil. Diss. masch.) 5 Bde, Universität Paris I, 1978.
CHIFFOLEAU, J.: La comptabilité de l'Au-delà. Les hommes, la mort et la religion comtadine à la fin du Moyen Age (vers 1320–vers 1490), Rom 1980.
AVRIL, J.: Le 3e concile du Latran et les communautés de lépreux, in: Revue Mabillon 1981, S. 21–76.
SAUNIER, A.: Les malades dans les hôpitaux du Nord de la France à la fin du Moyen Age (vers 1200–vers 1500), (= phil. Diss. Paris 1982, vervielfält. Mskr.).
MENOZZI, D.: Chiesa, Poveri, Società nell'età moderna e contemporanea, Brescia 1980.
RIJS, TH. (Hg.): Aspects in Poverty in Early Modern Europe (= Publications of the European University 10), Florenz 1981.
Atti del Convegno ,,Pauperismo e Assistenza negli antichi stati italiani": Timore e Carità. I poveri nell'Italia moderna, hg. v. G. SOLITI u. a., Cremona 1982.
Il Tumulto dei Ciompi. Convegno internazionale di studi, Florenz 1981.
IMBERT, J. (Hg.): Histoire des hôpitaux en France, Toulouse 1982.

Buchanzeigen

Zur Geschichte des Mittelalters

Hartmut Boockmann
Einführung in die Geschichte des Mittelalters
3., durchgesehene Auflage. 1985. 164 Seiten mit 25 Abbildungen auf 16 Tafeln. Broschiert (Beck'sche Elementarbücher)

Karl Bosl
Europa im Aufbruch
Herrschaft, Gesellschaft, Kultur in Europa vom 10. bis zum 14. Jahrhundert
1980. 419 Seiten. Leinen

Edith Ennen
Frauen im Mittelalter
29. Tausend. 1986. 300 Seiten mit 24 Abbildungen, einer Karte und 2 Tabellen. Leinen

Philippe Dollinger
Der bayerische Bauernstand vom 9. bis zum 13. Jahrhundert
Herausgegeben von Franz Irsigler
Übersetzung aus dem Französischen von Ursula Irsigler
1982. 495 Seiten. Leinen

Aaron J. Gurjewitsch
Das Weltbild des mittelalterlichen Menschen
Aus dem Russischen von Gabriele Loßack
3. Auflage. 1986. 423 Seiten mit 39 Abbildungen. Leinen
(Beck'sche Sonderausgaben)

Verlag C. H. Beck München

Zur mittelalterlichen Philosophie und Theologie

F. C. Copleston
Geschichte der Philosophie im Mittelalter
Aus dem Englischen von Wilhelm Blum. 1976. 400 Seiten
Broschiert (Beck'sche Elementarbücher)

Ingrid Craemer-Ruegenberg
Albertus Magnus
1980. 188 Seiten mit 5 Abbildungen im Text. Paperback
(Beck'sche Schwarze Reihe, Band 501)

Heinrich Fries, Georg Kretschmar (Hrsg.)
Klassiker der Theologie
Band I: Von Irenäus bis Martin Luther
1981. 462 Seiten mit 23 Porträtabbildungen. Leinen

Band II: Von Richard Simon bis Dietrich Bonhoeffer
1983. 486 Seiten mit 20 Porträtabbildungen. Leinen

Otfried Höffe (Hrsg.)
Klassiker der Philosophie
Band I: Von den Vorsokratikern bis David Hume
2., verbesserte Auflage. 1985
564 Seiten mit 23 Porträtabbildungen. Leinen

Band II: Von Immanuel Kant bis Jean-Paul Sartre
2., verbesserte Auflage. 1985
557 Porträtabbildungen. Leinen

Verlag C. H. Beck München